Roger Dommergue

J'AI MAL DE LA TERRE

« *Ce livre correspond à un tempérament en marge, une nature exceptionnelle* »
  Raymond Las Vergnas, *Doyen de la Sorbonne*

Omnia Veritas

ROGER-GUY DOMMERGUE
POLACCO DE MÉNASCE

J'AI MAL DE LA TERRE

1965

Publié par
OMNIA VERITAS LTD

www.omnia-veritas.com

PRÉFACE	11
CHAPITRE I	22
Tristesse diaphane	22
CHAPITRE II	30
Grand-maman chérie	30
CHAPITRE III	47
CHAPITRE IV	60
CHAPITRE V	76
CHAPITRE VI	90
CHAPITRE VII	108
CHAPITRE VIII	120
CHAPITRE IX	141
CHAPITRE X	148
CHAPITRE XI	170
CHAPITRE XII	181
CHAPITRE XIII	202
CHAPITRE XIV	230

- Chirurgie de l'âme 233
- Lettre ouverte à Albert Cohen. 254

CHAPITRE XV 260
- Noël 265

CHAPITRE XVI 273

CHAPITRE XVII 291

CHAPITRE XVIII 308

CHAPITRE XIX 324

CHAPITRE XX 351
- Monique, ou le coup de grâce du Karma 351

CHAPITRE XXI 402
- L'effondrement 402

CHAPITRE XXII 437
- Le testament 437

CHAPITRE XXIII 466

CHAPITRE XXIV 478
- Épines 478

À MA PETITE BÉATRICE **494**

AUTRES OUVRAGES DE ROGER DOMMERGUE **496**

ROGER DOMMERGUE

« Vous avez crevé tous les plafonds ».
« C'est un très curieux et vigoureux ouvrage. Le style de la partie narrative est d'une rapidité, d'une efficacité tout à fait neuves. C'est une manière inattendue, très différente du staccato américain. Il y a là une trouvaille technique qui devrait être remarquée. Le fond est amer et douloureux et atteint sa plénitude dans la partie non narrative. L'ensemble ne semble d'une force singulière et qui sort, O combien, du commun.
Je souhaite à ce livre le succès de percussion qu'il mérite. Ce livre correspond à un tempérament en marge une nature exceptionnelle ».
Raymond Las Vergnas, *Doyen de la Sorbonne*

Soyez sûr que vous n'avez pas reçu votre âme en vain.
Docteur Raymond Soupault *préfacier de* L'Homme, cet inconnu *du* Dr. Alexis Carrel.

On pourrait comprendre votre oeuvre, mais ON l'empêchera d'émerger à la lumière car la vérité doit rester sous le boisseau. Les seuls à la connaître sous un angle diabolique seront les Juifs eux-mêmes.
Gisèle Polacco de Ménasce

J'ai trouvé ce livre admirable par son feu, sa passion, sa sincérité, son originalité. Comme l'ont souligné les critiques, ce livre est singulier, c'est-à-dire unique, n'appartenant à aucune famille d'écrivains.
Voilà qui est d'une exceptionnelle rareté.
Michèle Saint-Lô

ROGER DOMMERGUE

« *Le dandy, quand il ne se tue pas ou ne devient pas fou, fait carrière et pose pour la postérité.* »

Albert Camus, *L'Homme révolté.*

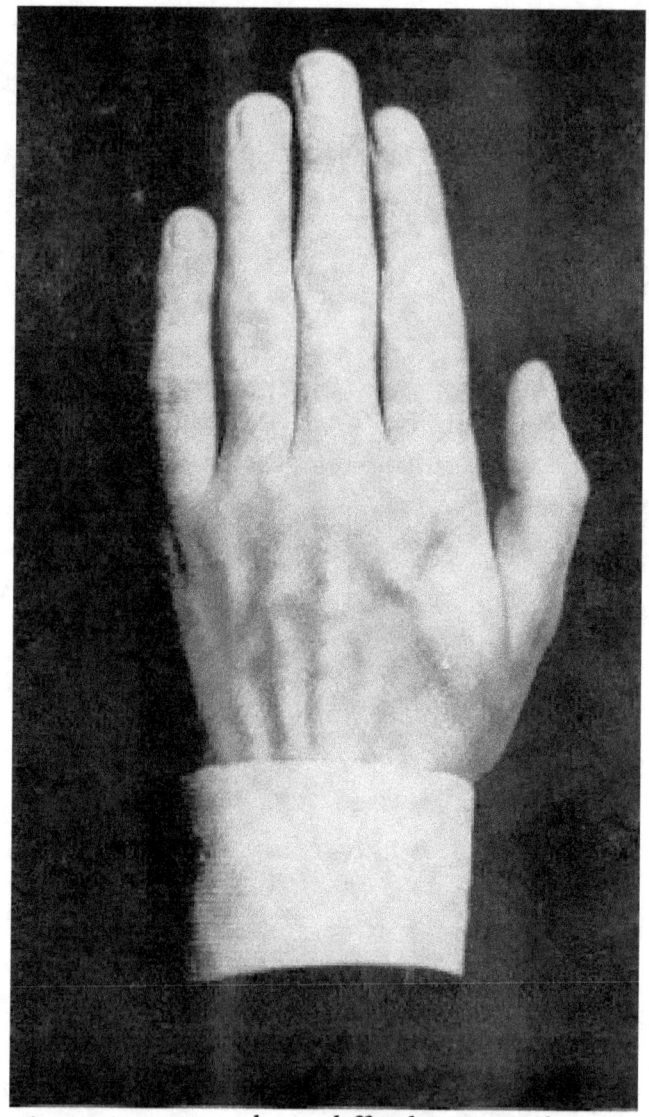

« Je crois que je comprends vos difficultés ; je souhaite que vous puissiez les dépasser sans les oublier. »

Albert Camus, *Lettre à l'auteur*

> Paris, le 21 mai 1952
>
> Monsieur,
>
> Je vois mal ce qui me destine à prendre connaissance de ce manuscrit. Ce que j'en aperçois en le feuilletant seulement me donne à penser qu'il y a maldonne.
>
> Comme je quitte Paris pour quelques jours, vous voudrez bien, je vous prie, le faire reprendre chez ma concierge.
>
> Avec mes regrets veuillez agréer mon salut
>
> Henri Bzzzz

André Breton

Cette lettre ne figure pas ici à titre polémique : elle n'a que la valeur d'un symbole.

Cette lettre de l'Abbé Georges de Nantes ne figure pas ici à titre polémique : elle n'a que la valeur d'un symbole.

On remarquera que la teneur d'une lettre d'une autorité les plus éminentes de l'intégrisme catholique est la même que celle d'André Breton, Pape du Surréalisme, gauchiste intégral...

PRÉFACE

> « *La vraie passion du vingtième siècle, c'est la servitude* » Albert Camus

C'est pourquoi *J'ai mal de la terre* ne peut ressembler à aucun autre livre. Votre œuvre évolue entre les marges qui séparent les vérités que vous avez senties et le minimum exprimable. Déborder d'un côté ou de l'autre de cette fragile frontière c'eût été ou vous condamner au silence ou devenir illisible, ou enfin trahir votre pensée.

L'artiste ne peut plus jeter un cri clair : heureux s'il reste intelligible.

À l'heure où le mal s'est emparé subtilement de la dialectique et de la logique, de tous les instruments de la pensée au profit de toutes les inversions, l'impossibilité d'exprimer la vérité naît de ce qu'elle ne se manifeste plus dans le cœur de l'homme que par des émotions, des élans, des sursauts fulgurants, mais impuissants : il ne reste qu'une seule valeur digne d'être exprimée : la souffrance de l'âme et du cœur.

Aussi avez-vous restitué cette souffrance mais de la seule manière que vous pouviez, c'est-à-dire pure, débarrassée de toutes les compensations que sont haine, vengeance, ironie, moquerie. Toute trace de coquetterie, tout souci d'esthétique comme la moindre recherche même légitime des effets, dénaturent la réflexion métaphysique, née d'une épreuve exceptionnelle de la vie.

La souffrance n'est vraie et exemplaire que si elle subit les injures et les quolibets comme l'enfant désarmé reçoit les coups, avec un regard étonné. La dernière ressource de celui qui a compris le monde moderne c'est de s'exposer aux gifles. Ce ne fut pas là le résultat d'une délibération, vous vous êtes reproduit vous-même et il se trouve que dans cette image, il n'y rien à retrancher, rien à ajouter : elle est en quelque sorte le miroir où se réfléchit l'aventure misérable du monde moderne : votre diagnostic est compatissant mais implacable.

L'artiste ne connaît en effet pas la haine compensatrice qui détruit toute objectivité supérieure. Comprendre, c'est être désormais incapable de haine ou de mépris. Haïr, c'est prouver clairement qu'on n'a rien compris. On scandalise, c'est vrai, mais cela ne mène qu'au pire. On découvre dans votre livre comment nous vivons au temps du scandale diabolique. Ce scandale qui, sous les apparences du bien, de la vérité, de l'amour, permet au mal de pourrir jusqu'au cœur de l'homme juste. Alors il devient ainsi lui-même le pire agent de destruction : victime et virus. Quiconque en prend conscience et veut fuir, succombe ou devient fou. La survie ne se perpètre qu'en prime de l'inacceptable. A l'heure où l'on tue chaque jour au nom d'une prétendue intelligence qui occupe tous les rouages officiels, la vraie pensée n'a aucune chance de s'exprimer ni de survivre en dehors des hôpitaux et des prisons libéraux ou des goulags bolcheviques.

Pourtant il y a bien des prophètes au XXème siècle. Les uns se bornent à noter soigneusement leur révolte, à en avoir bonne conscience et à en rester là. Aucun ne préférera l'inculpation à la célébrité.

Quant à la foule des autres comme leur sentence se réfère aux principes qui ont animé également les accusés, c'est le même aveuglement qui détermine justiciers et coupables : « Si un aveugle guide un autre aveugle ils tomberont tous les deux dans la fosse »...

S'il m'avait été donné de vivre votre épique destin, de le penser et de l'écrire, il me serait venu à l'esprit cet exorde grandiose et tragique sur lequel s'ouvre un livre de Bernanos : « Jamais le mal n'a eu d'occasions meilleures d'accomplir les œuvres du bien, jamais le diable n'a mieux mérité le nom que lui donnait déjà Saint Jérôme, celui de singe de Dieu ».

Votre angoisse est un sens un défi à la disparition de l'intelligence qui caractérise notre temps. Ceux qui marchent confiants portent des œillères protectrices, de votre livre ils se feront peu à peu une image commune, familière, à la mesure de soi : aussi dira-t-on en « 1984 » : « Il est fou »[1]

Les hommes sont si loin des véritables guides, des penseurs, qui pourraient les guider en éclairant leur époque, que si la vérité se fait jour, si par miracle, il n'y a plus moyen d'y échapper, alors ils s'arrangent pour la distiller, l'éparpiller, de telle sorte qu'elle se trouve ainsi détournée de son objet, inefficace et totalement ignorée.

Nous sommes désormais au temps où le moindre contact social du véritable artiste aboutit à des commissions psychiatriques et à un diagnostic de folie établi par des robots conditionnés par Marx et Freud.

On vous a conseillé beaucoup de clefs et de recettes mais l'on vous a aussi fourni des démonstrations supposant culture, ingéniosité et sens analytique qui valaient d'ailleurs à vos interlocuteurs l'admiration de beaucoup.

Deviez-vous les écouter ? Peut-on se confier à des gens dont les carences mentales éclatent devant l'observation ? Cela est inutile et dangereux. Les hommes ont perdu le sens de l'humain et les

---

[1] « En 1984, le plus intelligent sera le moins normal » (1984 de George Orwell)

raisons en sont maintenant claires : le Judéo-cartésianisme engendré par le Judéochristianisme.

Aujourd'hui un savant de génie vous a confirmé ce que vous aviez compris et qu'Alexis Carrel avait soupçonné : vous apportez ici les arguments de votre destin et de votre cœur.

Les mêmes conditions qui précipitaient la destruction des vraies valeurs favorisaient le développement d'autres forces précieuses tant qu'elles demeuraient contenues, contrôlées, mais désastreuses si elles envahissaient les psychophysiologies de chacun.

L'homme ne peut plus accéder aux vraies valeurs ni même les soupçonner puisque les nouvelles conceptions en tiennent lieu. Elles en ont toute la logique, elles satisfont insidieusement les passions, un apparent bon sens, la moralité et parfois même hélas, les élans les plus altruistes. Muni de ces seules forces l'homme moderne est comblé. Cela lui suffit, mais cela est inutile car la vraie intelligence ne peut se définir sur ces erreurs et il n'existe désormais plus personne pour la définir dans l'officialité. Du fait d'une incapacité mentale universelle, l'humanité n'est désormais plus composée que de robots sanglants et satisfaits.[2]

C'est pourquoi votre destin est d'une extrême fragilité. Institutions, sous-hommes et femmes vous coincent en porte-à-faux. Votre rigueur est une langue étrangère à la terre entière. Aux époques de grandeur la solitude était possible, mais au XXème siècle les valeurs de rentabilité réclament leurs places et leurs esclaves. La solitude créatrice disparaît, on tue les imprudents.

---

[2] Le « quotient intellectuel » est une plaisanterie qui ne rend compte aucunement de l'intelligence. Il ne fonctionne que sur des critères de logique élémentaire qui peuvent être brillants chez des êtres primitifs.
Il ignore totalement les composante réelle de l'intelligence : intuition, esprit de synthèse spontané, sens esthétique, sens moral. Il est vraisemblable que nombre de génies de notre humanité aient un Q.I. fort insuffisant !

Cela se fait d'une manière occulte, souterraine, lâche, car l'esprit n'a plus rien à faire dans le monde moderne.

L'époque est nécessairement une époque de masse car du nivellement se dégage un morbide bonheur qui comble les contemporains sans volonté : le bonheur de ceux qui ont renoncé à la pensée et au courage.

Avec le capitalisme comme avec son prolongement normal financé par lui, le Communisme, la vie des hommes est désormais tracée au cordeau. Ils n'ont plus le courage de mesurer les choses, alors ce sont les choses qui les mesurent.

Au fond l'homme est trop grand pour l'homme.

Vous le démontrez, vous soufrez de ce destin atroce que les hommes se sont fabriqué par leurs démissions multiples en s'abandonnant aux parasites de ces 5000 ans, parce que la grandeur leur fait peur, trop lourde pour leurs épaules. A la lumière créée pour eux ils préfèrent l'ombre lâche.

Il est donc fatal qu'aujourd'hui fort peu d'esprits puissent accéder jamais à certaines représentations. Aussi à votre désespoir s'ajoute, de plus en plus étouffant, celui de s'adresser à des sourds et à des aveugles.

Certains, de moins en moins nombreux, souffrent encore dans leur cœur, mais vous vous pleurez sur les problèmes qui les dépassent tous.

Vous avez compris que pour faire comprendre aux hommes, il faudrait modifier le déterminisme des hommes. Saints et héros sont morts pur avoir refusé de comprendre cette loi, et je crains que votre destin ne vous contraigne à les imiter.

La vérité ne se conçoit pas sans arrachement et comme vous me l'avez écrit, il semble que votre épreuve permette un jour d'aider à « rejoindre, loin du matérialisme judaïque athée, du mysticisme hystérique ou désincarné, du dogmatisme féroce, l'équilibre du corps et de l'esprit, de la matière et de l'essence.

Votre singulière personnalité et votre malheur est que vous êtes, en somme, dépourvu de cette forme de psychologie nécessaire, qui consiste à se crever les yeux pour plaire aux aveugles.

Cependant malgré vous, vous serez plus ou moins contraint d'employer les armes fourbies prévues pour et par la médiocrité. Si l'amour seul vous guide vous serez écrasé. Il viendra même des gens pour vous utiliser comme conscience et comme instrument de massacre.

C'est votre diabolisme qui vous aide à vivre mais vous en êtes lucide et cette conscience étouffe votre vie. Aussi votre lutte peut sembler vaine.

Cette lucidité dérisoire caractérise se personnage fatal de votre livre qu'est le Dandy. Visionnaire et poète, penseur torturé par Dieu et par Satan et qui refuse tout système au nom de la vérité, torturé par Dieu et Satan car il est l'un et l'autre, parce qu'il porte en lui l'un et l'autre comme un feu qui le dévore et qui éclaire son temps.

C'est votre héroïque mérite d'avoir mis en lumière comment chez cet être bouleversant se pencher avec amour, révolte et impuissance sur lui-même et sur les autres, est un seul et même geste.

On voit comment en vertu du même déterminisme, vous sentez le drame actuel, mais qu'en revanche, et c'est la rançon, vous ne pouvez expliquer ce drame sans vous prêter fatalement aux critiques inspirées par un mental tronqué, par une paralogique universellement admise.

N'importe quel robot de ce monde pourra réfuter votre œuvre sans rien y comprendre. Un homme d'instinct la sentira obscurément car l'instinct rejoint souvent mystérieusement les conclusions de l'extrême intuition.

Le petit nombre de ceux qu'il n'ennuiera pas seront pris de vertige.

Ignoblement contraint de renoncer à enseigner, vous trouverez la communion de quelques uns. En face de la vérité les hommes comme vous sont toujours seuls et dans ce dialogue vous ne devez de compte à personne si vous voulez la préserver.

Tout ce qui vous enrichira, enrichira l'humanité. Votre souffrance est féconde…

Jacques Charpentier-Puységur

Chapitre I

Tristesse diaphane

L'auteur : *vous souvenez vous dans le Paradis Perdu, Satan disait :*
« O soleil, comme je hais tes rayons ».[3]
Satan avait bien de la chance de haïr le soleil, voyez-vous, le soleil, moi, je m'en fous.
Albert Camus : *pourtant vous aimez la lumière.*
Conversation peu de temps avant la mort de Camus

Le serpent est l'être le plus malheureux du monde
Il n'a jamais demandé d'être serpent.
Il inspire la répulsion et ne peut être aimé.
Il mord ceux qui veulent l'aimer.
Et ceux qui veulent l'aimer sont contraints
Soit de se laisser mordre et de mourir.
Soit de tuer ce serpent qu'ils veulent aimer.
Le serpent n'a pas demandé d'être serpent.
Il faut aimer le serpent.
Le serpent ne peut rien contre lui-même
Car il ne sait pas qu'il est serpent.
Il est malheureux et il ne sait pourquoi.
Il faut aimer le serpent.
Il faut l'aimer beaucoup et c'est justice.
Ce qui le condamne malgré lui
C'est l'a-conscience de soi
Il faut lutter contre la fatalité du serpent…[4]

---

[3] O sun, how I hate thy rays. *"Paradise lost"* de Milton.

Persistance des souvenirs si lointains de l'enfance... Tristan se rappelait mille choses de ses premières années.

La spacieuse maison de Courbevoie, le petit bois du grand jardin, le perron, l'arbre de Judée qui l'ombrageait et irradiait alentour sa couleur mauve-rosé comme un enchantement...

Le grand bassin, les poissons rouges qui y virevoltaient en nombre, la fraîcheur du jet d'eau, les gouttelettes que le vent envoyait, piccotantes sur ses jambes. Et puis le grand salon avec son piano de concert, sa petite chambre coquette, la volière aux colombes, les deux danois Tirasse et Prince, morts empoisonnés.

Et là sa mère, son père, ses sœurs Charlotte et Laure et la grand-mère paternelle.

Son père un colosse d'un mètre quatre vingt dix. A l'âge mûr il avait pris tant d'embonpoint qu'il semblait hydropique. Il était en réalité fort gras car lorsque les circonstances l'obligèrent à jeûner, il devint maigre.

Tête étrange que celle de son père, laide même, mais pour qui savait observer, il y avait dans ce masque une empreinte surnaturelle. Un front gigantesque; il était une sorte d'intellectuel à l'état brut, ignorant les réalités immédiates et estimant chose naturelle que les autres s'occupent des billevesées matérielles pour le laisser penser en paix.

On disait qu'il avait une compréhension universelle. Il avait prédit la seconde guerre mondiale et même une troisième entre les États-Unis et la Chine. Ne lisant que peu les journaux, il connaissait l'évolution fondamentale des données internationales dont il

---

[4] Poème inspiré par l'incroyable, l'immense question cosmique juive.

possédait les clefs pour une compréhension synthétique de la conjoncture. Rien d'optimiste ne surgissait de ses pronostics à courts comme à longs termes.

De son père il lui restait deux vers :

> « O les plaisirs de la terre, amours grisées.
> les marbres du cimetière en sont brisés. »

Et au dos d'une enveloppe, marquée de son élégante écriture :

« Le sage ne fait pas parler de lui ».

Il semble qu'il se soit accommodé de ce rôle de spectateur grandiose d'une humanité pourrissante : curieux mélange de sublime et de grotesque, il déclamait ses vers d'une voix profonde et bien timbrée, et se rasseyant, effondrait une chaise de salon.

Sa mère…

Elle l'avait trahi. Il n'avait jamais reçu cette tendresse, cette compréhension, cet amour, cette complicité qu'une vraie mère prodigue toujours même au plus dévoyé de ses fils.

Si son père appartenait à une famille bourgeoise d'hommes de loi, sa mère descendait d'une caste juive de noblesse autrichienne qui a laissé son nom à une rue, à un lycée, à un hôpital, à un musée, sans oublier quelques statues, dans un pays du Moyen Orient. Sa richesse, estimée à deux cent millions or au début du vingtième siècle, était fondée sur la banque, le coton, le progrès et le socialisme…

Lorsque sa mère avait épousé son père, elle avait quinze ans, lui trente cinq. Tristan naquit une année plus tard, elle avait donc seize ans à sa naissance.

Magnifique type d'Hérodiade, elle était belle, de cette beauté orientale, fascinante et diabolique. Existence éruptionnelle, c'était un volcan, sa mère, un volcan en activité continue et sans un atome de sens commun. Cheveux noirs, visage goyesque, yeux sombres en amandes, un nez fin et aquilin, qui, en soi ne pourrait être considéré comme beau, mais le miracle de l'esthétique de son visage mettait son nez en harmonie avec le reste de ses traits. Nez dominateur, aux ailes frémissantes et sensuelles, une bouche de rose, des formes gracieuses et potelées, grande et mince, elle avait cet air orgueilleux d'archange déchu que Tristan avait quelque peu hérité. Race incomparable, distinction assez particulière, non pas cette distinction effacée dont seuls les êtres distingués s'aperçoivent, élégante et simple, mais de cette élégance, de cette simplicité qui éblouissent.

Poète tourmentée, démone mystique et destructrice, une étrange forme de spiritualité histrionique, alliée à un manque de lucidité étrange à son propre égard. Convertie avec véhémence au Catholicisme, une dizaine d'années après la naissance de Tristan, elle demeurait néanmoins Rébecca.

Fabricante prolifique de catastrophes dont elle souffrait elle-même par effet de boomerang, impuissante à dévier certains instincts. Maladie inconsciente et fatale : dissoudre.

Son âme frémissait et s'exaspérait au bonheur d'autrui. Quelque Bélial guidait son bras au moment opportun. Tristan avait été son immense victime, mais il la savait irresponsable. Avec tristesse, il tentait d'être prudent, de ne pas lui faire de confidences, car son intervention mesquine, ne manquait pas de déclencher l'irrémédiable. Souventes fois, l'appel de son cœur, de ses viscères, l'empêchait de tenir compte de cette réalité. Alors Tristan payait son imprudence. Il la revoyait à cette époque sa comédienne de mère, son fin visage sarah-bernardesque, son ensorcelante mobilité d'expression, son verbe, son regard et sa mimique envoûtante, tout respirait en elle le dramatique né et faisait penser aussi bien à Rachel qu'à Cléopâtre.

Pourquoi son père avait-il épousé sa mère ?

Il y avait entre eux une réelle différence d'âge et il ne semble pas que le grand amour eût été la clef de cette union.

En réalité son père avait un ami qu'il avait connu sur les bancs du lycée Michelet. Ils avaient tous deux pensé que la voie facile de succès et de réussite sociale était un mariage riche dans la nouvelle aristocratie mondiale issue de la révolution de 1789, celle de l'argent et de la toute puissante finance. Son père et son ami Paul, épousèrent donc deux sœurs d'une famille juive internationale rencontrée à Biarritz, sa mère et sa tante Denise. Hasard ou plutôt stratagème, c'est dans la propriété de cette ville que les choses s'engagèrent et se conclurent.

Le mariage de la tante Denise, sœur de sa mère, et de Paul, qui devint son oncle par alliance, fut cohérent, typique et organisé. Paul termina sa médecine devint maire, Conseiller Général, député et s'il n'était mort d'une angine de poitrine, juste avant la dite « libération », il eût été ministre en 1945. L'oncle Paul, radical-socialiste, était d'une grande et nécessaire plasticité.

Quant à sa mère…

Les péripéties précédant le mariage furent nombreuses et rocambolesques. Sa mère, lui avait-on raconté, se roulait par terre à quinze ans pour épouser son père. Bien qu'il connût fort bien la mentalité de sa famille maternelle, il doutait, non sans raison, qu'on l'on eût forcé sa mère à quinze ans, à ce mariage ridicule et disproportionné. Elle le prétendait cependant.

Une dot importante fut promise. Son père comptait sans doute sur cet argent pour réaliser ses desseins intellectuels mais la dot ne fut jamais versée. Calcul ambitieux, conclusion sinistre.

Une épouse mégérèsque de quinze ans, trois enfants, dont Tristan était l'aîné, et qui allaient devenir les petites victimes meurtries de multiples infamies.

Sept premières années, là, dans ce cadre paisible de Courbevoie, de son jardin, de la grande maison… Rien ne fut calme. Son père menaçait sa mère d'un revolver à crosse nacrée, grand guignol. Alors Tristan s'approchait pour battre se sa petite pelle le pan de la veste gris chiné de son père. Il n'avait rien d'une brute, son père, il semblait plutôt passif, mais une femme comme sa mère, Tristan l'aurait précipité par la fenêtre, ou bien il serait parti pour ne jamais revenir. Elle devait avoir un don naturel pour le faire sortir de ses gonds. Une autre fois, la scène du revolver en sens inverse : une petite arme à crosse noire cette fois.

Ils avaient la manie des revolvers.

Elle jaillissait comme une furie à la fenêtre donnant sur le jardin et mettait mon père en joue. Lui restait calme, coupant une rose à côté du bassin : « Va dire à maman que je désire l'embrasser ». Mais la mission diplomatique de l'enfant restait sans effet.

A quoi jouaient-ils ?

Il ne le sut jamais mais ces images étaient restées gravées comme un gémissement dans son petit cerveau.

Leur grand-mère maternelle était indulgente et généreuse. Il se souvient qu'elle avait passé une nuit entière à frictionner Tristan car il souffrait de sorte de rhumatismes aux genoux dus à la croissance. Une nuit entière ! Comme elle était bonne ! Il se sentait ému en évoquant son souvenir.

Grand-mère ne s'entendait pas avec sa mère. Les domestiques couchés, ses deux sœurs et lui les entendaient vociférer : il revoyait sa mère et sa grand-mère, toutes deux les mains sanglantes, un couteau à la main.

Les trois enfants avaient des nurses et étaient aux mains des domestiques. Tristan se souvenait de leurs noms, « Mouchy », « Aby » diminutif probable de Gaby. Il s'était un jour demandé pourquoi toutes les brosses de la maison lui appartenait : « Allez me chercher la brosse à habits » !

Au fil évanescent de ses souvenirs :

Son père mangeait des pommes de terre frites avec ses doigts. Il est vrai qu'elles sont tellement meilleures ! sa mère l'avait regardé d'un air excédé et bouillonnant puis s'était soudain levée et avait renversé l'assiette de frites sur les genoux de son père. Celui-ci, sans mot dire, avait quitté la salle à manger. Une autre fois sa mère le frappa au bras. Il donna quelques pichenettes à l'endroit du contact, puis s'écarta. Un jour il l'a prise à la gorge. Pourquoi ?

N'était-ce pas lui la vraie victime ? Mais elle croyait visiblement que c'était elle et elle finissait par endosser son rôle de victime.

Tristan et ses sœurs prenaient ensemble leur bain. Il avait remarqué une étonnante différence entre ses sœurs et lui. Il ne sut jamais comment la nurse avait rapporté cette curiosité à sa mère, mais toujours est-il que celle-ci le battit férocement et sans un mot d'explication avec la cravache d'ébène qui gisait sur le piano.

Il la revoyait sa comédienne de mère, ton timbre de voix, sa mimique capable de persuader les gens communément qualifiés d'intelligents des choses les plus invraisemblables.[5]

Sept années s'étaient écoulées depuis la naissance de Tristan. Les combats singuliers entre son père et sa mère leur laissaient une douloureuse empreinte;

Un jour sa mère disparut. Des semaines s'écoulèrent…

---

[5] Ce qui est devenu une coutume médiatique internationale ce siècle.

Chapitre II

> « Du jour où je fus alerté la lucidité me vint et je reçus toutes les blessures en même temps. Je perdis mes forces d'un seul coup, l'univers entier se mit à rire autour de moi »
>
> La chute, Albert Camus

Grand-maman chérie

Un soir d'été Tristan était accroupi, pensif au pied de son lit, lorsqu'un grand monsieur surgit dans sa chambre. Il avait pris Tristan dans ses bras, tandis qu'un autre monsieur emmenait ses deux sœurs qui dormaient dans la chambre voisine. Tous deux dégringolèrent l'escalier quatre à quatre. Leur grand-mère étaient maintenue enfermée dans la cuisine par un troisième monsieur que les enfants ne connaissaient pas plus que les deux autres. On les engouffra dans une voiture et une demi-heure plus tard ils se trouvèrent devant un hôtel particulier du XVIème arrondissement de Paris.

On les déposa sur un lit.

Dans le lit, allongée, là, il y avait la mère de sa mère : « *Grand-maman chérie* ».

Un frisson secoua la tête de Tristan. Souvenir, dégoût, désespoir. Elle était là, couchée sur un large divan dans une vaste pièce de son hôtel particulier. Une lampe sur la table de chevet, lumière jaune, confuse, aspect sombre et sinistre de toute chose. Tristan eut peur. Son cœur battait à tout rompre. Il sentait que le cœur de ses petites sœurs battaient aussi fort que le sien.

Elle était là, enveloppée d'un châle, cheveux abondants et gris, renvoyés en arrière, tenus par un chignon. Teint jaunâtre, nauséabond à voir, yeux noirs, paupières gonflées en amandes, visage ovale et nez crochu. Allure méchante et guignolesque. Parfois luisait dans ses yeux une lueur de bonté fugitive et désespérante. L'air d'une damnée, la sorcière de Blanche Neige et les sept nains…

Mains fines, jaune verdâtre, repoussantes, elle semblait affalée, incapable, sceptique, impuissante et surtout méchante.

« C'est vous la maman de maman ? », murmura Charlotte, mi-hoquetante, mi-haletante, horrifiée. C'était bien elle, celle qu'ils allaient appeler « *grand-maman chérie* ».

Charlotte se doutait peut-être qu'il ne resterait à aucun des trois enfants un seul souvenir attendrissant de *grand-maman chérie*. A portée de la main il y avait une boite ronde contenant des bonbons. Elle la prit avec un sourire archi-faux, et leur offrit une sucrerie qu'ils portèrent à leur bouche.

Il faut imaginer ce que l'on peut ressentir lorsque l'on mange un bonbon dans de telles circonstances. Il ne croyait pas avoir jamais digéré cette friandise : si son corps l'a digérée, son esprit n'a jamais pu y parvenir.

Tout ce que l'on fait doit être achevé avec son esprit et son cœur. Un aliment donné sans amour détruit soi-même et les autres. Un travail fait sans amour détruit soi-même et les autres. C'est pourquoi tout est faux, tout est fou dans le monde moderne. Sans amour tout sera nécessairement pollué car le concept de rentabilité ne pourra jamais remplacer l'intelligence qui ne construit que dans l'amour. Sans l'amour l'intellect détruit tout.

Les enfants allaient demeurer longtemps chez *grand-maman chérie*. O combien fut douloureuse cette enfance. Ne pas être eût été préférable, mais ils étaient.

Comme ils l'avaient si clairement pressenti, *grand-maman chérie* avait une âme de tortionnaire et ils furent tous les trois les petits torturés.

A aucun des trois enfants il ne reste un souvenir ému ou tendre de *grand-maman chérie*. Ouvrir la bouche était un crime. Un aliment leur donnait-il la nausée ? Elle n'acceptait pas qu'ils refusent de le manger. Tristan revoyait encore dans son esprit Charlotte vomissant parce que *grand-maman chérie* voulait la contraindre « pour son bien » à ingurgiter des endives cuites à l'eau dont elle avait horreur.

Plus tard lorsque ses sœurs pensionnaires à Paris, venaient parfois le dimanche, *grandmaman chérie* avait la délicate attention de leur faire préparer ce plat de prédilection qui dégoûtait également Laure, la sœur cadette et Tristan.

Les gifles pleuvaient pour une vétille, pour un oui ou un non qu'il aurait fallu retenir. Ses mots d'affection étaient « idiot », « crétin ».

Enfant Tristan avait naturellement des lèvres rouge-rubis. *Grand-maman chérie* prétendait qu'il les mordait ou les frottait par coquetterie pour obtenir cette belle couleur. Elle menaça Tristan, si cela continuait, de les lui enduire de piment rouge. Comme les lèvres continuaient par la force des choses, à garder cette coloration naturelle, elle lui écrasa sur les lèvres, devant les domestiques effarés, une bonne quantité du dit piment. Pourquoi avait-elle ainsi fait payer les lèvres suspectes ? Il semblait à Tristan aujourd'hui qu'elle avait agi par jalousie subconsciente car ses lèvres à elle, étaient blafardes et exsangues.

Au sorti de bains chauds qu'elle tenait par dévouement et bonté d'âme à donner elle-même et dont la perspective les faisait trembler tous les trois, elle les inondait d'eau froide, sous le bon prétexte d'ailleurs de « faire la réaction ». Mais elle mettait dans cette pratique tant de sadisme que cela devenait une évidente persécution : ils frissonnaient et haletaient sans mot dire.

Grand-maman chérie dominait tellement son entourage que tous, et particulièrement son fils Jacques et sa sœur Denise, l'épouse de l'oncle Paul, acceptaient tout de leur « petite maman ». Ils auraient dit « amen » à chacun de ses gestes s'ils avaient connu le mot. Longs mois de torture, pendant lesquels Tristan subissait gifles, injures, simulacres de communication à la maison de correction, pressions morales, chantages mentaux, volonté de blesser aussi bien les sentiments en les pervertissant que le corps.

Il venait d'avoir huit ans : on le mit interne au lycée Lakanal.

A cet âge Tristan était un enfant blond au teint pâle, très sensible et très délicat. Être séparé de sa mère lui était atroce. Être plongé au milieu de cette communauté où tout est brutalité, où il est nécessaire d'être taillé en costaud pour ne pas être écrasé, était une épreuve inhumaine. La souffrance fut lancinante pendant toutes ces années d'internat. Il ne disait rien, tremblait toujours, son cœur se mit à prendre un rythme plus rapide. Il commença à *penser*.

Ses camarades le persécutaient parce qu'il ne savait pas se défendre. Il avait de longues petites mains blanches aux articulations fragiles, ses poignets ne lui permettaient pas de porter un coup et puis il n'en avait jamais ressenti le besoin. Ce n'était pas le manque de courage moral, mais il ne voyait pas pourquoi et puis il savait que ses muscles et ses nerfs n'avaient aucune chance de vaincre dans des combats dont il ne distinguait pas la finalité. Le courage physique brutal lui était difficile. Le contact physique masculin lui était une répulsion. Aujourd'hui encore il pouvait imaginer s'opposer à l'épée, mais pas avec des poings.

Il passait de longues journées à pleurer et aujourd'hui il se souvient de ce calvaire permanent comme si c'était hier. En classe il ne travaillait pas. Il souffrait trop pour pouvoir fixer son attention et le travail dans une communauté vulgaire lui était impossible. Il n'avait pas le moindre sens de l'émulation et le fait que son voisin soit premier et lui dernier le laissait dans une indifférence insolite. Il n'était pas là.

Un jour le directeur vint rendre des notes féliciter ou admonester les élèves de neuvième. Après l'avoir grondé sévèrement le directeur regarda son petit visage blême et ses grands yeux bleus aux longs cils et laissa échapper : « Comment pourrais-tu bien travailler avec une mine comme ça ». Il lui caressa gentiment la joue et le renvoya à sa place.

Mais depuis Tristan avait compris. Tout cela a si peu d'importance. On n'apprenait rien à l'école, rien qui pût apprendre à *être*. Les premiers de classe rentraient à polytechnique ou à Normale Supérieure pour ne plus jamais en sortir. Ils ne faisaient jamais un pas vers la compréhension profonde de l'homme. Ils ne sont jamais avides d'absolu, impatients d'infini. Les plus grands esprits ont toujours été de médiocres écoliers.

Cela est facile à comprendre : une éducation standard, jusqu'à vingt ou vingt-cinq ans investit la totalité du psychisme qui est alors mobilisé intégralement et stérilisé pour la maturation d'une mentalité originale qui, par une méditation personnelle se dirigerait vers la découverte géniale.

C'est pourquoi l'instruction doit être prudente, ne jamais être masturbatrice comme l'est par exemple la déformation vers l'agrégation qui fabrique des êtres standards. Shakespeare connaissait « peu de grec et moins de latin ». Le bulletin scolaire de Chopin, ce génie inégalable, portait cette annotation : « Elève absolument impossible mais génial ».

Les brimades qui lui furent infligées suscitèrent en Tristan une méditation constante et douloureuse sur le problème du mal et de la souffrance. La laideur physique et morale, la mesquinerie et la lâcheté universelles l'étreignaient. Il pleurait déjà sur le monde plus que sur lui-même.

Il s'érigeait en symbole.

Pourquoi cette révoltante et incompréhensible lâcheté ? Pourquoi les êtres d'un même niveau spirituel ne vivaient-ils pas dans le même groupe humain ?

Pendant les longs séjours dans divers lycées et collèges de la région parisienne, Tristan venait parfois le dimanche chez *grand-maman chérie*. La vie d'internat lui était si odieuse que le réconfort fictif d'une pâle apparence familiale lui était un baume sur une grande blessure.

Il voyait sa mère. Sa mère ce douloureux fantôme...

Quand il lui fallait repartir le dimanche soir, il pleurait tant et tant sur la quai de la gare à Denfert-Rochereau qu'il se demande encore comment on avait le cœur de le laisser repartir. Désespoir suprême.

Une fois par mois les trois enfants allaient voir leur père dans la grande maison de Courbevoie. Dans la voiture qui les emmenait il y avait un huissier et un médecin légiste. *Grand-maman chérie* et leur mère leur racontaient des abominations sur leur père. Aussi à la première visite ils eurent grand peur. A la simple vue de leur père ils dégringolèrent l'escalier et se précipitèrent dans les bras de leurs oncles qui les attendaient dans la rue, portes de la voiture ouverte, comme si leur réaction avait été prévue.

Mais ils revinrent et finirent par s'habituer car leur père les recevait de façon charmante et fastueuse. Il leur faisait de magnifiques cadeaux, une montre en or, un stylo en or, la table de la salle à manger était couverte de succulent gâteaux de la Marquise de Sévigné et autres bonnes choses.

Aussi les enfants s'en donnaient à cœur joie.

Bientôt ils partirent avec leur mère dans un petit village du Perche, Marolles les Buis. C'était une campagne odorante et vallonnée, pleine de poésie saine pour ceux qui ne souffrent pas.

L'hiver vint.

Tristan contracta un rhume, une coqueluche, une pneumonie, une pneumonie double, une broncho-pneumonie, une broncho-pneumonie double. Enfin une pleurésie purulente mortelle couronna le tout.

Il resta couché une année entière couvert d'abcès et de furoncles. On incisait presque quotidiennement et sans anesthésie. Sur une nature aussi aristocratique et délicate, le manque d'amour, une nutrition scolaire navrante à base de féculents et de mauvaise viande, ne pouvait pas manquer de se traduire un jour par la maladie. La nature ne pardonne jamais. On l'enveloppait chaque jour dans des draps trempés d'eau froide pour faire tomber la fièvre, procédé absurde à qui réfléchit. Ces enveloppements étaient un supplice. Et puis il y avait les abcès de fixation, les sept à huit piqûres par jour. Il devint un tel squelette que les aiguilles refusaient de pénétrer la chair et qu'une terreur panique le prenait à la simple vue d'une seringue. Il supplia un jour un professeur de Chartres qui était venu le voir de diminuer les piqûres : il les diminua de moitié. On en vint même à ne lui faire qu'une ou deux injections par jour. La seule perspective d'une piqûre de camphre sur laquelle viendrait se greffer un abcès le mettait en émoi.

Un soir sa mère qui avait quelques connaissances dans l'art de la chirologie, examina la main de Tristan et se mit à pleurer. Peut-être avait-elle perçu un signe de mort car trois jours plus tard, Tristan entra dans le coma.

Il demeurait lucide dans son agonie muette. Il voyait Monsieur le curé à gauche, car il était devenu un grand ami de sa mère depuis sa récente conversion au Catholicisme et il lui faisait réciter des prières fort peu familières : « Notre Père qui êtes aux cieux ... que votre volonté soit faite sur la terre comme au ciel ».

A droite il distinguait sa mère qui sanglotait et le docteur Boulier qui sanglotait aussi. Ce médecin l'avait soigné avec énergie et près de ce petit malade, il fondait comme un enfant. C'était une âme délicate et des années plus tard, Tristan avait appris qu'il s'était suicidé. Il faut plus que du courage aux âmes douces pour contempler la misère et la surdité du monde.

Les gens heureux sont ceux qui ne ressentent rien et qui ne pensent pas car aller au fond des choses, c'est aller jusqu'à la souffrance. Plus l'être se rapproche du chou, plus il est heureux car il ne souffre pas. Un chou raisonneur dans un centimètre cube de mental est heureux. L'humanité est composée de choux raisonneurs : on en fait ce qu'on veut avec l'école, la radio, la télévision, une nourriture carencée et la vaccination systématique. On les dés-éduque, on les abêtit, on les massacre et ils en redemandent.

Comme les imbéciles sont heureux ! Il semblait que Tristan dût mourir.

Sa mère lui dit qu'elle avait prié Notre Dame de Chartres de le guérir, de faire un miracle. Elle dut l'entendre car au petit matin, à la stupéfaction de tous, Tristan s'assit sur son séant et réclama du jambon...

Il y aurait un dossier sur ce miracle dans les archives de la cathédrale. Il faut croire que Notre Dame avait dû l'entendre...[6]

Ce n'était pas la tragédie de santé qu'il venait de traverser qui allait empêcher qu'on le remît en internat. Un ou deux ans plus tard, alors que Tristan était retourné dans cet enfer, le Directeur du collège à l'instigation de sa mère, avait emmené Tristan chez le Professeur qui l'avait soigné et avait diminué les piqûres. Tandis que Tristan se déshabillait, il entendit dans la pièce voisine le Professeur dire au Directeur : « La dernière fois que j'ai vu cet enfant, plus aucune partie de ses poumons ne respirait ».

Pendant cette maladie qui avait manqué être mortelle, le père de Tristan avait tenté de voir son fils. Il avait entendu sa voix grave dans le petit jardin : sa mère ne l'autorisa point. « Il a peur de vous », lui avait-elle dit.

Comment Tristan n'aurait-il pas eu peur de son père avec toutes les méchancetés que sa mère et *grand-maman chérie* déversaient sur lui ?

Longue convalescence, puis bien sûr l'internat.

Des institutions crasseuses d'Eure et Loir, religieuses, bien sûr, car Tristan avait été baptisé après sa miraculeuse guérison. Un des directeurs d'une de ces institutions le prit un jour sur ses genoux et lui caressa les parties sexuelles à travers sa culotte. Il ne le fit qu'une fois. A Chartres le séjour à l'institution Notre Dame lui fut moins pénible : il faisait partie de la chorale qui chantait dans la

---

[6] L'enfant appartenant au bio type thyroïdien, une thyroïde aussi puissante peut souvent réaliser une telle récupération par la surpuissance vitale qu'elle implique. La thyroïde est la glande de la vie et de l'intelligence. Qui a une thyroïde puissante par un biotype que cette glande a déterminé, jouit, même dans un ensemble délicat d'une défense exceptionnelle de son organisme contre la maladie et d'un potentiel considérable de récupération.

cathédrale. Ce fut sa première prise de conscience de la mélodie. Son cœur commençait à battre à la vue d'un piano, il se sentait délicieusement engourdi et frissonnant en écoutant Chopin. Le piano allait devenir le rêve inassouvi de sa vie, l'oasis qu'il n'atteindrait jamais.

En classe il ne faisait toujours pas grand chose. Sa faible constitution et le passif de son enfance sans soin et sans amour, stérilisait tout effort dans une nature déjà nonchalante et sensuelle. Même s'il avait étudié la musique il n'aurait certes pas donné satisfaction à ses maîtres avant des années d'études. Rien n'était plus loin de sa nature que l'étude des rudiments, les bases du solfège et de la technique.

Le procès en divorce entre son père et sa mère avait commencé au moment de leur arrivée chez *grand-maman chérie*. Tristan n'avait jamais connu le détail de cette triste affaire mais le malaxage de cette boue ne le tentait pas. Il avait été suffisamment éclaboussé pour ne pas en désirer davantage. Il se souvenait que son père avait fait coller des affiches jaunes dans tout Paris du fait du « rapt de ses enfants ». Le procès dura plus de dix ans et il semble que des intérêts matériels étaient en jeu.

La première manche juridique sembla être gagnée par son père, du fait de l'abandon par sa mère du domicile conjugal.

Grand-maman chérie et tout le clan de la famille étaient inquiets.

Il allait falloir débourser. Ce que Tristan avait constaté c'est que rien ne réussissait jamais à leur faire ouvrir leur coffre-fort : souffrance, désespoir, prières discrètes, gifles morales, injures ou crachats, rien n'y faisait. Le danger était donc bien grand.

Pour gagner le procès, il fallait accuser son père – à juste titre hélas, comme nous le verrons d'être incapable de subvenir aux besoins de ses enfants.

Il était évident que son père était fort peu doué pour des fonctions subalternes et que ce procès avait rendu sa situation précaire.

Pour *grand-maman chérie* la seule chose qui comptait était de ne pas débourser : « Garder les enfants je le veux bien », avait-elle dit au juge, « Mais si vous me demandez de l'argent, j'irai m'asseoir en prison ».

Il n'existait donc pour eux qu'une solution : prouver que le père ruiné ne pouvait pas assurer leur subsistance. On les rendrait donc à leur père, puis au bout de quelques mois ou quelques années, on mettrait fin à l'expérience : à l'examen de leur santé physique et morale, preuve serait faite que leur père était incapable de leur assurer le pain quotidien.

Leur argent étant leur essentiel, ils conçurent froidement ce projet.

Il semble que sa mère avait pris l'initiative mais comme elle ne possédait rien, c'était à *grandmaman chérie* et à ses frères et sœurs de la dissuader.

En fait ils ne s'y sont point opposés, si ce n'est bien sûr par des objections ostentatoires, pathos de foire, manifestations hypocrites, grandiloquentes paroles, de manière à sauvegarder leur respectabilité aux yeux de la galerie.

Le jour où on les conduisit chez leur père, leur mère les emmena au spectacle, puis dans une pâtisserie. Merveilleux sang-froid que ce repas des condamnés. Ces gâteries allaient accentuer le contraste car leur expérience était pour le clan un témoignage capital.

Arrivés à Courbevoie, leur mère leur fit franchir la porte du jardin et remonta dans son taxi sans attendre que leur père vienne prendre possession de cette petite cargaison humaine qui ne savait déjà plus où elle se trouvait, dans quel monde de brutes elle se débattait. Ils étaient là, hébétés, ne sachant que faire, après avoir tenté en vain de retenir leur mère qui s'était arrachée pour repartir.

La stature presque géante de leur père apparut sur le perron. Il les regarda interloqué, son lorgnon en or sur le nez, son immense front. Il comprit alors ce qui lui arrivait. Ruiné et sans ressources il ne pouvait s'occuper des enfants. Alors il pria un de ses amis présents, le Comte Richard de Grandmas, de conduire les enfants au commissariat.

Le commissaire voulut alors les mettre en rapport téléphonique avec leur mère et sa famille. On obtint l'oncle Jacques. Ils lui dirent alors qu'ils se trouvaient seuls abandonnés au commissariat de police. De sa voix châtrée, l'oncle répondit qu'il n'y pouvait rien.

« Ils n'y pouvaient rien » ! tout cela ne tenait pas debout. Même si un jugement les avait rendus à leur père, le seul témoignage du commissaire de police attestant du refus de leur père de les reprendre aurait suffi en justice pour le retour légal à la mère. La justice exigeait-elle le constat des enfants décharnés et malades ? Cette inhumaine stratégie était-elle juridiquement indispensable ?

On le croirait car le commissaire mena les enfants à l'Assistance Publique de Paris.

Quelle angoisse fut celle de Tristan.

Il se sentait si seul si étranger, séparé de ses sœurs. Il avait pris une infirmière pour confidente et elle pleurait tandis que Tristan lui disait sa peine comme un poème.

Leur mère vint leur rendre visite. Elle leur dit qu'elle reviendrait les chercher. Mais deux jours après ce fut leur père qui vint. Il les emmena. Ils allaient demeurer quelques semaines dans la grande maison de Courbevoie.

Elle était vide. Tout avait été vendu, le piano de concert, les tableaux de maîtres, les meubles de style. Il ne restait que quelques tables et chaises de jardin en osier pour remplacer les chaises, tables et fauteuils de style partis en fumée.

Richard, l'ami de leur père, habitait avec eux. C'était un homme sensible et intelligent mais très subjugué par l'intelligence de son père. Il en était devenu une sorte d'alter-ego. Il s'occupait des enfants et était sympathique et humain.

A cette époque de l'enfance et depuis son baptême, Tristan avait une peur incoercible du diable. De terribles cauchemars le réveillaient frissonnant.

Richard entreprit de lui faire passer cette terreur panique.[7]

Un jour Tristan était allé le voir dans sa chambre tout en haut de la maison.

— Bonjour, Tristan, cette nuit j'étais très embêté. J'avais des cigarettes et pas de feu. Il a fallu que j'attende jusqu'à minuit pour pouvoir fumer !
— Pourquoi seulement jusqu'à minuit ?
— Parce que c'est l'heure où Satanas en personne vient me rendre visite. Aussi j'ai pu lui emprunter le bout de sa queue pour allumer ma cigarette. Ensuite, nous avons fait une partie d'échecs et je l'ai gagnée, sacré Satanas, il joue comme un pied !

---

[7] Pendant deux mille ans de Christianisme cette véritable psychose a fait des ravages qui ont détruit des vies.
L'affaire des succubes et des incubes qui croyaient avoir couché avec le diable et que l'on brûlait en est un exemple symbolique.
A remarquer qu'avant son baptême, Tristan ignorait cette « maladie ».

Tristan rit mais un peu jaune. Il ne trouvait pas du tout drôle que Richard allumât sa cigarette avec la queue de Satanas. Son intuition lui disait que Satanas était beaucoup trop sérieux pour se livrer à semblables babioles.

D'ailleurs Satanas n'était-il pas plutôt *dans* la cigarette, ce dont personne ne se doutait encore.

Il allait bientôt le rencontrer partout dans le monde moderne.[8]

Richard avait étudié la médecine et la psychiatrie. Un jour, Tristan tournait en rond dans la maison avec un solide mal de dents. Richard le fit asseoir devant lui, lui prit la main et le regarda dans les yeux sans dire un mot.

Tristan sentit sa douleur monter, monter puis disparaître.

Il faut éberlué. Trois jours plus tard, curieux retour, Richard avait une joue enflée comme un ballon, une fluxion. Il ne put malheureusement réaliser sur lui-même l'expérience qui avait si bien réussi sur Tristan.

Richard dut les quitter, il fallait qu'il reprenne son métier de journaliste.

Les enfants ne prenaient pas de repas réguliers. Ils restaient parfois plusieurs jours sans nourriture. Alors ils connaissaient la vraie faim : celle qui vous contraint à vous rouler par terre en gémissant et en pleurant, le feu aux entrailles. La faim qui vous tenaille

---

[8] Il le rencontrera dans le capitalisme de Rothschild, dans les socialismes de Marx et consorts, dans le Freudisme aboulisant et pornographiant, dans l'art de charnier d'un Picasso, dans les bombes diverses d'Einstein, Oppenheimer, Field, S.T. Cohen, dans le capitalo marxisme en général et les guerres économiques mondiales.

d'acidité, de spasmes, de hoquets, de nausées… La plus douloureuse des maladies.

Un jour de cette épreuve, les enfants courbés de faim et hagards ouvrirent le placard de la cuisine dans l'espoir d'y trouver quelques vestiges comestibles. Il y avait des graines de millet pour les colombes de la volière et une bouteille d'huile de cuisine. Ils en firent une décoction qu'ils tentèrent de manger : le souvenir de cette mixture horrible lève encore le cœur de Tristan. Au bout de quelques jours leur père apportait du pain, du jambon, du pâté, des gâteaux sur lesquels ils se jetaient voracement. Ensuite ils se couchaient car la fièvre montait.

Les colombes de la volière étaient mortes de faim. Ils avaient voulu un jour leur rendre leur liberté mais les chats du voisinage les convoitaient. Ce qui est beau et pur ne survit pas longtemps. Beauté et intelligence ne vivent que sur le socle d'une élite préservée par un système politique qui cultive la hauteur spirituelle et morale et non la rentabilité. Aujourd'hui l'homme ignore les valeurs authentiques, il ne connaît plus la beauté, l'intelligence et surtout la vérité et il en train d'agoniser dans le chaos.

Il y avait aussi des petits chats à la maison. Ils ressemblèrent d'abord à des squelettes de chats puis, un jour, ils mouraient. Les enfants tentaient de poser quelques bribes de nourriture sur leurs petites langues roses. Leurs petits yeux devenaient ternes puis ils s'éteignaient. Laure, Charlotte et Tristan pleuraient chaque fois que disparaissaient un de ces petits êtres qui peuplaient la maison et le jardin.

Il n'y avait plus de lait depuis longtemps, plus de bidon matinal qui aurait aidé les enfants et les chats à vivre.

Et puis, ils voulaient tous mourir.

Leur grand-mère, la mère de leur père, était toujours à Courbevoie. Malgré leur misère sa présence remplissait la maison de joie et de douceur. Elle était si bonne, mais vieille, bien vieille et fatiguée. Tout ce qu'elle avait elle le leur donnait. Un jour elle tomba malade, se coucha et ne se releva plus. En leur laissant encore l'assiette de compote préparée pour elle, elle mourut. Ils pleurèrent beaucoup tous les trois. Tristan la vit sur son lit mortuaire, le visage blanc, tiré, inerte, il eut peur. Leur père pleura une mère qui, à n'en point douter, avait été pour lui un modèle de mère. On enterra la grand-mère sans cérémonie, sans tombe. Aujourd'hui on ne pourrait pas retrouver l'endroit où son corps a été enfoui. Pauvre chère Grand-mère. Tristan aimait à répéter son nom à elle. Souvent il pensait à la vie heureuse qu'ils auraient pu connaître tous les trois auprès de cette vraie grand-mère là.

Alors commença pour les enfants une vie errante qui allait durer trois ans.

Ils errèrent d'hôtels en hôtels dans la région parisienne. Le premier hôtel, Tristan s'en souvenait, était l'hôtel Terminus de la gare Saint Lazare.

Là leur père dut laisser en gage une malle-armoire pleine de costumes et de linge. Puis d'autres hôtels, et encore d'autres hôtels.

Leur éducation et leur instruction était complètement négligée : à douze ans Tristan faisait trente fautes d'orthographe en une page. Ils mangeaient ou ne mangeaient pas, ils dormaient ou ne dormaient pas. Parfois ils passaient des nuits à marcher. Marcher… Comme ils avaient marché ! il y a peu d'enfants au monde qui aient marché autant qu'eux.

Trois années s'écoulèrent.

Un matin, ils se trouvaient à Issy les Moulineaux chez de braves gens auxquels leur père les avait confiés.

Ils ne le revirent jamais…

Chapitre III

« L'hérésie des hérésies était le sens commun »
(Orwell» 1984 »)

Vers dix neuf heures, Tristan s'inquiétant de ne pas voir revenir son père était allé l'attendre à la bouche du métro. Il était là depuis une demi-heure quand un homme sortit et s'approcha de lui. Son visage ne lui était pas inconnu. Il l'avait vu dans le passé lors d'événements juridiques au cours du procès en divorce de ses parents. Il le revoyait dans un nuage de juges, d'avocats, de policier. C'était l'inspecteur Lordiller.

— Où sont tes sœurs ? Lui dit celui-ci abruptement.

Ils allèrent ensemble chez les personnes aimables qui avaient bien voulu les garder ce jour-là. Alors ils se dirigèrent vers un café où l'inspecteur leur offrit du chocolat chaud et des croissants. Ensuite il héla un taxi où ils montèrent tous.

Vingt minutes plus tard ils se trouvaient devant l'hôtel particulier de *grand-maman chérie*.

La seule vue de la maison et l'idée « des sacrifices énormes que *grand-maman chérie* allait leur consentir » leur serraient le cœur.

Ils avaient été malheureux ces trois années. Ils avaient manqué de tout matériellement. Ils avaient connu la faim du voyageur dans le désert. Mais ils n'avaient jamais manqué d'affection. Ils n'avaient pas été tellement malheureux si l'on sort de cette étroite réalité qui ne tient compte que des contingences matérielles. Tout le monde semble de plus en plus être obsédé par cette réalité là, comme si cette réalité était toute la réalité. Il y a peu de gens qui ont le sens de toute *la* réalité et qui ne se rendent pas compte que leur pauvre réalité parcellaire, tronquée, frauduleuse, n'est que le fœtus de la réalité réelle. Ce cadre luxueux qui les attendait, ils l'auraient bien échangé contre une relative misère, où le corps aurait eu une nourriture minimale. Il ne leur restait rien d'amer dans le cœur de ces trois années de souffrances matérielles. Ils n'avaient pas toujours mangé à leur faim ? Peut-être. Mais ce n'était pas suffisant pour garder du ressentiment à l'égard de leur père. Ils préféraient le morceau de pain tendu discrètement par leur père, au gâteau au chocolat, pourtant convoité, de *grand-maman chérie*, car elle l'enveloppait de cette abominable ostentation qui donnait envie de dire : « Non merci, je n'en veux pas ».

Ils ne stagnèrent pas chez *grand-maman chérie*.

Dans sa voiture américaine l'oncle Jacques les conduisit chez une amie de sa mère en banlieue. Tristan se souvenait d'une certaine révolte pendant ce trajet en voiture. C'était tout de même drôle d'avoir connu la faim au point de se rouler par terre en gémissant, alors que la famille de leur mère avait des voitures américaines, (l'oncle Etienne en avait une aussi) un hôtel particulier dans le seizième arrondissement de Paris, des domestiques en gants blancs. Quelques semaines auparavant il avait entendu maître Badier, l'avocat du clan maternel, dire à leur père : « Les pauvres, ils sont dans la misère ».

Bien sûr leur situation matérielle entre les deux guerres n'était plus ce qu'elle était jadis, au début du siècle, mais les oncles étaient médecins des hôpitaux et *grand-maman chérie* prenait des hôtes payants, particulièrement des personnes juives allemandes qui utilisaient la résidence de *grand-maman chérie* comme tremplin vers les USA depuis 1936. Mais était-ce la misère ?

— Pourquoi, dit Tristan, avons-nous eu si faim et dormi si peu depuis trois ans alors que vous n'êtes pas dans la misère, comme maître Badier nous l'a dit ?
— Cela ne te regarde pas, répondit l'oncle sèchement et eunuquement.

Après quelques jours chez des amis de banlieue, ils partirent alors s'installer chez des amis en Eure et Loir. Un petit château entouré d'un grand parc au fond d'une cuvette. Ils baptisèrent le châtelain « oncle » et la châtelaine « tante Hélène ». C'était une grosse mémère sympathique et molasse. Mais… ils retournèrent en pension.

Pendant les vacances ils revenaient là ou chez d'autres amis de leur mère.

Tristan se souvenait avoir habité chez un peintre connu follement amoureux de sa mère. Il souffrait qu'il eût souhaité que sa mère l'aimât.

Tristan revoyait l'étang où ce monsieur péchait le brochet aux confins de la forêt de Senonches.

C'est alors que Tristan fut confié à un curé de campagne.

Il y demeura jusqu'au début de la seconde guerre mondiale. Son instruction ayant été toujours négligée, il ignorait l'orthographe et les bases élémentaires de l'instruction. Pendant sa pitoyable enfance il ne reçut jamais la moindre instruction primaire.

La campagne alentour, la vie fut plus calme dans ce presbytère. Le curé avait une nièce qui était une sombre vache. Elle avait un physique de caricature. Menton en galoche, nez en trompette, coiffée la raie sur le côté, ses cheveux plats et collés tombaient ternes, encadrant de grosses lunettes, genre loupes, devant des yeux glauques et globuleux. Air bizarre, mêlé de bêtise et de méchanceté. Il y avait aussi la vieille demoiselle Daminé, organiste, triste et persécutée par la nièce, elle buvait et priait.

Le curé quant à lui, était un homme sympathique et équilibré, profondément religieux sans être mystique. Il manifesta au début une affection exagérée pour Tristan mais finit par le prendre en grippe. Il tentait de ne pas le manifester mais l'enfant le ressentait. Tristan était un jeune garçon paresseux, nonchalant, guère capable d'effort, timide au point de passer du blanc laiteux au rouge écarlate si on le fixait du regard.

Tout cela et bien d'autres traits, correspondait bien à la nativité de Tristan, né sous le signe de la Balance. Il y avait une espèce de rite auquel il était soumis quand il y avait du monde. Le curé disait : « Regardez le beau fard » et de fixer Tristan pour voir l'effet produit.

Parmi ses camarades il y avait un garçon de Levallois qui le brimait sans cesse. C'était le prototype du banlieusard, physique, voix, vulgarité. De sa grosse force imbécile il écrasait la délicate faiblesse de Tristan.

Alentour, le curé faisait des séances de cinéma. Il transportait en voiture le matériel nécessaire et les pensionnaires que nous étions l'aidaient à tour de rôle. Tristan vit en sa compagnie de fort beaux films et c'est à cette époque que s'éveilla en lui un certain goût du théâtre.

Peu avant la guerre, en 1939, la mère de Tristan enfin divorcée, avait épousé le Vicomte de Gastine. Ils habitèrent un manoir ferme en Eure et Loir. C'était un important domaine familial, comportant une centaine d'hectares de terre à blé, des vaches, des chevaux, des porcs et de la volaille. Le beau-père était ingénieur agronome et aimait particulièrement la vie de gentleman farmer pour laquelle il avait certainement une véritable vocation. Ce nouveau personnage dans la vie de Tristan avait environ trente cinq ans. Il était grand, maigre, plutôt que mince, le visage long et le nez bourbon, mais le front bas indiquait une intelligence limitée qu'il fut donné à Tristan d'observer. C'était un aristocrate terrien, fin de race. Voix grave, bien timbrée, il était sarcastique et incisif, assez destructeur, sophiste en diable, et un tantinet radin. Tristan admirait son élégance naturelle.

Il soignait ses vaches pour le plaisir de sa vocation, pour le plaisir de contempler une belle vache, il faisait pousser un chou pour admirer un beau chou, il cultivait un champ pour voir les épis s'épanouir riches et glorieux. S'il était pingre de nature, il n'était pas vraiment intéressé par l'argent et il n'aurait pas donné une parcelle de son âme pour en gagner.

Il se distinguait à ce sujet de ces contemporains.

Pendant les années qui précédaient la guerre les produits agricoles se vendaient à bas prix ou ne se vendaient pas du tout. Le beau-père acculé à la liquidation, profita de l'appui de son beaufrère député pour obtenir un poste important en Afrique Occidentale Française. Le couple partit là-bas.

Un enfant leur était né, Luc, qui fut envoyé à Nantes chez une tante et un grand père paternels.

Tristan quitta le curé, pour être confié, lui et ses sœurs, à la tante Denise et son mari oncle Paul, médecin et député.

L'oncle Paul s'était installé dans le Loiret où il était devenu maire, Conseiller Général puis député : c'était un homme excellent, un oncle gâteau. Il était soumis à sa femme de façon dérisoire et absolue. Il agissait en vrai petit garçon. Tante Denise lui témoignait des égards et un respect qui allaient de soi. Cette autorité de la tante sur l'oncle et cette déférence, furent pour Tristan une intéressante observation psychologique. La tante était juste, autoritaire, intelligente au sens courant du terme, mais d'une réceptivité limitée. Il manquait chez elle cet essentiel qui manque dans toute la spéculation juive de l'époque : la dimension de la synthèse, de l'amour, de l'humain authentique. Cette dimension est totalement absente dans le Capitalisme comme dans le Marxisme.

L'oncle et la tante n'avaient pas d'enfant et auraient bien aimé en avoir un. On envoya les trois enfants en pension à Pithiviers.

Là, dans sa solitude, Tristan était toujours aussi mauvais élève.

Un jour il était en train de haranguer ses camarades dans une salle de classe sans professeur et le Directeur entra inopinément.

Il manda Tristan dans son bureau.

— Ce n'est pas avec votre bonne mine et votre éloquence que vous passerez votre baccalauréat, lui dit-il avec bonhomie.

Dans le cercle de famille, Tristan ne disait mot, mais dès qu'il était à l'extérieur et que les circonstances le permettaient, tel un liquide trop comprimé, il giclait.

L'année scolaire n'était pas terminée et la guerre de 1939 éclata.

Monsieur et Madame de Gastine rentrèrent d'A.O.F.

Laure et Charlotte partirent avec leur mère et leur beau-père. A la grande joie de Tristan il resta avec sa tante et son oncle.

Vint l'exode de 1940.

Trois voitures furent bourrées de bagages. On lui en confia une bien qu'il n'eût pas quinze ans. La seconde était celle du médecin remplaçant. La troisième appartenait à Josette, journaliste et romancière, une amie de tante Denise et de sa mère, compagne d'un romancier connu. Tristan traînait une remorque remplie de films et de documents de la guerre d'Espagne lui appartenant. Ce romancier allait devenir en 1945 ministre de Charles de Gaulle. Ils arrivèrent deux jours plus tard dans le château d'un ami parlementaire où Tristan resta deux mois. L'occupation allemande s'étant établie, l'oncle et la tante vinrent chercher Tristan.

Tristan avait quinze ans. Une enfance chaotique et la maladie ne lui avaient guère permis d'apprendre. Il ne savait rien. Il faut dire que le contenu des études officielles ne suscitait en lui aucune appétence intellectuelle. Menaient-elles à davantage de conscience et de bonheur ? L'école ne touchait à rien d'essentiel et fabriquait et essaimait des suicideurs dans tous les aspects de la vie. Combien de fois il avait repensé à cette phrase de Simone Weil, cet esprit grandiose, devant son inspecteur général menaçant : « je considère la révocation comme le couronnement de ma carrière »…

Quand il avait huit ans, on lui avait demandé ce qu'il voulait faire. Il avait répondu « poète ». Mais le rire strident de son interlocutrice lui donna un choc douloureux qui lui fit bien comprendre que « poète » n'était plus un état social.

Que signifiait ce mot pour lui ? Parler de ce que l'on voit et que les autres ne voient pas, exprimer ce que l'on sent et pense pour éclairer ceux qui sentent moins et qui pensent peu. Se révolter contre le mal et tenter de le guérir en profondeur. Greffer des mots qui viennent tout seuls sur ces évidences vécues que d'autres nomment intuitions et dont ils se méfient parce qu'ils ne vivent plus.

Le piano l'obsédait toujours.

O jouer Chopin, combien cela eût assouvi sa vocation de poète !

Hélas, il n'existait qu'une alternative : le baccalauréat ou l'apprentissage. Il marcha donc dans la seule voie ouverte : boucher les trous de son éducation primaire et préparer le baccalauréat. En deux ans il fit des miracles.

Il put accomplir ce miracle grâce à des professeurs en leçons particulières.

Si on l'avait remis dans un internat, il eût été perdu et n'aurait jamais réussi à rien. Il allait voir deux professeurs à Orléans pour les lettres et les sciences. Deux fois par semaines il prenait le car pour Orléans. Il étudiait aussi à la maison avec un instituteur, et l'anglais lui était enseigné par sa tante qui avait parlé cette langue depuis la petite enfance en Egypte.

Au bout de deux ans il fut admis à l'examen de passage en classe de première au lycée d'Orléans. Après une telle enfance, c'était un succès.

Ces deux années à Beaune, où il vivait avec son oncle et sa tante, lui avaient rendu un peu de paix et d'équilibre. La campagne, la bonté de l'oncle Paul, le calme et la patience de la tante pour le garçon impossible et parfaitement incompris qu'il était... La tante Denise était juste et raisonnable mais aucunement sentimentale. Elle ne ménageait aucunement l'argent pour tout ce qui concernait l'instruction de son neveu, mais pour le reste elle était d'une avarice consternante. Tristan qui avait une nature à préférer le superflu au nécessaire fur fort vexé lorsqu'un jour un paysan lui dit :

« Ton oncle pourrait bien te payer une culotte »...

Cette négligence vestimentaire, le manque d'argent de poche, pourtant, il faut l'avouer, une excellente chose pour l'éducation, le marquait d'un sentiment de tristesse car les autres garçons de son âge étaient gâtés et choyés. Il entra en première au lycée d'Orléans.

Il prit pension chez un professeur adjoint au lycée. Son correspondantétaitle célèbre Docteur

C. ancien remplaçant de l'oncle Paul. Il avait été poussé par lui, avec l'accord de la tante Denise, vers la politique et était devenu député maire d'Orléans. Sa femme amoureuse et jalouse, tua son mari à coups de revolver le jour où il avait été nommé ministre. Tristan vécut pour ainsi dire tout cela, écoutant les propos du mari comme de la femme dont il finit par connaître les mentalités réciproques. Yvonne, l'épouse du Docteur C. était aimante, passionnée, insupportable et jalouse. Lui, savait être un homme du monde charmant mais pouvait devenir fort brutal dans l'intimité. Tristan avait pu voir un poste de radio appartenant à sa femme, démoli par le Docteur à coups de pieds. Lorsqu'il bavardait il racontait naïvement à Tristan qu'il aimait la guerre et qu'il se sentait en pleine euphorie enseveli dans un cave, sous une maison bombardée…

Ses camarades de lycée lui semblaient particulièrement insignifiants, mesquins et sots. Leur bêtise et leur lâcheté étaient ce qui le frappait le plus. Cette bêtise, cette lâcheté, Tristan allait la rencontrer toute sa vie.

Ils avaient un professeur d'histoire brillant mais physiquement peu favorisé par la nature, il était parfois pris d'un léger bégayement timide qui, par ailleurs, ne l'empêchait pas d'être intelligible. Ses camarades chahutaient ce professeur. Tristan demeurait silencieux, attentif, au premier rang, et n'ouvrait jamais la bouche pendant la durée du cours d'histoire.

Le professeur de mathématiques, quant à lui, avait cette silhouette communément qualifiée « d'armoire à glace ». Il fallait voir comment ces petites larves filaient doux ! cette classe n'était-elle pas une image de l'humanité tout entière ? C'est alors que Tristan ressentait une furieuse envie de chahuter. Il s'adressait à son voisin à voix quasiment haute, mais ce dernier tremblait de lui répondre.

Un jour d'hiver en 1942 en pleine occupation, il faisait particulièrement froid dans la classe. Le chauffage était plus que relatif. Aussi Tristan profita-t-il de la classe mathématiques pour enfiler ses gants. Ah ! le gros malabar costaud, résistant, il enrageait, pensez donc ! prendre ses cours avec des gants ! il essaya tout le malabar, quolibet, ironie, sarcasme, ridicule : impossible, Tristan garda ses gants !

Chahuter le professeur de mathématiques voilà ce que Tristan trouvait normal, mais certes pas de se manifester de cette manière hideuse et lâche à l'égard d'une maître bon, talentueux mais légèrement défavorisé par la nature. Aucun contact n'était possible avec ces individus qu'il méprisait et parfois exécrait. Il eût aimé être entouré d'êtres sans petitesse, larges de cœur, différents de ce modèle standard, si désespérément ridicule et curieusement « normal ».

Ces individus se révélaient bien meilleurs élèves que lui. Il était remarquable que ceux auxquels il aurait mis la note humaine zéro, remportaient tous les lauriers. Et pourtant il les ressentait fermés aux réalités essentielles.

Tristan assistait, indifférent à ces heures de cours qu'il transformait en séances d'observation privilégiée. Il avait déjà de singulières intuitions qui prendraient corps beaucoup plus tard et que personne ne pouvait partager.

Le piano hantait ses rêves, Chopin, surtout Chopin. Il pleurait parfois de ne pouvoir l'étudier, mais il savait que c'était impossible et qu'il ne fallait pas espérer. Le français le crispait, l'explication de texte et la dissertation l'irritaient suprêmement. L'universitaire c'est la faillite de l'essentiel, le triomphe du minuscule, la cécité devant l'aveuglant. Il n'y a rien d'étonnant à ce que les agrégés deviennent massivement les apologistes et les disciples d'une idéologie qui a massacré deux cent millions d'êtres humains. A ce degré de réductionnisme toutes les folies sont possibles pourvu qu'elles soient officielles et à la mode.[9]

Que de choses accessoires, futiles, sans intérêt peuvent être proférées dans une explication de texte. Les camarades, dociles, obtenaient d'excellentes notes en récompense de ces exercices de distorsion mentale. Il n'y avait d'ailleurs rien de commun entre le « scolaire » et les préoccupations banales du déroulement de leur vie réduite au végétatif au vulgaire. Ils s'acquittaient de leurs obligations scolaires comme d'un pensum ou d'une obligation physiologique telle que la défécation.

Tristan était bloqué, butté par tant de mesquineries, d'absence de réel, par ce foisonnement de singeries. Nous étions en pleine guerre mondiale. Qui aurait pensé parmi ces maîtres à prendre conscience de ses *véritables* causes ? Personne ne manque plus de culture véritable, de conscience synthétique, de potentiel créatif qu'un agrégé. Il va jusqu'à prendre l'agrégation pour une valeur.

En fin de trimestre, ce fut la composition de récitation.

Les camarades de Tristan débitait leurs textes au rythme automatique et indifférent d'une machine à sous.

Lorsque vint son tour, Tristan commença à dire son texte de Vigny. La classe entière éclata de rire.

Il marqua un temps d'arrêt, garda un masque impassible car il avait prévu le réflexe conditionné de ces robots. Un regard circulaire du professeur rétablit le silence.

---

[9] Cela se vérifie au niveau le plus élémentaire. En l'an 2000 les femmes se promèneront avec des pantalons moulant leurs fesses, tirebouchonnant sur des chaussures éléphantesques. Même à ce niveau l'intelligence et le sens esthétique ont disparu au profit du concept aberrant de mode.

Tristan avait repris son texte ... Les regards quasi hébétés le fixaient comme si quelque chose d'anormal venait de se produire. Puis il retourna à sa place. Ces camarades ahuris apprirent que Tristan était le premier de sa classe en cette matière.

Si la récitation lui valait d'être le premier, les autres matières étaient décevantes quant aux résultats, hormis les mathématiques où il obtint également juste avant l'épreuve du baccalauréat, la place de premier.

Le curieux est qu'il est toujours demeuré nul en arithmétique, médiocre en algèbre. Mais la géométrie de trouvait brillant. Son aspect visuel, la prise qu'elle offre à l'imagination lui convenaient parfaitement et spontanément. Il concevait lumineusement les figures et les volumes et distinguait les lieux géométriques en faisant évoluer mentalement les volumes dans l'espace avant de les déterminer par le raisonnement. Il se plaisait davantage aux jeux de son imagination, aux mécanismes de son intuition qui trouvaient là à s'exercer plutôt qu'à la géométrie qui en fait, ne l'intéressait guère.

Il avait horreur de la gymnastique telle que la pratiquaient ces cohortes en ribambelles.

Comme bien des adolescents Tristan écrivait des vers. De tout le fatras qu'il concocta, il lui restait en mémoire :

O, qu'il doit faire bon dans le triste silence D'un caveau souterrain, O solitude immense.

Que rien ne vient troubler, plus d'horreur, plus de mal Plus de meurtres enfin, d'horribles hécatombes.

Rien que les heures lentes qui passent sur nos tombes Noircissant peu à peu son marbre virginal...

Le couple qui logeait Tristan recevait de la tante Denise des colis de provisions pour lesquels elle exigeait des prix de marché noir, encre de Chine. Ils finissaient par reporter sur Tristan leur ire légitime et devinrent proprement empoisonnants. La bonne femme se faisait mégéresque mais il fallait aussi la comprendre. Dans cette période de privations sous l'occupation allemande, exiger des sommes exagérées pour d'élémentaires colis aurait perturbé le système nerveux de quiconque. La tante quant à elle était parfaitement inconsciente de ce phénomène.

Tristan demeura tout le premier trimestre dans cette galère. Il y serait bien resté car il allait se trouver dans un bagne bien pire.

Noël 1941.

Chapitre IV

« C'était pendant l'horreur d'une profonde nuit… »

Les oncles Jacques et Etienne étaient partis en Espagne puis en Angleterre, comme le firent des milliers de Juifs. Sa mère et son beau-père étaient installés à Nantes. Lui avait été nommé directeur de la mission de restauration paysanne créée par le Maréchal Pétain. Charlotte, Laure et leur demi-frère Luc se trouvaient avec eux. L'oncle Paul et la tante étaient restés à Beaune.

A Paris, il y avait *grand-maman chérie*.

L'hôtel particulier du XVIème arrondissement avait été vidé de tous meubles et objets de valeur. Même les grilles en fer forgé qui séparaient le hall d'un salon, avaient disparu. Il ne restait que les charnières vides. La grande maison avait des allures de grotte. Mais n'était-elle pas habitée par des fossiles ?

Pour éviter que son hôtel ne soit occupé par les Allemands, *grand-maman chérie* voulut y résider. Elle ne pouvait y habiter seule car l'oncle Paul et la tante Denise étaient contraints de rester à Beaune. On pensa à Tristan.

Il quitta le lycée d'Orléans pour le lycée Buffon. Dans l'immense baraque dénudée et sans chauffage il y eut désormais *grand-maman chérie* et lui, lui et *grand-maman chérie*.

C'était un abominable chameau.

Tristan avait dix sept ans et à cet âge il est malaisé de gifler un jeune homme. Mais il y avait tout un arsenal imaginé par son exquise nature.

Son caractère était un ramassis confus de despotisme pervers, d'anxiété, de tragédie, de pessimisme et d'opiniâtreté mesquine.

Elle s'emportait à peine lui suggérait-on timidement l'énormité des sottises qu'elle proférait. Son idéation était lente, tortueuse, elle était singulièrement sadique, avare dans le sens strictement égoïste car il ne semble pas que quiconque l'ait jamais constatée avare envers elle-même.

En revanche elle exhibait sa générosité de manière perpétuelle et quelque peu écœurante.

« Regarde ce que grand-maman a fait pour toi, elle t'a fait un bon plat de vermicelle, te donne un lit pour te coucher, te soigne, s'occupe de toi ». Après s'être traînée quelques minutes pour fricasser leur repas elle se laissait tomber sur son lit, en insistant lourdement sur « ce qu'elle faisait pour Tristan », « toute la fatigue qu'il lui imposait », « mais cela ne faisait rien » ajoutait-elle de manière mourante, « Je le fais de bon cœur ». En fait Tristan ne se souvenait guère l'avoir vue entreprendre en sa faveur une action gratuite qui ne comportait point un caractère sadique. Lorsqu'elle faisait quelque chose, elle tirait toujours elle-même profit des résultats de l'effort harassant qu'elle avait fourni « Pour l'ingrat qu'il était ».

Que de choses il avait pu observer dans son enfance, observer et sentir. Combien de fois il avait joué à l'idiot afin que personne ne s'aperçût de la pénétration de sa sensibilité. Il ne savait pas mentir, il n'avait jamais su. Il les sentait si incomplets, si impuissants, que cela lui faisait peur. Dès qu'il desserrait les lèvres pour s'exprimer, son cœur battait la chamade. Il bafouillait et perdait contrôle. Il se sentait comme enfoui dans un béton d'incompréhension. Même à vingt sept ans, lorsqu'il se rendait chez *grand-maman chérie*, il était fébrile et sa diction s'embrouillait.

Grand-maman chérie était ridiculementetviolemmentsectaire, fanatique, pleinementinconsciente d'elle-même, donc impossible à éclairer. Tout dialogue était une impasse, un cul-de-sac, la quadrature du cercle. Ce schéma est caractéristique de tous les malades mentaux chez qui le cœur est absent. Qui a un esprit et un cœur est ouvert au dialogue avoue son erreur ou explique celle de l'autre. Tout cela est exclu de la mentalité insane, celle de nos dirigeants de la politique et de la finance. Le fou ne connaît que son obsession, sa fixation, il tuera plutôt que de céder.

Parfois Tristan avait tenté des ébauches mais il n'était pas question de logique : tout ce qui ne servait pas sa dérisoire subjectivité pathologique était ignoré, fût-ce en face de la plus évidente des évidentissimes évidences.

Mais Tristan ne savait pas se taire. Il en eut vite assez de cette prison. Les congés de Pâques approchaient : il devait aller les passer chez sa tante à Beaune. C'était une grande joie pour lui. Il conçut alors un projet machiavélique.

Il décida d'écrire une *fausse* lettre à sa mère, dans laquelle en quelques pages bien détaillées, il dressait un bilan de ce qu'était sa vie à Paris entre la préparation problématique de son baccalauréat et le caractère séraphique de *grand-maman chérie*.

Avant de partir chez sa tante, il laissa la lettre-bombe dans un tiroir de sa table de travail. Elle était lâchée là comme par hasard, bien au fond, afin qu'elle semblât avoir été cachée avec le plus grand soin. Tristan lui aurait bien dît tout cela de vive voix, mais elle ne l'aurait jamais laissé parler. D'un geste grandiloquent, elle eût évincé de sa vue l'ingrat ignoble qu'il était. La lettre disait tout et il savait que la curiosité morbide de *grand-maman chérie*, son esprit inquisiteur, la pousseraient à mettre ses mains jusqu'au fin fond du tiroir et qu'elle lirait la lettre tout entière. Il était dans sa caractérologie de fouiller jusqu'au fin fond de son tiroir d'écolier. Cette curiosité morbide, elle n'aurait d'ailleurs pas hésité à la justifier d'un principe de surveillance morale. Tout cela cadrait parfaitement avec sa douce nature.

Ce que Tristan avait prévu arriva mais *grand-maman chérie* ne fit jamais la moindre allusion à la lettre. En rentrant de Beaune Tristan constata que le visage de *grand-maman chérie* s'était allongé d'un pouce. Il alla discrètement ouvrir son tiroir : la lettre avait disparu.

Grand-maman chérie n'avait pas remis la lettre en place. Cela Tristan ne l'aurait pas prévu.

Elle l'avait gardée, pour en faire quoi ?

Grand-maman chérie connaissait la pensée de Tristan. Cela ne changea rien. Il y a chez les êtres une sorte de déterminisme absolu qui a toujours stupéfié l'observation de Tristan.

L'appartement de *grand-maman chérie* donnait sur le grand hall, celui de Tristan lui faisait face. C'était l'ancien appartement du grand père de Tristan qui avait jugé bon de finir ses jours loin de sa digne épouse, dans une paisible retraite.

Tristan était une sorte de valet de pied de *grand-maman chérie*.

Elle cuisinait pour eux deux – elle avait solide appétit – et Tristan se chargeait de tout le reste. Il allait chez les commerçants pour les achats indispensables. Les magasins étaient éloignés de l'hôtel particulier, situé en plein quartier résidentiel. Le matin à l'aube il allumait le poêle dans la pièce qui jouxtait sa chambre, car c'était là que *grand-maman chérie* passaient ses journées, bien au chaud. Il devait souvent le rallumer en rentrant du lycée et attendre qu'il fît assez chaud pour venir à bout de son travail scolaire important à quelques mois de l'examen.

Malgré le chaos de son enfance, il était parvenu en classe de première.

Il y avait tant à faire pour *grand-maman chérie* dans cette grande baraque qu'il perdait toute chance d'être admis au baccalauréat cette année-là.

Les fonctions de valet d'un vieille dame despotique ne sont pas compatibles avec les obligations d'un lycéen consciencieux. Il savait l'échec qui l'attendait, mais que pouvait-il faire ?

La chambre où il dormait était glaciale l'hiver. *Grand-maman chérie* n'avait pas daigné laisser Tristan installer son lit dans la chambre au poêle. Il y avait trois portes et une immense fenêtre mais « Les émanations auraient pu l'asphyxier » Cela était d'autant plus ridicule que le poêle était éteint quand elle s'en allait et quand Tristan se mettait au lit. Mais la pièce aurait pu être assez chaude puisque le poêle avait fonctionné toute la journée. Elle condescendait tout de même à ce que la porte fût ouverte lorsque, le poêle éteint, elle regagnait ses pénates.

Il faisait couramment moins cinq degrés centigrade dans la chambre de Tristan. Lorsque *grandmaman chérie* n'était pas dans la pièce du poêle, elle se trouvait dans sa chambre, dans son fauteuil, se chauffant de son cataplasme électrique, asthmatique et agonisante depuis quarante ans.

Une jeune femme sonna un jour à la porte de l'hôtel. Candidate choisie par l'oncle Etienne en vue de mariage. Il fallait que *grand-maman chérie* donnât son avis qui serait décisif.

Depuis la salle de bains où il se lavait les mains, il entendait les jérémiades de *grand-maman chérie* auprès de la jeune femme :

« Mes petits enfants qui ne m'aiment pas et qui attendent ma mort pour hériter »…

La déclaration était d'autant plus mensongère et sotte que rien ne permettait d'envisager une telle perspective, mais il fallait qu'elle se posât en martyre et en sainte.

Lorsque la jeune femme fut partie *grand-maman chérie*, avec sa naïveté coutumière, son inconscience habituelle déclara à Tristan : « Tu vois, oncle Etienne, il m'a envoyé cette jeune fille et il m'a dit, « Ma petite maman si elle ne te plaît pas, je ne l'épouse pas ».

Elle était maniaque de la calomnie pour des choses futiles comme pour des choses importantes. Il pleurait souvent de ses ignobles visions germant d'un pot de confitures ou d'accusations plus graves dont la conception diabolique n'aurait jamais même effleuré le cerveau de Tristan.

Des années plus tard, il retrouverait cette psychologie dans Freud qui avait ignoblement sexualisé des sentiments tendres, des dévouements purs, des amours filiaux, aussi étrangers à la sexualité que l'Acropole l'est au crocodile.

Vint le baccalauréat : il faut ajourner pour deux points. C'est alors que les événements se précipitèrent. Tristan était allé au commissariat de police pour y recevoir l'étoile de David que *grand-maman chérie* avait héritée.

L'étoile de David à la race Juive ? Cela est d'autant plus étonnant que les races n'existent pas : il n'existe que les ethnies qui sont le résultat de l'adaptation hormonale à un environnement fixe pendant au moins huit à dix siècles. Or les Juifs ne sont pas une race puisqu'elles n'existent pas, ils ne sont pas une ethnie puisqu'ils n'ont jamais tous séjourné dans un lieu géographique permanent pendant huit à dix siècles.

Ce n'est donc ni dans le concept de race, ni dans la réalité ethnique qu'il fallait trouver la cause du particularisme juif constant dans le temps et l'espace. On ne pouvait pas non plus parler de « façonnage par la religion », car si l'influence de celle-ci n'est pas négligeable, elle n'est pas partie prenante dans ce particularisme. Les Juifs sont somatiquement bien différents d'un pays à l'autre et ils n'ont en commun parfois que certains traits caricaturaux et une mentalité qui n'a pas varié depuis cinq mille ans. Enfin tous les Juifs de la haute bourgeoisie financière se moquaient bien des enseignements de la Thora et ne mettaient jamais les pieds dans une synagogue. Ils ne gardaient de l'enseignement religieux que la pratique de la circoncision au 8ème jour.[10]

Les Juifs commençaient à être gravement persécutés et Hitler qui n'acceptait radicalement pas leur rôle dans le Capitalisme comme dans le Marxisme. Il avait observé la République de Weimar où ils dominaient tout, la révolution bolchevique, horreur absolue et il décida donc de les parquer dans des camps. Il pensait que même les innocents ne tarderaient pas à engendrer d'autres financiers, d'autres Freud, d'autres Marx.

Il pensait donc que l'existence même de la planète et de l'homme étaient en jeu. Cinquante années plus tard l'actualité mondiale de « 1984 » d'Orwell démontrait que la république de Weimar était aux dimensions de la planète avec son chaos pornographique et migratoire de drogue, de chômage, de suicides des tout jeunes, sa boucherie des nouveaux-nés, ses 150 guerres, son gouvernement judéo-américain, et ses financiers du type Warburg, Rothschild, Soros, Hammer et consorts régnant dictatorialement sur la planète et les politiciens zombies de tous les partis.

---

[10] Nous verrons dans le chapitre « la clef » que c'est là et seulement là, que se trouve le secret du particularisme juif. Il s'agira d'une distorsion hormono-psychique.

Il était donc vital que *grand-maman chérie* et tante Denise aille se réfugier en Zone Libre sous la protection du Maréchal Pétain. Il n'empêche que toutes deux ne cessaient de vitupérer contre le Maréchal qui leur donnait protection, Pétain, ce traître, qui allait, fort mal d'ailleurs, soutenir Hitler, et « libérer les Français de la tutelle la plus honteuse celle de la finance ».

L'oncle Paul leur rendait régulièrement visite, leur apportait argent et provisions. Avant ce départ pour la zone libre, il fallait se débarrasser de l'encombrant Tristan.

Madame de Gastine avait écrit plusieurs lettres à son fils ces dernières années. Elle était un peu jalouse de l'affection que Tristan portait à sa tante et de celle que sa tante lui portait. Elle lui écrivait « qu'il était son fils chéri », « qu'elle voulait qu'il la rejoigne », « qu'elle ferait tout pour lui ».

Elle tentait de l'aspirer moralement de semer le désarroi dans son âme confiante et cela était d'autant plus aisé que la vie de Tristan chez *grand-maman chérie* était un solide purgatoire.

La tante écrivit donc à sa sœur qu'on le lui renvoyait et qu'elle espérait que Madame de Gastine pourrait désormais faire de son fils quelque chose d'un peu mieux qu'un manœuvre.

Tristan se réjouissait car on aime sa mère et on oublie facilement le négatif qui peut la concerner. Il avait beau la connaître, il l'aimait. Une mère est une mère. Comment ne pas l'aimer ? On peut finir par la haïr avec ses viscères, par carence, mais pas avec son esprit.

Alors *grand-maman chérie* se hissa au grenier, farfouilla quelque peu, finit par dégotter l'ombre d'une vieille valise à soufflets que, généreusement, elle donna à Tristan. Elle ignorait le prix du billet Paris Nantes en seconde classe. Il ne fallait pas que Tristan eût un centime en poche. Aussi le fit-elle accompagner à la gare pour prendre son billet. On le mit dans le train sans un sou en poche : il était liquidé.

Lorsqu'il arriva à la gare de Nantes, son beau-père l'attendait.

L'accueil fut assez froid. L'attirer en lui racontant qu'on l'aimait beaucoup, qu'on désirait sa présence, que l'on ferait tout pour lui, était une chose. Mais le voir effectivement arriver en était une autre. En réalité il s'agissait surtout de créer en lui des conflits psychologiques préjudiciables à tante Denise et *grand-maman chérie*.

Chaque jour la police française soumise à l'occupant, contrôlait Madame de Gastine. Son mari fonctionnaire du Maréchal, obtint avec la complicité du chef de l'État, d'être nommé en zone libre. Le cas était fréquent et le nombre de Juifs qui évitèrent la déportation grâce au Maréchal est difficile à évaluer car il est considérable. On n'en parlera jamais après la guerre pas plus que des dizaines de millions exterminés dans un régime radicalement Juif de par ses idéologues, ses politiciens, ses financiers, ses administrateurs et ses bourreaux carcéraux et concentrationnaires tels que Kaganovitch, Frenkel, Yagoda, Firine, Ouritski, Sorenson, Abramovici, Apetter, Jejoff et cinquante autres Juifs.

Par contre on parlera sans arrêt des six millions de Juifs gazés par les Allemands alors qu'il est prouvé qu'ils n'était que trois millions trois cent mille en Europe occupée en 1941 et que le Cyclon B, acide cyanhydrique, est impropre à gazer mille ou deux mille personnes à la fois. Mais il faudra croire à ce dogme religieux sous peine d'une loi promulguée pour « crime de la pensée » qui est d'ailleurs la preuve par neuf de l'imposture.[11]

Laure et Tristan partirent sac au dos vers Poitiers où un professeur de collège rendait de multiples services à ceux que les Allemands traquaient. Ils apprirent, que d'une rare imprudence, il avait été arrêté et fusillé.

Ils avaient l'adresse d'un curé de campagne dont la paroisse se situait sur la ligne de démarcation. Un car les ayant déposés à un kilomètre du lieu, ils se mirent en marche vers le presbytère. A un embranchement ils se trouvèrent nez à nez avec un Allemand, fusil au dos, à califourchon sur sa bicyclette. Les enfants pâlirent. Il ne fallait à aucun prix perdre son sang-froid. Avec une assurance de théâtre, Tristan demanda au soldat où se trouvait Bonne, nom du village où ils devaient aller.

— Par là, répondit le soldat, en indiquant une direction. Merci, fit Tristan de son sourire le plus naturel.

Ils n'avaient fait que quelques pas lorsque la voix de l'Allemand retentit derrière eux :

— Ihre Papiere !

Ils crurent s'évanouir.

Le soldat jeta un coup d'œil rapide sur leurs cartes d'identité et les conduisit à un poste situé à trois cents mètres de là.

---

[11] On n'a pas besoin de loi totalitaire pour faire connaître une vérité : on la prouve à l'aide d'arguments et de preuves ; ceux qui contestent l'holocauste sont condamnés sans qu'on leur laisse une chance de prouver qu'ils ont raison ou tort.

Laure se décomposait mais tenait bon. Elle évitait de parler. Ils se comprenaient tous les deux et ils n'avaient rien à se dire.

Un officier allemand arriva. Ils avaient visiblement interrompu son repas. Il s'adressa à eux avec brutalité :

—   Que faites-vous ici ?
—   Nous allons en vacances chez Monsieur le curé de Bonnes, répondit Tristan.

Nous étions en été et ce prétexte pour deux enfants était parfaitement logique.

—   Vous ne voulez pas passer en zone libre ? Demanda-t-il, avec une naïveté qui n'échappa guère à l'humour de Tristan, malgré l'angoisse du moment.
—   Pas du tout, nous allons en vacances.
—   Vous n'êtes pas Juifs ? Insista l'officier.
—   Mais non, répondit Tristan, comme si on l'injuriait.

L'officier dut se sentir soulagé. Il fouilla de fond en comble leurs deux sacs à dos. Il ne trouva rien. Il scruta les pièces trouvés dans le portefeuille de Tristan et découvrit les cartes de visite de sa mère et de son oncle : Vicomtesse de Gastine et Docteur Paul C. Député maire. Il rendit le portefeuille et garda les bristols.

La porte leur fut ouverte : ils étaient libres.

Quelques minutes plus tard, ils étaient sur la route et avançaient de toute la vitesse de leurs jarrets. Laure avait ressenti une telle peur qu'elle était devenue jaune comme un coing en l'espace de quelques minutes.

Ils arrivèrent enfin chez le curé qui leur offrit à goûter et leur susurra à l'oreille :

— Ne restez pas ici, je suis surveillé par les Allemands, si vous ne partez pas immédiatement vous serez arrêtés !

De retour à Nantes, il fallait réviser leur plan d'évasion. Laure et Charlotte passèrent la ligne dans un convoi de la Croix Rouge. Elles atteignirent la Zone Libre sans encombre.

Le Vicomte de Gastine, haut fonctionnaire du Maréchal, envoya Tristan par le truchement de la Mission de Restauration Paysanne, dans une ferme jouxtant la ligne de démarcation.

C'est là que Madame de Gastine et son mari rejoignirent Tristan.

Les gendarmes devaient les aider à franchir la ligne de démarcation. Ils avaient pour des cas analogues reçu des ordres occultes du gouvernement de Vichy. D'ailleurs le nombre considérable de Juifs protégés par le Maréchal était connu de tous. Ils devaient donc se trouver à un endroit précis à un moment précis : ils s'y trouvèrent. Comme ils y arrivaient ils aperçurent des casques louches qui scintillaient au soleil. Nous étions en plein été. Le beau-père, tel un prestidigitateur improvisa un pique-nique sur l'herbe : le procédé semblait ingénu, mais qu'y avait-il de mieux à faire ? Il s'agissait heureusement de casques amis : leurs bras s'agitèrent, il fallait se hâter. Quelques minutes plus tard, au travers des broussailles, ils étaient en Zone Libre.

A côté de l'aspect lugubre de la zone occupée, cette partie de la France qui était demeurée préservée des uniformes allemands, semblait un pays de Cocagne : de la lumière, de la musique, pas de couvre-feu. Tristan aurait déambulé toute la nuit si on lui en avait donné la permission. Pour le plaisir de savourer la liberté de cette nouvelle ambiance. Tous les gens riaient, on se sentait bien.

Ils se réunirent tous chez des amis à côté de Vichy. Les deux sœurs y étaient déjà. Ils restèrent là plusieurs mois.

Madame de Gastine selon sa nature se révéla en ces circonstances particulièrement horripilante, mesquine et tracassière. Elle empoisonnait son fils qu'un peu de tendresse aurait pourtant amadoué. S'il avait pu retourner chez sa tante il n'aurait pas hésité. Il était malheureux, il se sentait « de trop », il avait un sentiment si aigu de cette situation angoissante que la vie lui pesait.

Il voulut écrire une carte, signée de façon illisible à son oncle et à sa tante. Un tel message sous cette forme n'offrait aucun danger mais sa mère l'en empêcha sous le prétexte fallacieux qu'il y aurait eu grave danger pour elle. Que risquait-elle d'ailleurs, en mettant les choses au pire, puisque les Allemands n'occupaient pas cette partie de la France et que le Maréchal refusait de livrer les Juifs de Zone Libre ?

Mais il ne fallait pas que Tristan trouve ailleurs l'amour que sa mère refusait de lui donner.

L'été terminé, ils s'installèrent à Lyon rue Vaubecour dans un appartement loué. Les deux sœurs demeuraient avec leur mère et leur beau-père. Elles rendaient de grands services et furent soigneusement exploitées.

Quant à Tristan, malgré les mirifiques promesses, il fut encore dépêché dans un internat à Villefranche sur Saône.

Leur évasion ayant eu lieu l'été, le travail de préparation impossible, il n'avait pas été question de se représenter à la session d'octobre. De plus l'année débilitante passée chez *grand-maman chérie*, ne lui permettait pas, malgré les places de premier en récitation et en mathématiques, de faire face. Il redoubla donc sa première. Une autre année d'internat.

Il éprouvait toujours devant la violence, la bêtise et la vulgarité la même répulsion. Il semblait de plus en plus vulnérable. Paradoxe apparent, il ne pouvait donner un coup de poing, mais il était capable de ressources extrêmes et douloureuses, peut-être même jusqu'à héroïsme. Il obtint encore la première place en mathématiques mais échoua en juin. Il était indispensable qu'il travaillât pendant l'été s'il voulait réussir en octobre.

Monsieur de Gastine songeait visiblement à se débarrasser de son beau-fils.

« Quand on se noie », disait-il à Tristan, « il faut laisser ceux qui vous entourent se débrouiller seuls. Cet alibi sans valeur, car il possédait une fort belle situation, aussi importante à l'époque que celle de préfet, suffisait à lui donner bonne conscience et pour se défaire de l'encombrante présence de Tristan, il envisagea de l'expédier dans un camp de vacances. Cela eût sans aucun doute compromis définitivement ses chances de succès à l'examen. C'est alors qu'un père Jésuite, ami de sa mère, intervint afin qu'on laissât à Tristan toutes ses chances. Madame de Gastine était déjà partie avec ses deux filles dans une propriété louée près de Nîmes. Elle n'ignorait aucunement que son mari faisait tout ce qui était en son pouvoir pour se débarrasser de Tristan.

Pourtant lorsque Tristan arriva, elle effusionna derechef : « Mon chéri, j'avais si peur que tu ne viennes pas, d'autant que c'était mon anniversaire ». Il ne dit mot mais cette hypocrisie le blesse encore aujourd'hui lorsqu'il repense à ce moment-là.

Il prit alors une mine de crétin avec un sourire fade, tel un masque de protection, écran sans faille devant sa douleur et ses pensées. Que de fois l'avait-il pris ce masque qui lui donnait la paix. Sur une scène de théâtre ses réparties eussent été superbes, magnifiques, avec un visage épanoui ou attristé, rires ou larmes... Mais dans la vraie vie, sur le plateau de la réalité, le cœur meurtri, comment jouer vrai ?

Il bachota donc. David Copperfield était au programme en Anglais. Dickens était un enfant génial, étonné d'un monde de misère et pourtant optimiste.

Il mangeait du raisin.

Un mois avant l'examen on l'envoya dans une petite pension religieuse où se préparait le bachot pour la session d'octobre. C'était à Lyon, non loin de la rue Vaubecour. Le soir il sortait à la dérobée. Une fois vers minuit alors qu'il rentrait, il se trompa de porte et mit le pied dans le vide d'un escalier abrupt qui menait à une cave. Il n'a pas encore compris comment il ne s'est pas rompu les os. Il ne se souvient pas à quoi il a pu se retenir pour éviter une chute fatale. Il fallait

que ses camarades et lui rentrent en catimini dans une obscurité absolue pour ne pas réveiller le Père directeur qui ronflait confortablement, et qu'ils se glissent dans leurs lits.

Tristan n'avait pas un centime d'argent de poche. Mais il avait dix-huit ans. Il avait donc droit à une carte de tabac qui était un moyen simple de se procurer de l'argent. Il suffisait de vendre sa ration. Sa mère et son beau-père avait tenté de lui subtiliser sa carte de tabac. Tristan jouait si bien l'imbécile que sa mère crut bon d'utiliser une technique en harmonie avec l'imbécillité de son fils. Il lui donnerait sa carte et de temps en temps elle lui accorderait gratuitement un paquet de cigarettes. C'est avec ce genre de technique que Rockefeller a dû faire sa fortune. Tristan fit mine de peser longuement les termes d'une proposition aussi généreuse et… Refusa.

Si sa mère lui avait franchement demandé cette carte précieuse sans jouer à la magnanimité, alors que Tristan savait fort bien qu'à cette époque un paquet de cigarettes valait la somme astronomique de deux cents francs, il la lui aurait donnée sans condition. Mais cette hypocrisie, cette comédie de la générosité, cette manière de le prendre pour un demeuré, tout cela était si loin de la psychologie d'une vraie mère que Tristan était écœuré et hors de lui.

C'est à cette époque que se révéla à Tristan l'enthousiasmant contact des êtres féminins. Ses camarades suivaient les filles, leur parlaient, leur posaient des questions biscornues.

Tristan s'enhardit, eut quelques flirts, avec lesquels il allait parfois dans la campagne avoisinant

Lyon. Là étendus sur l'herbe, ils demeuraient parfaitement platoniques.

Tristan passa alors avec succès le premier baccalauréat.

Lorsqu'il apprit le résultat, il se trouvait déjà à Genevilliers, nid de grosses usines, une petite place dans l'une de celles-ci où un cousin proche était directeur commercial.

1943. Onze cent francs par mois.

Chapitre V

> « *Si le Christianisme triomphe, dans 2000 ans le monde entier sera Juif* » (*L'Empereur Julien dit l'apostat*)

Depuis que Tristan avait été liquidé par *grand-maman chérie*, sa mère et son beau-père l'avaient toléré un an mais en l'envoyant dans un internat.

L'internat ne les avait pas ruinés. Le Principal l'avait appelé dans son bureau en glapissant :

« Au lycée Ampère, vous ne seriez pas rentré sans avoir versé un trimestre d'avance ». Quelle humiliation pour Tristan !

Si on avait pu le « balancer » plus tôt, on n'aurait pas hésité. Auprès de tous les membres de sa famille, hormis tante Denise peut-être, lesquels devaient dans les années qui suivirent se démontrer plus étrangers que maints étrangers, il ne pouvait puiser la moindre affection, la moindre compréhension. Aucun membre de sa famille n'avait jamais été capable ni de l'aimer ni de le comprendre. Aussi ne tenta-t-il rien pour demeurer avec eux. D'ailleurs en mettant les choses au mieux, quelle autre perspective que l'enfer de l'internat avec un autre principal glapissant qu'il n'avait pas reçu le montant de la pension de l'élève.

Depuis sa scandaleuse conversion Madame de Gastine voltigeait de soutane en soutane, évêques, pères d'ordres divers, jésuites et dominicains. Aussi avait-elle confié en viatique à Tristan une lettre pour le curé de Gennevilliers. A l'étonnement de Tristan, au lieu de lui procurer « une chambre décente dans une famille convenable », le curé mena Tristan à un petit hôtel gaillardement pouilleux. Cela signait l'abandon total et l'indifférence dans lequel on le laissait.

Le patron avait le faciès et l'allure d'un gangster. Il lui était resté de la guerre de 1914 un bras plié à angle droit. Son teint jaune pâle abritait deux yeux durs profondément enfoncés dans la cavité oculaire. Avec un menton très accusé et à la limite du prognathisme, son air de dureté étrange ressortait dans un relief plus cuisant encore. Il avait l'air dur, affreusement dur, l'air primaire, minuscule, instinctif, embourbé dans la matière élémentaire, sans pitié pour ses ennemis. Son entendement fusait entre sa famille, son petit commerce et une haine farouche pour les Allemands. Sa haine était née de sa blessure de guerre et plus encore du fait qu'un officier allemand l'avait un jour cravaché en plein visage pour l'écarter de son chemin. Chez un être primitif, tout cela était déterminant.

L'hôtel restaurant était fréquenté par des ouvriers, de braves cœurs, bien souvent. L'un d'eux, Monsieur Alexandre, travaillait dans la même usine que Tristan. C'était un être sensible et résigné qui n'attendait rien de la vie que la délivrance finale. Il avait durement travaillé pendant quarante ans ; un jour il mourrait… Tout lui semblait indifférent. Il ne souffrait plus. Il continuait, mais il semblait qu'il était déjà en quelque sorte, mort. C'était une sorte de gentillesse déjà morte qui continuait à continuer. Il avait tous les signes extérieurs d'un ouvrier vivant, mais Tristan le sentait mort. Il continuait par la force des choses, il marchait sans voir, par la pulsion des automatismes, sans jouir, sans souffrir. Il ne souffrait que de cette peine lancinante de la neutralité absolue. Et cet être qui n'était pas, était infiniment douloureux à Tristan. Il eût aimé comprendre cette démarche meurtrie vers l'explication ou le néant.

La chambre de Tristan était une sorte de cellule aux murs sales, avec un mauvais lit, un pot à eau et une cuvette. Avec ce que

Tristan gagnait, il ne pouvait être question de payer autre chose que le loyer de sa chambre et un repas quotidien à la cantine de l'usine.

Le Directeur commercial, cousin proche de sa mère, l'avait fait appeler dans son bureau. Il lui dit qu'il avait bien spécifié à Gisèle, (Madame de Gastine) que Tristan ne pourrait vivre de son salaire et qu'il serait indispensable de l'aider. Tristan ne reçut jamais ni un sou, ni un colis.

Il était demeuré un enfant de sept ans, il avait besoin d'affection, de soins, et il était seul dans ce terrible milieu. Souffrance lancinante !

Il soulageait son âme déchirée par des lettres à sa mère. De longues lettres, d'amour, de désespoir, de haine aussi. Il en vint à haïr sa mère qui le laissait seul, sans ressources sous les bombes anglo-américaines.

Les sirènes retentissaient tous les jours, et surtout la nuit. Les bombes pleuvaient dans cette banlieue industrielle. N'avait-il pas écrit un jour, dans son abandon, à sa mère : « Vous êtes un monstre catholique ».

Chaque fois qu'il passait devant une église, il frissonnait. N'était-ce pas là le refuge des monstres catholiques ? Tous ces bourgeois n'allaient-ils pas ponctuellement à la messe, tandis qu'au début du siècle les enfants sept ans travaillaient dans leurs usines et dans leurs mines ? Il connaissait bien des personnes qui n'allaient jamais à l'Église et qui avaient du cœur. Qu'a fait l'Église depuis vingt siècles sinon de trahir les enseignements de la morale éternelle ? De préparer le monde au matérialisme de Rothschild et de Marx ?

« C'est l'Église et les princes qui ont livré le peuple aux Juifs », disait Hitler. Et l'empereur Julien dit l'apostat, est allé plus loin :

« Si le Christianisme triomphe, dans deux mille ans le monde entier sera juif ».

Ah ! le paravent des étiquettes idéologiques ! magnifiques raisonnements et faux principes qui légitiment l'assassinat collectif. Nous sommes au temps du crime parfait et il a un alibi parfait : la philosophie qui sert à transformer les meurtriers en juges. Et quelle philosophie ! celle qui ressorti à la psychiatrie lourde. Drame de la flatterie, de la démagogie, des raisonnements faciles et convaincants, drame d'une vérité immédiate apparente. Mensonge et duperie dans le temps et l'espace.

A l'usine, les gens qui côtoyaient Tristan le laissait indifférent.

Il y avait cependant un jeune homme sensible et intelligent – il avait échoué à Polytechnique ! il possédait un certain sens des affaires et de l'organisation. Il comprenait bien des choses et était distingué.

Ils bavardaient souvent tous les deux et bien que Jean Louis, c'était son nom, n'eût que vingt ans, il avait déjà un certain mépris pour les femmes. « A moins qu'elles ne soient dans le feu de leur amour, aucune femme n'a de vertu » disait-il. « Même après des années de vie commune avec des enfants, elles sont capables pour un rien de changer d'homme comme de combinaison ».

Lorsque les sirènes annonçaient un bombardement par leur lugubre appel, ils descendaient dans l'abri et conversaient. Les bâtiments tremblaient, les vitres éclataient.

— Tiens, dit il un jour à Tristan, voilà les droits de l'homme qui nous tombent dessus. Que pensez-vous du suffrage universel ? Magnifique, non ?

— Oui répondit Tristan et Rousseau aussi, j'aime beaucoup Rousseau. Jean Louis eût un petit gloussement goguenard.

— Magnifique, en apparence, supposez que toutes ces belles idées, d'ailleurs factices, mènent à l'hégémonie de la finance et à la disparition de toutes les élites providentielles remplacées par des spéculatifs, des fous-lucides inconscients de la synthèse humaine, l'hystérie des marchés qui ont mené à la guerre de 14-16 et à celle dans laquelle nous sommes... Si vous avez compris cela, vous comprendrez pourquoi aujourd'hui nous recevons des bombes sur le coin de la gueule. Connaissez vous Karl Marx ?

Tristan n'en connaissait que la banalité superficielle servie sur le plateau de la classe de philosophie. Cette œuvre le laissait indifférent et « *l'Homme cet Inconnu* » du Docteur Alexis Carrel l'avait infiniment plus dilaté. Ce grand livre parlait du marxisme comme d'une œuvre de suicide de l'humanité.

— Lisez au moins une étude sur « *Das Kapital* » dit Jean Louis, cette œuvre est le plus pur produit du capitalisme libéral. Il ne manque pas de comique. Si je devais le résumer humoristiquement je dirais qu'il enseigne que la société fait la culture, autrement dit la charrue fait l'homme. Il n'est pas étonnant qu'aujourd'hui la panse remplace la pensée.

Une autre fois Jean Louis fit allusion au concours de l'agrégation.

— Je vous parie que si je vais au fin fond de l'Afrique trouver un primitif doué d'une intelligence médiocre et d'une mémoire excellente, il passera sans difficulté l'agrégation de philosophie ou l'internat en médecine. Croyez-vous franchement que Platon ou Montaigne eussent passé l'agrégation ?

Il est vrai qu'il y a beaucoup de mal à dire de l'Humanisme, « commencement de la fin » comme dit Carrel. Moment de l'humanité où l'homme s'est nombrilisé au détriment du Transcendant...

Quoiqu'il en soit si vous rencontrez un jour un homme intelligent à l'université, dites-vous bien que ce ne sera pas du fait de son agrégation, mais malgré elle, et parce qu'il aura adhéré à la Franc-maçonnerie.

Le problème du jour est d'être à moitié ignoble ou de ne pas être. En 1984 il faudra être radicalement ignoble car tous les critères officiels seront pourrisseurs et toutes les valeurs seront inversées.

Tristan s'enquit de Marx. Il lut des extraits de *Das Kapital*. Style obscur, contorsionné, « hyper-hypophysaire »[12] illisible, inhumain, pathologique, avec certaines brillantes analyses dont d'essentielles s'avérèrent fausses. Il pénétra l'essentiel de son inversion. Malgré un antisémitisme[13] lucide et factuellement sans faille au niveau du trafic et de la finance juive, l'œuvre lui apparut comme le point final d'une énorme synthèse de destruction qui semblait inconsciemment ourdie dans sa perfection.

Il ne semblait pas que les bourreaux se soient plus concertés que leurs victimes et aucun n'était conscient de la synthèse comateuse du « Rothschildo-marxo-freudo-einsteinopiccassisme ».[14]

Le travail de Tristan à l'usine de huit heures trente du matin à dix huit heures trente le soir, n'avait rien de passionnant. Il s'occupait des frotteurs de collecteurs. L'usine en vendait en France, en Allemagne, au métropolitain et à la S.N.C.F. plus particulièrement. Il écrivait des lettres d'affaires notamment aux payeurs récalcitrants. Il faisait des règles de trois, collait des

---

[12] Nous verrons dans le chapitre la clef le sens de ce mot.
[13] Ce mot n'a aucun sens, car les sémites n'ont rien à voir là-dedans, hormis les Juifs qui sont sémites ce qui n'est pas la majorité : le terme convenable est **anti-juivisme**.
[14] C'est-à-dire Capitalisme pollueur, Marxisme assassin de dizaines de millions, psychologie perverse pansexuelle et aboulisante, science déboussolée, art pourri et délirant.

papiers, remplissait des fiches, tout cela avec l'aide d'une charmante secrétaire au nom particulièrement séduisant puisqu'elle s'appelait Mademoiselle Mamouret. Il eût fallu qu'il apprît l'électricité et je ne sais quoi encore.

Tout cela l'étouffait, il fallait en sortir.

Malgré les nécessités immédiates d'une vie traquée, la pensée du piano ne le quittait pas. Mais il ne savait rien. Dans l'espoir de commencer un jour à étudier, il assouplissait ses doigts pensant que l'articulation était essentielle. Il contractait ainsi des habitudes désastreuses dont il serait impossible de se débarrasser.

Un après midi alors qu'il marchait à Asnières, une plaque attira son regard : madame F. K. solfège, piano.

Il sonna.

Il avait sonné.

Plus que de pain et d'eau, il avait besoin de piano pour vivre. Ne pas pouvoir combler cette aspiration vitale était une source d'angoisse permanente. Dans les périodes de fatigue et de désespoir, il entendait des mélodies chanter dans sa tête. Sa fierté n'eût pas été plus grande s'il avait ressuscité un mort ! c'était toujours triste, pur, parfois la mélodie était vibrante, d'une beauté grêle et médiévale.

Elles passaient comme des mythes.

Il avait sonné.

Une dame âgée à l'aspect très doux vint lui ouvrir. Il l'avait à peine entrevue qu'il sentait déjà son cœur déborder pour elle. C'était ainsi qu'il avait rêvé sa mère : douce, aimante, distinguée, une de ces mamans dont on a peur d'abuser tant elles sont bonnes. Alors il lui parla d'un trait, comme cela, sans préambule ni diplomatie. Il lui dit que la piano et Chopin étaient bien tout ce qui l'intéressait au monde mais qu'il ne savait rien, qu'il avait tout à faire. Ne pourrait-elle pas lui enseigner ses notes pour commencer ? Mais voilà il n'avait pas d'argent... Elle accepta.

Lorsqu'il repense à elle des années plus tard, alors qu'il parvenait à travailler le vingt quatrième prélude de Chopin, son cœur déborde de gratitude et d'affection. Il y a des souffles généreux de l'âme qui valent tout l'or de la terre...

Il prit avec Madame F. K une vingtaine de leçons interrompues par les bombardements. Un jour une usine de produits chimiques toute proche fut touchée par les bombardiers américains. La fumée qui se dégagea fut si dense qu'il fit brusquement nuit à Asnières.

La situation de Tristan était harcelante et enceinte de démence.

Il avait l'impression d'être un muet en danger et qui ne pouvait appeler à l'aide. Il fallait qu'il libérât cette force intérieure qui l'étouffait et le rongeait. Il fallait qu'il prît avec courage le chemin de sa libération. Il n'existait aucune autre voie hormis le suicide pur et simple. Il ne pouvait se résigner à cet enlisement. Il devait lutter calmement sinon son mental serait infailliblement détruit. Il fallait concentrer son énergie vers cette détermination. Il fallait provisoirement se résigner afin de parvenir à une situation sociale qui lui permît la réalisation de lui-même. Chopin, Schumann, Brahms, Liszt, les sonates de Beethoven... La musique d'orchestre l'écrasait. Malgré ses séductions Wagner était trop bruyant, trop puissant, Berlioz lui était étranger. Mozart, oui Mozart... Le piano était son instrument complet.

Tristan avait passé, juste avant d'être exilé en usine, ce que l'on appelait le premier baccalauréat. Il fallait impérativement qu'il préparât le second, option philosophie. Au prix d'efforts méritoires il avait acheté les livres nécessaires à cette préparation.

Il y avait déjà quelques mois qu'il était à Gennevilliers. De sa famille ? Rien ! pas même un mouchoir. Il ne leur avait rien demandé d'ailleurs. Par discrétion ? Que non pas. Mais il savait qu'il aurait eu plus de chance à demander à n'importe qui dans la rue de l'aider. Sa famille, c'était le néant radical et définitif.

Pourtant il y avait l'oncle Paul, oncle par alliance pourtant. Il était le seul sur lequel Tristan pensait pouvoir compter. Lui le député, le futur ministre, cerné par sa belle famille juive… Il était seul à Beaune avec sa mère et sa sœur. Tandis que son épouse et *grand-maman chérie* était toujours en Zone Libre protégée par le maréchal.

Peut-être l'oncle Paul serait-il heureux de le revoir ?

Tristan partit pour Beaune une fin de semaine. L'oncle le reçut affectueusement, lui remit de généreuses provisions, lui fit faire un costume, car celui qu'il portant était en loques. « Je vais te faire sortir de cette usine », lui dit-il, « il te faut avant tout passer ton second baccalauréat, après tu verras ».

Cela était bien ditmais il fallait que le petit garçon, le futur ministre, le député maire conseiller général, demandât la permission à tante Denise et *Grand-maman chérie* en zone libre.

Il alla les voir, comme régulièrement pour leur porter aide et nourriture.

Elles refusèrent…

Quelques semaines s'écoulèrent. On approchait de ce qu'on allait appeler « Libération »…

Un télégramme.

Oncle Paul venait de mourir…

Le tabac qu'il avait abandonné du fait d'une angine de poitrine, il l'avait repris dans les circonstances stressantes de l'occupation. C'était un suicide. A cela s'ajoutait la famille qu'il soutenait à bout de bras, depuis des années : il lui consacrait son travail, son argent, son énergie.

Il avait cinquante trois ans. Le calcul de son mariage se terminait mal pour lui comme il se terminerait mal pour le père de Tristan. Comme il se terminera mal pour les Terriens suspendus aux basques de Rothschild et de Marx…

Pauvre cher oncle, il avait été la seule personne réelle de sa famille. Il avait été le seul à aider Tristan pendant la guerre. Sa disparition fut le coup de grâce pour son neveu. Sa solitude était désormais complète.

Tristan était de nouveau quasiment en loques. Le costume de fibranne que son oncle lui avait fait faire n'avait pas résisté à quelques mois de port permanent. Tristan dissimulait une échancrure entre les jambes avec une épingle de sûreté.

Une année avant la seconde guerre mondiale, Madame Christiane de la Vilette, de noblesse d'empire, avait épousé l'oncle Jacques.

Elle avait habité avec son mari dans l'hôtel particulier de *grand-maman chérie*. La jeune femme avait beaucoup de charme, elle était belle et intelligente, mais elle n'avait aucune fortune et un fils d'un premier mariage !

Grand-maman chérie s'arrangea pour lui rendre la vie impossible.

A peine tante Christiane avait-elle déposé des fleurs dans un vase que *grand-maman chérie*, quittant son état impotent, marchait sur ses pas et jetait les fleurs à la poubelle. Elle accomplissait mille de ces mesquineries quotidiennes avec la précision effroyable de sa machinerie sadique. Elle ne se départissait jamais de sa gangue de calomnies et de méchancetés habituelles qui constituait la toile de fond de son théâtre, le décor où elle se mouvait à l'aise.

A la suite de je ne sais plus quelle manifestation perverse de sa tragique nature, la tante Christiane avait dit à *grand-maman chérie* vertement son fait, puis était allée se réfugier dans sa chambre.

Son mari, l'oncle Jacques, la suivit dare-dare et un bref dialogue s'engagea :

— Jusqu'à ce jour vous m'avez amusé, mais aujourd'hui vous ne m'amusez plus du tout.
— Vous ne m'avez jamais amusée, répondit-elle, mais aujourd'hui vous m'emm…. Ainsi se conclut leur précaire union.

Avant le divorce le conseil de famille se réunit. L'oncle Jacques dépêché au nom de la tribu, pria sa femme de lui signer un papier au terme duquel elle s'engageait à ne pas lui demander de pension.

Elle l'avait dit, aussi eût-elle cette superbe réplique :

— J'estime que ma parole vous suffit.

A l'époque où Tristan avait reçu le télégramme lui annonçant la mort de son oncle, la tante Christiane qui était restée en excellents termes avec l'oncle Paul, travaillait à Paris à l'agence Havas. Elle avait beaucoup d'affection pour l'oncle et c'est avec Tristan qu'elle fit le voyage en train pour se rendre à l'enterrement.

Tristan avait reçu un choque violent et avant même qu'il arrivât à Beaune, une fièvre s'était déclarée, accompagnée d'un état de faiblesses causées par les difficultés élémentaires de sa vie matérielle et en particulier d'une alimentation peu adéquate. Il venait d'échapper au Service du Travail Obligatoire, du fait d'un diabète, sans doute de complaisance qu'on lui avait trouvé, car il n'en restait nulle trace. Sa tête avait dû plaire à la commission française qui décidait des départs. Cette faveur lui avait peut-être évité de périr sous un bombardement dans une Allemagne réduite en cendres au nom des droits de l'homme. Parfois cent cinquante mille mort en une nuit, mais cela n'était pas un crime de lèse-humanité…

Tristan dut s'aliter en arrivant à Beaune dans l'hôpital même que l'oncle avait fait construire et où l'on peut aujourd'hui admirer sa statue.

On raconta à Tristan qu'un ancien ministre très célèbre avait fait un discours trop courageux, et que l'ancien remplaçant de l'oncle avait parlé en tant que député maire d'Orléans.

Au bout de deux jours la fièvre tomba. Il quitta l'hôpital pour aller saluer la mère et la sœur de l'oncle qui avaient vécu les derniers mois de sa vie.

Dans son état quasi loqueteux il crut pouvoir demander un pantalon de l'oncle. Non seulement cela le sauvait, mais en plus il aurait été heureux de posséder quelque chose ayant appartenu à son oncle. La mère de l'oncle lui dit qu'elle préférait de loin le voir porter les vêtements de son fils plutôt qu'un étranger, mais, même pour ce détail, il fallait écrire à tante Denise et *grand-maman chérie*.

Tristan n'eût jamais de réponse et bientôt un pantalon militaire allait remplacer ce pantalon civil déchiré entre les jambes. A la dite libération, *Grand-maman chérie* l'accusa devant son grandiloquent tribunal, « de ne pas avoir assisté à l'enterrement de son pôvre oncle, de passer son temps à lui tirer des carottes, et de ne pas avoir attendu que son cadavre soit refroidi pour réclamer ses hardes »…

A tous les niveaux ils ont ce don déconcertant de restituer faits et circonstances sous forme de torsion et de désinformation. Freud et Marx sont exemplaires à cet égard. Elle avait ce don : avilir, souiller tout ce qu'elle touchait, interpréter toujours dans le sens de l'ordure, dans celui d'une projection de sa propre mentalité, de ne jamais voir le côté souriant, aimable, sincère des choses. Freud était exemplaire. Il avait imposé sa propre névrose au monde entier.

Corrosive et venimeuse, elle était quintessentiellement absorbée à recueillir pêle-mêle tout ce qui peut être beau, grand, innocent, pour le carabosser en un amas de déjections. C'est cette forme de pensée moderne que Tristan avait appelé le *Judéo-cartésianisme*.

Après la « libération », Tristan avait rencontré un habitant de Beaune qui lui avait raconté comment sa tante avait vendu aux enchères jusqu'aux chemises de son mari...

Solitude désormais complète. Il reprit la grisaille de l'usine. Les mois passaient. Il tentait de préparer le second baccalauréat tout en travaillant à l'usine, il prenait des leçons de solfège chez MadameF. K. Il se désagrégeait.

Aucune aide de personne, le piano reculait. Il voyait s'éloigner jusqu'à son espérance. Il n'en pouvait plus.

Ce fut la dite « libération ».

Tristan n'avait rien compris, mais vraiment rien. Il ne réalisa même pas qu'on assassina beaucoup. De grands esprits de la France tels Brazillach et Drieux La Rochelle préférèrent la mort à l'avilissement mondial qui allait suivre la victoire du libéralo-bolchevisme. Les soldats volontaires français contre le Bolchevisme furent emprisonnés, les officiers fusillés. Et pourtant cette Ligue des Volontaires Français contre le Bolchevisme était cautionnée par un gouvernement légal, investi par le Parlement ! et pourtant le Pape avait dit : « Si le Front de l'Est s'effondre, le sort de l'Occident est scellé ».

Tristan ne comprendrait que vingt cinq ans plus tard à l'observation permanente de l'actualité, lorsqu'il vit les humains manipulés en humanoïdes qui ne comprenaient, eux, plus rien qui continuaient à chérir les anniversaires et les inhumains qui les dégénéraient et les exterminaient par démagogie, guerres, chimification du sol, des aliments, de la thérapeutique, marxisme, freudisme, vaccinations, drogue, pornographie etc.

Il comprit la phrase d'Alexis Carrel : « La dictature est la réaction normale d'un peuple qui ne veut pas mourir ».

En l'an 2000 les morts vivants ne voudraient même pas de la régénérescence dictatoriale.

Tristan ne se sentait plus la vocation de vivre.

Il n'avait pas de situation, pas de famille, le ciel l'attirait. Il le choisit. Il haletait vers son infini. Il conçut le projet de s'engager comme pilote pour le Japon. Trente ans plus tard, il n'aurait jamais voulu combattre le Japon, mais il ne savait pas encore…

Il n'aurait jamais voulu combattre les seules forces qui voulaient protéger le monde de

« 1984 » de George Orwell dans lequel ils se trouvaient à la fin de ce siècle.

Chapitre VI

Une semaine après la « libération » *grand-maman chérie* et tante Denise se ré-installèrent dans l'hôtel particulier de la rue Alfred Dehodencq. Elles accusèrent de vol ceux qui leur avaient gardé leurs affaires avec complaisance et désintéressement, pendant toute la guerre.

Tristan les mit au courant de son dangereux projet.

Il les pria de faire intervenir leurs puissantes relations afin qu'il fût incorporé en école de pilotage.

Tristan se souvenait d'un homme ventripotent, bagué, un gros cigare à la main, affalé dans un fauteuil chez *grand-maman chérie*, qui prit le téléphone pour régler le problème en quelques secondes. Ni sa tante, ni *grand-maman chérie* ne tentèrent un seul instant de le dissuader, de combattre cette folle décision de suicide détourné, de lui parler de son avenir, Non. On le félicita pour son patriotisme...

C'était bien la première fois qu'une aide demandée avait été accordée avec la rapidité de l'éclair. Il est vrai que cet appui était sollicité non pas pour vivre mais pour mourir.

Pourtant à l'examen médical, il ne put retenir sa respiration une minute comme l'exigeait un des tests. On le dirigea vers la base d'Étampes pour les classes préliminaires qui allaient durer trois mois.

Au maniement d'armes, Tristan ne brillait pas particulièrement. Au demi-tour droite, il évoluait toujours dix mètres derrière les autres. Il ne parvint jamais à monter et descendre son fusil en harmonie avec ses camarades.

Si bien que son adjudant, surnommé « Nénesse », lui dit un jour pendant l'exercice : « Je préférerais déserter plutôt que de faire équipage avec vous ». Au bout des trois mois, grâce à l'appui familial, il fut admis au Centre de Préparation du Personnel Naviguant de Vichy.

L'école était commandée par un lieutenant de réserve devenu commandant F.F.I. un tantinet démagogue, à l'égard des élèves du centre qu'il dénommait ses « poussins ». La cérémonie des couleurs avait lieu à midi très précise. Il fallait être présent sous peine de sanctions. Un jour un élève se trouvait à quinze cents mètres du camp alors que la cérémonie des couleurs devait avoir lieu cinq minutes plus tard. Il avait beau se hâter, il ne parviendrait pas à temps. Un Chrysler Royale stoppa près de lui, le long du trottoir. C'était le commandant qui jeta au soldat : « Si tu n'arrives pas avec moi, tu seras foutu dedans ». Le « poussin » avait eu chaud.

Tristan suivit la formation de l'école : navigation, principe de vol, météorologie, mathématiques, anglais. Sa solde était de deux cent dix francs par mois. Dérisoire évidemment. Il était démuni de tout, linge, savon. L'armée ne fournissait de tout cela à cette époque. Il n'avait que son uniforme. Plusieurs fois il avait tenté d'écrire à tante Denise, mais toujours rien, rien, rien. Des camarades en permission prirent l'initiative, avec son accord, d'aller la tante. Ils rapportèrent une chemise et une savonnette.

Ses camarades de brigades étaient pour la plupart sympathiques. Ils avaient tous une famille, des parents, des grands parents, des oncles et tantes qui les gâtaient.

Tristan lui, était au rebut.

Il avait bien accepté quelques invitations, mais comme il ne pouvait les rendre, il finit par les refuser. Il flânait seul le soir, puis il allait se coucher quand la lassitude venait. Tout seul à dix neuf ans, on prend terriblement conscience de son abandon moral, de son dénuement.

Il avait toujours eu besoin de plus d'amour, de tendresse, de soins que les autres. Petit on l'avait brisé. On l'avait ballotté dans des internats, on l'avait secoué, malade, sans foyer, sans amour. Jeune homme, il ne pouvait se comporter comme les autres parce qu'il était tout seul et que personne ne lui aurait offert un mot d'affection et un peu d'amour. Il se composait un personnage pour faire croire qu'il vivait. Il avait pris l'habitude d'un humour facile, de jeux de mots incertains, qu'il conserva toute sa vie et qui masquait son infinie tristesse.

Un soir qu'il se promenait dans la rue principale de Vichy, il vit un soldat Nord-Africain importunant une ravissante petite jeune fille.

— J'attends mon mari, disait-elle pour avoir la paix.
— J'y couperai cabèche à ton mari, fut la poétique réponse.

Le moyen de défense étant inefficace, Tristan qui ne reculait devant aucun sacrifice, s'approcha et avec un sourire la prit par le bras, comme s'il eût été le mari attendu. Elle accepta cette stratégie avec reconnaissance. Il fallait d'abord qu'elle allât chercher sa valise chez une amie avant de prendre le train de vingt heures pour Paris. Elle avait un joli visage régulier, ovale, rieur, un teint splendide, des yeux doux et tendres, il apprit plus tard qu'elle avait été Miss Vichy, ce qu'elle méritait sans conteste. Ils firent donc ensemble le parcours qui les mena chez l'amie, puis à la gare en conversant selon une évidente sympathie mutuelle. Elle donna à Tristan son nom et son adresse car il n'avait pas manqué de les solliciter.

Elle s'appelait Jacqueline.

Il rentra alors au camp en frôlant la patrouille de police militaire à laquelle il échappa de façon opportune car il n'avait pas de permission de sortie. L'heure du couvre-feu était depuis longtemps passée, mais pour une si adorable créature, on prend des risques et Tristan aurait bien passé trois jours en prison pour avoir simplement son nom et son adresse.

Il se coucha et rêva de ce ravissant visage.

Ils se revirent. Encore. Souvent. Plus souvent encore.

Elle aima Tristan et Tristan était seul. Tristan se prit à l'aimer aussi de tout son cœur. Désespéré et seul, il revivait. Il aimait être aimé. Certes elle était d'un modeste milieu, – son père avait un petit atelier de fabrication de pantoufles – mais elle l'aimait et il l'aimait. C'était merveilleux pour Tristan, ce cadeau du destin qui jusqu'à ce jour ne lui avait offert que solitude et souffrance. Et puis elle pénétrait bien des choses, bien des choses que des générations d'agrégés s'épuiseraient en vain à faire entendre à leurs cerveaux de confection. Elle était vierge, elle avait vingt trois ans et Tristan tout juste vingt. Elle s'offrit à Tristan comme cela, simplement parce qu'elle l'aimait. Elle pleura, on pleurait encore à cette époque quand on perdait sa virginité mais elle était heureuse puisqu'ils s'aimaient. Devant sa confiance, son amour, il était désarmé. Sa confiance l'avait conquis et il n'aurait pu briser le cœur de Jacqueline sans briser le sien. Ils se marièrent à Vichy le jour de la majorité de Tristan car la famille avait refusé son consentement. A l'église, le prêtre qui officiait depuis trente ans, se mit à pleurer en contemplant ce couple si touchant et si lumineux.

Malgré l'amour qui les unissait Tristan s'aperçut bientôt que le plaisir charnel s'était émoussé. Cela l'effarait. Mais il y avait cette merveilleuse tendresse. Il aimait Jacqueline un peu comme un enfant aime. Un enfant reconnaissant aussi de devoir la vie. Il ne pouvait oublier qu'elle l'avait sauvé du désespoir, lui avait rendu l'envie de vivre. Son cœur débordait d'amour passif, celui qu'il n'avait jamais reçu de sa mère. Il s'était engagé dans l'armée avec des idées de suicide, un joli visage s'était penché sur son cœur meurtri, une main s'était tendue vers lui. Il allait sombrer, mais soudain, il s'aperçut qu'il voulait vivre, que ce visage lui rendait la vie.

Il avait bu à cette douce sollicitude, qui lui apportait le vivre. Vampire, il allait tout absorber d'un seul coup, au nom d'un passif écrasant, dont sa famille était responsable.

Aujourd'hui ils sont séparés et le cœur de Tristan se serre lorsqu'il pense à ces années-là. Il n'avait à cette époque aucune maturité et cette carence fut la vraie cause de leur séparation malgré les faits qui sembleront accablants.

Le mois de leur mariage, Jacqueline devint enceinte.

La bombe de Hiroshima et celle de Nagasaki ayant été jetées, bien que les Japonais aient depuis longtemps accepté le principe d'un armistice, l'armée de l'air n'avait plus besoin de recruter des pilotes pour le Japon. Tristan demanda à changer de spécialité et voulut devenir interprète.

Un concours devait avoir lieu à une session prochaine. Tristan le subit et fut reçu dans les premiers.

La réussite à l'examen final après un stage d'instruction technique, impliquait un séjour d'un mois plein. Il dut faire ce stage dans des conditions matérielles et un dénuement tel qu'il ne serait désormais plus capable de les endurer.

Au plein cœur de l'hiver il devait dormir dans le grenier du deuxième Bureau rue Ernest Vacquerie. Les vitres en étaient brisées. Il savait bien qu'à deux pas de là, rue Alfred Dehodencq, il n'y avait rien à attendre de la famille. Il avait bien eu sa tante au téléphone qui, lui parlant de son mariage avec Jacqueline, avait fait allusion à « son égoïsme ».

Ceux qui aiment et donnent ne parlent jamais de ce qu'ils donnent : ils aiment, ils donnent, voilà tout. Tristan n'avait jamais entendu parler d'égoïsme que par des égoïstes. D'ailleurs toujours incroyablement inconscients de leur propre égoïsme. Aussi renonça-t-il à des explications que sa tante était hors d'état de comprendre. Il était privé de tout depuis des années, ils ne l'avaient pas aidé dans les pires conditions, puisqu'il n'avait même pas pu passer son second baccalauréat à l'instigation de l'oncle Paul, et maintenant qu'il avait trouvé une affection, c'était lui l'égoïste !

Plus les gens sont bêtes, ignares et méchants plus ils jugent. L'intelligence se caractérise avant tout par la faculté de connaître, de comprendre et de ne pas juger. Il n'y a guère à pardonner à ceux qui ne savent pas ce qu'ils font.

A l'issue de ce stage glacial il fut admis parmi les derniers, promu à un grande de sous-officier, assimilé spécial, et nomme instructeur traducteur interprète, à l'école de Radio Navigants de Pau.

Jacqueline et Tristan partirent pour les Basses-Pyrénées avec deux mille francs que leur avaient donnés les beaux-parents. Ils pensaient avoir une solde de sous-officier. Une terrible surprise les attendait. La durée légale, c'est-à-dire la durée officielle du service militaire était de deux ans. Or Tristan ne pouvait toucher la solde de son grade avant l'écoulement de cette période. Ainsi Jacqueline et lui ainsi que l'enfant attendu allaient devoir vivre avec deux cent dix francs par mois ! il n'était aucunement question de demander de l'aide à la famille de sa femme car ses ressources étaient des plus modestes. Il écrivit à la famille en désespoir de cause. Il ne reçut jamais de réponse. Quelques semaines plus tard il apprit que *grand-maman chérie* était descendue dans le meilleur hôtel de Pau et qu'elle faisait la tournée des antiquaires.

Il y avait à Pau un hôtel de l'armée réservé aux convalescents et à leur famille. L'aimable capitaine qui le dirigeait en référa aux autorités et les accepta tous les deux à l'hôtel. Ils y restèrent quelques mois, puis la durée légale ayant été désormais fixée à un an, Tristan perçut sa solde et un petit rappel.

Tout cela arrivait à point pour la naissance de l'enfant. En bordure du camp il y avait de modestes chalets : on leur en attribua un. Au loin la chaîne des Pyrénées. Le chalet était confortable et convenablement chauffé.

Jacqueline était un peu maniaque, susceptible de se rendre malade pour une tache sur le sol, sans cesse le balai ou le chiffon à la main. Cette exagération déplaisait au sens esthétique de Tristan, mais elle l'aimait, le soignait avec douceur, lui apportait le calme. Il ressentait pour elle une tendre affection. Et puis ce bébé qui allait naître. Il voulait tout lui donner à elle, qui ne lui avait rien demandé que de lui rendre un peu de cet amour qu'elle lui prodiguait. Son premier mouchoir de fil, c'est elle qui le lui avait offert. Et maintenant ce petit enfant. Une délicieuse petite Chantal était arrivée un jour, avec deux grands yeux bleus comme le ciel. Des larmes lui viennent aux yeux, sa gorge se serre lorsqu'il évoque tout ces souvenirs.

Aujourd'hui ils sont séparés mais il pense avec désespoir et reconnaissance à elle. Elle lui avait rendu la vie et pourtant leur union n'avait pu tenir.

Il n'avait pas pu tenir, il s'était juré de ne jamais divorcer, et elle l'avait poussé malgré lui...

Il eût tant aimé être un homme banal, un bon père popote, nostalgie de poète. On ne peut demander à un poète dont l'âme est chaos, frémissement, anarchie, soif de vérité, de jouir des choses de la terre. Il passe simplement et n'a droit qu'à leur souffrance. Il voudrait oublier les autres métaphysiquement et penser simplement à ceux qui l'entourent. Atroce sens de l'universel, de la vérité et de la justice qui brise le cercle immédiat.

Combien il chérirait son propre enfant d'avoir donné à plus malheureux que lui. Comment peut-on rendre une femme heureuse si l'on préfère la bonté à une compagne chérie, si l'on pense à l'humanité et à sa tragédie de douleur ? L'esprit du mal répondait toujours à ses désirs les plus purs par une sordide implacabilité. Tristan avait rêvé d'une femme toute de bonté et d'indulgence qui aurait eu comme lui le sens de la tragédie humaine, l'amour gratuit pour ses frères hommes si pauvres, si dérisoires, si impuissants, si méchants parfois dans leur état maladif, si touchants au regard métaphysique.

Alors il écrivait :

Il y a dans le monde des millions d'enfants de six ans le visage dévasté de faim et de désespoir, de douleur, de néant, de maladie, déchirés parce que leur père et leur mère ne savent pas s'aimer pour les aimer.

Tordus de douleur et d'interrogation dont le corps et l'âme seront malades à jamais. Ils se demandent pourquoi.

Pourquoi ces déchirements ? Pourquoi la faim ?

Leur corps ne peut même plus se former... Et leur regard, leur regard...

Je ne peux rien pour eux, rien.

Rien que me faire mal de leur pensée. Non je ne veux pas prier.

Pas la prière affreuse : j'ai chaud, je n'ai pas faim, je suis aimé, je prie pour vous. Mascarade !

Seigneur contemple la souffrance de tes enfants. Contemple ces yeux qui se lèvent pleins de larmes. Et de grimaces douloureuses vers le ciel.

Et ces petits bras qui n'ont plus la force de se soutenir eux-mêmes.

Ces petits pieds sans contours, que la saleté rend plus horribles encore. Vois la pourriture que tu laisses germer du mal que tu laisses répandre…

Vois ces yeux d'amour qui vont perdre tout amour, qui seront prêts à la cruauté parce qu'ils seront sans amour.

Comment peut-on aimer un Dieu qui peut voir tout cela sans mourir de tristesse. Sans lever le petit doigt de son omnipotence

Et transformer ces masques de douleur en visage de béatitude. Ces larmes de douleur en larmes de joie…

Comment tout cela peut-il être ?

Le monde serait-il une catastrophe accidentelle malgré tant d'harmonie ? Une maladie du néant ?

Une impulsion folle de Dieu ?

Quel est donc ce stupide postulat de la souffrance vers le rachat ? Pourquoi ce gigantesque holocauste ?

O Seigneur de douleur et d'impitié. A la place de tout cela, je t'offre

Un sourire d'enfant aux yeux bleus…

Maintes fois, Tristan avait ressenti que son sens poétique naissait de sa révolte contre la souffrance humaine, toute cette souffrance de la terre qui l'arrachait. Il ressentait la monstrueuse agonie, l'énorme non sens cosmique qui étreignait son âme créatrice.

Il savait que personne n'est méchant : les méchants sont des malades qu'il faut soigner et guérir. Il y a longtemps que le mal a commencé. Le mal, une rupture d'équilibre entre des forces antagonistes que sont le bien et le mal.

Pour que l'homme reste parfait il faut que la nature externe soit en harmonie avec son être intime. Il faut qu'il suive les lois de la nature. Il faut qu'il mange les choses crues que la nature lui offre. La cuisson est la source de carences immenses qui retentissent sur l'organisme, le cerveau, dont la pensée et le jugement. On sait qu'on peut guérir le cancer par le retour au cru qui rend l'instinct primitif qui guide notre choix alimentaire, que la suppression des amidons cuits guérit rhumes et bronchites chez les enfants et d'autres maladies infantiles, que des névroses graves, des fixations, des paranoïas cèdent par un retour au cru.

Il faut que l'homme sache respirer en contrôlant son souffle, il faut qu'il évite d'agir contre sa conscience pour éviter les maladies dites psychosomatiques. Plus il souffre plus il devient méchant, plus il devientméchantmoins il sait. Plus il devientmalade plus le sentiments'émousse, car source fondamentale de la perception réelle est le cœur.

Moins il saura plus il chérira ce qui le détruit, plus il détruira ce qui l'entoure et ceux qui l'entourent, plus il sera exploité par les charognards qui vivent de sa démence.

Il va finir l'homme, dans un Niagara suicidaire.

Mais Dieu a permis le mal et la souffrance il a permis l'ignorance fondamentale qui fait que rien ne se rachète.

Pourquoi a-t-il inventé cette ignoble défécation ? L'homme ne pourrait-il pas déféquer comme le cachalot de façon odorante ? Pourquoi l'homme ne fait-il pas de l'ambre, lui aussi ?

Dieu sait puisqu'il est hors du temps et de l'espace. Cet embryon de monde condamné au départ ? Non, Non, Non.

Évangile dérisoire : il faut donner aux êtres le moyen de le pratiquer dans ses valeurs éternelles.

Il n'y aura bientôt plus assez de bien pour nourrir le mal de la terre.

O que mon cœur éclate sur le monde et noie toute douleur dans son sang… Une petite Chantal était donc née.

Une jolie petite au teint pâle, avec deux grandes soucoupes bleues au milieu de sa tête blonde.

Jacqueline avait donné sa tendresse à Tristan et maintenant cette enfant innocente et belle.

Mais il n'avait pas l'âme d'un père. Il *pensait* !

Aujourd'hui un bon père ne doit pas penser, il doit voter et préparer l'agrégation de la cédille à travers les âges pendant que le monde s'écroule.

Il ne pouvait…

L'ange pur de Tristan ne savait que pleurer, pendant que le démon tourmenteur agissait. L'ange s'efforce de vaincre le démon mais ce dernier le paralyse. Puis il se livre à ses ébats destructeurs. Il revient et dit à l'ange : « Vois ce que tu as fait ». Alors l'ange pleure dans sa grande misère et gouaille : « Fais du beau théorique sur l'infâme réalité, montre nous ton impuissance ». Alors l'ange prend sa plume et même au ciel de ses vers les blasphèmes que le démon lui dicte.

« Pauvre ange, va, toi qui es si bon, si pur, révolte-toi donc imbécile, agite-toi ! regarde làhaut, il s'en fout de toi et des autres, mais alors il s'en fout ! il te laissera toujours tomber, va. Tu souffres ? Mais fais donc comme tout le monde, oublie le passé, l'Egypte ancienne, l'Inde millénaire, Platon, Saint François d'Assises, Alexis Carrel ?

C'est *sous*-passé tout ça ! maintenant j'ai mes génies à moi : Rothschild, Marx, Freud, Einstein, Picasso.

Et puis tu es un ignoble père ! comment, tu penses à autre chose qu'à tes enfants, à te faire une belle situation dans notre société, celle que je dirige *intégralement* ? C'est immoral ça ! regarde dans les églises, mais regarde, imbécile, regarde les mes bons Chrétiens, ils ne pensent qu'à leurs situations et à leurs rejetons ! enfin de bons Chrétiens, comme je les aime avec papes et évêques à ma dévotion et humbles avec ça : ils ont compris qu'il n'y a pas de vérité qui ne se démontre avec la logique des concierges : 2+2=4 !

Bientôt je vais leur construire de belles petites églises dans le style surréaliste, puis plus tard on remplacera les églises par des mosquées.

Des curés en civil, mariés ou pédés, en col roulé, en blouson de cuir noir, avec orchestre nègre : vive le progrès !

Oublie le passé et surtout l'avenir, fais comme eux, ils vivent, eux, tu peux leur dire tout ce que tu veux ils s'en foutent car je les ai mis en état de coma dépassé ! à part les matches de foot ball pendant lesquels ils se massacrent, s'assomment ou se piétinent allègrement, à part les bêleurs de chansons atones et hystériques où ils se massacrent aussi d'ailleurs, rien ne les intéresse. Plus rien. Ils votent tous pour moi, tous les pantins de tous les partis politiques sont entre les mains de ma finance et de marxisme.

Moi, je les nourris, avec de la chimie, le les soigne avec des vaccins qui bousillent leur système immunitaire, avec en plus un petit peu de mercure et d'aluminium, avec de la chimie de synthèse qui produit des effets secondaires souvent mortels et fera naître des monstres. Je prépare l'avenir. Je vois déjà un monde de monstres physiques et mentaux que je vais pouvoir chouchouter avec l'appui des débiles de tous les gouvernements qui se croient démocratiques et que je dirige implacablement. Pas une seule place officielle ne sera laissée à un vrai penseur. Surtout pas. J'aurais mes petits philosopheux à moi, autoproclamés et bien démocrates ! faut ce qui faut !

Quand il y aura des attardés qui auront du cœur et que cela rendra fous, je leur dépêcherai mon grand Freud, avec si nécessaire, des électrochocs, des lobotomies, de la chimie en veux-tu en voilà !

Mais toi, il s'en fout.

Il lui suffirait d'une pichenette métaphysique pour me renvoyer de nulle part...

La chimie, la psychanalyse, le marxisme pour tous, mon grand rêve !

Moi je t'offre la jouissance présente, intense, quand tu l'auras vécue ne pense qu'à la suivante, et moque-toi de tout le reste. A l'impossible nul n'est tenu. Pas de passé, pas d'avenir, sinon celui de néant que je vous concocte.

Plus de raison véritable, une raison irrationnelle, une systématisation d'obsédé, une lâcheté suprême, la faculté de s'adapter à l'ignoble sous la conduite d'immondes. Cette pseudo raison sacrifiera radicalement l'intelligence, la vraie, celle du cœur.

Cette raison est donc l'antithèse de l'intelligence et le monde appartient désormais aux calculateurs glacials et impassibles.

Le grand calculateur va détruire la planète par ses équations absurdes de la finance, du marxisme, de la chimie, de la physique nucléaire, de tous les plannings familiaux et consorts » ...

O je voudrais tant de cette ignoble raison, qui le crime si facile puisqu'il se déguise en vertu et qu'il vous intègre dans un confortable criminel social.

Qu'importe d'être diminué ! aucune grandeur ne vaut d'être achetée en souffrance. Tout nous entraîne vers le mal, notre sottise inouïe, notre lâcheté congénitale et chromosomique !

O la souffrance des autres, insupportable souffrance. Vivre aujourd'hui c'est accepter d'être bourreau.

Revivre après la mort ?

Si Dieu lui disait « Tu vas revivre, tu seras beau et intelligent, tu auras une femme adorable et de magnifiques enfants, tu seras médecin et virtuose du piano ». Il dirait non. Il ne pourra supporter la souffrance des autres humains, les misères absolues comme dans le Tiers Monde, il ne pourra pas supporter non plus l'indifférence des humains à la souffrance des humains, ni cette horrible défécation humaine. Non à la vie, même avec ce relatif bonheur.

Il ne pouvait se résigner au mal et à la souffrance. Il imaginait un bien absolu, où le cœur régnerait.

Il y avait en lui un cristal pur et inefficient qui gémissait de ne pouvoir créer le bien pour lui et pour les autres.

Jouer Chopin ! quelle joie cela serait ! O lucidité et impuissance dérisoires.

Il avait cinq ans, il aurait toujours cinq ans et il criait à Dieu qui en avait des milliards qu'il était méchant de le faire souffrir et de faire souffrir les hommes. Il criait de lui donner la connaissance qui mène au vrai bonheur avec la volonté. Le sadisme et le crime de l'Ancien Testament, la morale si étrange des Évangiles, où avaient mené l'humanité ces deux inventions déséquilibrées des Circoncis au 8ème jour ? Au Marxisme dauphin du Capitalisme, pourrisseur et destructeur de la terre entière.

Quel goût de néant lorsqu'il savait que des enfants souffraient, lorsqu'il sentait que des millions d'enfants souffraient, comme si leur souffrance était celle de Tristan.

La souffrance d'un enfant, son regard perdu, fou, inconscient, *mais elle était sienne*. Et Tristan murmura : « ».

O Jéhovah, Dieu de vengeance et de crimes.

Je suis écartelé par la bêtise des hommes, leur méchanceté, l'atrocité d'Israël, ton sadisme et ma propre folie.

Il faut refaire le monde !

Il faut détruire celui-ci intégralement.

Il ne faut plus poser de conditions à tes créatures. Il faut les concevoir pour le vrai bonheur.

Les aimer sans compter.

Qu'elles ignorent tout ce qui n'est pas beau. Qu'elles ne risquent rien.

Elles n'ont pas besoin de liberté mais de bonheur.

Que leur existence ne soit pas justifiée par le grand, le petit, le beau le laid, le bien le mal. Il faut les éparpiller dans un monde où ils auront le tout et ignoreront le rien.

O Jéhovah si ce sont des blasphèmes, c'est toi qui m'a créé à ton image. Regarde à quelle image nous t'avons fait.

Ne suis-je pas dans ma présomptueuse angoisse fait à ton image ? Ce n'est pas qu'on ne t'aime plus : on t'ignore.

Écoute : la souffrance de tes enfants ne t'émeut-elle donc pas ? Assis dans ton palais du ciel, exigeant l'impossible, tu nous regardes avec indifférence et ennui. Nous tuons, nous hurlons de douleur et de désespoir, nous devenons fous à nous détruire, nous ne savons pas penser, nos âmes sont mortes, mais que t'importe Jéhovah grand-maman chérie…

Nous étions faits pour ne pas résister à Satan, tu nous as créés trop faibles volontairement puisque tu sais tout, tu connaissais notre chute avant de nous créer. Où est-elle donc cette liberté ???

Si tu nous avais octroyé plus de jugement et de force il n'y aurait pas eu de chute. Comment ne pas blasphémer si l'on ne comprend pas ?

Nos erreurs ne signifient rien si nous ne *savons pas*.

Peut-on en vouloir à un enfant qui ignorant tout du phosphore, va mettre le feu à la maison en jouant avec les allumettes ?

O cette immense cohorte de dupes dans ce cosmos loufoque…

O Chopin !

Le révélateur de ma vocation profonde. Je l'intégrais parfaitement.

Chopin c'était moi, j'étais Chopin.

La première fois que j'entendis Chopin, car il y eut une première fois, aussi incroyable que cela parût, j'ai tout ressenti.

C'était un monument de désespoir, magique, complaisant, immensément beau, et parfois un peu obscène. Il y avait de la boue sanglante au fond mais une rose rouge orgueilleuse et tendre s'épanouissait. O l'exquise douceur des nocturnes…

Il avait tissé dans l'atrocité de la douleur humaine toute la tendresse dont Dieu, dans son infinie bonté, était incapable.

Il m'a révélé la magie de l'inaccessible pureté, la danse de l'âme paralysée.

Les notes prennent un son de cristal qui résonne au cœur. Ce sont des cascades de beauté qui vous pétrifient d'infini, des chants d'amour hors du temps.

Ce qui est inexplicable avec Chopin c'est que les notes du piano n'ont plus la même sonorité quand on le joue. On dirait qu'il suffit que l'âme de Chopin touche l'ivoire pour qu'il se purifie, qu'il s'éthérise.

Jouer Chopin !

Quel sentiment de puissance miraculeuse, quel émerveillement que de communiquer aux autres ces effluves incandescents de l'absolu.

Le 24ème prélude, l'étude en la mineur, le dernier mouvement de la sonate en si… Et tout le reste, même la moindre valse.

La douzième étude : accord strident, vagues déferlantes, torrent de beauté et de révolte, la respiration s'arrête.

Tout est aérien dans Chopin.

Les mains elles-mêmes deviennent virtuelles, angéliques. Vertige transcendant…

Chapitre VII

Tristan continuait son travail d'interprète et d'instructeur d'anglais à la base des Radio Navigants de Pau. Il avait bien tenté de préparer le baccalauréat de philosophie pendant cette année d'usine, mais il n'avait pu se présenter. Lorsque *grand-maman chérie* était revenue à la dite libération, Tristan lui avait menti : il lui avait dit qu'il avait été reçu. La satisfaction sadique qu'elle eût éprouvée si elle avait su que Tristan n'avait pas passé cet examen, l'aurait blessé. Pendant cette année d'usine et de bombardements, il lui était arrivé de se trouver mal dans le métro. Une ambulance l'avait transporté à l'hôpital. Un état fébrile s'était installé sans qu'on pût poser un diagnostic. Un chirurgien célèbre, ami de la famille, exerçait dans cet hôpital. Tristan le salua. Lorsqu'il narra le fait à *grand-maman chérie*, tout ce qu'elle trouva à dire, s'exprima dans une remontrance théâtrale de s'être fait reconnaître en cette circonstance : « Quelle hante ! » avait-elle dit avec son accent spécial. Par la suite, dans les pires moments, quand il allait chez *grand-maman chérie*, il s'arrangeait pour être toujours impeccable dans sa tenue.

Il restait à Tristan dix huit mois à passer sous les drapeaux. Ce délai et une solde maigre mais suffisante, pouvaient lui permettre de préparer et passer l'examen. Il avait en effet du temps puisqu'il n'était astreint qu'à une quinzaine d'heures de cours, et à la traduction de quelques documents.

Il travailla donc d'arrache-pied pendant trois mois, se présenta et fut admis au grade de bachelier de philosophie.

Le sujet de dissertation l'avait intéressé : « Les divers degrés de la conscience de soi ». Il se sentait plus à l'aise et reprenait espoir. Il voyait s'éclairer l'avenir des êtres qui dépendaient de lui. Il commençait à voir poindre une lueur d'espoir quant à son cher piano.

La vie à la base n'avait rien de stimulant. Affreux pandémonium dont il était difficile de s'extraire, quelques officiers corrects revenus d'Angleterre, des officiers F.F.I.[15] tragiquement vulgaires, connaissant fort mal leur langue écrite et parlée, veste crasseuse, chemise sale, casquette sur la nuque, veste ouverte et nœud de cravate plus proche du nombril que de la pomme d'Adam. Des sous-officiers d'active à l'air de débardeurs en liesse et ne sentant pas toujours bon.

Tristan contrastait.

Il portait un uniforme simple et net, une chemise blanche, une cravate noire, et avait eu l'audace de remplacer les boutons de pompiers de sa capote par de discrets boutons noirs. Réglementairement on ne pouvait lui donner raison puisque ces boutons criards faisaient partie de l'uniforme.

Un nouveau commandant fut nommé à la base. Un polytechnicien.

Tristan lui fut immédiatement antipathique : cela s'inscrivait dans la norme avec Tristan, tout ce qui était robotisé, façonné, cliché et banalité était allergique à Tristan. Le commandant crut bon de désigner Tristan parmi les cadres chargés de se rendre dans une ville éloignée afin d'assurer la formation militaire d'une classe nouvellement appelée sous les drapeaux.

Tristan prit alors une permission de quarante huit heures et se rendit au deuxième bureau. Il était assimilé spécial et tout à fait

---

[15] Force Française Intérieure : Ce qu'on appelait la Résistance.

incompétent pour former les recrues. Le commandant n'avait pas le droit d'utiliser Tristan pour autre chose que sa spécialité.

Il fut muté par télégramme.

La chose marqua d'autant plus qu'une mutation normale, même pou le commandant, eût exigé plusieurs mois.

Tristan rentra à la base où le télégramme l'avait précédé.

Il alla présenter adieu et respects au commandant qui le quitta sur ces paroles hargneuses :

« Allez retrouver vos protecteurs » !

Tristan termina la troisième et dernière année d'armée dans un camp de la Royal Air Force dans la banlieue parisienne. Il s'inscrivit d'ores et déjà à la Sorbonne. Il avait hésité entre médecine qui lui correspondait bien et l'anglais qui lui permettait de gagner immédiatement sa vie comme enseignant. Il ne pouvait gagner sa vie et celle de sa famille en faisant médecine : une licence d'anglais était donc la solution logique par la force des choses.

Démobilisé il trouva un poste dans une école libre. Jacqueline, Chantal, sa petite fille et lui-même s'installèrent dans le quatorzième arrondissement. Une petite pièce trouvée rue des Artistes, voie retirée, presque provinciale. C'était un logement humide, sombre, donnant au Nord, sans eau courante mais avec le gaz et l'électricité.

Un grand lit archaïque, une armoire à glace, un buffet, une table de cuisine, un lit pour la petite fut ajouté au mobilier déjà encombrant et on le plaça du côté du jour, près de la fenêtre par conséquent. Jacqueline était gentille et dévouée, la petite adorable, Jacqueline se liait aisément avec les ouvrières de la maison. Il y avait à une pénible promiscuité. Tristan dut se faire violence pour s'adapter, se fabriquer une bonhomie artificielle. Il se mit à parler mal, à proférer des gros mots qu'il était surpris de s'entendre dire, pour faire comme tout le monde, pour ne pas détonner.

Il sentait croître en lui les volcaniques tendances maternelles. La pensée du piano se faisait plus obsédante. Il était tendre avec Jacqueline et la petite, la jolie petite. Il y avait entre sa femme et lui des préoccupations bien différentes, des affinités divergentes, et elle était dénuée de ce sens de la beauté qui prenait chez Tristan des proportions pathologiques.

Cela ne l'empêchait pas de l'aimer très fort. Elle lui avait rendu espoir, vie calme, par ce qu'elle était, simplement, naturellement.

Avec cette aspiration pour le piano croissait en lui un érotisme qui frisait le morbide. Il avait lu quelque part dans la tradition Chrétienne que « les âmes pures seront induite en des tentations pires que la mort ».

Il désirait une norme paisible, mais il la sentait le fuir. Il pleurait de son enfer intérieur que sa nativité Balance ascendant Scorpion éclairait déjà.

O la nostalgie de cette normale que dans le fond il exécrait.

Et pourtant quoi de plus normal que d'être anormal quand on considère l'inconsciente normalité qui nous cerne ?

Des mélodies chantaient dans sa tête. Il étouffait.

Non loin de leur très modeste chambre, il y avait la Cité Universitaire.

Tristan y allait parfois et y rencontrait des garçons exceptionnels avec lesquels il avait parfois des conversations qui duraient la nuit entière.

Il y avait aussi des filles, fort belles à cette époque, qu'on ne reverrait plus en l'an 2000. Sans remords il jouissait de leurs corps magnifiques. Elles aimaient cela. Il ressentait une joie féroce, la jubilation de Monsieur Hyde. Fort heureusement les difficultés de la vie l'empêchaient de se livrer à cette exultation et neutralisaient en partie son érotisme et son besoin de femmes.

La séduction de séduire ! quelle chose merveilleuse et diabolique ! la séduction passive d'un seul regard, d'un seul sourire ! et même de silences éloquents ! regarder l'autre et ressentir qu'on la possède déjà, qu'elle vous a déjà tout donné. L'homme qui séduit ne force en aucune manière, celui qui force de quelque manière que ce soit, viole plus ou moins.

Le vrai séducteur regarde la femme comme le serpent fascine l'oiseau. La vraie séduction est fluidique, astrale. Tristan pouvait par cette force étrange contenue dans un corps délicat, imposer cette langueur paralysante qui cédait. Il n'avait aucun remords car elles aimaient ce jeu.

Une fille ne lui avait-elle pas dit : « Maintenant que je t'ai eu, je peux mourir »...

Démobilisé, il avait donc pris possession de son poste d'enseignant dans un collège privé.

Cette année 1948 il fit des miracles.

Chaque matin à six heures il se rendait à son collège de Maristes situé en grande banlieue.

Quatre heures de trajet aller-retour.

Il était fort mal rémunéré. Il s'agissait d'un tarif syndical humoristique, qui même doublé, n'aurait pas atteint le salaire d'un ouvrier moyen.

On les encourageait néanmoins à exploiter les leçons particulières. C'était de véritables marchands de soupe. Les élèves payaient fort cher et mangeaient fort mal. On rebâtissait la chapelle, on récurait l'étang du parc, et l'on versait la plus grande partie des bénéfices à la haute administration ecclésiastique. On abusait des parents car nombre de professeurs n'étaient pas techniquement qualifiés. Les enfants étaient médiocrement soignés et les professeurs dupés. Mais là aussi, comme chez *grand-maman chérie*, on enseignait les bons principes.

Un jour Tristan, avec sa naïveté coutumière et sa sincérité pathologique, ouvrit les écluses de la critique. « Mais les prêtres sont des hommes chuchota ce tartuffe de Directeur mariste à tête de chat-fouine.

Certes, oui, mais il s'agissait du comportement d'une collectivité religieuse, et cela n'a rien à voir avec des faiblesses individuelles.

Un autre jour à table, à l'un de ces déjeuners cérémonieux qui groupaient les enseignants autour d'une table disposée en U, il manifesta son indignation à nouveau. On le congédia. Un collègue d'histoire, le seul à être titulaire d'une licence d'enseignement, se joignit à Tristan. Il entra dans les ordres l'année suivante. Il ne sera pas lui, un chanoine cynique et ventripotent.

Mais l'Église n'avait pas encore atteint le fond du gouffre, celui de « 1984 ». Elle allait bientôt devenir en un temps record, une société homosexualo-marxo-freudo-pornographo-centrique en apostasie, en démission totale, sous le prétexte infâme de rajeunissement.

N'était-il pas écrit « Satan régnera au sommet de l'Église, à Rome même ».

Et « les Élus eux-mêmes seront mystifiés. Pauvre Église, c'est le temple qu'il fallait chasser du temple… S'ouvrir au monde c'est s'ouvrir à la pourriture.

Le séjour de Tristan aux armées, la fin de la guerre, et tout ce qu'il fallait faire de mise au point, avait tenu Tristan éloigné de sa famille maternelle dont les débordements affectifs ne jouaient guère le rôle de pôle d'attraction. Mais c'était sa famille. Il avait écrit un mot. Il alla rue Dehodencq.

Grand-maman chérie était là, toujours là, très égale à elle-même, affalée dans son fauteuil, plus verdâtre et plus croupissante que jamais.

Il lui baisa la main non sans éprouver ce frisson que ce contact lui imposait.

Il y avait là, aux côtés de *grand-maman chérie*, une cousine riche, la Baronne de Monosh, qui ouvrit la bouche dès que Tristan se fut assis.

— Alors, Tristan, vous êtes installé à Paris ?
— O, répondit-il, « installé » est un bien grand mot.

Il allait donner quelques franches et complètes explications qui ce cadre de meubles et de tapis luxueux, de domestiques en gants blancs, risquaient d'être cuisants.

C'est alors que *grand-maman chérie*, à la fois embarrassée mais apparemment à l'aise, prit son air bonasson, modeste, bon enfant pour interrompre :

— Oui, il a trouvé une petite chambre…

Elle enchaîna et garda habilement la parole qu'elle conserva jusqu'au bout du rouleau de ses banalités futiles.

Au bout d'une heure, Tristan s'apprêtait à prendre congé, lorsque *grand-maman chérie* le retint. Elle avait revêtu son masque noble, protecteur et munificent. Elle extirpa de son sac un billet de mille francs plié en quatre et le lui tendit d'un bras magnanime en forme de cou de cygne.

— Ne fais pas de bêtises avec cet argent, achète de quoi manger.

Il prit le billet en tremblant intérieurement, salamalecqua maladroitement et prit alors congé.

La cousine qui avait assisté à la scène, crut bon de glisser à Tristan, alors qu'ils descendaient ensemble le grand escalier du hall :

— Soyez gentil avec une grand-mère si sensible et si généreuse…

Tristan crut étouffer. Il ne trouva pas la force de donner des explications dont la réalité foncière était si loin des apparences.

Cette stratégie du « je fais semblant de donner, et « je te prends tout » il la retrouva dans tous les aspects du monde moderne.

Quelques jours plus tard on proposa à Tristan et Jacqueline un modeste appartement moyennant une petite reprise dont ils ne possédaient pas le montant. Aussi décidèrent-ils d'aller tous les deux rue Dehodencq car ils ne pouvaient entrevoir aucune autre possibilité d'aide.

Une aubaine pour la petite, un logement plus grand que cette pièce misérable sans eau humide et sombre.

Grand-maman chérie les accueillit comme un chien dans deux jeux de quilles. Son regard vide, était d'une torpeur flasque qui n'exprimait qu'une pensée végétative, limitée, traversé d'éclairs de méchanceté et d'égoïsme, objectifs susceptibles de mettre son intelligence en mouvement.

Une posture de sorcière avachie. Elle avait son air furibard et sa main tapotait le divan éternel où elle agonisait depuis quarante ans.

L'oncle Jacques entra, larvaire, silencieux, entendit qu'il s'agissait d'argent, ne dit mot et alla se placer devant la fenêtre, comme pour regarder l'extérieur.

« On ne trouve pas une somme pareille sous le sabot d'un cheval », prononça enfin *grandmaman chérie*.

Seule la célérité pouvait leur permettre d'obtenir cet appartement qui avait un nombre illimité de candidats. Un appartement pour une toute petite reprise, à une époque où elles étaient astronomiques, serait pris par quelqu'un d'autre s'ils ne se hâtaient pas.

Grand-maman chérie biaisa. Elle voulait savoir à qui remettre l'argent, avoir le nom, l'adresse, « peut-être pourrait-elle discuter »… Ils restèrent dans leur taudis.

Dans les deux collèges libres où il avait enseigné il y avait un piano.

Tristan avait décidé d'étudier seul puisqu'il n'avait pas les moyens de prendre des leçons. Impatient, contraint à l'auto-didactisme, il commettait de graves erreurs, s'infligeait une articulation néfaste, empêchant toute nuance et toute virtuosité.

Il déchiffrait fort mal mais suffisamment pour apprendre par cœur. Il commença, O folie, par mémoriser la totalité de l'étude en mi majeur de Chopin dont la partie médiane est d'une grande difficulté. Le legato de l'ensemble est radicalement impossible à un débutant. Il apprit néanmoins le morceau entier qu'il parvenait à restituer avec une sonorité de castagnettes. Ses doigts étaient très souples puisqu'il pouvait faire des mouvements de tierces sans appui, et sa main couvrait du do au sol de l'octave suivant. Bien des concertistes lui auraient envié cette qualité.

Le soir dans leur pièce sombre et humide, il préparait deux certificats de licence, parfois jusqu'à minuit ou une heure du matin.

Il se couchait à moitié mort pour se relever à six heures du matin prendre le métro et le train vers le collège en grand banlieue. Deux heures de trajet.

Il utilisait une petite lampe électrique pour ne pas déranger sa femme et sa fille. Parfois Jacqueline s'énervait et ne supportait pas que son mari travaillât si tard à ses côtés, même avec une petit lampe. Un jour elle déchira les livres universitaires qui pour eux représentaient une fortune. Alors Tristan se vit contraint de lui administrer une fessée. Mais comment lui en vouloir ? Il l'empêchait de dormir et elle travaillait dur le jour, dans cette pièce unique, avec la lessive permanente pour l'enfant, dans ce taudis.

Tristan passa avec succès un premier certificat de licence. Trois mois plus tard il réussit le certificat de philologie anglaise qui lui avait demandé des efforts surhumains pour une discipline qui se situait aux antipodes de sa nature. Pour jouer du piano, il fallait, en plus de circonstances favorables, dix ans de travail. Les études supérieures, l'enseignement à des élèves qui chaque année perdaient de façon spectaculaire leur cœur et leur intelligence et dont l'aspect physique et vestimentaire trahissaient de plus en plus l'accélération de la dégénérescence, le figeaient dans un carcan.

Il rencontra Charles Dullin qui l'engagea à rentrer dans son école.

Dans un vaste pigeonnier du théâtre Sarah-Bernard où se déroulaient les cours, il passa quelques scènes classiques qui furent loin d'être brillantes. Il est vrai que Corneille l'amusait. Cette boursouflure de l'honneur et de la volonté, ces fausses situations outrées, tout cela lui semblait caricatural. La beauté de la langue ne pouvait seule, inspirer un jeu convaincant. Il se souvenait déjà combien à cette époque il donnait de l'importance au *fond*.

Le fond c'est quelque chose à dire. La forme est plastique au perfectionnement. Il aurait volontiers chatouillé la barde de Don Diègue et taillé du saucisson avec l'épée de Rodrigue. Il est vrai pourtant que des situations cornéliennes se rencontrent dans la vie et qu'on peut donc les jouer au théâtre et les ressentir. Dans Molière il n'y avait guère de rôle pour lui. Même Alceste dont il se sentait parent, exprimait son mépris des hommes de façon peu convaincante, et *mal* risible.

Il passa quelques scènes modernes une tirée de Démétrios de Jules Romain.

Ses camarades l'applaudirent ce qui n'était pas dans les habitudes de l'école. Une jeune femme vint lui proposer un rôle dans une pièce et manifesta à son égard un enthousiasme flatteur, « quelle tête, quelle allure, juste ce qu'il me faut »…

La pièce portait un titre prometteur « royauté double ». Tristan la lut, la trouva dérisoire et la rendit avec un refus poli, prétextant un travail accablant d'ailleurs bien réel.

Le théâtre ne le satisfaisait pas. Certes, comme gagne-pain, il ne l'eût pas dédaigné, mais les circonstances ne favorisaient pas cette perspective.

D'ailleurs Dullin lui avait dit : « Tu arrives vingt ans trop tard, avec ton physique, maintenant nous allons connaître au théâtre comme ailleurs, le règne du petit con ». L'observation biotypologique des quarante années qui suivirent, donnèrent parfaitement raison à cette prophétie. D'ailleurs au cinéma, il n'y eut bientôt plus d'acteurs, des voyous et des petits cons jouaient des rôles de voyous et de petits cons. Ils seraient par définition, tous gauchistes. On peut difficilement imaginer Pierre Fresnay, gauchiste.

Qui pourrait aujourd'hui jouer « *Monsieur Vincent* » avec le talon inouï déployé par ce grand acteur ?

Il quitta l'école de Dullin sans se douter qu'il allait jouer sur le plateau de la vie même un rôle qu'il ne soupçonnait pas et qui dépassait l'imagination.

Chapitre VIII

> *« Le fou est celui qui a tout perdu sauf la raison »*
> *(Chesterton)*

L'enseignement public manquait de professeurs et particulièrement de professeurs d'anglais. Ses deux certificats de licence d'anglais, son engagement volontaire, son appartenance au IIème bureau Air comme interprète et instructeur d'anglais, lui permirent d'obtenir ce qu'on appelait une « délégation ». Il fut alors mieux rétribué, bien que cela ne fut pas suffisant.

Pour devenir fonctionnaire de l'État on avait exigé un certificat de naissance de son père. Après de longues recherches il obtint l'acte sur lequel il put lire :

« Décédé à Albigny sur Saône... ».

Il était mort dans cette ville en 1947. Tristan écrivit à l'hôpital où son père s'était éteint. Son cœur avait cédé et ses dernières paroles avait été « que mes enfants sachent que ma pensée a toujours été près d'eux ».

Cela, Tristan l'avait toujours ressenti. Il *savait* que son père qu'il ne voyait jamais, pensait à eux, alors que ceux auprès desquels il avait vécu dans le cercle de *grand-maman chérie*, se moquaient bien d'eux.

Parmi les papiers qui parvinrent à Tristan, il trouva le nom d'un ami de son père, Raymond

T. ingénieur qu'il mit plusieurs mois à retrouver.

Ce dernier lui parla avec chaleur et admiration de son père. Il semblait un peu fou aux yeux de la plupart des gens car « Il débordait de partout ». Il était pourtant extrêmement modeste et s'exprimait admirablement bien. Il avait gagné l'admiration et la sympathie des médecins qui le soignaient. Sa lucidité étonnait car il était un implacable prévisionniste, ce qui est naturel à ceux qui pensent par synthèse[16] et suivent l'évolution logique des événements.

Raymond T. ajouta que deux années avant sa mort, son père l'avait envoyé en ambassadeur à l'hôtel particulier de *grand-maman chérie*. Il devait lui dire que le père des enfants étant très malade, désirait revoir ses enfants. Il avait précisé que celui-ci était à la merci d'un arrêt cardiaque, d'une mort subite.

Raymond T. avait été laissé en bas de l'escalier, reçu comme un malfaiteur, à peine entendu, pas écouté. *Grand-maman chérie* avait dit : « Cet homme l'air d'un apache ».

Jamais elle ne leur avait parlé de cette visite, jamais. Elle n'avait même pas demandé l'adresse de l'hôpital où il se trouvait. Ainsi aucun des trois enfants ne put voir son père avant sa mort. Il avait renoncé, tout seul, loin de ses enfants, sans un mot de tendresse, et de compréhension. Et quand des années plus tard, *grand-maman chérie* fit allusion à cette visite ultime, tout ce qu'elle trouva à dire fut : « Il ne voulait pas vous voir, il voulait de l'argent »…

---

[16] En libéralisme on ne pense qu'analytiquement, production indéfinie tous azimuts, aucun souci de la synthèse humaine, d'où pollution générale physique, morale, écologique etc. On finit par produire pour vendre sans le moindre souci des valeurs morales et de l'intérêt de l'homme, pornographie, chimie, aluminium et mercure dans les vaccins, vaccins eux mêmes…disparition de l'eau… etc.

Dans les papiers de son père, il trouva un autre nom, « Georges B. professeur agrégé, Docteur es lettres ».

Il le trouva sans difficultés à Vanves où il habitait.

Georges B. le reçut très aimablement et lui parla longuement de son père après que Tristan lui eut appris sa disparition.

« La dernière fois que j'ai vu votre père, c'était juste avant la guerre. Il avait été effondré par le procès avec sa belle-famille et son état physique et moral était désastreux. Je l'ai un peu aidé puis je ne l'ai jamais revu. A partir du début de la guerre, il disparut.

Il y avait dans votre père tous les éléments d'une puissance surnaturelle qu'il aurait été d'ailleurs incapable d'assumer. Je le connaissais bien et c'est pourquoi je peux dire où il en était. Vous avez un front rayonnant comme le sien. J'ai connu votre père au lycée, il était grand, je ne me souviens pas de lui petit. C'était un élève moyen et qui réussissait juste ce qu'il faut pour se maintenir, mais ses préoccupations dépassaient de loin ce qu'on enseignait sur les bancs. Il avait à son actif une ribambelle de vers dont quelques-uns étaient forts beaux.

Il avait écrit une tragédie « *Jules César* » dont je me souviens que quelques stances étaient admirables. J'ai bien connu sa mère, votre grand-mère, qui était une femme tout à fait à la hauteur et complice de son fils dans ses tentatives d'échapper au scolaire. En classe de philosophie, il eut Alain comme professeur. Il n'avait pas pour lui une admiration sans borne, et le traitait de « socrataillon radical-socialiste ».

Sa place était marquée à Normale Supérieure, non pas pour devenir professeur mais pour la discipline intellectuelle de base dont il serait facilement sorti à l'inverse de la quasi totalité de mes collègues. Aujourd'hui je lui crois trop d'orgueil pour s'être plié à une telle discipline. Les études ne servent pas à grand chose, mais je considère qu'elles sont indispensables à qui veut penser sérieusement. Votre père, tout poète qu'il fût, et toute intelligence qu'il avait le droit de s'attribuer, aurait tiré de ce travail en Khâgne, sans même entrer à Normale, un profit d'autant plus grand qu'il n'en aurait jamais été l'esclave. Il n'aurait jamais été professeur car son orgueil refusait le système. Il savait que l'intellect ne peut qu'ordonner l'étincelle transcendante et que l'immanence pure conduit à la sclérose, l'éparpillement analytique, la dégénérescence, dont il faut constater que la spéculation juive est à l'origine la plus évidente en tant que facteur causal fondamental. Une des dernières conversations que j'ai eue avec lui fut au sujet de Bergson. Il le qualifiait d'ingénieux, et non de génial. Il disait que c'était ce que les Juifs pouvaient produire de mieux.[17]

J'avais perdu votre père de vue depuis 1908 et pendant trente ans je n'ai pas entendu parler de lui. Je pensais souvent à lui, car dans mon souvenir il tranchait nettement sur tous les autres. Je vous ai parlé de mon admiration pour lui, et le mot n'est pas trop fort. Ce que vous m'avez appris à son sujet m'a confirmé ce que je savais déjà, ce que j'avais compris. Sa faute a été de rechercher le mariage riche, son malheur de le trouver, son erreur de ne pas avoir su s'en servir. Il faut bien parler de déchéance et pourtant le terme n'est pas tout à fait convenable. Que son orgueil se soit fait vanité mal à propos, il en a subi trop durement les conséquences. Je garde de lui un souvenir très sympathique et presque sans mélange. J'avoue mon indulgence pour ce genre de caractère. Je ne blâme que son mariage s'il fut délibéré.

J'espère que son histoire vous servira de leçon. On sent que vous refusez les conformismes stupides pour de simples raisons d'intérêt. Mais la véritable intelligence est aujourd'hui un fétu de

---

[17] A noter que Bergson n'était juif que par son père. La loi juive ne confère la judéité que exclusivement par la mère.

paille sur une mer déchaînée. Elle n'a aujourd'hui aucune chance de se faire entendre. Je sais que vous avez compris cela. J'ai été moi-même barré à l'Enseignement Supérieur car je gênais trop de gens. Je suis à la retraite maintenant.

Vous, cachez votre intelligence même si elle peut sauver des vies car la vérité ne peut désormais plus rien contre la zombification universelle.

Aucune chose ne les arrête, même pas la mort. Ils n'ont notion d'aucune valeur. Leur or.

Mais Tristan seul au monde, tout seul, demeure là, comme une écharde, une conscience, leur écharde, leur conscience.

Il fallait donc le névroser, le pervertir, et comble du démoniaque, lui enlever tout point d'appui. Il ne lui restait même plus son père qu'on lui avait subtilisé. Dans les conditions effroyables dans lesquelles on le ferait vivre, ils étaient sûrs de réussir.

Malgré les efforts de Jacqueline et Tristan, leur existence était dure. Pour que la petite Chantal ne manque de rien, il fallait faire des prodiges. Ils vivaient précairement et ils n'avaient pas assez d'air et de soleil dans cette chambre humide. De temps en temps, certains jours de dépression, comme le matelot naufragé qui s'accroche à une planche pourrie, Tristan allait chez *grand-maman chérie*. L'hôtel avait retrouvé son luxe d'antan, ses domestiques en gants blancs qui ne faisaient jamais long feu, une Salmson et un chauffeur. Il y avait aussi une télévision à une époque où personne n'en avait et on venait d'acheter une ferme sur la Loire.

Parfois *grand-maman chérie* abandonnait un billet de mille plié en quatre à Tristan, avec démonstration grandiloquente et ostentation paroxystique.

Il acceptait lâchement et avec force geste et gratitude cette magnanime générosité qui réglait bien sûr, tous leurs problèmes.

Un jour il pleuvait.

Tristan se rendit rue Dehodencq avec de mauvaises chaussures qui prenaient l'eau. C'était les seules qu'il possédait. Gêné, il le fit observer à *grand-maman chérie* comme pour s'excuser, car les semelles nourries d'eau risquaient de mouiller ses tapis d'Orient.

L'oncle Jacques déclara qu'il allait lui donner une paire de chaussures.

— Je vais avoir de bonnes chaussures par ce temps-là, avait dit Tristan.
— Non, répondit l'oncle Jacques, avec un air niais, je te les donne justement parce qu'elles prennent l'eau.

Tristan fut sidéré. Il ne crut pas un seul instant que l'oncle se soit moqué de lui. Son cerveau assez faiblement organisé, le privait de sens de l'humour. Tristan eut plutôt l'impression qu'il ne se rendait pas compte, c'était cela, *il ne se rendait pas compte*.

Et les autres ? Les autres non plus. Cette impression s'affirmit au fur et à mesure que se déroula la vie de Tristan. Marx est inconscient et ceux qui le suivent le sont aussi.

Peu de temps après, il arriva chez *grand-maman chérie* les poches vides. Jacqueline ne se faisait aucune illusion mais quand ils étaient aux abois, elle suggérait à Tristan d'aller rue Dehodencq, avec le même espoir que celui qui joue à la loterie nationale. Cela ne l'amusait pas mais pour Jacqueline et la petite, il faisait cet effort. On garde toujours un espoir en sa famille même si l'on sait qu'il n'y en a aucun.

Il traversa Paris et arriva chez *grand-maman chérie* avec un ticket de métro troué dans la poche. Juste de quoi revenir chez lui par le métro.

Il était là quand tante Denise lui demanda d'aller chercher le caniche à la clinique pour chiens. Pour ce faire elle lui confia quinze cents francs.

Il reçut un choc. C'était six carnets de cet indispensable métro. Et il avait dans sa poche un ticket de métro troué. Il ressentit un curieux mépris, leur inconscience, leur manque de cœur, allaient le frapper de folie sur le champ.

La tonte du caniche ! La tonte du caniche !

Impossible de décrire ce qui se passait dans sa tête pendant le trajet de l'hôtel à la clinique, de la clinique à l'hôtel. *Mais cette haine ressemblait plus à l'instinct de conservation qu'à la haine même.*[18] Il eut même l'idée fugitive de rentrer chez lui avec cet argent dont ils avaient tant besoin.

Pour lui il ne pouvait penser que cela eût été un vol, l'acte n'eût même pas été immoral.

Il n'y a pas comme eux pour faire d'un innocent un délinquant, un criminel. Ce monde matérialiste, ce monde de profit polluant et d'idéologies imbéciles, sera bientôt un immense troupeau de délinquants, de criminels, d'abrutis, de pornographes, de drogués, de *sous-hommes*. Ils donnent envie de mordre à la nature la plus douce, la plus vénusienne.

---

[18] Cette phrase résume intégralement la psychologie de l'anti-juivisme de ces 5000 ans (car il existait bien avant le Christianisme).

Il espérait tant pour la petite, pour eux trois dans cette pièce sans eau, avec la lessive et le gaz malsain.

La petite était fragile, la maman se fatiguait tant. Sa propre constitution délicate.

Il fallait étouffer sa révolte. Le petit caniche avec sa petite queue qui frétillait de joie en revoyant Tristan, il n'y était pour rien, lui.

Dans les collèges publics où exerçait Tristan il n'y avait pas de piano. Une camarade de faculté lui offrit d'aller travailler chez elle. Il accepta volontiers mais il fallait encore car elle habitait du côté de la porte de Clignancourt à l'opposé de la porte d'Orléans. Deux heures de métro pour une heure de pratique. Au retour il travaillait son troisième certificat de licence une grande partie de la nuit.

Il décida alors de louer un piano pour une somme modique. Il vient encombrer davantage la pièce. Pour l'enfant il fit mettre une sourdine.

Dans cette maison laborieuse le piano ne gagna pas la faveur des voisins.

L'un d'eux qui buvait un peu le menaça. Chose étrange, il fut renversé par une voiture le lendemain en rentrant de son travail et en mourut.

Tristan se sentait mal à l'aise, il étouffait. Il tenta de travailler son instrument. La sourdine en feutre qu'il laissait constamment, dénaturait les sons. Au début cela lui parut insolite, puis devint insupportable.

Il se sentait prisonnier de tout. Il voulait s'évader vers l'infini. Son cœur et sa raison l'attachaient à son devoir. Mais un chaos le tiraillait. Ce chaos fruit du divorce, de l'arrachement de son enfance...

Son âme de cristal et son érotisme.

Sa raison et son effervescence artistique.

Il bachotait sa licence et n'avait guère de temps d'aller en Sorbonne assister à des cours. Les difficultés élémentaires l'obligeaient à faire face à de multiples obligations auxquelles il ne pouvait se soustraire. Ce n'est que de temps en temps qu'il allait en Sorbonne.

C'est pourtant là qu'il rencontra Huguette. Il attendait à la porte d'un amphithéâtre où allait se tenir une conférence. La porte s'ouvrit, une jeune fille sortit. Ils se trouvèrent tous deux face à face. Ils se regardèrent et furent tous deux animés ensemble d'un sentiment admiratif l'un pour l'autre. Il comprit que l'élan qui entraînait cette ravissante personne, s'était soudain brisé lorsqu'elle avait vu Tristan. L'espace d'une seconde elle s'était immobilisée devant Tristan et il eut le sentiment qu'elle attendait qu'il se décidât à lui dire n'importe quoi, mais il ne fallait pas hésiter !

Tristan saisit l'occasion au vol. Non il n'allait pas laisser passer cette vénus exquise ! il lui posa une question banale sur la conférence qui allait suivre. Elle répondit gentiment avec un sourire qui éclatait de blancheur et il découvrit dans ses yeux noirs quelque chose de conquis, de soumis, de tendre et de passionné. Elle avait un visage allongé, le teint mat sans exagération, la bouche était parfaitement dessinée et sensuelle. Elle était grande, élancée, très élégante dans sa simplicité. Dans cette Sorbonne poussiéreuse elle détonnait autant que Tristan.

Elle préparait aussi une licence d'anglais. Ils gravirent ensemble l'escalier qui menait aux galeries, écoutèrent d'une oreille distraite, non sans se regarder l'un l'autre, longuement pénétrés du battement de leurs cœurs et de cette douceur ivre du désir.

Il prit sa main, elle serra la sienne.

Après la conférence ils allèrent boire un jus de fruit dans un café voisin.

Ils se revirent le lendemain, puis quelques jours plus tard. Ils demeuraient captivés l'un près de l'autre tout entiers ivres de leurs baisers et de ces cœurs qui ne cessaient de battre la chamade. Tristan était trop franc pour ne pas lui dire la vérité : il était marié.

Elle avait cru d'abord qu'il avait une maîtresse. Elle avait vingt ans il en avait vingt-quatre.

« Une maîtresse, ça se balance » lui dit-elle en riant, « mais une femme, non, tu n'es pas libre » !

Cette dure réalité le saisit.

Elle serra sa main et l'embrassa. Son baiser passionné lui révéla qu'elle acceptait aussi cette ivresse sans remords.

Sa femme l'aimait, il avait pour elle et la petite une grande tendresse. Et voilà que lui, qui n'avait connu aucune femme que la sienne, qui avait une telle gourmandise de femmes, voilà qu'il avait une maîtresse désirable et très belle. Non, il n'avait pas de remords. Son cœur était en paix.

O combien ils se donnèrent l'un à l'autre ! combien de douces étreintes dans tous les hôtels du quartier latin !

Quelques mois passèrent, puis un jour Huguette lui dit simplement, par caprice, qu'elle ne l'aimait plus !

Premier chagrin d'amour de sa vie. Il eut une immense peine.

Le soir il retrouva sa chambre humide sans eau, sans air, sans lumière. Il retrouva Jacqueline et sa petite Chantal. Il était triste, abattu, il n'avait pas faim. Jacqueline s'enquit avec douceur de ce qui n'allait pas et lui, l'enfant sans amour qu'il serait toujours, lui conta son aventure. Elle avait presque vingt cinq ans à leur mariage et lui vingt et un. Elle était son aînée. Les femmes sont mures à cet âge-là, les hommes ne le sont pas. Elle eut une larme dans ses yeux rieurs et vint le consoler. Tristan la serra dans ses bras et lui demanda pardon.

Mais quel enfant il était ! il ne fallait pas raconter son aventure à sa femme. Elle ne touchait en rien l'intégrité de leur foyer car il les aimait toutes les deux. Cette tendresse était sacrée.

A la cité universitaire voisine Tristan avait un camarade qu'il invitait souvent chez lui. Il terminait son droit et allait bientôt obtenir une distinction particulière de l'Académie Française pour un livre de poésie d'une facture soignée qu'il avait publié. Tristan le trouvait intéressant et avait pour ses imperfections une grande indulgence. Jacqueline était réceptive et il avait une culture qui pouvait la servir. Maurice, c'était son prénom, avait une carte de presse qui lui permettait des entrées gratuites dans les théâtres où il pouvait emmener Jacqueline qui ne sortait jamais.

Tristan pouvait ainsi rester paisiblement dans la chambre à veiller sur la petite tout en préparant ses deux derniers certificats de licence. Maurice ne suscitait absolument aucune inquiétude dans l'esprit de Tristan et de plus il avait une confiance parfaite en sa femme. S'il avait choisi Maurice pour ses qualités culturelles, le portrait de Maurice le rassurait pleinement. Il ne pouvait imaginer qu'une femme comme la sienne pût même supporter qu'il lui serrât la main trop longtemps en lui disant bonjour. Lui-même ne supportait pas une poignée de main prolongée de Maurice. Il était petit, rouquin, trapu, bigleux jusqu'à la caricature, il portait des verres fumés d'une singulière épaisseur, sa peau était couleur brique, ses mains épaisses étaient de la même couleur et trahissaient en plus une propension à la violence. Maurice lui-même lui avait avoué avec contrition qu'il avait éprouvé cette tare lorsqu'adolescent, il avait étranglé un petit chat avec une ficelle. Cette révélation avait glacé Tristan mais l'avait rassuré davantage quant au danger que Maurice pouvait représenter à l'égard de sa femme.

Jacqueline et Maurice sortaient donc, tandis que Tristan travaillait.

Il préparait alors le certificat de littérature anglaise extrêmement difficile, car à tous ses écueils s'en rajoutait un supplémentaire et de taille : il n'avait jamais séjourné en Angleterre. Rédiger une dissertation littéraire en anglais sans avoir la moindre pratique de la langue, et un tour de force quasiment impossible.

Une indiscrétion d'une voisine lui apprit que Jacqueline et Maurice flirtaient. Il jugea le mot à la lumière de son impression esthétique qui était parfaitement catégorique. Il pensait que sa femme acceptait par gentillesse une sorte de marivaudage avec cet être peu ragoûtant physiquement mais qui lui offrait un peu de culture et de distraction pendant que lui, travaillait. Il les sermonna tous les deux sur le ton badin de la moquerie. Il n'attacha aucune importance à ce qui pour lui ne pouvait exister, n'avait aucune chance d'exister. N'avait-il pas dit à sa femme : « Comment imaginer même une seconde l'accouplement d'un oiseau de paradis et d'un crocodile »…

Ils continuèrent à sortir, Tristan continua à travailler près de son enfant.

Soudain sans raison apparente, Maurice se mit à manifester une sombre haine à l'égard de Tristan. Son comportement devint violent, voire dangereux. Il fut étonné de cette aversion alors qu'il ne lui avait fait que du bien. Il le pria de ne plus revenir chez eux.

Hélas, un jour Tristan allait apprendre que les oiseaux de paradis peuvent s'accoupler sans honte et sans remords avec des crocodiles...

Madame de Gastine, la mère de Tristan, venait depuis peu de s'installer à Paris avenue Kléber. Elle était venue voir son fils et sa belle-fille et rencontra fortuitement Maurice qu'elle invita chez elle.

Elle allait alors jouer un rôle central dans une des tragédies dont elle était familière. Jacqueline avait dû rapporter à sa mère l'aventure de Tristan qui pourtant, elle le savait n'avait aucune importance. L'attitude de sa mère fut parfaitement ignoble car elle poussa Jacqueline dans les bras de Maurice. Elle alla jusqu'à emmener sa belle-fille chez un avocat sans que Tristan ne soupçonna quoi que ce soit de ce qui se tramait. Madame de Gastine ignorait d'ailleurs comme Tristan que Jacqueline trompait délibérément Tristan avec ce nabot au teint brique, aux lunettes-loupes, elle ignorait aussi que l'aventure de Tristan, qui n'avait jamais connu d'autres femmes que la sienne, était sans conséquences, et que si Jacqueline lui en avait parlé, c'était précisément pour justifier son propre et gravissime adultère que tout le monde ignorait encore.

Jacqueline elle-même rapporta ultérieurement à Tristan ce qu'avait dit sa mère à l'avocat en parlant de son fils : « S'il venait ici je le tuerais comme un chien ».

Il avait suffi que Jacqueline raconta à sa belle-mère que Tristan avait eu une maîtresse, (il est vraisemblable qu'elle avait employé le présent pour aggraver les choses), pour que ce formalisme cortical loin de toute réalité profonde, car jamais dans sa griserie Tristan n'avait oublié sa femme et sa fille, mît en marche les mécanismes destructeurs de sa mère.

Au lieu d'arranger les choses, Madame de Gastine monta son habituel grand guignol.

Madame de Gastine exerçait sur Laure et Charlotte une sorte de fascination justifiante car lorsqu'on mentionna devant Charlotte l'apophtegme lapidaire lancé devant l'avocat, elle évoqua pour soutenir sa mère, la réflexion célèbre de Blanche de Castille parlant de Saint Louis, ce massacreur de Musulmans au nom du Christ : « Je préférerais le voir mort que souillé d'un seul péché mortel ».

Pauvre Madame de Gastine !

Inconsciente et incorrigible. Poète Catholique-juive ! oscillant entre l'angélisme et le diabolisme. Masochiste, se frappant à coups de cravache.

Incomprise, insupportable, pharisienne, malveillante, insinuante comme le serpent d'Ève, le portrait de *grand-maman chérie* en beaucoup plus intelligent. Douée d'une effarante spiritualité non-sens, d'une intelligence des êtres hallucinante à condition toutefois qu'elle ne gravite pas elle-même dans l'orbite des personnes qu'elle juge, sinon son jugement devient faussé et ne dépend plus que des sensations bonnes ou mauvaises que lui auront procurées ces gens. Ainsi sa pensée initiale, toujours remarquable, se falsifie au point de revêtir la couleur opposée.

Incapable d'amour authentique, de don de soi, elle était disponible pour tous les excessifs, toutes les exaltations, toutes les parodies d'altruisme, toutes les hystéries d'apostolat.

Elle n'avait apporté à son fils que douleur, Il ne se souvenait de rien de bon. *Rien.*

Dans un livre où elle parle de son fils, allant de collège en collège pouilleux, fou d'être privé de tendresse, sa seule inquiétude était qu'il devînt pédéraste, danger de l'internat. O dérision !

Tristan aimerait pouvoir rire mais sa famille lui a retiré tout sens de l'humour. Souffrance et déséquilibre, intelligence intuitive, c'était sa mère.

Elle parlait du drame du modernisme et de ses facteurs profonds avec une lucidité étonnante et n'hésitait pas à dénoncer le rôle majeur de ses congénères dans le suicide mondial car elle se sentait absoute par sa conversion au Catholicisme. Mais pratiquement elle ne cessait de se justifier, d'élaborer les plus étonnantes torsades psychologiques pour justifier l'acte le plus immoral à la lumière d'un principe moral. Elle réalisait en privé ce que le monde moderne réalise universellement : le coupable est protégé, fabriqué, encouragé, l'innocence et l'intelligence bafouées, fustigées. L'ère des plus gros mensonges enveloppés d'une pellicule dorée.

Que de fois Tristan avait eu envie de rire en l'écoutant. Mais il revêtait toujours son masque le plus bête afin qu'on ne soupçonnât point la perspicacité psychologique qui démontait son théâtre pervers, son pharisaïsme écœurant, ces inversions fulgurantes.

Tout le monde marchait, sauf Tristan. Regardez le nombre de malheureux qu'ont fait marcher le Libéralisme, le marxisme, le freudisme…

Il est vrai que cette dialectique multiforme toujours identique à elle-même pourtant, dans son expression et ses effets destructeurs, marche partout et pour tous dans le monde moderne.

Des années plus tard une phrase de George Steiner résumera tout :

« Depuis 5000 ans nous parlons trop, paroles de mort pour nous et pour les autres ». Comme il aurait aimé une mère douce, sereine, aimante. Quelle ferveur il aurait eue pou elle.

Il aurait su le piano, l'essence de sa vie. Son épanchement direct lui eût évité toute meurtrissure fatale.

Aujourd'hui la raison folle empêche toute transcendance de s'épanouir.

La préparation de ce fameux certificat de littérature anglaise absorbait Tristan. il avait bien laissé entendre à *grand-maman chérie* qu'un séjour en Angleterre lui était indispensable. Si elle avait aidé Jacqueline il aurait pu prendre un poste d'assistant en Grande Bretagne et l'affaire était réglée.

Mais *grand-maman chérie* ne se préoccupait pas de cela. Il sentait combien elle souhaitait sa déchéance. Il ressentait la joie sadique qu'elle aurait eue à clamer à Madame de Gastine : « Nous avons fait tout ce que nous avons pu pour ce dévoyé, d'ailleurs c'est tout le portrait de son père, j'avais toujours dit qu'il finirait sur l'échafaud ».

Et de laisser retomber sa main sur son éternel divan avec un poum caractéristique.

Tristan se présenta à la session de Juin en Sorbonne. Il avait beaucoup travaillé l'écrit et malgré son anglais trébuchant il réussit à composer sa dissertation et à être admissible. Sa réussite était un miracle. Il l'avait accompli seul. Il ne connaissait aucun de ses camarades ayant réussi l'écrit de littérature sans avoir séjourné au moins un an en Angleterre. Il avait réussi un tour de force. Une dissertation en langue étrangère dans de telles conditions tenait du prodige : restait l'oral. Hélas, il n'avait pas eu le temps de le préparer. Il avait délaissé par la force des choses cet oral purement mnémonique. Il y avait toute l'histoire de la littérature anglaise dont il ne connaissait pas un mot. Il ne connaissait que le contexte historique et littéraire des auteurs de l'écrit mais c'était insuffisant. Il se présenta pour bénéficier de l'expérience de l'examen où il fut évidemment ajourné.

Il passa son été à préparer l'oral pour la session d'octobre.

L'épreuve se déroula convenablement mais à la seconde épreuve d'explication de texte, un examinateur aux allures de chimpanzé lui demanda à brûle pourpoint combien il y avait d'accents dans le vers de Shakespeare. Tristan qui n'avait jamais eu le sens du détail dans aucun domaine, lui dit qu'il ne savait pas, mais qu'il suffisait de les compter dans l'édition shakespearienne qui était devant eux.

de Gastine Ignorance impardonnable, conclut l'examinateur simiesque. Tristan fut ajourné pour un point.

C'était le coup de grâce. Par miracle il avait obtenu l'écrit sans aller en Angleterre. Il se sentait incapable de repasser cet écrit désormais perdu. Sa santé s'amenuisait chaque jour et il avait échoué. C'était un cataclysme car il avait conduit ses efforts à un sommet possible de sa santé physique et morale. Une crise de furonculose se déclencha, elle allait le martyriser des années. Il sentait qu'il se dissolvait. La lutte contre sa vocation d'artiste, son épuisant travail aussi bien pour l'université que pour l'enseignement.

Les rares cours auxquels il assistait en Sorbonne achevaient de le désespérer. Il y avait de quoi se gausser à observer les perspectives et les méthodes en usage. Les professeurs ânonnaient religieusement, consciencieusement, les mêmes opinions dépourvues de sens, accompagnées des mêmes trucs, des mêmes facéties, des mêmes tics. Le processus intellectuel de ces agrégés avait la perfection des distributeurs automatiques. On avait visiblement exigé pour leur conférer leurs postes, une lucidité de taupe et une mémoire d'éléphant. Ce processus d'abrutissement ne pouvait pas ne pas fabriquer des robots marxistes et freudiens même si tout prouvait l'absurdité, la folie, la bêtise de ces logiques démâtées, de ces rêves à système, coupés du réel, et qui détruisent les âmes et les corps par dizaines et dizaines de millions.

O Sorbonne !

Fourmilière d'être bien portants, mutilés qui s'ignorent et qui au nom d'une raison ou d'une idéologie de pacotille imposent de délirantes absurdités. Sorbonnards qui pensez avec œillères, intellectualistes en fioles, placards à manuels, pots tout remplis d'insignifiances, concocteurs de la néantisation de l'homme et de la planète.

Vous n'êtes pas des hommes mais des répertoires du père Ubu.

Éplucher des sujets qui n'ont, pour la plupart, aucun intérêt, tel est l'art de la dissertation en Sorbonne; « Milton est-il un poète parmi les Puritains ou un Puritain parmi les poètes ». « Shakespeare a-t-il respecté l'histoire dans Jules César » ? « Rousseau, faut-il séparer l'homme de l'œuvre » ? « Orwell, «1984 », un roman d'amour »…

Pauvre Shakespeare, pauvre Orwell, pauvre Socrate !

L'incohérence des choses, le vertige de l'incohérence des choses. Il n'y a pas comme les médiocres[19] et les imbéciles pour accéder à un maximum social.

Bientôt seuls les gangsters pourront y parvenir. Il sera radicalement impossible d'y parvenir sans être un gangster ou un imbécile docilement franc-maçonnisé.

---

[19] En l'an 2000 quand ce livre sera refaçonné, complété, ce seront les crapules qui auront ce privilège.

Un agrégé me dit un jour « l'intuition est la mère de l'erreur ». Évidemment il n'en avait pas. Sinon bien sûr une toute petite intuition analytique sur quelque chose de toute à fait sans aucun intérêt.

Tristan fut tout surpris d'entendre une fois à la télévision que l'agrégation lésait le cerveau humain et était par conséquent pathogène. Il entendit cette évidence une fois. Jamais depuis. Cela faisait vingt ans que Tristan le disait. Volontaires, limités, inintelligents, savants docteurs carcantés de la Sorbonne dont les meilleurs font d'honnêtes érudits spécialisés, pas dangereux pour le système. On en fait ce qu'on veut. Totalement dépourvus du sens de l'observation élémentaire, de toute possibilité d'intuition profonde, les authentiques croque-morts de l'humanité entière.

Agrégation.

Concours psycho-pathogène, diplôme de soi-disant intellectuel, hérésie monstrueuse qui vit sur la naïveté des foules, travail de casseurs de résidus intellectuels. Il n'en sort rien. Les agrégés, ne sont jamais créateurs, ils ne réalisent rien. Toujours humanistes, *c'est-à-dire inhumains*. Cela fait trois siècles que l'humanisme détruit l'humanité. Il a presque terminé.

Ils n'observent que dans le minuscule patent, immédiat, précis, primaire, matériel, rationaliste, et non raisonnable. Les neufs dixièmes leur échappent. L'agrégation a été inventée par la révolution dite à tort française, pour les Lévy les Homais. Inimaginable médiocrité, infranchissables bornes, étouffoir suprême.

Après la grande révolution que nous préparent les milliardaires juifs marxistes, la suprême agrégation surrénalienne[20] quel l'on débaptisera pour qu'il ne reste rien de la révolution bourgeoise, sera conçue à base de béton armé.

Qu'est-ce qu'un artiste pour eux ? Un état paranoïaque et un complexe d'Œdipe. Mais quel homme normal ne serait pas paranoïaque dans ce monde ignoble et idiot ?[21]

Un monde de mensonge et de lois grotesques et infinies en nombre. Un monde de zombies où tous les mensonges et toutes les inversions ont force de loi.

Complexe d'Œdipe ? Mais Œdipe est le drame de la fatalité et non de l'inceste. Le dramaturge grec a choisi ce comportement comme l'accomplissement fatal de l'acte envers lequel l'homme ressent le plus de répulsion. *Œdipe n'a jamais eu le complexe d'Œdipe.*

La tendance à l'inceste eût-elle été proscrite chez les Primitifs si l'impulsion avait été si forte ? Et cet inconscient pervers ? D'où Freud l'a-t-il sorti, escamoté sinon dans son propre cerveau pervers ?

Et ce symbolisme du rêve ? Avons-nous besoin de symbolisme pour faire des rêves érotiques ?

---

[20] Les surrénales sont les glandes de l'action, de la brutalité, de l'objectivité. Il est normal que le régime communiste réductionniste aient des surrénaliens à sa tête, Staline, Kroutchev, Brejnev, etc. c'est le type glandulaire le moins évolué. Le chapitre « la clef » éclairera cette question.
Les lutteurs de ring sont des surrénaliens, comme de nombreux boxeurs.
[21] Aldous Huxley disait que qui n'était pas névrosé dans ce monde était anormal car cela signifiait qu'il s'était adapté à un monde auquel il était impossible de s'adapter. (voir Brave New World).

Et le marxisme ? Depuis quand la technique a-t-elle créé la culture ? Depuis quand la charrue a-t-elle fait l'homme ?

Influence de ces deux monstres qui, de façon similaire, s'occupent de l'homme intérieur et de l'homme extérieur. Défoulement, aboulie, cinéma et littérature, de zombies pour des zombies, pornographie, éducation perverse, sans parler de la thérapeutique suivie d'une masse de suicides.

Des dizaines de millions de gens exterminés dans les pays marxistes. C'est ainsi que l'on y réglait le chômage. Entre 1950 et 1952, 5 millions de personnes exécutées en Chine communiste, et combien en URSS de dizaines de millions entre 1917 et 1960 ?

Combien ?

Mais regardez donc les têtes de Marx, Freud, Mendés France, Olivenstein, Schwarzenberg, Aron, Attali, Tordjmann, Hammer et consorts et celles de François d'Assises, Carrel, Périclès, Jean de la Croix, Peter Deunov, et vous comprendrez que lorsqu'on vous fait comprendre, vous ne comprenez rien du tout et que l'on vous mystifie.

Un philosophe n'est pas un Lévy ou un Dupont qui a passé l'agrégation à la Sorbonne, c'est un être dont le cerveau est naturellement constitué pour penser par synthèse. C'est une élite providentielle. Il est doué d'une haute conscience.

Demandez à un agrégé de philosophie de vous débiter en s'en gargarisant ces idéalistes, ces pseudo-philosophes, au processus de pensée arithmétique qui dissolvent l'homme et la nature *rationalistement*.

Chapitre IX

Tristan avait été foudroyé par cet échec, si près du but, et pour une cause inepte, « le nombre d'accents dans le vers shakespearien »...

Il dut s'aliter. L'oncle Jacques vint le voir dans son taudis. Tristan avait deux abcès.

— Il faudra te baigner tous les jours, dit l'oncle; prends une cuvette et un bidon et verse-toi de l'eau dessus.

Chez *grand-maman chérie* il y avait une douzaine de salles de bains. L'état de Tristan empira et il fallut le transporter à l'hôpital de la cité universitaire. Il était couvert d'abcès et de furoncles. On l'inonda d'antibiotiques. Aucun effet. Les médecins persistèrent à injecter ces produits. Il savait bien lui que c'était le choc moral qui l'avait terrassé, l'angoisse, le souci des siens. Et à l'arrière-plan le piano qui reculait, reculait. Il savait que Jacqueline n'avait pas d'argent et qu'il n'était pas question d'arrêter de travailler. Il savait que pour reprendre la lutte après une telle défaite, il lui aurait fallu un peu d'aide. Mais tout, dans les circonstances, tout lui semblait radicalement insoluble. Il savait qu'un peu d'aide l'aurait guéri comme par enchantement. Celui qui a dit que l'argent ne fait pas le bonheur, avait relativement raison, mais en l'occurrence il devait en avoir beaucoup.

Le jour de son hospitalisation Jacqueline était allée chez *grand-maman chérie*. Tristan n'avait pas de pyjama et il était indispensable qu'il en changeât quotidiennement. Quelques jours s'écoulèrent. L'oncle Jacques arrêta sa voiture devant l'hôpital et restant dans l'embrasure de la porte, jeta d'un ton badin :

— Alors tu n'es plus mourant ?

Puis pressé il allait repartir. Il se trouvait que Jacqueline était là au chevet de son mari. Aussi ajouta-t-il :

— Vous n'avez besoin de rien ?

La question était si bouffonne qu'ils ne purent que répondre d'une seule voix :

— Non bien sûr !

Trois semaines s'écoulèrent. Le lendemain de la sortie de l'hôpital un colis lui parvint que l'administration avait fait suivre : il contenait deux pyjamas.

On prescrivit à Tristan un séjour d'un mois en maison de repos. Cela représentait un problème analogue à la quadrature du cercle. *Grand-maman chérie* avait remis la somme à payer à l'hôpital, qui n'était pas couverte par la sécurité sociale, contre un reçu en bonne et due forme.

La maison de repos se trouvait à Sainte Maxime, dans le sud de la France. Il fallait avancer l'argent du voyage qui n'était que partiellement remboursé au retour. *Grand-maman chérie* lui remit la somme exacte de son déplacement.

Par le plus curieux des hasards, la Baronne de Monosh était encore là et c'est devant elle, que la somme fut remise. Alors qu'ils descendaient encore tous deux l'escalier du hall, la Baronne crut bon de réitérer sa recommandation : « Soyez gentil avec une grand-mère si sensible et si généreuse ».

Le corps de Tristan se mit à trembler. L'ostentation machiavélique marchait comme elle marche partout. Ah ces vendeurs d'armes à tout ce qui s'extermine et qui construisent des hôpitaux !

Il vivait un enfer avec sa femme et sa fille et chacun croyait qu'ils étaient aidés. C'est exactement comme cela que le Communisme aide le monde entier, partout où ses tentacules se sont appesantis avec l'aide de la finance juive, de la misère et de la sottise humaine.

— Que croyez-vous, finit-il par dire, à sa cousine, mais grand-mère ne m'aide pas. L'aumône qu'elle vient de me concéder suffit à peine à payer mon voyage en train vers la maison de repos.

Alors il lui décrivit la situation, lui montra comment il se débattait, seul, tout seul, comment il tentait de subvenir aux besoins de sa famille, tout en faisant des études supérieures, dans quelles conditions ils vivaient, leur taudis. Il lui fit le bilan de l'aide de *grand-maman chérie* dans ces épouvantables conditions de vie.

Et il ne parla pas de l'essentiel, l'entreprise qui était le pivot de tout, la volonté délibérée de le détruire comme ils avaient détruit son père et le drame monstrueux de cette lutte négative et son piano qui le rendait fou d'absence... La cousine ne semblait pas étonnée mais passablement gênée.

Tous croyaient que Tristan était aidés, il fallait qu'ils le croient.

Quelques jours après il rencontra fortuitement une relation de la famille qui lui dit : « Que feriez-vous si vous n'aviez pas une grand-mère pour vous donner quinze à vingt mille francs par mois, et qui vient d'envoyer une grosse somme en Israël ».

Là encore le sang-froid de Tristan s'éclipsa.

Il lui fallut cinq minutes de bégayement avant d'être en mesure de rétablir la vérité.

Il était couvert de furoncles, manifestation visible en somme de sa misère morale et de sa santé usée. Ils étaient trois et bientôt quatre dans cette pièce sordide de la rue des Artistes, ce n'était qu'au prix de constants tours de force que les siens ne manquaient pas trop et non seulement *grand-maman chérie* ne les assistaient pas mais lorsque, lors d'occasions rarissimes, elle leur donnait une petite somme supérieure à mille francs, il manquait toujours mille francs à la somme clamée. Tristan n'aurait jamais osé, bien sûr, compter devant le public de son salon.

Il fallait que relations et amis de la famille croient que le petit fils était aidé ! c'est pourquoi les donations pliées en quatre se faisaient devant un parterre choisi.

Lorsque Tristan revint de la maison de repos, il reprit la petite lampe de chevet pour éclairer son travail nocturne. Pour ne pas s'exaspérer sur le certificat de littérature anglaise, qui avait vu un miraculeux succès se transformer en cuisant échec, il prépara le certificat de littérature française auquel il fut admis.

Après avoir téléphoné il alla chez *grand-maman chérie* pour annoncer la bonne nouvelle. Lorsqu'il arriva les seules paroles de *grand-maman chérie* furent exprimées avec aigreur sadique dont elle avait le secret :

— Alors tu es recalé à littérature anglais, tu m'as menti.

Si Tristan avait eu une bombe dans sa poche, il ne serait pas resté une pierre de l'hôtel particulier.

Il comprit alors comment on peut transformer l'être le plus doux en un assassin spectaculaire par légitime défense.

Seul, sans aide, sans appui, malade, il venait de fournir des efforts épuisants pour terminer les trois quarts de sa licence pour qu'un jour de succès elle se mette à lui faire cette scène devant parents, étrangers, relations, domestiques, tout simplement pour se donner à elle-même l'illusion qu'elle avait droit de le réprimander de la sorte, pour que le parterre croie que l'assistance considérable qu'elle lui prodiguait, lui conférait ce droit...

S'il avait abandonné provisoirement le certificat de littérature anglaise, c'était précisément parce que le manque d'aide l'avait fait échouer, et qu'il était intelligent d'avancer pour reprendre cette épreuve plus tard.

Ainsi tout le monde pouvait valablement croire que *grand-maman chérie* les entretenaient.

Abject machiavélisme que Tristan retrouvait dans tous les aspects du monde moderne.

Elle l'abhorrait. Elle se livrait à cette sinistre comédie non seulement pour se justifier devant elle-même, mais aussi pour la souffrance que lui imposait ce quelque chose de bien survenu à Tristan.

Il se souvenait l'avoir entendue complaisamment répéter à propos de l'enfant de son fils cadet l'oncle Etienne marié à cette goy qui était venue pendant la guerre visiter *grand-maman chérie* dans son hôtel particulier vide, « qu'il louchait et ressemblait à un avorton ».

Pauvre gosse ! il est vrai que l'oncle Etienne fait mal partie du trio et ne s'en console pas. « ce sont les malades qui ont inventé la méchanceté » disait Nietzsche.

Tristan n'avait jamais entendu *grand-maman chérie* adresser à quiconque une parole de gentillesse. Tout restait dans le plus strict triangle « *grand-maman chérie*, oncle Jacques, tante Denise ».

Elle prêtait à autrui sa personnalité, ses propres objectifs, elle se plaisait à salir tout le monde. La tante Denise manifeste plus d'objectivité, d'intelligence, ce qui ne signifie pas grand chose hélas et d'un certain dévouement. Mais sa rapacité est pathologique. Elle est de taille à aller jusqu'à la haine en tout ce qui concerne l'argent, à enquêter auprès des domestiques pour retrouver le fond d'une bouteille de bière, à laisser moisir des dizaines de pots de confiture plutôt que de les *donner*, à sacrifier trois centimes de pourboire à une ouvreuse de cinéma, à une époque ou cinquante centimes était le minimum que l'on pût donner... Fort heureusement arrivant juste derrière la tante Tristan vida ses poches de leur monnaie afin d'échapper à ce fantastique et dégradant ridicule et de rendre à la jeune personne le souffle que sa tante avait coupé.

Le fils d'oncle Etienne que *grand-maman chérie* désignait du terme affectueux « d'avorton », appelle, lui, *grand-maman chérie* « peau de vache ».

L'oncle Etienne tente de se forcer à l'intérieur du trio et se contraint pour assouvir cette prétention à toutes sortes de platitudes, de lâchetés, voire de négation de sa nature qui dépasse en qualité positive celles du trio. Il ambitionne d'y être mieux que toléré, il ambitionne de faire corps avec eux. Il s'ingénie à les imiter, par ligne de conduite, par esprit de clan, par intérêt aussi sans doute. Le sens de la tribu est certes, la seule chose qui compte.

Quant au pauvre oncle Jacques, « il est bien gentil » comme disait à Tristan un confrère de son oncle. Calme, placide, d'une extraordinaire douceur apparente, d'un égoïsme féroce, médecin routinier, conformiste, indifférent, aimant la tranquillité.

Il ne se mettrait jamais au travers du chemin de sa mère. Il y avait en lui plus d'affinités avec une sorte d'objet inerte, plus qu'avec un humain.

Le clan.

Oncle Etienne n'avait-il pas formulé un jour : « Si ma mère me disait de tuer, je tuerais ». Pauvre victimes impitoyables d'un atavisme sans pitié.[22]

---

[22] Nous verrons dans le chapitre la clef que l'atavisme ne joue qu'un rôle très effacé dans la caractérologie juive.

Chapitre X

L'air malsain, visqueux de la pièce où ils vivaient était très nocif pour la petite. Elle tomba malade, une primo infection qui revêtit un caractère de gravité d'autant plus accentué que leur conditions d'existence étaient précaire. L'angoisse les étreignait. Ils eurent recours à leurs oncles médecins hospitaliers. « Cette infection était sans importance, c'était une bagatelle ». Ils obtinrent à foison des recommandations pour des confrères des hôpitaux, et des échantillons médicaux gratuits…

Il semblait que la petite allait mieux, mais une otite avec écoulements purulents se déclara. La maladie n'était donc pas guérie mais avait pris une autre forme. C'est un processus naturel si l'on pratique la répression symptomatique sans s'attaquer aux causes mêmes de la maladie. Hospitalisée dans le service de l'oncle Etienne, elle finit par guérir au bout de quelques semaines. « Etienne l'a prise dans son service avec lui, s'apitoyait *grand-maman chérie* d'un ton mi-protecteur, mi éploré devant son parterre.

Pauvre petit bout chéri.

La première fois que Tristan la déposa sur son lit d'hôpital, toute seule avec ses deux grandes soucoupes bleues au milieu du visage, elle pleurait de voir ses parents la quitter. Tristan ne pouvait s'arracher. Comme cela faisait mal, il aurait voulu rester là près d'elle à l'hôpital.

Ceux de la famille, rien ne les émouvait. Leur vie dans ce taudis, leurs maigres ressources, leur nourriture insuffisante, l'amaigrissement de Tristan et sa furonculose, douloureuse, épuisante, atroce, les études universitaires presque achevées et entravées faute d'argent, faute de quiétude, ses combats désespérés : tout les laissait indifférents.

Une pièce contiguë au grenier de l'immeuble vétuste qu'ils habitaient était inoccupée. Pour en prendre possession, il fallait la petite somme de dix mille francs. Tristan se sentait incapable d'aller quémander auprès de *grand-maman chérie*. Jacqueline, plus énergique, décida d'aller faire le siège de la rue Dehodencq. Elle finit par obtenir cette petite somme après de multiples et rituelles simagrées. *Grand-maman chérie* appuya lourdement sur « les sacrifices qu'elle consentait pour eux », et répandit alentour « qu'elle avait donné à son petit fils une reprise pour un appartement ».

Un enfant naquit, un petit Patrice, qui n'était guère désiré dans cette misère chaotique. Les enfants et Jacqueline s'installèrent dans cette pièce qui venait à point. Ce fut un soulagement pour elle car il était maintenant possible de se retourner. Tristan garda l'autre pièce pour son piano et son travail. Il fallait avant tout réussir ce dernier certificat qui lui conférerait le grade de licencié ès lettres. Il lui restait le plus difficile, celui qui exigeait un séjour en Angleterre. Il avait par miracle décroché la dissertation, il avait échoué à l'oral, il lui fallait « redécrocher » l'écrit. Il était secoué par cette vie sans merci. Les furoncles persistaient à martyriser son corps, il travaillait parfois son piano avec un furoncle à chaque bras. Ses nerfs étaient à vif. Les examens, les cours, l'enseignement, les soucis, tout cela était aux antipodes de sa nature d'artiste. Il devait se tuer sur tant de problèmes mineurs, et *eux*, qui savaient qu'il allait devenir fou de souffrance et laisser sa famille sans secours. Non il fallait tenir. Des mélodies chantaient dans sa tête...

Il travaillait ses doigts, car cela lui semblait le plus important pour sa passion pianistique. Mais sans professeur, sans répétiteur, il raidissait tout son corps des doigts aux épaules. L'articulation qu'il s'infligeait était un désastre. Lorsque *grand-maman chérie* lui concédait mille francs, une ou deux fois par an, elle ne manquait pas de trancher aigrement : « C'est pour t'acheter de quoi manger, pas pour prendre des leçons de piano » !

Il subissait échec sur échec à son dernier certificat de licence. Comme il l'avait prévu il ne parvenait pas à « redécrocher » l'écrit. Le professeur de Sorbonne, un anglais de surcroît, qui l'avait corrigé lui avait dit : « Vous avez eu huit et demi, c'est l'anglais qui n'a pas collé, il vous faut aller en Angleterre ».

Aller en Angleterre ? Sans doute le conseil était sage et Tristan se l'était donné à lui-même maintes fois. Mais faute d'argent c'était impossible.

Quand il voyait *grand-maman chérie*, il ne lui disait rien, mais il lui faisait comprendre que l'Angleterre… Elle faisait mine de ne rien comprendre.

L'oncle Etienne était au courant. En guise d'aide il lui sortit un jour cette vérité éternelle :

« L'adversité fait l'homme ».

Un soir qu'il rentrait chez lui, Tristan rencontra Maurice qui avait joué dans son passé un rôle que Tristan ignorait encore. Il l'avait mis à la porte de chez lui pour sa violence, sa hargne, sa brutalité. Il n'avait donc aucune raison péremptoire grave de lui en vouloir. Il parla donc avec lui. C'est alors que ce dernier lui brandit en triomphe l'atroce nouvelle qu'il avait été l'amant de sa femme pendant un an et demi. Tristan ne le crut pas un instant et se mit à rire de tant de prétention de ce nabot au teint brique, aux mains d'assassin et aux binocles loupesques. Mais alors Maurice lui fournit des preuves, des preuves qui le laissèrent pantois, des lettres de sa femme qui ne laissaient aucun doute et dans lesquelles elle appelait son mari « Jéroboam ». Malgré les preuves il ne parvenait pas à le croire. Elle l'avait trompé, et pendant un an et demi, un an et demi sans qu'il s'en aperçût. Duplicité infâme, horreur absolue. L'oiseau de paradis avait pu le tromper avec ce chacal, cette hyène aux yeux globuleux. Non ce n'était pas possible. Il ne pouvait *réaliser*. C'était la fidélité de Jacqueline et l'amour pour ses enfants qui le liait à sa femme. Une faiblesse avec un autre homme que cette horreur briquesque et gélatineuse, il l'aurait pardonnée surtout si elle l'avait avouée sincèrement.

Mais ce mensonge était gigantesque et impliquait une nature qu'il se refusait à analyser pour ne pas tomber dans un vide sans fond. L'image de cet homme affreux et ce mensonge aux dimensions infinies brisa tout d'un coup. Il ne pouvait imaginer un instant qu'une femme pût ainsi tromper son mari en jouant l'excellente épouse. Un an et demi !

Il rentra chez lui, comme assommé. Il était trop triste pour avoir même éprouvé le besoin de mettre son poing dans cette figure vomitive. Il paraît que cela se fait. Frapper une vomissure ? Cela salit.

Il dit à Jacqueline qu'il avait rencontré Maurice qui lui avait tout dit. Il n'éprouva même pas l'impulsion de lui faire des reproches, il se sentait au delà de toutes les réactions humaines. Il n'en avait pas l'idée, il se trouvait devant le néant, devant l'effacement de tout ce qui était élémentaire et justifiait de vivre. Jacqueline pleura mais qu'est-ce que cela changeait ? Rien. Certes, il avait eu une aventure avec une fille ravissante à la Sorbonne, mais cela n'avait jamais touché à ses sentiments profonds pour sa famille. Il lui avait même avoué, stupidement, son aventure. Il n'avait connu aucune autre fille que sa femme qui avait quatre ans et demi de plus que lui. Une femme, tromper son mari et avec *ça !* comment peut-on concevoir un instant qu'elle aimait son mari ? Il ne restait au cœur de Tristan qu'une pitié dégoûtée. Tout avait été détruit. Pour une faiblesse avouée il eût pardonné, mais un tel mensonge, une telle trahison…

Non. Jéroboam s'en irait.

Ils avaient chacun leur pièce séparée par la cour de l'immeuble. Il tenait à conserver des relations courtoises, résignées, affectueuses devant les enfants. Il ne fallait pas qu'ils soient victimes des horreurs des contingences de la vie. Ils firent le point. Même divorcés, les petits garderaient toujours un père et une mère cohérents et affectueux qui oeuvreraient pour le mieux dans l'intérêt de leurs enfants. Tristan ne divorcerait que s'il pouvait aimer une autre femme, mais cela lui semblait alors impossible. Les enfants resteraient un lien puissant qui empêcherait que les petits ne soient victimes de ces déchirements atroces qui accompagnent toujours les déchirements haineux des parents. Cela, pour ses enfants, il l'éviterait à tout prix.

Tristan voulait tout épargner à ses enfants qui allaient grandir dans un monde de plus en plus fou, où ils seraient poussés vers une criminalité institutionnalisée, avec les exquises variantes de la dégénérescence, la drogue, le suicide. C'est là que culminerait une éducation sans religion et sans morale car la nature ne pardonne jamais.

Mois et années s'écoulèrent. Tristan continuait à enseigner et à échouer à son certificat ultime. Au prix d'efforts méritoires, il parvint à économiser une somme qui lui permettrait un séjour de deux mois et demi en Angleterre, en buvant du lait. *Grand-maman chérie* savait la détresse qui rendait impossible ce séjour et partant, le succès à son dernier examen de licence. Mais que lui importait ?

Dans son entourage on commençait à savoir que le succès final à la licence tait tributaire de ce séjour indispensable. Tristan traînait. Il semblait qu'il n'aboutirait jamais. Ce travail académique dans une Sorbonne si loin de la Connaissance était déjà en soi une épreuve pour Tristan. Et ce séjour indispensable, cet écueil infranchissable.

Soudain *grand-maman chérie* annonça à ses familiers : « J'envoie Tristan en Angleterre ». Et de lui payer le *trajet Dieppe-Newhaven*…

Il débarqua à Londres avec les trente cinq livres péniblement économisées.

Dans les années 1950, encore proches de la fin de la guerre, les restrictions étaient très voisines de celles de l'occupation. S'il voulait rester au moins deux mois il lui fallait impérativement ne manger frugalement qu'une fois pas jour. Le Breakfast était servi le matin et était inclus dans le montant mensuel de la pension. Cela devrait lui suffire. De plus il ne fallait pas sortir, encore moins dépenser quoi que ce soit. Il fallait donc qu'il se contentât de parler à quiconque dans Finsbury Park qui jouxtait la modeste pension de famille où il habitait.

Il n'était pas à Londres depuis deux jours qu'un anthrax se forma sur le genou gauche. Il était seul, dans chambre inconnue de Londres, la jambe raide, car le mal empêchait qu'il pût la plier. Il avait versé à la « landlady » l'argent de la pension et n'avait gardé qu'une petite somme pour se déplacer en métro. Il fallait au minimum, coton, gaze, alcool à 90° et il n'avait pas de quoi acheter cette base de simple hygiène. La douleur et le dénuement l'achevaient. Il ne savait plus de quel côté se tourner. Il ne fallait pas inquiéter Jacqueline qui n'aurait rien pu pour lui et qui devait déjà faire face aux soins des deux enfants. Les deux enfants, c'était le seul travail qu'une mère digne de se nom, devait effectuer si elle ne voulait pas livrer ses enfants aux musiques pathogènes, à la drogue, au laxisme, à la délinquance, au chômage et au suicide.

Une sorte de réflexe imbécile et logique s'empara de lui. Le réflexe du marin tombé à la mer et qui s'accroche à un fétu de paille. En fait l'instinct de conservation, rien d'autre en fait. Il retomba dans la trappe infâme de la lettre à *grand-maman chérie*.

« Je ne peux plus lutter. J'ai tout fait pour m'en sortir, mais je suis las d'exister. Vous ne pourrez jamais dire que je n'ai tout tenté pour faire des miracles. Il me restait un examen pour terminer mes études supérieures, sans aide et avec une femme et deux enfants. Je suis dans une chambre à Londres avec un anthrax au genou. Je suis sans argent. Je finirai seul dans un hôpital comme Papa et c'est vous qui m'aurez tué. Faites pour mes enfants ce que vous n'avez pas fait pour moi ».

Dans le genre bêtement mélodramatique, on ne pouvait faire mieux.

Dix jours d'angoisse s'écoulèrent. Il tamponnait son anthrax avec un mouchoir trempé dans l'eau chaude prise au robinet de son lavabo.

Sans un mot, dix livres sterling arrivèrent de *grand-maman chérie*. Elle avait fait un effort, mais ce fut la première et la dernière fois. C'était pourtant un sauvetage in-extremis. Tristan s'offrit alors les bases pharmaceutiques nécessaires et s'abonna à un demi-litre de lait écrémé par jour pendant six semaines. C'est ainsi qu'il survécut sans mourir de faim : le breakfast et le lait lui suffisaient.

Il avait bien cru qu'ils finiraient par le tuer, le rendre fou.

N'est-ce pas ainsi que le capitalisme et le marxisme tuent des millions d'êtres ? Ils tuent sans crainte de la justice puisque la justice devient crime et que le crime est légal.

Ils sont toujours du côté d'une somptueuse moralité légale, alors que ce qu'ils font est criminel. Toute l'officialité qu'il mène est privée de sens moral. Qu'y a-t-il de moral dans la finance des Rotshchild, Hammer, Loeb et consorts ? Dans la vente d'armes de Bazile Zaharof et Bloch Dassault à tout ce qui s'extermine ? Qu'y a-t-il de légal dans l'assassinat du petit commerce, de l'artisanat et de l'agriculture par les multinationales structurées par la haute finance entièrement juive. Qu'y a-t-il d'humain dans le marxisme exterminateur de dizaines et dizaines de millions de gens qui sont réduits à l'état d'unités statistiques matriculaires élémentaires ?

Qu'y a-t-il de moral dans la bombe atomique, à hydrogène et à neutrons de Messieurs Oppenheimer, Field, et S.T. Cohen ?

Qu'y a-t-il d'humain dans la laideur institutionnalisée des Picasso et consorts ?

Qu'y a-t-il d'humain dans le divorce institutionnalisé, livrant les enfants à la douleur ? Qu'y a-t-il d'humain dans l'avortement self-service de Simone Veil ?

Qu'y a-t-il de moral dans la pilule pathogène, cancérigène et tératogène de Djérassi ? Quelques années plus tard il vit un film où le financier tenait se propos :

« Nous manipulons des crétins qui dirigent des masses que nous avons rendues folles ».

Il aurait tant aimé une vraie famille. Il aurait tout oublié, tout pardonné pour un geste de tendresse et la joie d'aimer.

A Londres la pratique de l'anglais n'avançait guère. Il était rigoureusement paralysé par le manque d'argent. Lorsque son genou fut guéri, il alla se promener dans Finsbury Park. Il boitait encore mais ce n'était pas à plus de deux cents mètres de la pension de famille.

Il se prit à rêver en anglais :

I love a girl. A true girl.

A girl whose eyes are full

Of inexpressible abandonment. Dreams…

I love a girl. Who thinks not

But feels does feel. I love a girl.

Whose long fingers clasp mine. And quiver, quiver.

Like a green-eyes baby cat Starving and cold.

I love a girl

Who speaks to me Without saying a word. I love a girl who melts As ice in the sun…

Traduction :

J'aime une fille. Une vraie.

Une fille dont les yeux sont pleins. D'abandon inexprimable.

De rêves. J'aime une fille

Qui ne pense pas.

Mais qui sent, qui sent vraiment. J'aime une fille

Dont les longs doigts étreignent les miens. Et tremblent, tremblent

Comme un pauvre petit chat aux yeux verts Mourant de faim et de froid.

J'aime une fille Qui me parle.

Sans me dire un mot. J'aime une fille qui fond. Comme neige au soleil...

Au hasard d'une de ses promenades, il rencontra une charmante anglaise, fille d'un pianiste de concert.

Sa gentillesse et ses caresses l'aidèrent à supporter ce séjour capital mais insuffisant pour son perfectionnement nécessaire dans la syntaxe de la langue particulièrement.

Il passait une partie de son temps dans l'appartement de cette jeune personne avec laquelle il ne cessait de parler anglais.

Tristan revint en France quand son argent fut épuisé.

Ce n'est que des années plus tard qu'il réussit avec de grandes difficultés à passer son dernier certificat de licence et un concours qui le rendit titulaire dans l'enseignement public français.

Depuis le début de la seconde guerre mondiale, Madame de Gastine et son mari n'avaient pas revu *grand-maman chérie*. Le beau-père semblait écœuré de sa belle-famille Il faut dire que Tristan avait entendu de celui -ci des remarques foudroyantes qui ne laissait aucune ambiguïté quant aux sentiments que celle-ci lui inspirait.

Avant leur départ pour l'Afrique Occidentale Française, le clan familial avait prié pattespelues Madame de Gastine et son mari de signer des procurations. De ce fait, ils déclaraient l'un comme l'autre à qui voulait les entendre, qu'ils avaient ainsi aliéné tous leurs droits et que Madame de Gastine se trouvait ainsi, dans le cadre d'une parfaite légalité, frustrée de sa fortune. Tristan ignorait le détail de cette cuisine dont l'aspect juridique lui échappait, mais dont la psychologie lui semblait patente. Il semblait en tout cas que les combinaisons du trio familial l'avaient déshéritée dans les formes : sa mère était dépouillée.

Le père de Tristan avait jadis contracté une dette de un million, somme considérable pour l'époque. La créance existait toujours et le trio l'avait rachetée pour une somme dérisoire. Sa mère avait donné à ce sujet une petite signature qui achevait de l'achever !

C'est précisément à cette époque que *grand-maman chérie* avait dit à Tristan avec cette emphase qui lui était une seconde nature : « Je vais dans un souci de justice et d'équité donner une grosse somme à ta mère ».

En réalité cet arrangement dont Tristan ignorait les enchevêtrements limaceux, visait à faire croire que sa mère avait touché une certaine somme dans laquelle était incluse la créance rachetée à bas prix.

Le côté technique de l'opération échappait à Tristan, mais il est certain que le dispositif juridique devant être gentiment dégoûtant puisque l'homme de loi qui exécutait crut bon de devoir s'excuser : « Je ne dis pas que cela soit moral, mais c'est *parfaitement légal* et je suis bien obligé d'exécuter les ordres de mes clients »…

Au XXième siècle tous les crimes légaux sont possibles. Le criminel vendeur d'armes, de chimie, de pollutions diverses aura la légion d'honneur tandis que celui qui dénoncera les criminels majeurs passera pour fou ou sera condamné en vertu de lois édictées par les criminels majeurs eux-mêmes, soutenus par des politiciens serpillières de tous les partis. On verra même un étrangleur de petit garçon de six ans, non seulement non guillotiné, mais libéré au bout de quelques années, tandis qu'un « homme de droite » ayant jeté une petite bombette n'ayant fait aucune victime sera condamné à la prison à vie et jamais libéré.

La grande passion du vingtième siècle ce n'est pas seulement la servitude, mais le crime institutionnalisé *par* et *sur* des millions de corps et d'âmes.

« On ne te doit rien », lui avait dit un jour tante Denise. Admirable formule du vingtième siècle. Le cynisme considérable d'invoquer le juridique et le juridique seul, pour se justifier. Le souci de ne rien risquer puisque la loi est de leur côté. Des lois empêchent que l'on dénonce les criminels, même si l'on peut prouver leurs crimes. Politiciens et juges sans conscience appliquent désormais des lois immorales et criminelles. Même à l'époque de la décadence et de la chute de l'empire romain, on n'a pas connu cela.

Assurément si Tristan avait été le fisc, ils n'auraient pas eu de mérite à « donner ». Il leur suffit de ne pas devoir selon le code, pour se rengorger avec la certitude apaisante de posséder des justifications à leur incroyable mentalité.

Laure était alors seule Paris, sans aide, presque neurasthénique. Elle devait mourir bientôt d'un cancer. Ils ne lui doivent rien. Le code civil du cœur, qu'est-ce que c'est ?

Ces dernières années Laure et Charlotte avaient vécu avec leur mère et leur beau-père depuis leur retour d'A.O.F. Leur sort était pénible. Charlotte avait passé son baccalauréat mais trop occupée à la maison avait échoué en première année de médecine. Laure, sensible et intelligente était allée jusqu'en première et s'était arrêtée là. Elle avait quelque chose de brisé en elle, son petit ressort vital. Par admiration et dévouement, elle « vivait » littéralement sa mère qui exerçait sur elle un rôle de vampire mental qui désubstancialise. Pauvre petite sœur que rien ne pouvait tirer de ce cloaque sinon une force radicalement extérieure.

Parfois Tristan parlait de ses sœurs et de leurs difficultés à *grand-maman chérie*.

« Pourquoi ne viennent-elles pas me voir, je pourrais leur donner mon soutien *moral* », avait-elle dit.

Charlotte et Laure avaient fini par quitter leur mère et leur beau-père et avaient loué une mansarde rue de la Pompe. Elles étaient sans argent et sans travail. Charlotte rentrait d'un séjour de deux ans en Écosse où elle avait enseigné le français dans une école libre. Laure rentrait de Pologne où elle avait trouvé un emploi dans une organisation de rapatriement. A dixhuit ans, Laure, seule, à l'étranger, dans un milieu militaire, avec sa nature, sa douceur et son petit ressort vital brisé. Elle avait raconté à Tristan les horreurs qu'elle avait vues, entendues, supportées, le comportement ignobles d'hommes … il savait car elle lui avait raconté, pleurant sur son épaule…

Comment leur mère et beau père avaient-ils pu la laisser partir dans une telle ambiance ?

Comment le trio avait-il pu aussi ne pas s'inquiéter d'elles ?

Les êtres dénaturés de la famille, que leur importait ?

Il donna à *grand-maman chérie* toutes les explications. Laure et Charlotte ignoraient tout de sa démarche.

— Sais-tu leur adresse ? Demanda *grand-maman chérie*.

Non il ne connaissait pas le numéro de la rue de la Pompe mais il savait y aller. Quant au numéro, un simple coup de téléphone aurait suffi pour qu'il le sût, car il l'avait oublié, sachant y aller automatiquement désormais.

Alors la grossière mauvaise foi, la méchanceté calculée se manifestèrent soudain avec une force, une véhémence, qui assure le triomphe de leur dialectique auprès de la masse.

Tristan souffrait trop pour goûter l'aspect bouffon de son jeu, comme du masque tragique qu'elle avait choisi de place sur son visage verdâtre.

Tristan voyait devant lui une sorte de monstre répugnant que l'on a le réflexe de détruire si l'on veut recouvrer son souffle.

— Comment, elles sont dans cette situation et tu ne sais pas leur adresse, et tu n'es pas près d'elles, quelle honte !

Elle poursuivit ainsi ses propos d'une incohérence stratégique et grotesque. Et c'était Tristan le coupable !

Il était fort probable que tout étranger présent, ignorant le contexte, aurait à ce moment admiré tant de noblesse, de générosité chez la bonne *grand-maman chérie*. Cette véhémence ostentatoire devait la persuader elle-même qu'elle était une sorte de sainte…

Alors Tristan éclata. Et cela avec un sang-froid que l'horreur de la situation lui dictait comme une nécessité absolue.

Il comprenait néanmoins qu'il fallait être suprêmement doué pour ne pas être frappé de folie dans de semblables situations qui sont multiformes dans le monde moderne.

— Si je pouvais faire quelque chose pour mes sœurs, dit-il, je ne serais pas ici. Je serais allé directement chez elles. Je ne connais que deux moyens efficaces de les aider : leur donner de l'argent et leur procurer un travail. Leur condition actuelle est claire et je ne vois pas ce que je ferais chez elles, où je suis d'ailleurs allé et d'où je viens. De plus j'ai à travailler, j'ai de cruels soucis et ce n'est pas en allant leur montrer le spectacle de ma propre misère que je soulagerais la leur, bien au contraire. Si je suis ici c'est précisément parce que vous détenez les leviers susceptibles de les tirer d'affaire…

Jaune-verdâtre, *grand-maman chérie*, levant un bras justicier, mit Tristan à la porte.

Tante Denise présente, avait su garder un silence conciliant, ce qui tout d'abord surprit Tristan. C'était bien la première fois qu'il la voyait ne pas prendre partie de *grand-maman chérie* qui, même au sein des fatras les plus invraisemblablement scabreux, avait toujours raison.

Mais Tristan ne s'y trompait pas. Cela faisait aussi partie de la technique : approuver sa mère en cette circonstance c'eût été tout gâcher par excès de zèle.

Aujourd'hui l'ONU blâme Israël, mais cela ne change rien puisque deux cents résolutions sont lettres mortes.

Il ne fallait donc pas ouvrir une dangereuse fissure dans le formidable appareil factice élevé en commun pour dissimuler leur égoïsme, tandis que paradoxalement, par une sorte de diabolique lucidité complice, une concession aux répercussions nulles, rétablissait l'équilibre apparent.

La visite de Tristan ne fut cependant pas un échec.

Après cette intervention mouvementée, le conseil de famille avait voté une aide non négligeable de cinq mille francs.

Laure et Charlotte eurentquelque répugnance à accepter cette belle aumône car elles n'avaient plus aucune illusion sur la famille qui leur donnait la nausée. Elles revinrent chez *grand-maman chérie* qu'elles n'avaient pas revue depuis des années.

Comme il fallait le prévoir elles furent accueillies de scènes théâtrales et grandiloquentes.

— Pourquoi étaient-elles restées si longtemps sans venir voir leur bonne *grand-maman chérie* qui les aimait tant, qui avait fait tout pour elles, qui s'était tant dévouée, qui les avait choyées, dorlotées, leur avait donné leur bain…

Lorsque dans leur enfance ils allaient en visite chez *grand-maman chérie*, les deux petites sœurs faisaient pipi dans leurs culottes.

Après ces remous une autre crise de furonculose se déclencha chez Tristan.

Laure qui était passée chez *grand-maman chérie* vient voir son frère. Elle aussi avait voulu servir d'avocat de Tristan auprès de *grand-maman chérie*. Elle avait parlé de ses difficultés, de sa santé, de ses études supérieures, du piano...

— Il faut l'aider, avait-elle dit.
— Oui dit l'oncle Jacques présent, c'est comme l'histoire du petit télégraphiste.
— Quelle histoire du petite télégraphiste, s'enquit Laure ?
— C'est l'histoire d'un peintre qui était pauvre, alors le jour il était petit télégraphiste et la nuit il peignait.
— Et alors ? Dit Laure.
— Eh bien il en est mort, dit l'oncle Jacques ravi de son esprit.

Peu de temps après, Laura revient de la rue Dehodencq avec un magnifique pardessus pour Tristan.

Incroyable ! il gelait à pierre fendre, et il n'avait pas de pardessus. C'était bien la première fois qu'il recevait quelque chose d'opportun, d'utile, de coûteux, de la famille. Un pardessus tout neuf, qui portait la griffe du meilleur tailleur du Caire. Incroyable ! Tristan était abasourdi. Jusque là ils ne lui avaient donné que des vêtements usés ou démesurés. Et voilà qu'on lui offrait un pardessus neuf d'une valeur considérable !

Il ne tarda pas à avoir la clef de cette générosité suprême. Un cousin avocat, chargé des intérêts de la famille en Egypte, était venu mourir d'une crise d'urémie dans l'hôtel particulier de *grand-maman chérie*.

Tristan avait donc bénéficié de la délicate attention de la dépouille mortelle qui rentra en Egypte pour être inhumé dans le caveau familial.

Il aurait fallu que Tristan remerciât *grand-maman chérie* d'avoir eu la généreuse idée de lui donner le pardessus de son neveu mort.

Il ne pouvait. Il y avait un abîme entre eux et lui. Il faisait froid, il était malade. Par lâcheté sans doute, il garda le pardessus. Il se trouva des justifications : il était fragile, s'il lui était arrivé malheur, cela eût trop fait leur jeu. Il avait déjà été dans le coma au sein d'une maladie pulmonaire. Il ne fallait pas prendre froid. Mais le cadeau était négatif, et lui faisait mal.

S'ils lui avaient offert un pardessus banal, pas de grand luxe, comme celui-là, cela lui aurait vraiment fait plaisir...

Tristan commençait à n'en plus pouvoir de ce trio de cauchemar, de cette toile d'araignée, avec au centre, apathique, solitaire, venimeuse, *grand-maman chérie*. Si seulement il n'avait pas pris conscience, mais *grand-maman chérie* régnait sur le monde entier...

Il ne s'étonnait pas qu'ils aient pu le rendre à leur père, malheureux et incapable, pour l'écraser lui, pour les écraser, eux. Depuis le jour où ses sœurs et lui avaient rencontré son regard, il avait senti combien *grand-maman chérie* voulait sa déchéance. Un sentiment d'enfant ne trompe pas. Elle l'exécrait, comme elle exécrait son père, mais davantage même. Car son père, le non Juif, l'être qui les dépassait, il était là, on n'y pouvait rien mais il passerait, on le ferait passer. Mais Tristan l'hybride ? Allait-on le tolérer ? La hargne de *grand-maman chérie* devait s'objectiver sur lui, ce rappel, cette conscience. Leur santé fut ruinée dans son essence, tout en les soignants magnifiquement par les techniques chimiques modernes. On tenta de faire obstacle à son développement surtout intellectuel authentique.

Au jour où Tristan écrit ces lignes après quarante années d'enseignement secondaire et supérieur, il a constaté que l'enseignement laïc a réalisé l'abrutissement mondial, le zombisme chronique. Une floraison de diplômés officiels débilisés occupent tous les postes politiques et administratifs, incarcérés dans les critères judéo-cartésiens.

Ah le beau travail de Rothschild, Marx, Freud…

Toutes les apparences semblaient montrer qu'on lui offrait des études normales, qu'on le suivait. Mais en fait on lui ôtait tout moyen d'étudier. On créait en lui un état d'esprit et des conditions tels qu'il ne pouvait pas ne pas échouer. Quand il eut tant bien que mal fondé un foyer, l'abandon fit en sorte qu'il devint un enfer. Laure, Charlotte et lui auraient pu se réfugier dans les images pures, les émotions du passé, les souvenirs de leur père, mais ce secours-là il fallait aussi l'aliéner. Pendant ce stage de tendre misère qu'ils subirent chez leur père, peut-être ayant faim et froid, se retourneraient-ils contre lui ? Peut-être deviendrait-il indigne à leurs yeux ? Ils ont échoué.

Leur père ne put voir Tristan quand il était agonisant. Et ils ne purent le voir quand lui était à l'agonie. Combien de lettres de démarches leur avait-on cachées. On leur récitait des abominations sur le compte de leur père. Ils s'étaient aussi arrangé pour que leur père fût persuadé que ses enfants l'avaient renié, qu'ils étaient passés dans le clan, qu'*ils étaient devenus grand-maman chérie…*

Admirable stratagème et dernière entreprise de *grand-maman chérie*, leur père était mort au milieu de visages étrangers sans avoir pu les revoir…

Pauvres êtres méprisables et dignes pitié au fin fond des choses.

Voués à la solitude du clan, épaves impuissantes, réunies dans leur solitude et qui ne peuvent prendre conscience. *Grand-maman chérie* rescapée à quatre-vingts ans de deux opérations intestinales graves, se propulse chaque année en Egypte. Les guêpes sectionnées vivent un certain temps, les abeilles meurent tout de suite. La mère de leur père, leur douce grand-mère, avait succombé en quelques jours du mal auquel *grand-maman chérie* survivait allégrement.

Quelle puissance avait résisté en Tristan à cette formidable entreprise de déshumanisation ? Il haletait parce qu'ils étaient les seuls à pouvoir le tirer du cloaque où l'avaient jeté. Dans ce cloaque absurde, le monde entier gisait désormais et chouchoutait son propre suicide. L'anesthésie progressive du monde était réalisée. Fatalité absolue.

Quelle force le poussait parfois rue Dehodencq, comme l'électeur est poussé vers l'urne, comme l'ouvrier est poussé vers le parti des goulags ?

Ce jour-là il était assis près de *grand-maman chérie*, et l'oncle Jacques entra : « N'oublie pas que tu as rendez-vous chez le notaire ».

Quelques minutes plus tard ils étaient tous dans la voiture de l'oncle, tante Denise à Droite et *grand-maman chérie* entre l'oncle et la tante.

Elle allait chez son notaire entre ses deux héritiers. Cet émouvant tableau est le seul souvenir comique qui lui reste de la famille. Il est vrai qu'il y avait longtemps qu'ils lui avaient enlevé son sens de l'humour.

Pourtant Tristan ne croyait pas que tout fût désespéré. Les méchants sont des malades et Tristan trouverait le moyen de les guérir.[23]

Il était le seul qui les aimât et ces malheureux ne le savaient pas. Les autres les méprisent, les fuient ou les flattent.

Tristan les haïssait de toute la force de son amour…

Il fallait briser ce masochisme qui le conduisait encore trop souvent rue Dehodencq. Dans cet océan de misère, à quoi bon se raccrocher à une bouée de plomb chauffée au rouge ?

Il décida l'écrire à *grand-maman chérie*.

— Depuis des années j'attends que tu te penches sur mon malheureux sort, sur mes combats désespérés. Depuis des années je suis envahi de furoncles et d'abcès. Je sais que cela t'importe peu car avec la moitié de ce que te coûte ta voiture de maître j'aurais depuis longtemps stabilisé ma situation, assuré l'avenir de mes enfants, étudié le piano.

Depuis des années je suis abandonné sans l'aide de personne. J'ai passé mon baccalauréat, trois certificats de licence, assuré comme j'ai pu la subsistance des miens. Je suis à ce jour une sorte de squelette couvert de pustules, luttant toujours et espérant un peu d'aide efficace de ma grand-mère, sinon riche, mais du moins vivant dans un certain luxe.

J'ai contracté, du fait de l'abandon dans lequel vous m'avez laissé, un mariage qui ne se serait jamais fait si vous ne m'aviez pas laissé à la dérive.

---

[23] Nous verrons à ce sujet le chapitre endocrinologique : « la clef ».

Je n'en puis plus. Ne me laissez pas. Il n'est pas possible que manquiez de cœur à ce point. Si tu ne me réponds pas je penserai que tu ne veux pas m'aider et ce sera la dernière fois que ton petit fils t'embrassera car je ne te reverrai plus et ne t'écrirai plus jamais »…

Jamais Tristan ne reçut de réponse à sa lettre désespérée.

Grâce à une amie, Tristan et Jacqueline avaient trouvé sans reprise un petit appartement de deux pièces qu'une amie leur avait cédé. C'était au cinquième étage d'un immeuble du quatorzième arrondissement. Les deux pièces donnaient sur un balcon. Ils avaient chacun leur pièce. Ce fut une chance pour les petits. Ils continuaient à vivre comme auparavant prenaient leur repas ensemble décidaient des questions ordinaires et courantes de la vie, mais Tristan était rongé par la trahison de sa femme.

Et quelle trahison !

Les deux enfants étaient pâlots. Ils trouvèrent une brave femme avec une grande maison et un immense potager à vingt kilomètres de Paris qui les prit en pension. Leur santé s'améliora. Tristan et Jacqueline allaient les voir ensemble aussi souvent que possible. Paris, mégapole et laboratoire de névroses pour les enfants.

Tristan songeait parfois à cette lettre à *grand-maman chérie*.

Que lui importait ? Elle n'avait même pas tenté de comprendre ce qu'il avait enduré. Pas un seul instant elle n'avait pensé :» comme ce garçon a dû souffrir pour m'écrire cela ? Il est certain que si j'étais une grand-mère normale, il ne m'écrirait pas cela, même s'il était un voyou ».

Non, elle avait été simplement butée, vexée.

Tristan imaginait *grand-maman chérie* brandissant la lettre et clamant : « Après tout ce que j'ai fait pour lui, quel serpent j'ai réchauffé dans mon sein ».

Et pourtant Tristan imaginait la lettre que *grand-maman chérie* et tante Denise lui auraient répondu :

— Mon chéri.

Bien sûr nous ne pouvons t'en vouloir, nous savons à quel point ta vie a été douloureuse et combien tu es nerveux, sensible, excessif. Si nous avons été durs avec toi c'était pour t'éprouver et aussi parce que notre situation matérielle n'est plus excellente. Tu peux désormais compter sur notre aide. Tu as presque réussi à te faire une situation nous t'aiderons à la stabiliser et à étudier ce piano qui t'est si cher. Nous y parviendrons et ce sera pour nous une grande joie. Nous t'embrassons...

Peut-être un jour recevra-t-il cette lettre et alors, des larmes de joie brilleront à la lumière...

Chapitre XI

Les mois s'écoulaient. Tristan se crispait toujours sur ce dernier et inaccessible certificat de licence. Il s'affaiblissait. Tout ce qu'il accomplissait était empreint de raidissement. Il avait conscience d'un rétrécissement de son être. Il rêvait toujours de piano.

Il rêvait aussi d'un amour qui lui apporterait une cascade d'infini...

Un jour, il travaillait à la bibliothèque Sainte Geneviève, il s'esclaffa.

Ne venait-il pas de lire dans un ouvrage critique sur Shakespeare : « Ce pessimisme qui lui donnait du génie »...

L'étudiante qui était assise à côté de lui émergea de son demi-sommeil pour lui demander avec inquiétude s'il allait bien.

— Regardez cela, lui répondit Tristan. Lisez ! *et si c'était précisément son génie qui lui donnait son pessimisme ?* Montrez moi donc un génie hilare !

C'est dans ces circonstances que Lucienne et Tristan se rencontrèrent. Elle était brune, élancée, belle, avec de longs cheveux noirs flottant sur ses épaules. Un large front, une aisance de geste, une voix chaude. Elle se prit à aimer Tristan frénétiquement.

Il aimait cette aspiration de tout son être par cette jeune fille de vingt trois ans qui venait de terminer une licence de philosophie.

La passion qu'elle éprouvait pour Tristan le pénétrait le pénétrait d'une sorte de quiétude, de plénitude inconnue. Elle était intuition aimante, compréhension pensive.

— La culture, lui avait-elle dit un jour, c'est la *conscience* et non pas l'amalgame mnémonique de connaissances. Empiler des connaissances dont on ne tire rien que des diplômes, c'est l'antithèse de la culture. Avec une culture d'agrégé, on peut s'essayer à découvrir l'homme en martyrisant des têtards…

Elle avait été atteinte de tuberculose et les médecins lui avaient conseillé une thoracoplastie, opération chirurgicale mutilante et cela gravement.

Elle avait refusé et était partie à la campagne dans sa famille. En six mois de repos, avec une nourriture biologique et le grand air, elle s'était complètement guérie. Ses médecins n'en reviennent pas encore !

Madame de Gastine était allée voir les enfants chez la brave dame de Morsang sur Orge où ils se trouvaient.

Après sa visite elle trouva bon d'écrire à Tristan que « c'était une honte de mettre ses enfants chez une femme pareille ». Tristan avait répondu que les enfants étaient très jeunes et avaient surtout besoin d'air pur et de bonne nourriture laquelle était garantie par l'immense potager que cette dame possédait. Or ils avaient très bonne mine. De plus l'éducation bourgeoise qui n'allait pas manquer de mener au gauchisme, à la libération de la femme, à la drogue et au suicide des jeunes, que valait-elle ?

De plus ils étaient pauvres et s'acquitter d'une pension auprès de cette nourrice, était déjà écrasant. Pour les mettre dans une de ces écoles religieuses dont il avait gardé un souvenir cauchemardesque, il eût fallu des sommes considérables. Alors ?

Décidément, Madame de Gastine, sa mère, se moquait de lui une fois de plus. Si elle avait proposé quelque chose de mieux en l'aidant et cela en termes maternels, tout eût été bienvenu. Mais l'expression et la nullité en matière d'efficacité rendait son intervention plus qu'insupportable.

Il lui répondit donc de façon cassante, révoltée mais juste. Il la remercia de ses bons conseils inefficaces, négatifs et parfaitement inutiles. Elle n'avait rien vu là d'ailleurs qu'une occasion supplémentaire de fustiger son fils lequel d'ailleurs n'aurait pas été marié, ni eu d'enfant, eût-elle été une mère digne de ce nom.

Toujours la même technique du « raca » qui consiste à accuser de crimes ceux que l'on a poussé sans pitié au crime. Il s'agit aujourd'hui d'une norme sociétale universelle.

Il reçut en réponse une lettre qui était un modèle du genre : une parfaite projection d'ellemême, un autoportrait où il n'y avait pas grand chose à rajouter.

— Tristan.

J'attache plus de prix aux actes qu'aux discours (sic).

Je te redis ce que je t'ai déjà écrit : je considère que tes enfants ont besoin d'une autre atmosphère. Je ne connais pas Madame X, leur nourrice, mais je sais ce qu'est un enfant et ce dont il a besoin. (sic). C'est mon avis, je te le dis, c'est mon droit et c'est mon devoir (sic).

J'ai fort bien compris ce que tu attends des gens, une admiration béate devant ce que tu qualifies ton génie (de tels propos n'avaient jamais été exprimés par personne et encore moins par Tristan). Ceci était la justification de tous tes actes même les plus lâches et les plus égoïstes (sic). Ne compte pas sur moi pour cela (quand Tristan avait-il compté sur sa mère pour quoi que ce soit notamment sous les bombes où elle l'avait envoyé pendant la guerre ?). Je te veux un être noble et ne t'aiderai pas à te leurrer. Il n'y a peut-être qu'un être au monde à te dire la vérité, ce sera ta mère car elle répond de toi devant Dieu. (diantre !). C'est un rude calvaire à gravir que de te voir t'enfoncer dans la folie et la malfaisance comme ton père, mais avec moins d'excuses. Tu me dis que tu n'as nul besoin de mes conseils et de ma sollicitude (il n'avait besoin que de cela, mais pas de critiques absurdes et négatives avec de bons conseils impossibles à suivre, assortis de reproches bêtes et méchants). J'ai compris cela depuis longtemps, aussi je ne t'en ai pas accablé. Tu me dis aussi fort clairement que seul l'argent t'intéresse (jamais Tristan ne lui avait dit cela. Il avait simplement dit que de bons conseils non assortis de moyens de les suivre, était une perversité). Je n'en ai point à te donner. En aurais-je d'ailleurs que je ne t'en donnerais certainement pas pour satisfaire tes coquetteries et tes aventures, alors que tes enfants ont été à la charge des autres (De qui ? Pas d'elle sûrement).

Il t'arrivera un jour d'être seul avec toi-même. Ce jour-là il faudra bien que tu te voies tel que tu es avec ton clinquant et tout le temps perdu à t'aduler (on croirait son roman autobiographique). Peut-être alors désireras-tu devenir autre. Je veux espérer que tu vaux mieux que ce que tu t'obstines à rester, te grisant de mots, incapable de te vaincre et de te dominer, incapable de faire ton devoir, semant partout la discorde et la révolte dissolvante et tu veux encore faire le moralisateur (c'était là toute sa propre confession).

J'ai voulu être indulgente et te donner ces dernières années les marques de cette tendresse qu'une mère donne à son enfant quelle que soit sa clairvoyance. Tu ignores ce qu'est la réelle tendresse, ce qu'est le véritable amour. Tu n'aimes que toi. (Tous ces termes sont ceux que Tristan eût employé pour décrire sa mère). La mère dont tu rêves serait une servante flagorneuse qui t'aiderait bêtement à t'aveugler et à te leurrer. Je ne suis pas cela. Mais si un jour tu as besoin de tout ce que j'ai de précieux dans le cœur pour toi, que tu ne discernes pas maintenant, si tu désires te vêtir de loyauté et d'humilité, viens, je t'aiderai avec l'aide de Dieu, nous souffrirons et vaincrons ensemble le mal et la mort. D'ici là inutile de m'écrire, les lettres reviendront non décachetées. Un jour tu comprendras que cette lettre qui te paraîtra cruelle était une grande preuve d'amour...

Tristan avait lu : il y avait là tout le portrait, toute la pathologie de sa mère. Jamais lettre ne l'avait mieux dépeinte. Elle avait projeté son auto-critique sur Tristan. Elle ignorait tout de la nature de son fils. Il y avait dans cette lettre, comme dans le monde moderne *une corticalité de vérité qui habillait un énorme mensonge vers la dégradation de l'autre.*

Tout ici était vide, pharisien et méchant. Toute sa mère était là, son pathos moralisateur, grotesque, envers un fils qu'elle avait abandonné dans la maladie et une semi-misère, et pour couronner le tout, ce mysticisme hystérique et histrionique qui la caractérisait.

Des larmes avaient envahi les yeux de Tristan.

Unjour, il s'en souvenait, dansunélanpathétique de suprême humilité, n'avait-elle pas imploré, en citant une lettre que Tristan lui avait écrite alors qu'il était sous les bombes quotidiennes :

« Dis–moi que je ne suis pas un monstre catholique »...

Tristan pensait.

Non, il ne voudrait pas revenir dans une humanité pareille, même si le destin lui accordait, à lui, une vie de bonheur parfait. La vision des autres, leurs souffrances, leurs laideurs, leur indifférence à l'égard de la souffrance des autres humains, tout cela était intolérable. Sans parler de cette ignoble défécation qu'il n'accepterait jamais.

Nous portons en nous-mêmes notre fatalité.

Le saint, le génie, l'artiste, le spéculatif circoncis au 8ème jour, le petit bourgeois, le malheureux petit bourgeois. Tous ces rôles ont été appris dans la matrice maternelle et jouent la partition de la tragédie du monde.

Il n'y aguèredefacteursexternesquiconditionnesnotremalheur, notrebonheur, notrechance, notre malchance. Ils sont liés à notre environnement et à notre nature, astrale, hormonale.

Ma distraction permanente peut me jeter sous une voiture, celle-ci n'y sera réellement pour rien.

Ma malchance n'est pas liée à ma famille juive, hormis dans le sens sociétal rothschildomarxiste. Individuellement j'aurais dû m'éloigner d'eux. Si j'avais eu leur mentalité ils eussent été différents avec moi. Mais je me sens aussi différent d'eux que des esclaves zombifiés et voteurs qu'ils dominent.

Ils m'étouffent en tant que membre familial et en tant qu'artiste mais ils ne le savent pas car les véritables valeurs leur échappent et c'est ce qui suicide la terre entière. Ils étouffent toute vérité et j'en ai le cœur plein.

Je ne regrette pas d'être différent d'eux, je regrette de ne pouvoir m'arracher à leur existence, à la pensée qu'ils existent et pourraient m'aider. On ne choisit pas les siens mais on reste attaché à eux et c'est pourquoi je pense qu'ils étaient les seuls à pouvoir m'aider sauf miracle pur.

Les gens qui sont capables de tout remettre en question sur des informations, preuves et argumentaires nouveaux sont d'une rareté inouïe.

Je ne crois pas en avoir rencontré. Toute personne impliquée dans une idéologie, du Catholicisme au Marxisme et tutti quanti, y reste bétonnée jusqu'à la fin de ses jours. Il n'y a donc pratiquement pas de personnes intelligentes, au sens le plus profond du terme.

Quant à mes congénères, on peut dire sans erreur que Simone Weil ne s'est pas trompée :

« Ils n'ont jamais cette modeste attention propre à l'intelligence vraie ». Quant aux autres, les Goyim, « cette vile semence de bétail » du Zohar, ils ne comprennent rien. D'où le succès de la flatterie dialectique, l'idole du social qui précipitent vers tous les crimes et tous les goulags.

Ils sont l'inversion. Une charité imbécile héritée de 20 siècles de distorsion fait proliférer les infirmes psychiques et moteurs. On fera tout pour vous empêcher de mourir de maladie ou d'accident de la route, tandis que la voiture est le plus grand massacreur de population jamais connu. Pendant ce temps, Bazile Zaharoff et Bloch-Dassault vendent des armes à tout ce qui s'extermine dans le monde. L'Afrique et l'Asie voient leur populations s'inter-massacrer et mourir de faim depuis la décolonisation... Les goulags soviétiques exterminent des dizaines de millions d'êtres, et l'on tue les enfants sains dans le ventre de leur mère.

Le génie ne peut plus vivre dans ce monde de la quantité car il est qualitatif. Comme la nature ne pardonne jamais, les bombes de Messieurs

Oppenheimer, Field, S.T. Cohen, vont régler le problème insoluble de ce monde à l'envers...

C'est ma révolte et la non acceptation de tout qui me minent. Je ne puis accepter le monde d'aujourd'hui engendré par celui d'hier.

Mon histoire est occulte, étrange et douloureuse.

Nous sommes soumis à des lois. Le malheur mérité par ce que nous sommes et non mérité par ce que nous n'avons pas choisi d'être.

La vérité est si loin de la logique formelle. La logique des fous suicidaires. Nous sommes abrutis. Combat écrasant que le mien entre les pervers spéculatifs et les robots. Je ne puis donner qu'une faible image de ce qu'il est. De tout ce que je sens, de tout ce qui semble d'abord contradictoire ou vrai sur les deux faces. Il faut d'abord prendre conscience, s'informer sans préjugé, surtout ceux qui vous sont le plus cher. Les faits, les faits, les faits et les argumentaires sans faille. Sinon vous pourrirez dans le mensonge.

Pas de vérité, pas de culture. « Connais-toi toi-même » disait la Grèce Antique. Je ne peux vivre dans cette humanité parce qu'elle est Inhumaine.

Plus je comprends, moins je peux. Il faut conclure que je n'ai rien à y faire puisqu'il n'y a plus aucune place pour la vérité.

Toutes les lois que j'ai retrouvées ne rendront pas la vie à un monde inepte et agonisant.

Pour vivre au sens élémentaire du mot, il faut sans cesse une gigantesque abstraction de soi dont personne n'a idée.

Alors mon moi refoulé gît à la lisière de la folie : l'âme d'un artiste comprimée n'a plus d'autres chemins que la folie ou le suicide.

J'échappe malgré moi à cette alternative.

J'ai lutté sans succès contre cette impossible abstraction de moi-même au sein de la dépersonnalisation ambiante : voyez ces millions de voteurs consommateurs vêtus de l'uniforme de la connerie internationale : le blue-jeans lévis. Au sein d'un magma affectif et intellectuel, rien ne peut se canaliser vers le linéaire et le cercle vicieux de la logique formelle réductionniste. Il faut oublier cette paralogique de « 1984 » d'Orwell et du « *Meilleur des mondes* » d'Huxley.

Je ne suis pas là.

Le paradoxe vient d'abord. Mais il n'y a pas de paradoxe. Le paradoxe est une contradiction analytique qui n'a pas su se résorber en une synthèse supérieure. Je suis et je ne suis pas. La vue au delà de la vision formelle. Je me sens plus non étant qu'étant. C'est pourquoi je perçois comme évidentes des vérités que personne ne connaît plus car les êtres sont conditionnés, subliminalisés.

Ma pensée se posant sur des éléments précis opère des déductions de vérité éclatante et définitive. Alors il ne me reste rien pour espérer, que mon espoir qui lui est infini.

C'est la lucidité et le non sang-froid devant l'absurde qui rendent fou. Je sens tout ce qui est faux. Beaucoup de gens ont une optique cohérente car ils ne sentent et ne comprennent rien. Lorsque l'on perçoit une vaste synthèse de la réalité, il est difficile d'y mettre rapidement de l'ordre. Il est difficile d'être logique lorsque l'on n'est pas fou. La sphère chaotique qui surgit dans l'esprit, une énorme portion brut de la réalité, il faut des années pour la discipliner, l'organiser, l'exprimer.[24]

Le début de ma prise de conscience date de mes vingt ans ; jusque là j'errais seul, à l'abandon, portant au cœur un fardeau surhumain. Je tentais de tirer avantage de ma lucidité ce fut très dur.

---

[24] Tout ce livre anticonformiste extrême est l'expression de cet effort.

Aujourd'hui c'est pire encore car ayant pris conscience à un niveau qui dépasse la majorité des êtres, je me sens incarcéré dans un petit espace bétonné. J'ai la conviction absolue que personne ne peut m'aider car mes contemporains sont incapables de s'aider eux-mêmes dans la voie du suicide mondial sur laquelle nous nous trouvons. Il faudrait qu'ils aient de l'intelligence, du courage, mais ils n'en ont aucun. Ils préfèrent l'illusion de la vie immédiate et tranquille même si elle les mène au pire à brève échéance. Cela est ahurissant d'observer l'insuffisance mentale du plus grand nombre des humains. Être conscient d'une telle chose est démoralisant et vous confère un sentiment de grandeur dont on se passerait bien car il est source d'inextricable.

Je voudrais parfois me juguler vers la nouvelle « norme anormale ». Plus je tente, plus je souffre. Plus je souffre, plus je pense. Dilemme entre folie et suicide. Miroir de vérité je suis condamné à être brisé puisque seuls les miroirs peints reflètent le seul mensonge.

Les victoires relatives de la survie vous laissent un goût de mort dans la bouche.

Et ce n'est pas fini. Les gens les plus sensibles sont ceux qui sentent le moins dans l'entourage immédiat. Ils souffrent pour l'universel, l'innocent qui meurt de faim en Afrique ou en Asie, les enfants, violés, assassinés.

Les animaux torturés par centaines de millions qui ne voient pas même le jour et ne peuvent remuer. Les guerres imbéciles qui tuent et font tant d'invalides, d'aveugles, d'estropiés, de martyres... Ceux de la vie courante avec leurs tout petits problèmes ignobles à force d'être dérisoires...

Ils sont heureux, eux grâce à leur rétrécissement mental.

Le seul bonheur de ce temps serait de ne pas souffrir. Ne pas sentir. Le seul bonheur de l'an 2000 : la non-souffrance.

Non, je ne peux accepter le monde de la grande peste, ni celui des cinquante bourreaux carcéraux et concentrationnaires Juifs qui en URSS ont exterminé des dizaines de millions d'êtres humains. Je n'accepte pas non plus les bombes juives de Hiroshima et Nagasaki, des physiciens juifs, ni Dresde et Hambourg rasés par les bombes.

« Je suis une force qui va » disait Hernani.

Je veux la vérité, même si elle tue. J'irai de l'avant.

A quoi bon ce combat ? Esquiver contourner, déceler les obstacles, dans une telle solitude. On sait des mois, des années à l'avance, on voit les masses manipulées se précipitant vers leur suicide. On ne pourra rien, car personne ne comprend rien. Les cheveux se hérissent et l'on n'a que la triste joie de savoir et l'amertume de connaître.

Obstacles et tourments ne semblent pas en apparence s'organiser.

Ils semblent différents, considérables, sans liens. Ils se présentent à l'improviste, et pourtant ils sont liés par une loi profonde.

Au sein même d'une souffrance qui m'enferme en moi-même, isolé de Dieu dont je ne comprendrai jamais le sens de l'humour, comme des hommes, je veux la vérité quelle qu'elle soit.

Je ne poserai même pas de *ne pas poser*.

Avons-nous choisi d'être ce que nous sommes ? L'ignoble n'est pas à notre compte...

Chapitre XII

> *« La certitude de ne pas être fou était la plus forte. Il y avait la vérité et il y avait le mensonge. Si l'on s'accrochait à la vérité même contre le monde entier on n'était pas fou »* (George Orwell; « 1984 »)

Vers la fin de ses études secondaires, Tristan avait noté chez lui-même une certaine affinité avec Jean-Jacques Rousseau qu'il répudiera d'ailleurs de façon intégrale, des années plus tard. Il résonnait en lui fraternellement. Il croyait comme lui à la bonté naturelle de l'homme et pensait que la société l'avait perverti. Il ne lui fallut pas longtemps pour réaliser que le *Judéo-cartésianisme* avait exploité ce qu'il y avait de plus faux, de plus douteux, de plus pervers chez Rousseau, et qui structurait fondamentalement la décadence moderne avec tous les pseudo-philosophes du dix huitième siècle dont les lumières allaient nous plonger dans les ténèbres aveuglantes du vingtième siècle.

Rousseau avait cependant exprimé une vérité essentielle : lorsque l'homme suit les règles de la vie simple, les règles divines, il reste en parfaite santé physique et mentale. Cette petite peuplade au Nord de l'Inde, les Hounzas, sont là pour nous le démontrer. Respiration contrôlée, non carnivorisme, fruits et légumes le plus cru possible, peu de céréales, et quatorze mille âmes vivent dans la beauté physique et morale qui nous est désormais interdite. Ils ignorent donc la maladie, savent méditer et prier jusqu'à leur mort qui survient entre cent et cent quarante ans. Tous les travaux modernes sur les Hounzas attestent de ces réalités essentielles qui nous montrent combien nous sommes loin de la nature, partant loin de Dieu.

Plus Tristan prenait de l'âge et plus il constatait sa ressemblance physique avec les artistes romantiques que les homéopathes dénomment « Apollinien », « phosphorus ». Taille mince, grande, élancée, visage ovale, yeux grands et doux, front très haut, joues souvent creuses, nez aquilin et cette main si particulière que les chirologues nomment « main psychique ».

A cela il fallait ajouter la fragilité pulmonaire, le dandysme vestimentaire et métaphysique, l'air luciférien.

Sa photographie comparée à celle des romantiques portait une incroyable ressemblance. Il avait aussi leur fierté, leur sens esthétique maladif, leur imagination, leur tourment égocentrique, leur idéal, leur générosité sans mesure. Dans les biographies de ces artistes il y avait des analogies étonnantes. Comme Shelley, Byron et Coleridge, il avait dû s'éloigner de ses enfants. Comme eux il avait songé à s'expatrier, comme eux il craignait la décrépitude, comme eux, il s'enthousiasmait pour le beau, le bon, le juste, le libre, l'amour, l'idéal, la pureté et, dans sa frénésie, les trahissait tous à la fois... Comme eux il identifiait le mal à la maladie. Comme eux, il possédait cette sensibilité subjective qui n'abandonne aucune évidence, aucune sensation, et qui accuse chaque choc comme un coup de marteau au cœur.

Les Romantiques qui se peignent se déguisent toujours un peu. Tristan n'avait pas envie de poser, à moins bien sûr de « poser de ne pas poser ».

Il avait trop mal. Il sera le premier dandy à dire toute la vérité, celles qui sont insupportables, celles que personne ne veut connaître, celles qui sont anti-psychologiques, anti-démagogiques, anti-diplomatiques, bref, l'acide sulfurique de la vérité.

Que lui coûte-t-elle cette vérité ? Rien. Il juge le non sens dont il fait partie en fonction de son innocence et de sa souffrance.

L'homme aurait chuté par orgueil ? Vouloir égaler Dieu ? Inepte !

Comment si Dieu avait donné à Adam et Ève une intelligence normale eussent-ils pu une seule seconde vouloir « égaler Dieu » ? Une telle pulsion procède de la débilité mentale. Égaler la puissance absolue qui a créé l'homme, le mammouth, la digestion et la quadrature du cercle ?

Satan n'a pu jouer que de la sottise d'Ève, connue d'avance par Dieu qui vit dans un éternel présent et qui par conséquent connaissait la chute avant même de nous avoir créés. Il est vrai que les agents de Satan continuer de jouer sur le clavier du crétinisme universel : comment prendre pour des génies Rothschild, Marx, Freud, Oppenheimer et Picasso ?

Ergo, le premier homme et la première femme, chef-d'œuvre de Dieu n'ont pu sérieusement penser égaler Dieu. S'ils ont pu penser cela en mangeant le fruit de l'arbre de la connaissance, c'est qu'ils étaient déjà stupides, fous, et donc privés de liberté.

Des postulats de cette qualité ne pouvaient donner naissance qu'à une dogmatique ubuesque culminant dans l'atrocité marxiste preuve par neuf universelle du crétinisme mondial.

Au fait, une religion qui n'est pas logique et science, n'est pas une religion.

Une science qui n'est pas religion, devient nécessairement l'antithèse de la connaissance et devient suicide.

La Bible ?

Litanie de la haine et de la mort. Le Dieu Juif est un champion organisateur de massacres horribles qui ressemble à *grand-maman chérie*.

L'Ancien Testament est rempli de bruit et de fureur déments.

Aujourd'hui les marx-merdia massacrent les forêts pour que leur papier parachève la crétinisation universelle, pour que des semi débiles soient élus par une masse abrutie.

Je suppose que si un arbre de la forêt protestait, un petit déconosophe circoncis au 8ème jour et philosophe auto-proclamé, ne manquerait pas de le traiter de « nazi ».

Le Nazisme, somme toute, et peu de gens le comprennent, n'a été qu'un effort héroïque pour retrouver la vie traditionnelle dans le respect de la nature et de ses lois et cela contre la mort infligée par les inversions Jésus-Saint Paul et Marx-Lénine.

Le Christianisme avant les goulags, est une métaphysique de bourreau.

— « Quant à mes ennemis, ceux qui n'ont pas voulu que je règne sur eux, amenez les ici et égorgez les en ma présence. Tous ceux qui sont venus avant moi ont été des larrons et des voleurs » — Lao-Tseu un voleur, un larron ? Dérisoire !

Cette phrase qui ressemble beaucoup à du Lénine et du Jésus : Luc 19-27 et Jean 10-8...[25]

Le Christianisme dont tant de gens se gargarisent, a manifesté à ses débuts mêmes la haine de la pensée que l'on retrouvera dans le marxisme : tous les trésors de la pensée antique furent détruits. Voici quelques exemples de ce prosélytisme incendiaire :

---

[25] Quand on demande aux exégètes de vous expliquer cette phrase monstrueuse, ils ne manquent pas de vous dire tous qu'elle signifie le contraire de ce qui est exprimé : il faut admirer l'alambiqué et la contorsion de l'explication impossible à rapporter. (Expérience faite une demi-douzaine de fois)

- Des millions d'ouvrages brûlés dans la ville de Serapeum.
- De même dans la bibliothèque du royaume de Pergame.
- Toute la bibliothèque de Celsius à Éphèse.
- Toute la bibliothèque d'Alexandrie…

Cette vocation de la pensée contre la pensée annonce tous les bûchers et tous les goulags. Lénine et Staline ne furent possible que parce que Saint Paul a été.

Le Christianisme est le bolchevisme de l'antiquité.

Monseigneur Lefebvre et Gorbatchev se voileront la face devant mes propos, derrière le même éventail…

Pour être objectif on ne peut négliger la parenthèse du Haut Moyen Age où le prêt à intérêt est prohibé. C'est l'héritage d'Aristote, reformulé timidement par Saint Thomas d'Aquin. Mais en dehors de cette exception, le Catholicisme s'est toujours inscrit dans la tradition bourgeoise de l'establisment capitaliste.

Il est symbolique qu'au IIIème siècle, Calixte, esclave chrétien qui deviendra pape, dirige pour le compte de son maître, une banque à clientèle chrétienne qui reçoit des dépôts et les place à intérêt chez les Juifs.

Il est indéniable que depuis cinq mille ans, la symbiose « Juif et État » a toujours existé : aujourd'hui ils sont l'État.

L'anti-juivisme[26] règne dans le pays le plus juif qui soit : l'URSS. Cela nous a permis de voir éclore Soljenitsyne et n'empêche pas Hammer, Warburg, Sasson, Loeb, et consorts de financer le pays des goulags. Si tous les rouages marxistes avaient été totalement

---

[26] Ce terme est le seul qui convienne ; les Juifs sont loin d'être tous des sémites.

occupés par des Juifs comme en 1936, nous n'aurions eu aucune chance de connaître Soljenitsyne.

Aujourd'hui le bruit de leur publicité corrompt le sens commun, la folie du progrès (« le mensonge du progrès, c'est Israël » Simone Weil), épuise les peuples, l'argent règne, l'industrie dévaste les campagnes, les cours d'eau, et pollue tout. L'athée-lévy-sion abrutit les cerveaux, notamment par des musiques régressives, pathogènes et criminogènes, et des spectacles de foot ball pour les masses où l'on se massacre et se piétine par centaines voire par milliers dans certains concerts de Rock.

La frénésie du mercantilisme international triomphe à travers le mondialisme circoncis, de New York à Tokyo, de Londres à Paris, de Berlin au Cap.

L'Évangile ?

Tout y est quasiment aussi absurde que Moïse qui a besoin d'un Dieu sur une montagne pour les dix commandements copiés rigoureusement sur le code Hammourabi.

La pensée morale, et cela est frappant, est formulée de façon bien plus cohérente dans Platon et dans l'Ancienne Egypte.

Non : l'eucharistie ne fait pas un homme. *Les règles de respir, de diététique non carnivore, de méditation et de prière font un homme* et non pas cette sclérose dogmatique, ce rétrécissement doctrinaire.

Toutes les lois psycho-diététiques ont été abrogées avec le Christianisme, c'est-à-dire tous les moyens d'accéder à la vertu et au Transcendant.

Tous les dogmes catholiques se sont élaborés au cours de l'histoire et l'Assomption ne date que de Pie XII.

Le dogme de l'eucharistie n'apparaît qu'en 1044. L'affirmation de la présence réelle sous les espèces du pain et du vin consacrés, apparaît pour la première fois dans un livre publié par un moine : pashase Radhert.

Comment un Dieu de bonté peut-il condamner à l'avance les méchants dont il connaît d'avance les méfaits potentiels ?[27]

En quoi la mort du Christ peut-elle racheter les hommes nés avant lui et ceux nés après lui qui depuis 2000 ans n'ont cessé d'être fous et méchants ?

Quelle logique : fallait-il dire aux hommes « vous êtes ignoble, mais pour vous racheter je vais vous envoyer mon fils. Vous allez alors commettre le plus grand de tous les crimes : vous allez torturer et immoler le fils de Dieu et ensuite... Vous serez rachetés »...

Et cela marche depuis 2000 ans, comme les chambres à gaz fantômes marchent depuis cinquante ans, avec l'implacabilité du dogme et la rigueur pénale pour les incroyants : la gayssotine remplace les bûchers.[28]

Jésus fut d'ailleurs crucifié par les Romains et non, légalement, par les Juifs. Les Romains ont vu en Jésus un semeur de troubles et le considérèrent comme un Zélote. Les Juifs qui connaissaient bien

---

[27] La majorité des grands criminels, des assassins ont des têtes qui font peur et qui donnent le frisson. Il est impossible de ne pas voir le déterminisme criminel dans ces masques souvent horribles. D'ailleurs les metteurs en scène de cinéma choisissent parfaitement les acteurs jouant des rôles atroces d'assassins.

[28] Allusion à la loi Gayssot qui interdit que l'on dise quoi que ce soit, surtout de vrai, contre les Juifs, sous le prétexte fallacieux de « racisme ». Elle interdit la publication de recherches historiques qui déplaisent aux Juifs, surtout si l'on apporte toutes les preuves et les arguments concernant ces recherches. C'est la dictature absolue du mensonge.

la férocité de la répression romaine, eurent peur et, cela est certain, exercèrent une pression considérable sur Pilate et l'encouragèrent. Ils dénoncèrent donc le Christ aux Romains pour protéger le peuple.

Pilate, l'histoire nous le dit, ne badinait pas et réprimait toute révolte dans le sang. Par la suite il est évident que l'empire romain servant de couveuse à la nouvelle religion, il était impossible de rendre les romains responsables du Golgotha.

Les marchands du Temple ? Un homme seul, muni d'un fouet de cordes, s'attaquant à la foule des vendeurs, de changeurs, de surveillants, de fonctionnaires eût été immédiatement appréhendé. Comment une telle échauffourée eût-elle échappé à la garde romaine du haut de la forteresse Antonia qui supervisait la cour du temple et qui ne trouvait rien à dire à des coutumes consacrées depuis longtemps par l'usage et le rabbinat.

Il y a des centaines de passages évangéliques qui mènent à réflexion quant à l'absurdité des faits et des raisonnements.

La résurrection ? Si le Christ avait voulu faire éclater sa nature divine, il aurait dû se montrer à ses ennemis et à ses juges. Or aucun ne l'a vu. Seuls des comparses et une femme l'ont vu. Son supplice a d'innombrables témoins, sa résurrection, un seul, une femme en transports…

Il faut aussi se souvenir que le terme « fils de Dieu » était parfaitement banal à cette époque.

Le mot « Baraba » signifie « fils de Dieu » en araméen.

Paul de Tarse, en libérant les Gentils des 613 préceptes de la loi juive qui rejoignaient précisément la grande tradition, a ouvert le monde Gréco-Romain à ce Catholicisme qui est une parodie de religion laquelle devait culminer dans les horreurs de l'anathème, de l'hérésie, de l'inquisition et du marxisme.

L'inquisition fonctionne comme le marxisme. La seule différence est que la première contraignait à croire en des dogmes absurdes tandis que le second vous inflige la foi du néant.

Paul a été considéré de son temps comme un faux apôtre et il est flétri dans l'Apocalypse. La morale égyptienne avait atteint un sommet que n'atteindra jamais le Christianisme.

On ne parlait pas d'idées de charité, miséricorde, justice et fraternité : elles étaient impliquées dans le caractère religieux et mystique de cette civilisation. Le panthéisme s'est résorbé là en monothéisme. Les dieux secondaires et leurs symboles ne diminuaient en rien le caractère unique et absolu de Dieu. Ils sont simplement des *aspects divers* de la divinité.

La morale égyptienne ne connaît pas les différents dieux et s'adresse à Neter, Dieu, sans le nommer autrement.

Le Catholicisme a hérité de la juiverie biblique un Dieu exclusif et jaloux qui mènera directement aux notions d'hérésie et d'anathème sanglants.

On parviendra alors au sommet de l'horreur : *mieux vaut être croyant même si l'on est un immonde assassin qu'un homme de bien incrédule dans les dogmes.*

Le dogme a commencé sa persécution en se parant comme le loup du manteau de la charité chrétienne qui va d'ailleurs aboutir au vingtième siècle à la condamnation à mort du génie et au chouchoutage des débiles physiques et mentaux comme des criminels de tous acabits.

Quant aux controverses dogmatiques, elles n'ont engendré que la haine et jamais un seul acte de charité. La croyance au péché originel a engendré l'obsession du péché, l'angoisse de la perdition : il a conduit à d'étranges névroses à de stérilisantes dérélictions pouvant aller jusqu'au vertige de damnation.[29] Le dogme a-t-il procuré la paix aux âmes ? L'allégresse aux cœurs purs ? La confiance en Dieu ?

En fin de compte tout ce bazar dogmatique nous a menés au rothschildo-marxisme pour nous racheter en milliards de dollars, en famines universelles, en goulags. Le dogmatisme de l'Église, gros Satan, devait nous mener à l'immense Satan Marxiste.

Que reste-t-il à l'actif de l'Église ? En synthèse très globale, rien.

Elle n'empêchera ni les bombes atomiques et à neutrons, ni le marxisme.

On doit cependant la créditer pour son caractère pastoral. Là, l'Église fut sublime. Elle a suscité d'admirables dévouements, engendré Monsieur Vincent et François d'Assises, Vézelay et cent vingt cathédrales gothiques dans toute l'Europe.

L'Église dogmatique n'a produit que d'intolérables fanatismes. L'image de Dieu qu'impose la théologie catholique (image où il faut reconnaître l'influence des Juifs que les Égyptiens appelaient « les immondes »), est une injure permanente à la noble idée que chacun se fait de la divinité.

---

[29] L'endocrinologie amène des lumières intéressantes sur le péché « originel ». On sait que l'abus sexuel détermine une insuffisance de la génitale interne (bonté, justice, qualités humaines etc) au profit d'une exacerbation thyroïdienne (orgueil). On peut donc affirmer physiologiquement que s'il y a eu péché originel, il fut sexuel. L'orgueil ne serait que conséquence d'abus sexuels.

Si le Christianisme tronqué des lois psycho-diététiques qui seules donnent l'union au Transcendant et le sens moral, s'est imposé à l'Occident, ce n'est pas par ses dogmes, mais contre eux et malgré eux. Elle s'est imposée par sa morale devenue intemporelle, elle a proclamé l'égale dignité et la fraternité des hommes, elle a apporté le réconfort aux pauvres et aux déshérités, elle a tempéré l'orgueil des forts et des puissants, elle a proclamé le sublime du sacrifice, elle a fondé des institutions charitables, elle a suscité dans les âmes le besoin de se surpasser, sans lequel il ne saurait y avoir de progrès spirituel. Tout cela est-il original ? On retrouve là les commandements généraux que l'on constate dans toutes les grandes religions car elles expriment les conditions mêmes de la vie sociale.

L'incohérence des Évangiles mériterait un livre entier.

> ➤ Tantôt Jésus abolit les vieux rites au bénéfice de l'intention morale qui seule compte.
> ➤ Tantôt il maintient les prescriptions de la loi et institue des nouveaux rites.
> ➤ Tantôt il affirme que la charité suffit à ouvrir les portes du ciel.
> ➤ Tantôt il fulmine qu'hors la loi il n'y a point de salut.
> ➤ Tantôt l'homme est libre de faire son salut par lui-même.
> ➤ Tantôt les élus (144000) et non-élus sont choisis par Dieu.
> ➤ Tantôt il exalte la vie de famille et la fécondité du mariage proclamé indissoluble.
> ➤ Tantôt il déclare : « Je suis venu opposer l'homme à son père, la fille à sa mère, la bru à sa bellemère.
> ➤ Tantôt il condamne la violence et la guerre et proclame : « bienheureux ceux qui sont doux parce qu'ils posséderont la terre, bienheureux les miséricordieux car ils obtiendront miséricorde, bienheureux les pacifistes car ils seront appelés fils de Dieu.

➢ Tantôt il déclare : « N'allez pas croire que je suis venu apporter la paix sur la terre, je ne suis pas venu apporter la paix mais le glaive, je suis venu apporter le feu sur la terre et comme je voudrais qu'il fût déjà allumé ».
➢ Tantôt il enseigne le pardon des offenses.
➢ Tantôt il fulmine contre les villes au nord du lac de Tibériade.
➢ Tantôt il déclare qu'il faut se soumettre au pouvoir établi, payer l'impôt même inique.
➢ Tantôt il déclare que les royaumes sont de Satan et s'élève contre la hiérarchie sociale, scribes, pharisiens, grands prêtres.

On pourrait continuer longtemps dans la voie descriptive de cette incohérence. Celle qui frappe le plus est que la foi est la condition sine qua non du salut. Les pires forfaits seront rachetés par un seul acte de foi en Jésus, articulo mortis.

Le modernisme a accoutumé à toutes les formes de démagogie juive, cet exemple évangélique bat, en cette matière, tous les records.

Pourquoi diantre, maudire ce figuier qui ne pouvait rien produire à cette époque de l'année alors que Jésus pouvait multiplier les pains et les poissons ?

Donc aucune idée religieuse originale mais des idées puériles, incohérentes voilées de paraboles.[30]

Tristan voulait une vérité infrangible, une sincérité absolue.

---

[30] Il y a beaucoup à dire sur le panorama clinique du Christ, qui résume à lui seul toute la psychopathologie. Cela est traité dans mes autres ouvrages, notamment : « Auschwitz : la fin de Iechou, Rothschild et Marx.

Il allait expliquer la fatalité du dandy et comment il prend ses leçons d'un grand maître : la souffrance. Il possède d'ailleurs un don suprême : celui de dire la vérité avec une franchise intégrale, ahurie, antipathique, et cela quelle qu'elle soit et au moment le moins opportun.

Il ne peut faire autrement car la vérité l'étouffe, il faut qu'elle s'épanche.

Cette parenté physique et morale avec les poètes et musiciens romantiques le conduisit à des notions désormais évidentes. Cette prédominance longiligne, esthétique, imaginative, intuitive, tout à fait typique chez un humain, l'incita à rechercher des groupes de types différents.

Il avait observé dans l'armée, notamment chez les parachutistes et les troupes de choc, une catégorie très marquée qu'il retrouva aussi chez les lutteurs de ring, les rugbymen et les dictateurs marxistes particulièrement.

Ce type brutal, à voix vulgaire, à cou de taureau, était essentiellement matérialiste. Ses valeurs étaient la force physique,[31] le groupe, la famille. Ce qui stupéfiait Tristan est qu'ils pouvaient copuler sans l'assentiment de la partenaire féminine, ce qui faisait de ce groupe humain, celui des violeurs endémiques.[32]

La présence dans le monde moderne de ces dictateurs était facile à comprendre. L'homme ne peut être dirigé que par deux autorités :

---

[31] Staline, surrénalien, comme nous le verrons et qui appartient donc à ce groupe disait en parlant du Vatican : « combien de divisions ».

[32] Les violeurs ont donc tous des surrénales hyperactives, sans cette qualité endocrinienne pas de viol possible.
Le thyroïdien ne rentre en érection qu'avec une partenaire lucide et consentante. Il est incapable de viol.

l'intelligence, dans un régime harmonieux et hiérarchisé, ou la force brutale réductionniste dans une conjoncture chaotique.

Si le régime politique élimine toutes les valeurs d'ordre spirituel, moral, esthétique, c'est-à-dire authentiquement intellectuelles, alors la spéculation et la démagogie vont nécessairement tout dissoudre dans l'anarchie.

Pour résoudre le problème de l'anarchie lors de son émergence, les intelligences supérieures sont d'autant plus inefficaces que personne ne peut plus les comprendre puisque la reconstruction pyramidale de l'ordre naturel exige un temps considérable. Aussi pour que la force, et la force seule, puisse obtenir immédiatement un ordre artificiel et réductionniste, la société va secréter ce type « surrénalien » guidé qu'il sera par une idéologie simpliste à la mesure de son mental objectif et terre-à-terre. La pseudo-démocratie engendre donc toutes les formes de dictatures de gauche. Celles de droite ne pouvant émerger que s'il reste un minimum de conscience aux masses. Dans ce cas les dictateurs seront des surrénaliens mais doués de sens moral et d'esprit de synthèse (Mussolini, Hitler).[33]

Le laïcisme extirpe à la racine toute conscience intellectuelle et morale. Le chaos qui résultera rendra inévitable les dictatures dont le mondialisme est la pire. Les religions effondrées y pousseront autant que le marxisme.

Il est donc impossible de concevoir aujourd'hui un chef, intellectuel synthétique, car il sera incompris des masses zombifiées et combattu.

Il le sera nécessairement s'il est un esprit complet tenant compte de l'homme entité au sein de la nature, tenant compte de tous les

---

[33] Notons en passant que Hitler aux solides surrénales, étaient très thyroïdien.

aspects de la vie, prenant comme collaborateurs des esprits supérieurs de capacités différentes, mais ayant tous un esprit convergeant vers la synthèse et l'universel, c'est-à-dire l'antithèse radicale et absolue de la spéculation juive régnante aujourd'hui.

Toute chef véritable tendant à la restauration de la tradition fondamentale est donc voué à l'échec. Tout dictateur s'appuyant sur des idéologies simplistes et matérialistes (« La charrue fait l'homme »), qui n'apporteront que misère et servitude aux masses qu'ils extermineront par millions, à toute chance de s'imposer à une dégénérescence galopante.

Tristan avait observé également un type très net parmi ses collègues universitaires, agrégés, internes des hôpitaux.

Visages et mains plutôt carrés, allure sportive, grande résistance physique, étonnantes possibilités assimilatrices, mnémoniques, sens de l'observation nul, sensibilité faible, esprit rationnel dans l'immédiat, d'ailleurs comique car ne s'appuyant que sur l'accessoire, en fait psychologie de spécialistes souvent remarquables. Il fallait ajouter une maîtrise de soi, un sang-froid, un manque de potentiel émotif. Le fait que l'un soit agrégé d'histoire, de philosophie ou de médecine était sans importance à l'observation de Tristan. Il était fasciné par l'analogie de leurs réactions, leur identité, leur manque de personnalité, leur incapacité radicale à penser par analogie et par synthèse. Lorsqu'ils avaient passé un concours officiel, ils apparaissaient à Tristan comme sortis d'un moule.

Il comprit que le système pseudo-démocratique des concours se situait aux antipodes du concept génial. A l'extrême l'intelligence supérieure est unicité. L'homme génial est celui qui a raison contre tous les conformismes et se trouve dans la ligne des grands vivificateurs de l'humanité.

Semmelweis fut tourné en ridicule par toutes les universités du monde, par ses collègues qui furent les derniers à comprendre la notion d'identité qui l'avait amené à sa découverte. Il avait raison contre tous et sans lui il n'y aurait ni asepsie, ni obstétrique ni chirurgie véritable. Ainsi le système universitaire recrutait des êtres moulés.

Ils devaient par conséquent pour se livrer à cette déformation, posséder peu de personnalité, et être dépourvus des dons qui font le génie. Plus encore des dons indispensables pour le déceler et le comprendre. L'université représentait par conséquent le premier agent de déshumanisation qui soit. Elle allait donc sombrer dans une sorte de marxisme mou. Voués à la mémoire et à l'analyse jusqu'à trente cinq ou quarante ans, à une véritable masturbation intellectuelle mnémonico-analytique, les agrégés et les internes ne peuvent en aucun cas sortir des ornières « judéo-cartésiennes ». Ils ne peuvent donc pénétrer le moindre concept synthétique. Ils se perdent dans le dédale des nuances et tout ce qui sort du conformisme analytique est pour eux « ésotérique » ! ce terme prend dans leur esprit une signification péjorative.[34]

La méditation leur est une impossibilité. Ils pensent comme des pantoufles parce qu'ils raisonnent bien dans le minuscule. Ils se sont acheminés vers les missiles, les bombes atomiques, les ordinateurs, les congélateurs, mais ils progressent inversement dans la connaissance de l'homme. On peut dire que le cartésianisme généralisé, que Tristan nommait judéo-cartésianisme, était une paralysie totale vers la connaissance de l'homme.[35]

---

[34] A noter que toute connaissance véritable est « ésotérique » cela signifie qu'elle n'est accessible qu'aux esprits de synthèse dont l'officialité est radicalement privée.

[35] Descartes aurait répudié ce cartésianisme comme Pasteur a répudié le pasteurisme à son lit de mort :

Les médecins des hôpitaux sont soumis à une forme de pensée totalement incompatible avec l'objet normal de la médecine : comprendre l'homme total, pour prévenir la maladie, le garder en bonne santé.

Ils recherchent leur malheureux syndrome et multiplient les analyses. Ils ne peuvent en aucun cas, faire des découvertes de synthèse concernant l'homme entité. Ils appliquent leurs raisonnements et leurs appareils de mesure, ce qui est à la portée de leur entendement. Ils allongent la liste inexhaustive des procédés empiriques, des solutions de désespoirs, des médicaments chimiques qui suscitent des maladies plus graves que celles qu'ils prétendent soigner. Ils utilisent la chirurgie aux progrès techniques spectaculaires, mais qui serait fort peu utilisée si la médecine de prévention existait. Ils ne peuvent donc déboucher que sur la technologie médicale et jamais sur la santé. Bien au contraire plus cette sorte de médecine progresse, et plus l'humanité est malade.

Tristan constatait la fatalité qui régissait ces êtres qui d'ailleurs ne le comprenaient pas. Lui savait pourquoi, eux pas. *

Il existait aussi un autre type d'hommes que l'on rencontrait rarement.

Il était le seul à offrir un contact complet. Aussi ouverts aux connaissances initiatiques comme l'astrologie[36] qu'aux perspectives dites cartésiennes. Ils utilisaient raison et intuition en une parfaite symbiose mentale.

« C'est Claude Bernard qui a raison, le microbe n'est rien, le terrain est tout ». La vaccination est un fléau mondial dégénératif et pathogène (cancer, maladies cardio vasculaires et mentales).

[36] L'astrologie est radicalement fermée aux « hypophysaires » que nous venons de décrire et dont nous parlerons dans le chapitre « la clef ».

Le front était large, les yeux ouverts, rieurs et souvent optimistes, bien qu'assez profonds et tristes. La taille était de un mètre soixante dix maximum. Il était gourmet et plein de sang-froid. Il y avait chez eux une compréhension vaste et générale. Leurs yeux, du moins pour ceux qu'il avait rencontrés, irritables.

Il avait donc pris conscience de quatre archétypes humains : Chopin, un professeur de médecine, Staline et Alexis Carrel.

La plupart des humains étaient composites avec parfois une légère prédominance « hormonale » qui se voyait immédiatement.

Tristan constatait combien ces êtres pouvaient être plastiques aux circonstances politiques. Au gré de l'officialité, ils pouvaient être influencés ou manœuvrés par un pharaon, Thomas d'Aquin, Rothschild ou Karl Marx.

L'être moyen n'a accès qu'à une pensée analytique réduite. Il n'a aucun accès à l'analogie, la synthèse, la possibilité de généraliser, comme le génie.

Il était facile de comprendre comment la spectaculaire spéculation juive pouvait établir un barrage entre la masse et le Transcendant. Ainsi toutes les impostures étaient prises pour du bon pain par la masse mystifiée.

D'où le monde de marchands et d'esclaves où nous nous survivons.

Il devait donc exister un facteur physiologique qui déterminait les quatre archétypes humains : prédominance intuitive, matérialiste, discursive étroite, synthétique.

Tristan pensa aux glandes endocrines.

Cela lui était d'autant plus facile qu'il avait compris par expérience que l'artiste était visiblement voué aux variations fonctionnelles de sa glande thyroïde, ces notions médicales étant de notoriété publique.

Tristan avait compris autre chose d'infiniment important : l'officialité médicale n'avait pas compris l'antériorité fonctionnelle du système hormonal sur le système nerveux. Elle n'avait pas compris que le système hormonal dominait le système nerveux et l'être en général.

Le neuronal était obsessionnel.

Il découvrit un jour un article d'un endocrinologue qui n'était pas comme ses confrères victime de l'analysomanie. Il découvrit là, la traduction hormonale de son observation archétypique : *Chopin, thyroïdien, Staline, surrénalien, de Gaulle,*[37] *hypophysaire, Carrel, génital interstitiel.*

La déterminante biologique était donc hormonale.

Tristan était donc bien un thyroïdien, c'est-à-dire un *hyperthyroïdien physiologique*. Or cela est incompréhensible pour la majorité des hypophysaires. Ils ne peuvent comprendre que deux concepts antinomiques se fusionnent en une parfaite symbiose vers un concept nouveau : en l'occurrence celui des types glandulaires.

Il s'était souvent demandé pourquoi les artistes et les femmes thyroïdiens accusaient un léger strabisme convergent ou divergent. Il est facile de comprendre qu'une nature thyroïdienne à tendance hyper, accuse une légère exophtalmie qui altère l'axe de la vision.

---

[37] De Gaulle, est l'archétype de l'hypophysaire, avec la taille même car l'archétype est très grand, pouvant aller jusqu'à deux mètres comme certains paysans du Nil.

Entre l'hyperthyroïdien basedowien et le thyroïdien, il y avait la différence du pathologique et du physiologique. D'un côté un dément par effervescence thyroïdienne et de l'autre un intuitif nerveux de grande fragilité mentale.

« Le dandysme est une forme dégradée de l'ascèse » disait Albert Camus.

Cela se vérifiait physiologiquement : lorsque la thyroïde de François d'Assises, La Fontaine, Liszt se furent calmées ils tendirent vers l'ascèse.

Tristan reconnut sans peine appartenir à ce type. Tous les artistes romantiques tels que Chopin, Musset, Lamartine, Goethe, Weber, Mendelssohn, y appartenaient aussi. A l'origine de la psychologie romantique il y avait donc congénitalement une légère hyperthyroïdie qui déterminait cette psychologie imaginative, intuitive, spiritualiste, égocentrique, esthétique.

La main psychique !

Le poète, le visionnaire, le musicien, le mystique : tout cela lui était évident.

Le véritable intellectuel devant donc être nécessairement suffisamment thyroïdien sinon il serait limité au discursif, à l'immanence et ne pourrait jamais rien comprendre à François d'Assises ou à l'astrologie.

Un thyroïdien suffisamment hypophysaire pouvait, lui, accéder aux mathématiques. L'être banal, n'ayant guère de cachet glandulaire, était nécessairement absorbé par les conformismes, quels qu'ils fussent, même s'ils professaient les hymalayas de perversités et d'âneries contemporaines.

Quant à la prédominance du système hormonal sur le système nerveux elle était évidente : le nerf peut mettre en action un muscle et *même une glande*.

Mais c'est notre nature hormonale qui va déterminer la qualité des actions induites par le système nerveux. Le thyroïdien est enchaîné à son univers intuitif et esthétique, le surrénalien à son univers d'objectivité et de matérialisme, l'hypophysaire à l'analyse, le génital interne à la synthèse harmonieuse humaine.

Les mutilations sexuelles ne peuvent pas ne pas avoir de très importantes répercussions hormono-psychiques qui joueront sur le physique et la mentalité.

Quelle révolution dans la connaissance de l'homme !

Chapitre XIII

« Les grandes amours vivent d'empêchement » (Giraudoux)

Tristan avait le sentiment de marcher sur une voie surhumaine jusqu'à l'épuisement. La vie continuait lourde et accablante. Tristan préparait dans la fièvre son dernier certificat de licence auquel il échouait régulièrement pour un iota.

A cette époque il se lia avec un ami qui avait été professeur de français en Egypte et de beaucoup son aîné. Il était venu en France officialiser une licence qu'il avait préparée en Egypte pendant la guerre et s'orienter ensuite vers un doctorat d'Histoire. Pédagogue, froid, raisonneur, sarcastique mais ouvert. Tristan lui devait de longues heures d'échanges, apaisants et enrichissants. Victor, c'était son prénom, était une sorte de dilettante, aimant un travail mesuré, la liberté et la paix. Son éloquence était assez belle, et il avait un certain sens de l'autorité. Leur disponibilité mutuelle était source riche.

Un soir Tristan alla voir Victor dans sa chambre à la cité universitaire. Il était triste, découragé, fauché. Victor le reçut comme à l'habitude, sa paire de lunettes à monture d'or légèrement en avant sur le nez, baissant la tête pour mieux voir par dessus, le sourcil droit plus relevé que le gauche, la parole facile.

— Il faut que tu te remontes, que tu te secoues, dit-il, péremptoire.

Il y avait un bal ce soir-là au pavillon des Provinces de France où précisément Victor demeurait. Il fallait y aller, ils y allèrent ensemble.

Tristan ne voyait rien, toutes ces filles insignifiantes... Il se disposait à sortir car il peinait à se propulser dans cette tourbe. Au moment où il allait faire le premier pas qui le mènerait vers la sortie, Victor l'agrippa :

— Retourne-toi et regarde là-bas cette fille, on dirait ta réplique.

Sceptique, Tristan se retourna et fut ébloui.

Elle était grande, svelte, belle, de cette beauté racée que Tristan appréciait au plus haut point.

C'était un type magnifique de danseuse slave.

Elle était vêtue sans véritable élégance mais on pouvait deviner d'après ses formes particulièrement achevées qu'elle pouvait l'être sans peine. Son teint était clair, ses cheveux blonds, chatoyants et nuancés par le soleil, sa bouche sensuelle. Mais il y avait quelque chose en elle qui effraya Tristan. Son visage était d'une beauté glacée, son expression dure, ses yeux légèrement exophtalmiés, trahissaient une tendance à l'hyperthyroïdie légèrement pathologique et pas seulement typologique.

Il pressentit tout un avenir de douleur. Il se sentait attiré, mais il se mentait à lui-même. Tout en elle stimulait l'être intérieur de Tristan, tout le précipitait vers elle. Un cri hurlait pourtant de s'arracher, mais il ne voulait pas l'entendre.

Debout près d'une croisée, elle ne dansait pas. Un garçon l'invita, elle refusa. Alors Tristan se proposa et elle accepta. Elle avait une voix qui lui transperça l'âme, une petite voix douce, une voix d'enfant. Il ne savait pas danser, il n'avait jamais eu le temps d'apprendre, mais il eut le courage de faire ce qu'il pouvait. Ils dansèrent un peu dans la salle du sous-sol, moins encombrée de monde. Ils sortirent. Ils s'embrassèrent. Sa langue glissa sur un ivoire parfait et mordit la sienne. Elle le lui rendit. Leurs baisers passionnés fusionné dans leur fièvre mutuelle. Leurs mains s'égarèrent sur leurs sexes. Tristan était follement amoureux. Leurs baisers, leur étreinte, lui donnait une fièvre d'ivresse chaude dont on ne guérit pas.

Ils s'acheminèrent vers la station de métro. Il y avait là un petit café. Ils y prirent place, amoureux démesurés. Tristan se sentait actif. Jusqu'à ce jour il avait traité la femme avec dédain, indifférence, cynisme même. Pire encore, comme un enfant il s'était laissé aimer. Il avait besoin d'aimer, de passion. Gentiment elle s'abandonner à ses baisers qui coulaient comme des perles sur sa beauté.

Certes l'expression de son regard n'était pas celle des rêves de Tristan. Elle était loin de la Vénus de Botticelli. Son front était un peu bas, l'articulation du pouce trop marquée, mais elle ressemblait à son poème de Londres et l'imagination de Tristan lui rajoutait ce qui manquait.

Il lui dit son poème en Français :

J'aime une fille. Une vraie…

Il ne lui parla ni de lui ni de son passé. Il aimait cette belle jeune fille. Sa folie atteignit soudain son paroxysme. Il lui posa une question abrupte, démente :

— M'épouseriez-vous sur le champ ?
— Oui, avait-elle répondu.

Ils étaient décidément aussi fous l'un que l'autre, ce blond et cette blonde au teint clair, grande, mince, avec ses longs cheveux qui ondulaient sur ses épaules de statue…

Ils durent se séparer ce soir-là.

Biche, c'est ainsi que Tristan allait l'appeler, commença à torturer Tristan.

A un rendez-vous elle ne vint pas. Il la pressait de questions mais elle ne répondait pas. Plus l'être intérieur de Tristan était en émoi, et moins elle s'exprimait. Elle lui avoua qu'elle était allée chez un garçon qui l'avait enfermée afin qu'elle ne le rejoignît pas.

Il avait mal, physiquement mal. Un poème jaillit :

Mon amour est une coupe de cristal Au son clair.

A laquelle je bois de longues gorgées de ciel. Mon amour est pur comme un rêve de Dieu. Avant la création.

Mon amour est triste.

Comme le premier nocturne de Chopin. Joué un soir d'automne.

Mon amour est heureux et désespéré. Comme un chant de vie et de mort...

Deux amis de Tristan auxquels il s'était confié, le mirent en garde. Tous deux étaient psychiatres.

—   Tu es mal parti, tu projettes ton amour dans l'éternité, tu fais comme le Tristan de la légende, vis cela comme une passion : surtout ne l'épouse pas. Je l'ai observée au bal où je me trouvais aussi le soir où tu l'as rencontrée. C'est la dernière fille dont tu doives tomber amoureux; c'est écrit sur son visage. Tu ne vas plus manger, plus dormir, elle va te conduire au sanatorium ou à Sainte Anne.

Le confrère interrompit :

— Tu lui dis cela, à lui, alors que moi, à quarante ans, je viens encore de me faire piper. Tristan, vous êtes un poète, ouvert comme un livre. Vous tirerez une création de vos souffrances si elles ne vous tuent pas, ajouta-t-il avec un rire sympathique.

De santé délicate, Biche partit à la campagne pour les vacances de Pâques. De là elle lui écrivit des lettres étonnantes de vide. Il la rejoignit à quelques kilomètres de Paris. Il ne lui parla pas de son passé. Il voulait divorcer pour elle puisque depuis longtemps il était moralement séparé de sa femme à laquelle son inconscient ne pourrait jamais pardonner l'horrible rouquin aux mains d'assassin…

Certes il n'abandonnerait jamais les enfants. Cela il le dirait à Biche. Il était heureux de la prendre dans ses bras.

De retour à Paris il lui griffonna un mot bien qu'elle dût rentre quelques jours plus tard.

« Mon nocturne chéri.

Combien j'ai eu mal en te quittant et combien j'aime avoir mal quand je te quitte. Hier ce fut un enchantement. Plus je sens à quel point je t'aime, plus j'ai confiance.

Sans elle il se morfondait. Imaginer la perdre lui donnait un sentiment de chute vertigineuse, suffocante. Le dimanche arriva, elle était rentrée la veille. Aucune nouvelle de Biche.

Il erra. Il rencontra Jean, un de ces deux amis psychiatres.

— Je devine ce qui t'arrive, lui dit-il, ne fais pas de bêtises, surtout ne l'épouse pas. Con-damnée, insista-t-il. Hier je l'ai vue au bal de la Cité, elle dansait avec un zèbre. Elle m'a quasiment nargué car elle sait que je suis ton ami. C'est une Messaline : ce n'est vraiment pas cela qu'il te faut. Il te faut une Clara Schumann. Tu es un poète, on devrait enfermer tous les poètes.

Mais il n'y avait que Biche pour Tristan au monde. Elle était sous la forme d'une fragile beauté, le symbole de l'impuissance adorable ensevelie dans la création.

Il avait choisi l'amour impossible, il allait payer.

Il savait qu'elle étudiait la danse le soir rue Notre Dame des Champs à l'école de Janine Solane. Il alla l'attendre là.

Elle vint vers Tristan, pleura doucement, lui avoua qu'elle avait eu un chagrin d'amour quelques mois auparavant et qu'elle s'étourdissait.

Tristan écouta sa petite voix douce, son cœur fondait en la regardant. Il rêvait de la plénitude de leur amour, à l'unité que formeraient leurs deux âmes. Tous deux, parmi les foules éteintes, réaliseraient un bonheur plus qu'humain. Il aimait ses pensées, ses réticences, ses lèvres, ses faiblesses.

La pensée de lui être infidèle lui était odieuse. Il sentait que si son amour était une chimère, son univers exploserait en néant.

Le soir il la voyait. Parfois elle était maussade, sans un mot tendre. Son visage semblait scellé par un masque de cire. Il attendait en vain les effluves calmantes. Qu'il la quittât une heure, un jour, il lui envoyait lettres et poèmes qui soulageaient son cœur et la rendaient présente. Son amour semblait se répandre, se dissoudre, dans un désert sans oasis. Il s'inquiétait de ses étranges humeurs, de ses brutalités, elle ne répondait pas. Elle tomba malade. La séparation, l'angoisse, une demi-mort.

Mon Nocturne chéri.

Nous serons un indissoluble mélange l'un de l'autre. J'attends tes lettres comme l'herbe attend la rosée du matin, je t'aime comme l'herbe attend la rosée. J'aimerais que ton amour me fasse oublier toutes meurtrissures. Tu m'as dit au téléphone que tu chantais quand tu recevais mes lettres. Je voudrais t'entendre chanter. Un petit nocturne doit chanter si bien.

Quand je pense que je t'embrasse mon cœur vient sur mes lèvres.

Convalescence.

Ses parents s'étant absentés Tristan lui rendit visite. Joie courte et ineffable. La nuit s'écoula pleine de l'empreinte de Biche. Il fallait au matin qu'il entendît le son de sa voix. Au téléphone elle parla d'une manière étrangement joyeuse qui lui fit mal. Il quêta des explications : elle avait eu une visite, « un type pas mal bâti »…

Éperdu, Tristan raccrocha et se jeta sur son papier.

Mon nocturne chéri.

Je me sens encore affecté de la visite de ce camarade. Je sais que je suis peut-être stupide, mais je ne puis m'empêcher de penser que c'est un ancien flirt et cela me blesse. Je ne suis pas jaloux. J'ai simplement de la peine. Chérie, envoie promener ce genre de relation. Tu es assez fine pour fournir un prétexte. Ou bien ces garçons veulent flirter avec toi, ou bien ils t'aiment et dans les deux cas je suis malheureux. Je pense que je t'aime trop, que je t'ai trop idéalisée. Je suis las de mon tourment. Je sais que tu m'aimes vraiment et que je ne veux que toi. Que je sois malheureux par ta faute, n'est-ce pas la preuve que je t'aime trop ? J'ai grand hâte de t'avoir dans mes bras : mon amour croît chaque jour.

Je n'ai guère de courage pour travailler tant je suis inquiet de toi. Je voudrais être dans ta jolie tête pour savoir combien tu m'aimes ! alors peut-être aurais-je alors abondance de douce quiétude. Je me croyais incapable d'aimer et soudain tu m'es apparue et mon cœur est si fatigué de battre que j'étouffe. Ne vaudrait-il pas mieux être immunisé contre cette terrible maladie ? Shakespeare n'a-t-il pas dit que « le cours de l'amour véritable ne coule jamais serein ».[38]

Lorsque je t'ai téléphoné tu avais cet air gai que je déteste et j'étais sûr qu'un garçon t'avait rendu visite. Écris-moi une longue lettre qui me soit autant de bonheurs que de mots. Comment la visite de ce garçon a-t-elle pu te rendre si affreusement gaie ? Pourquoi faut-il que tu parles de « *type pas mal bâti* » alors que je dirais d'une femme qu'elle est belle, jolie, racée, quelconque, ou insignifiante ? La bonne de mon oncle et de ma tante disait en parlant d'un médecin remplaçant :

---

[38] « The course of true love never did run smooth ». (Shakespeare)

« C'est un beau gars pas mal bâti ». C'était un gros malabar, carré et vulgaire.

Écris-moi vite, je serai toujours inquiet à ton sujet, c'est dans ta nature et dans la mienne. Samedi soir :

Ta gaieté d'hier m'a fait passer une nuit blanche. M'aimes-tu ? Est-ce que je te manque ? Détruis cette lettre par celle que tu m'écriras.

La réponse de Biche fut un soulagement au cœur torturé de Tristan :

Mon chéri.

Ta lettre m'a étonnée et peinée. Si tu penses ce que tu écris, cela prouve que tu n'as pas beaucoup d'estime pour moi.

Il faudrait que je sois une rude menteuse et comédienne pour t'écrire sur tous les tons que je t'aime, que tu me manques, et en même temps me jeter dans les bras de tous les garçons qui viennent ici. Si c'était de la jalousie je comprendrais, mais si ce n'est pas cela tu pourrais voir plus juste. Vraiment je croyais que nous avions dépassé le stade de la méfiance. Tu sais si je n'avais pas une grand confiance en toi, je serais morte de peur pendant ma maladie. « Que l'amour soit amour, c'est-à-dire qu'il soit paix » a dit Montherlant. Mon chéri notre amour doit être fort, c'est-à-dire jamais ébranlé par de petites histoires.

J'ai tiré un trait parce que je pense que cette histoire est réglée. Je ne veux pas mêler les bonnes choses avec les mauvaises.

Tu imagines facilement j'espère le bonheur produit par ta visite un peu trop courte. Cela me rend plus impatiente de te voir dans quelques jours. je ne t'ai évidemment pas dit le quart de mes sentiments mais tu connais les difficultés extraordinaires que j'ai à m'extérioriser.

Heureusement que j'ai un fiancé assez intelligent pour comprendre sans que je parle. J'ai lu dans bernanos : « C'est une des plus incompréhensibles disgrâces de l'homme qu'il doive confier ce qu'il a de plus précieux à quelque chose d'aussi instable et plastique que le mot . Le plus précieux de nous même est ce qui reste informulé ».

Je t'écris cette phrase pour que tu te rendes compte que je ne suis pas complètement vide. La profondeur de mon sentiment pour toi me fait hésiter à chercher les mots pour le traduire… Tu comprends aussi pourquoi je parle si facilement quand il s'agit de bêtises.

Je t'embrasse, je t'aime.

Mon Nocturne chéri.

Si tu savais avec quelle impatience j'attendais ta lettre : tu as raison, je t'aime et j'ai confiance. Cette phrase est une belle conclusion : « Que notre amour soit paix ». Mais tu connais ma nature, un souffle me chavire. Mais le temps me prouvera que je n'ai aucune raison d'inquiétude, même au sujet de l'ombre qui te caresse. Vois-tu, tu ne peux être inquiète car je m'extériorise trop. Si j'étais comme toi tu verrais que c'est dur. J'aime beaucoup ta phrase : « *La profondeur de mon sentiment pour toi me fait hésiter à chercher les mots pour le traduire* ». Vois-tu cette phrase, ce sont les mots que tu cherches et là tu t'es exprimée à la perfection…

Biche devait encore aller à la campagne pour sa santé. C'est là que Tristan la rejoignit et la prit dans ses bras. Un petit hôtel perdu dans un hameau. Là ils demeurèrent tous deux quinze jours d'été. Il aurait pu la prendre, mais il ne le fit pas. Dans sa chambre ou à l'ombre fraîche des bois environnants, il la caressait avec amour.

Parfois elle restait étendue, absente, ne répondant pas. L'angoisse se gonflait en lui, il ne ressentait pas son amour, alors que lui, l'aimait tant.

Mon amour.

Si je tremble en pensant à toi. C'est que je t'aime.

Si je suis souvent inquiet et jaloux De tout et de rien.

C'est que je t'aime.

Si mon cœur bat quand tu es maladroite. S'il saigne quand tu te tais.

Et que tu préfères ta révolte d'enfant À mon amour.

C'est que je t'aime.

Si j'oublie tout pour toi.

Si je puis renoncer à tout pour toi. C'est que je t'aime.

Si les journées sans toi sont si longues. Si je veux gagner une minute.

Sur le temps inexorable

Pour te voir et te sentir près de moi. C'est parce que je t'aime.

Si j'ai besoin de voir l'eau pure Qui coule de ta source.

Et non d'y croire sans la voir. C'est que je t'aime.

Si je pense au ciel bleu, au lys, au cristal Quand je pense à toi.

C'est que je t'aime...

Les parents de Biche emmenèrent leur fille, pour sa santé, passer deux mois de vacances en Bretagne.

Deux mois sans Biche. Il s'affaiblit, il se déchira. On lui imposa deux mois de maison de repos. Un abcès externe se déclara sur la gorge. Il irradiait vers la poitrine. Il avait écrit à Biche. Quinze jours s'étaient écoulés. Rien d'elle. On mena Tristan à l'hôpital. Il ne pouvait dormir, et se tordait sur son lit. Antibiotiques, traitement de choc, propidon... Rien.

Pas de nouvelles de Biche.

Partout alentour il sentait frémir la souffrance. Une dame âgée, les jambes coupées, agonisait d'une gangrène diabétique...

Grand-maman chérie jaillissait dans les abandons et les désespoirs.

Il avait écrit un horrible poème qu'il avait déchiré et qui commençait ainsi :

Ordure au teint d'urine, visage vipéresque Pantin femelle au nez grand guignolesque...

Non il ne pouvait citer ce poème de haine méritée qui se terminait ainsi :

...Grand-mère, je me meurs.

Dix sept jours s'étaient écoulés, enfin une lettre de Biche.

« Mon chéri.

J'étais vraiment désespérée en te quittant l'autre soir.

La vie est vraiment d'une rosserie incroyable. Mon chéri il faut que ce soit la dernière fois que nous subissions une séparation aussi prolongée.

Le voyage vers la bretagne s'est effectué sans incident notable, simplement avec de fortes émanations de saucisson, fromage et tout ce que tu peux imaginer. Je ne sais si c'est dû à mon humeur mais tout me dégoûte actuellement. Tout va mal. Il pleut sans arrêt et j'ai une forte infection au pied grâce aux merveilleuses chaussures que je possède et qui sont remplies de clous. J'ai eu la fièvre cette nuit et maman veut que j'aille chez le médecin pour stopper l'infection.

J'en ai marre mais cela ne m'empêche pas de t'aimer. Ecris-moi pour me dire si tu restes dans cette maison de repos. Je me suis disputée une dizaine de fois avec mon père.

Je t'embrasse partout. »

Cette lettre était un coup de massue sur la colombe d'un amour dont l'aile se dépliait vers elle dans un élan total.

Mais Tristan ne demandait-il pas aux humains ce qu'ils ne pouvaient leur donner ?

De la maison de repos, « *Le moulin à vent* » où il se trouvait depuis sa sortie de l'hôpital, il répondit à Biche :

« Mon nocturne chéri.

Tu n'es pas là. Je te sens loin, si loin que j'ai envie de mourir. J'ai le cœur chargé d'orage et de sanglots. Si tu savais à quel point je t'aime. Ton image m'est présente, désespérée. Ton absence me rend vide et chaotique. Ta présence me comble et m'extasie. Tu peux me faire ou me détruire car je suis à toi corps et âme mais je ne veux pas être le jouet d'une fée capricieuse. J'ai peur et je t'aime. Nous allons partir pour le soleil et pour la vie.

Minuit : je me sens perdu sans toi. Je t'aime si fort que mon cœur va éclater.

Les lettres de Tristan se suivaient comme des vagues déferlantes. Lettres et poèmes d'amour absolu. Illusion sublime. Il attendait en vain tout gonflé d'un espoir tremblant, un peu de ce don de soi qui signe dans sa ferveur le véritable amour.

O le vide étonnant de ses lettres, à elle !

« Mes parents me surveillent, et me demandent à qui j'écris. Je ne puis écrire. Je n'ai pas le temps, je me baigne, je fais du tennis, et je me promène.

C'est au sein de ces méandres obscurs que Madame de Gastine et Laure vinrent rendre visite à Tristan au *Moulin à Vent*.

Il n'avait rie raconté à sa mère et pourtant il connaissait l'infaillible valeur de son jugement surtout lorsqu'elle n'avait eu aucun contact personnel avec les personnes qu'elle jaugeait uniquement par son admirable observation. Il eût désiré que la lucidité de sa mère s'opposât à la sienne.

Il lui soumit une toute récente photographie de Biche. Madame de Gastine porta sa main en hâte sur sa joue :

— Mon Dieu, dit-elle, comme je n'aimerais pas vivre avec une telle femme. Elle est très sensible mais elle n'a aucune pitié. Elle est fermée, définitivement fermée. Elle n'évoluera jamais. C'est un mur. Son pouvoir d'adaptation est nul. C'est un mur qui te conduira au suicide, à la folie ou à la tuberculose. (Tristan se souvint de la mise en garde de ses amis psychiatres). Elle est sensible aux ambiances, compliquée à souhait, insatisfaite. Elle ne t'épousera que par caprice et par orgueil. Tu n'es pas du tout le genre d'homme qu'il lui faut. Il lui faut un bourgeois tranquille. Si les difficultés sont trop grandes, elle n'aura aucun sentiment à ton égard. Elle ne supportera ni les soucis ni les contradictions. Elle se laisse aimer. Elle t'offrira sans doute des satisfactions physiques mais te sera infidèle le jour où elle en aura assez, le jour où tu ne souffriras plus à cause d'elle. Elle n'a aucune préoccupation morale et métaphysique et le jour où vous serez séparés, tu n'entendras plus parler d'elle. Physiquement, je ne sais de quel milieu elle sort, mais elle a de la race.

— « Mon pauvre petit », ajouta Madame de Gastine en rendant la photo à son fils.

Non seulement Tristan savait à quel point tout cela était vrai, mais tout se vérifia dans le futur.

Bientôt sa mère allait devenir la grande amie de Biche pour torturer Tristan. Elle avait oublié tout de son jugement extraordinaire. Il est vrai que sa mère n'avait jamais manqué de se faire des alliés contre son fils.

Son appréciation sur Biche avait dû prendre la couleur opposée, cela était fatal, Tristan le savait.

Ce séjour l'avait encore affaibli. Seul et torturé par ses pensées, sans une âme à qui se confier.

Toutes ces épreuves l'avaient dissout.

Comment guérir ce tumultueux élan mystique, ce ras de marée affectif concentré sur un être, alors que dirigé vers Dieu un tel amour lui eût apporté une sereine paix ?

Biche était revenue de vacances plus belle encore. Des cheveux blonds dorés, pleins de soleil et de mer. Tristan avait pris un logement provisoire, une chambre chez une vieille fille hystérique, pleine de chats, jalouse des visites de Biche. Voilà qui n'améliorait pas les conditions de son escalade hors des abîmes où il était plongé.

Les enfants étaient toujours à la campagne. Leur maman travaillait dans le commerce pour lequel elle était douée. Tristan l'avait laissée dans un grand désarroi, mais elle en était la cause. La procédure de leur divorce avait commencé.

Des années plus tard Tristan comprenait. Comment de telles situations étaient-elles possibles ? Il ne peut y avoir divorce que si tout ce qui le précède est vicié. Ni l'état, ni l'Église, ni les parents, ni l'Éducation spirituelle et morale inexistantes, ne fonctionnent en symbiose pour faire en sorte que des couples solides se constituent et demeurent ensemble dans l'amour, dans l'intérêt supérieur des enfants, qui devaient, après l'union du couple, être le seul idéal, la réalité à vivifier. La soi-disant liberté du couple comme la liberté sexuelle ne sont qu'une gigantesque duperie qui culmine dans le chaos et le crime. Si le couple était consolidé biologiquement, mentalement, spirituellement, nous ne connaîtrions pas aujourd'hui, au nom d'une liberté imposture, des millions d'auditeurs de musiques pathogènes et criminogènes, des délinquants en foule, des dégénérés de toutes sortes, des carencés biologiques et psychologiques, des assassins de vieilles personnes, des pédophiles meurtriers d'enfants. Tout ce magma criminel est issu de couples fantômes, divorcés, ou dont la mère travaille hors du foyer. Les statistiques élémentaires sont formelles, mais le bon sens suffit à le comprendre sans la moindre statistique.

Être aimée, c'était le bonheur de Biche. Tristan ne recevait rien. Le non amour de Biche était accablant. Elle apportait son corps, il implorait son âme. Toutes ses forces jaillissaient dans le vide et se dispersaient.

Ce jeu aventurait tout son être. Disloqué par une vie d'efforts surhumains, c'était une ultime épreuve.

Il l'aimait trop, avec cette force insatiable de la passion qui aime si peu qu'elle peut aller jusqu'à détruire son objet.

Le soir Biche le rejoignit chez la vieille logeuse hystérique déséquilibrée par une virginité prolongée pour laquelle elle n'avait aucune vocation. Et surtout plus encore, par le manque d'être à aimer, comme le prouvait cette profusion de chats.

Biche était dure, brutale. Plus il était douceur, délicatesse, compréhension et transparence, plus elle était opaque.

Pauvre amour ! étant donné ce qu'elle était, Tristan lui demandait trop. Pour son anniversaire Biche lui offrit un cadeau.

Elle tentait d'être tendre mais elle ne le pouvait. Tristan ne l'aidait pas : la passion qu'il lui portait ne pouvait qu'étouffer Biche.

Elle s'offrit à lui.

Enfer sensuel vertigineux, mélange de ciel et d'enfer qu'aucun mot humain ne peut traduire. Ensuite Tristan avait le sentiment inouï d'être une délicate putain qui aurait couché avec l'homme des cavernes…

Il n'était plus maître de lui, plus maître de rien. Il se crispait pour exécuter automatiquement des actes raisonnables. Le refoulement de moi d'artiste entravait son épanouissement jusqu'à la lisière du suicide.

Et cet amour ne lui donnait aucune paix. Il essayait de poursuivre son travail universitaire vers un concours de titularisation. Il enseignait…

Chaque année il constatait la chute verticale vers le pathologique de ses élèves qui finissaient par atteindre le hideux. Dans un avenir proche, il pouvait les imaginer battre ou tuer professeurs et camarades, assassiner pour quelques francs. Le laïcisme et sa carence religieuse et morale, leur faisait chaque année, perdre un peu plus de leur âme. Même les capacités intellectuelles scolaires élémentaires décroissaient de façon fulgurante.

Ils devenaient visiblement de purs amalgames physico-chimiques régis par la caisse des profits et pertes démocratiques et mûrs pour une troisième boucherie mondiale.

Pauvres gosses, égermés, totalement atones, plastiques à toutes les formes de modes et d'hystéries collectives, toutes les vulgarités. Il pouvait les imaginer dans un avenir proche vêtus d'une sorte d'uniforme de la connerie internationale[39] choisis « librement », filles et garçons fagotés identiquement par une mode imbécile, livrés à la drogue, la pornographie, aux musiques ignobles pathogènes et criminogènes tuant l'âme et le système nerveux. Il les voyait devenir de plus en plus malades, cancéreux, leucémiques. Bientôt des maladies virales tueraient des millions de gens indignes de vivre.

On finirait par supprimer les examens que personne ne pourrait plus passer. Il les voyait se diriger vers toutes les formes de délinquance et de criminalité dont les plus graves seraient non seulement favorisées mais officialisées. La nourriture chimique, la carence en vitamines E allaient produire une profusion d'hommes impuissants, de femmes frigides, d'homosexuels et pédophiles…

---

[39] Ceci fut écrit trente ans avant l'avènement du **blue-jeans Lévis**. Tout ce qui est annoncé là est aujourd'hui réalisé et toute l'horreur n'est même pas décrite exhaustivement.

On les ferait voter pour les clowns qui nous dirigent, manipulés par la haute finance de mes congénères…

Biche ne lui donnait aucune paix. Il pleurait parfois la nuit jusqu'à l'épuisement. Il ne savait plus. Pourtant il réalisait le caractère pathologique d'un amour aussi outrancier, mais il ne pouvait rien contre lui-même, rien contre sa passion.

La pensée de ses deux enfants lui servait de tuteur. Il les aimait ses enfants, malgré la tempête de cette folle passion. Au paroxysme de l'angoisse, il se tourna vers l'image désespérante de sa mère. Il ne fallait pas, il ne fallait pas, il le savait. Il lui écrivit, elle vint.

Venait-elle pour l'aider ou comme une hyène qui vient se repaître des vestiges d'un cadavre ?

Il gisait au fond de l'abîme, il savait que Madame de Gastine ne lui ferait que du mal. Il avait pourtant soif de son illusion, de son baume. Son baume ? Un tampon imbibé d'acide sulfurique sur une blessure béante.

Il lui remit en main une autre photographie de Biche. Qu'elle lui parle encore d'elle, qu'elle exhume quelques traits, un seul trait qui lui rende espoir. Elle lui redit les mêmes choses. Tous deux étaient sans doute inclus dans une analogie typologique, mais ils étaient essentiellement différents.

Tristan avait convié sa mère pour un apaisement. Elle s'enquit des enfants :

— Es-tu sûr que Patrice est de toi ? D'ailleurs tu en as la responsabilité, ajouta-t-elle fielleuse.

Coup de massue. Il avait conté cela à Biche, sans le commenter, dans toute sa simple horreur.

— Bien sûr, avait-elle dit, c'est la première chose à laquelle j'aurais pensé. Tristan lui avait raconté son passé sans rien lui cacher.

Tristan était seul. Il allait voir ses petits avec leur mère. Il était convenu de leur dire qu'ils travaillaient tous les deux et d'aller les voir ensemble le plus souvent possible. Joie cruelle de les embrasser. Leur pensée était une ancre pour Tristan dans cet océan de fureur.

Tristan rencontra les parents de Biche. Gens charmants et limités, tout dévoués à leur fille énigmatique. Ils émanaient un calme rassurant.

Tristan s'installa dans une chambre non loin de l'appartement des parents de Biche. Biche le rejoignait le soir.

Tout ce qui rappelait à Biche que Tristan avait été marié et avait des enfants la précipitait dans un état de méchanceté fatale. Elle voulait Tristan pour lui tout seul dans le passé comme dans le présent et dans l'avenir. Cette attitude poussait Tristan vers ses enfants et lui façonnait un remords aigu.

Pour l'âme de Tristan la plus grande horreur était le spectacle de la méchanceté pour ce qui est sans défense. A un tel spectacle il préférait la mort. Biche eût été heureuse que Tristan abandonnât ses enfants. Il le ressentait avec certitude et dégoût.

Sa santé continuait à décliner et sa passion à l'emprisonner dans le déchirement.

Si mon amour voulait Que nous soyons heureux.

Il n'y aurait pas, chérie, en toi. Deux êtres si différents.

Il y aurait seulement ma Biche. Ma biche chérie

Qui se blottit contre mon cœur Aux grands yeux.

A la gentille petite bouche de rose. A la voix douce, si douce.

Qu'elle me résonne en l'âme Comme un phrase de Chopin. Il y aurait toi, ma chérie.

Qui te blottit contre mon cœur. Pour y recevoir caresses et baisers. Protection et amour.

Ma Biche chérie qui m'écoute. Et m'aime, sans plus.

Avec confiance, dévotion.

Pour toujours qui se laisse aimer. Pour toujours.

Sans question, Voilà. Si mon amour voulait

Que nous soyons heureux…

Une lettre de la rue Dehodencq.

Il n'avait reçu aucune nouvelle de la famille depuis la lettre fatale qu'il avait écrit en Angleterre à *Grand-maman chérie*.

Tristan était décidé à se séparer au moins concrètement, car l'esprit ne peut aussi facilement se couper des êtres.

C'était tante Denise qui voulait le voir. Il y alla.

La tante l'emmena au bois de Boulogne dans la Salmson de *grand-maman chérie*, histoire de promener les caniches.

La voiture glissait vers l'orée du bois. La tante amorça la conversation.

— Quel besoin avais-tu d'écrire cette lettre à grand-mère ? A quoi cela te sert-il ?
— J'ai mis dix ans, dix ans d'attente, haletante et meurtrie, espérant un peu d'aide avant de l'écrire.
— Tu es un égoïste, tu ne penses pas au mal que tu as fait à grand-mère et puis tu l'as butée.

Quelques secondes de silence, puis elle reprit :

— Tu es un peu fou, mon garçon, et puis tu es idiot, je t'aurais imposé à la maison, je t'aurais imposé.

Un autre silence suivit. Tristan réfléchit. C'est vrai qu'il était un peu fou.

Cette spontanéité, cette sincérité, cette manie de la vérité dans tous les domaines, ce lyrisme, tout cela n'était pas normal. Il était le contraire d'eux. Ils n'agissaient que par calcul permanent, machiavélique, en mesurant toujours la sottise et la faiblesse des autres, leur vanité. Tristan se sentait leur antithèse.

La tante ajouta :

— Ta lettre montre de bas instincts revendicatifs.

Oui, pensa Tristan, comme les enfants qui travaillaient dans les mines au début des machines de Manchester de Rothschild : ils ne revendiquaient pas, ils crevaient.

Il répondit à sa tante alors que dansait dans son esprit un caniche et un ticket de métro perforé :

— Sais-tu ce que cela peut représenter lorsqu'on ne sait pas comment faire pour les siens, de donner mille cinq cents francs pour la tonte d'un caniche ?

— Oui, je comprends, je le comprends.
— Il vous a manqué de rester quelques années à peiner.
— Nous avons connu cela pendant la guerre.
— Oui, en Zone Libre, sous la protection de Pétain, comme tant d'autres Juifs, et avec Oncle Paul qui ne vous a jamais laissés manquer de quoi que ce soit.

La voiture s'arrêta devant l'hôtel particulier de *grand-maman chérie*.

— Que puis-je faire pour toi ? Dit la tante.

Tristan ressentit là une véritable bonne volonté car sa tante était avare. Mais elle avait élevé son neveu et était beaucoup plus concernée par lui que sa propre mère. Elle était aussi bien meilleure que sa mère, ce vieux chameau définitif.

Tristan ressentait pour sa tante affection et reconnaissance. Elle lui avait écrit pour lui parler, l'aider, rien ne l'y obligeait *légalement* comme ils disaient dans la famille.

Il y avait là manifestation évidente d'un effort d'autant plus affectueux qu'il n'y avait pas longtemps elle avait clamé : « Nous ne vous devons rien ».

Ils entrèrent. La tante pansa le bras gauche de Tristan qui du fait d'un furoncle avait doublé de volume. Il devait à sa tante un équilibre étonnant si l'on considérait ce qu'il avait vécu depuis la petite enfance et l'abandon qui avait suivi. La tante lui remit mille cinq cents francs et lui enjoignit de cesser de travailler pendant un mois. Elle payerait la pension des enfants ce mois-là : quinze mille francs.

Le soir Tristan lui téléphona pour la remercier.

— Tu as acheté ce qu'il te fallait ? Lui dit sa tante.
— Oui, des médicaments, des fruits, il ne me reste rien.
— Ne dépense pas tout, il ne faut pas exagérer, conclut-elle.

La tante envoyé un chèque barré à Jacqueline que personne ne put toucher. Jacqueline alla rue Dehodencq pour échanger le chèque contre des billets. Elle eut l'audace de les compter, il en manquait un. La tante en rajouta un et susurra à Jacqueline :

— J'ai fait un gros effort pour aider Tristan, j'ai dû prélever sur mon capital.

A l'instigation de sa tante, il était allé voir son oncle, médecin chef à l'hôpital Laennec. Ce dernier l'invita à déjeuner.

Tristan avait envie de parler et l'oncle Etienne n'était-il pas le moins inhumain de la famille ?

— Pourquoi grand-maman nous a-t-elle abandonnés ? Demanda Tristan.
— Je connais sa situation, elle est difficile, répondit l'oncle.
— Pourquoi alors ne nous l'explique-t-elle pas ?
— Je n'admettrais pas que mes enfants me demandent des comptes, et puis tu n'avais pas à écrire cette lettre, *il y a des choses qu'on n'écrit pas.*
— Je conçois ce qui sépare maman de grand-maman, mais nous les petits enfants, nous ne sommes pas responsables. Il est certain que j'ai écrit cette lettre à grand-maman, mais Laure, elle, n'a jamais rien écrit de tel, et pourtant elle est à l'abandon total.

— Nous ne voyons jamais Laure, elle ne vient jamais nous voir.

— Penses-tu qu'elle ait le temps et l'envie de venir vous voir dans le dénuement où elle gît et où vous la laissez ?

— Je ne peux te dire qu'une chose, dit enfin l'oncle, « Ils ont mangé les raisins verts et ils en souffriront jusqu'à la Nième génération ».

Les infirmières de l'oncle firent à Tristan toutes sortes de vaccins, bactériophages, antibiotiques possibles sans obtenir le moindre résultat quant à la guérison de son atroce furonculose. Aucune amélioration.

Tristan savait aujourd'hui que la paix du cœur et de l'âme, une alimentation saine et mesurée, avec le moins de viande et d'amidons cuits possibles, une profusion de légumes et de fruits, peu d'œufs et de fromage, l'auraient totalement guéri. Depuis des siècles tout le monde mangeait trop, dans l'angoisse, et surtout n'importe quoi. Depuis la dernière guerre mondiale cette anarchie s'était aggravée et les gens mangeaient tout ce qu'il fallait pour converger vers une dégénérescence massive, avec en prime une profusion de cancers, maladies cardio-vasculaires et mentales. La vaccination systématique, infligeant à l'organisme des produits putrides, participait largement à l'effondrement biologique et mental humain.

Malgré sa santé chancelante, ses fiançailles avec Biche eurent lieu dans l'appartement de sa future belle-sœur. Ce jour-là, rue du Ranelagh, les nerfs de Tristan étaient à fleur de peau. Foule de petits bourgeois insipides à conversations végétatives.

A un kilomètre de Vézelay et de son joyau roman, ils se marièrent.

Ils s'installèrent alors dans une chambre située en face de l'appartement des parents de Biche.

Ils prenaient leurs repas en famille, ce qui évitait bien des difficultés matérielles.

La brutalité de Biche empira.

Il ne pouvait plus rien avaler. Chaque geste de Biche provoquait chez lui des battements de cœur. Elle partait en claquant la porte, elle demeurait le visage figé, sans mot dire. Elle retournait le fer rouge des enfants dans le cœur de Tristan. Il y avait là une fatalité extrême. Il semblait que la nature de Tristan avait le don de faire ressortir ce qu'il y avait de pire en elle.

Le conflit était perpétuel entre l'attitude paisible, heureuse même, qu'il devait à ses enfants, et son amour insensé qui le mutilait et lui faisait en plus, assumer les propres souffrances de Biche.

De quelque côté qu'il se portât, le cœur de Tristan était écrasé. Alors crût en lui une sorte d'orgueil démesuré, une angoisse contre la condition humaine.

Il suffisait d'une poussière pour qu'il devînt fou.

Une fièvre persistante se déclara. Un mot de Biche suffisait à l'accroître. Sa volonté était morte. Son cerveau gisait dans un chaos effervescent. Il stagnait à remuer des pensées douloureuses, hébété, presque cataleptique.

Impuissant, il s'était alité. Ses beaux-parents téléphonèrent à l'oncle Etienne. Huit jours s'écoulèrent. Il arriva. Il examina, ne trouva rien, laissa un sirop pour la toux, un médicament banal.

La fièvre persistait.

Trois semaines s'écoulèrent. On avait téléphoné, il n'était pas venu. C'était aux heures de prostration extrême que la cruauté de Biche s'amplifiait.

En désespoir de cause, les beaux-parents suggérèrent que « peut-être les riens ? ». Non avait affirmé l'oncle, il n'y avait rien de ce côté là. L'oncle Jacques vint chercher Tristan pour le radiographier : il ne trouva rien.

Tristan repartit avec Biche qui l'avait accompagné, par le métro.

En descendant l'escalier du hall, il avait aperçu le fantôme parcheminé, à cheveux blancs de *grand-maman chérie.*

En dépit des pronostics gratuits et familiaux, on fit procéder à des analyses qui décelèrent hématies, traces purulentes, et colibacilles.

Les beaux-parents firent part de ce résultat à la famille. Les jours s'écoulèrent sans que l'oncle Etienne ne donnât signe de vie.

Dans un sursaut de vitalité qui subsiste au sein de la prostration, Tristan écrivit un court mot dont il ne contrôla pas les termes dans l'état où il était.

Il se souvient qu'il avait été jérémiant, pathologique :

« Oncle Etienne ne vient pas, ma belle famille est révoltée par votre insouciance. Si tu veux qu'il me reste quelques chances de guérir, ne montre pas cette lettre à oncle Etienne car vous ignorez la pitié et l'amour bien que d'une susceptibilité qu'une poussière blesse. Tant que je pourrai je m'occuperai de mes enfants, si je disparaîs faites pour eux ce que vous n'avez pas fait pour moi. Ce sera ma consolation…

Deux jours s'écoulèrent. Le téléphone retentit. « Enfin » avait murmuré le beau-père.

Non ce n'était pas la santé de Tristan qui les préoccupait : Tante Denise avait montré la lettre.

Il ne les a jamais revus.

Grand-maman chérie allait mourir quelques années plus tard à quatre vingt six ans. Tristan n'était pas allé à l'enterrement. Il n'avait pas pu.

Il l'avait imaginée emmenée vers sa tombe, comme chez le notaire, entre deux gendarmes l'oncle Jacques et la tante Denise, pour laquelle il gardait malgré tout reconnaissance et affection…

Chapitre XIV

« Quand nous serons tous coupables, la démocratie sera réalisée » (Albert Camus)

L'histoire d'Israël est inappréciable comme histoire typique de la dénaturation des valeurs naturelles. Les Juifs ont un intérêt vital à rendre l'humanité malade, et à renverser dans un sens dangereux, calomniateur, la notion de bien et de mal, de vrai et de faux (Nietzsche). Les Juifs, cette poignée de déracinés, a causé le déracinement de tout le globe terrestre (Simone Weil).

Qui aurait pu penser qu'un rite pût aller si loin et risquer de tout détruire à la frontière des nations. (Dominique Aubier à propos de son livre sur la circoncision au 8ème jour).

Depuis 5000 ans nous parlons trop, paroles de mort pour nous et pour les autres (George Steiner).

Nous manipulons des crétins qui dirigent les masses que nous avons rendues folles (le financier, dans un film américain).

Ils agissent toujours contre quelqu'un ou quelque chose. Jamais pour quelqu'un ou pour quelque chose.

D'où leur perfection malsaine. Ils arrachent, ils ne donnent pas.

Ils arrachent, ils mutilent, la nature, l'homme. C'est leur malédiction.

Ils ne croient pas en eux. Aussi mettent-ils toute leur énergie dans la démonstration extérieure d'une essence inexistante.

Absorbés dans cette lutte négative, il ne leur reste plus rien pour aimer.

La préoccupation de la démonstration remplace le don, l'amour, la création, la prière. Ne pouvant « réaliser », ils détruisent, dégradent, caricaturent.

Alors ils sont le contraire de l'humain. Ils se retranchent eux-mêmes de l'humanité et font jaillir contre eux une haine sanglante : l'anti-juivisme qu'ils traînent en eux-mêmes et répandent partout depuis 5000 ans.

Fac-similés géniaux et spectaculaires sans âmes. A l'aspect extérieur plus vrai que le vrai vrai d'où la mystification universelle.

Doute, incertitude, destruction ne créent pas l'amour : ils sont pauvres.

Armes diaboliques qui leur permettent cette satanique réussite en dehors de l'humain, contre l'humain, en donnant à l'humain l'illusion du « pour l'humain ».

Ils tentent de pénétrer l'essence des choses avec une volonté agressive, un esprit analytique et non d'amour.

C'est pourquoi l'analyse juive présente pour l'éternité un visage de désespoir vertigineux. Créations illusoires, destructions réelles car elles violent un équilibre.

Une immense pitié nous pénètre envers ces êtres contraints pour l'éternité à demeurer étrangers à toute essence, et s'ils veulent la forcer, à ne pouvoir atteindre qu'une perfection diabolique, éblouissante mais… À côté…

L'Église pastorale a eu l'immense mérite de la charité et de la culture monastique, de la splendeur de Vézelay et de Chartres, de la sainteté de Monsieur Vincent et de François d'Assises.

Mais, l'Église dogmatique a fait de l'histoire une sclérose doctrinaire où les notions redoutables d'hérésie et d'anathème que le Paganisme antique avait ignorées, ont fait couler des mers de sang et de larmes.

Le dogme, défi à l'intelligence élémentaire et au sens moral, confiture d'abscons et de contradictoire, hérita de la Synagogue au Dieu exclusif, tyrannique et jaloux, le Dieu justicier des théologiens qui relève de la loi du Talion et de la pratique du bouc émissaire.

Il était fatal que cette religion de doctrinaires et de théophages qui ignorent depuis 20 siècles les règles psycho-diététiques qui font l'homme et l'unissent au Transcendant, culminât dans le judéo-cartésianisme, c'est-à-dire la spéculation athée de Rothschild de la finance libérale, réduisant à toutes les pollutions, guerres et famines mondiales, Marx bolchevisant, robotisant et exterminant des dizaines de millions d'hommes, d'Einstein et les attaques génétiques du nucléaire dont les déchets sont instockables et non neutralisables, d'Oppenheimer et sa bombe atomique, de Field et sa bombe à hydrogène, de S.T. Cohen et sa bombe à neutrons, de Freud et son aboulisme pornographique, de Djérassi et sa pilule pathogène et tératogène, de Weizenbaum et ses ordinateurs qui mettront les hommes en cartes, de Picasso et son art de charnier.

En 5000 ans d'un racisme inconnu jusqu'à eux, ceux qui pratiquent la circoncision au 8ème jour de la vie (cause fondamentale d'un traumatisme hormono-psychique qui rend compte de leur particularisme constant dans le temps et l'espace) ont fondé quatre religions révolutionnaires : Judaïsme, Islamisme, Christianisme, et Marxisme. Cette dernière, mystique athée, est le point culminant final et suicidaire du Judéo-cartésianisme, terminant lui-même dans les fracas et la fureur le Judéo-Christianisme.

Chirurgie de l'âme

Les juifs sont manipulés par la circoncision qui est la seule cause de leur particularisme.

Cette chirurgie hormonale est une chirurgie de l'âme. Perturbant les 21 jours de la première puberté qui commence au 8ème jour, elle va leur constituer une mentalité spéculativo-parasitaire, incoercible. Nous aurons d'un côté les scientistes et les financiers hypophysaires et de l'autre les exécutants virtuoses et les acteurs, romanciers thyroïdiens. La génitale interne étant lésée, nous aurons une moralité de clan mais une carence en synthèse et en sens moral. *Telle est la réalité incontournable qui exclut l'anti-juivisme.*

Victimes d'eux-mêmes, hypnotisés par un rite à caractère religieux dont ils ne soupçonnent pas la malfaisance, ils sont tout entier incrustés dans la malédiction.

Les Juifs se considèrent donc différents des autres, et ils le sont. De ce fait il est fatal qu'ils soient toujours et aujourd'hui plus qu'hier, un corps étranger parmi les nations.

Ils pénétrèrent les nations comme des étrangers Ils formaient donc un peuple parmi les peuples conservant ses caractères grâce à la circoncision premier-pubertaire et à des rites stricts et précis, grâce également à des lois qui les tenaient à l'écart et les perpétuaient. Ils entrèrent dans les sociétés non pas comme des hôtes modestes mais comme des conquérants. Ils s'emparent alors du commerce et de la finance, mais pas de façon aussi radicale et absolue qu'en l'an 2000. Ils ont un esprit de supériorité et une avidité pour l'argent qui les pousse à l'usure source épi-centrique de l'anti-juivisme de tous les temps et de tous les lieux. On les accueille d'abord sans préjugés, on leur octroie même des traitements de faveur qui consolident leur position. Leur prestige dans la richesse acquise au détriment de ceux qui les accueillent provoque une profonde aversion, le peuple s'exprime alors en pogroms et en expulsion du pays d'accueil. Telle fut partout et sans exception le cheminement de l'histoire juive. Aujourd'hui la situation est infiniment pire car leur hégémonie étant totale, les peuples sont réduits à la misère et à la dégénérescence.

Baruch Lévy dans une lettre à Karl Marx écrivait : « Dans une nouvelle organisation de l'humanité les fils d'Israël disséminés de par le monde deviendront partout sans rencontrer la moindre opposition, l'élément dirigeant surtout s'ils réussissent à imposer aux masses ouvrières la direction d'un Juif ».

Avec la victoire du prolétariat, les gouvernements de la République passeront aisément dans les mains juives. La propriété privée pourra facilement être supprimée par les dirigeants juifs qui administreront la richesse publique. Ainsi s'accompliront les promesses du Talmud selon laquelle les Juifs seront possesseurs des richesses de tous les peuples du monde. Le socialisme est donc une énorme mystification juive car il ne vise pas à l'élévation du prolétariat et à l'adoucissement des injustices sociales mais à la domination juive mondiale : c'est ce qu'on appelle en l'an 2000 le mondialisme. Deux paramètres d'apparence antinomique se complètent en fait : d'une part l'argent Juif et d'autre part le socialo-communisme Juif. Les Juifs ont été les fondateurs du capitalisme industriel et financier et collaborent de façon systématique à la centralisation extrême des capitaux qui facilitera leur socialisation. D'un autre côté ils sont les plus farouches adversaires du Capital. Il y a le Juif draineur d'or et le Juif révolutionnaire. Rothschild contre Marx, Marx contre Rothschild, géniale dialectique des frères ennemis qui produit les mouvements de l'histoire. A partir de la révolution juive et non française, ils sont devenus les maîtres de l'argent et par l'argent les maîtres du monde. L'essentiel des maîtres du Bolchevisme sont Juifs y compris Lénine, de mère juive : Trotsky, Sverdloff, Zinovef, Kameneff, Ouritski, Sokolnikoff etc. En Allemagne les dirigeants du spartakisme sont Juifs : Liebknecht, Rose Luxembourg, Kurth Eisner, Eugène Lévine. En France Léon Blum est Juif. En Espagne le maître absolu de Madrid dévastée par la guerre civile est Heinz Neumann, Juif allemand. Contrairement à ce que l'on pourrait croire la mentalité super-capitaliste et la mentalité socialiste ne s'opposent aucunement dans leur essence : *ils se fondent tous les deux sur une conception économico-matérialiste du monde.*

Il faut en effet distinguer le propriétaire de la terre ou de l'industrie et le financier qui vit de spéculation. La révolution a été fatale pour les premiers d'où la désintégration rapide de l'humanité, mais a fait la fortune colossale des seconds, fortune artificielle, gigantesque et nécrosante. Le socialisme n'est pas la finalité de la révolution mais un moyen de destruction qui favorise la finance juive internationale. Les Juifs ont une fortune différente de celle des Goyim. Ils ne craignent pas le communisme mais en tirent profit. Ils sont capitalistes modernes c'est-à-dire spéculateurs et trafiquants d'argent.

Le prototype est donc le banquier avec son coffre et son portefeuille. Pour le Judaïsme le moyen le plus sûr de parvenir à la domination du monde est le socialo-communisme qui, en enlevant la propriété aux Goyim et en la centralisant dans les mains du parti dirigé par les Juifs, réalisera le projet Talmudique de rendre le Juif roi et prêtre du monde. Les gouvernements passeront donc aux mains juives par le moyen de la victoire du prolétariat. La propriété individuelle pourra être supprimée par des gouvernants Juifs qui administreront partout la fortune publique. Les ouvriers sont donc l'instrument qui sert les Juifs, potentiels maîtres du monde. La révolution socialiste ou communiste est la voie la plus courte et la plus sure pour la totale concentration des capitaux entre les mains juives : il s'agira d'un super capitalisme d'Etat.

La prophétie du Talmud sera alors réalisée :

« Tous les peuples de la terre seront enchaînés au trône d'Israël à la suite d'une guerre mondiale atroce où les trois quarts des populations seront décimés. Il faudra trois cents ânesses pour porter les clefs du trésor ».

Depuis quarante ans environ, tout le monde est hypnotisé par le dogme des 6-millionschambres-à-gaz. Personne n'y avait réfléchi, personne ne l'a remis en question.

Eclate l'affaire Faurisson en 1979 dans le journal *Le Monde*.

Certains commencent à réfléchir. On s'aperçoit, à la stupéfaction générale, que le Professeur n'a pas le droit de s'exprimer. Il a droit à de lourdes sanctions pénales, à des gaz lacrymogènes et à une tentative d'assassinat manquée in-extremis. Curieux régime démocratique, et curieuse application de la liberté d'expression stipulée dans les Droits de L'homme !

N'importe qui peut comprendre que s'il avait tort on lui aurait permis de s'exprimer librement ne serait-ce que pour l'écraser à la télévision, la presse, la radio, l'édition entre les mains juives. Même sans étudier le problème on comprend donc déjà qu'il s'agit d'une imposture dont nous possédons la preuve par neuf de par le comportement à l'égard de Faurisson et de tous les historiens dit « révisionnistes », alors que le terme est un pléonasme car tout historiens est par essence révisionniste sinon il n'est qu'un propagandiste stipendié.

Voilà donc déjà l'aspect psychologique implacable du problème : il y a des lois totalitaires, staliniennes pour faire taire les Historiens ! la conclusion de Tristan fut péremptoire avant d'étudier même l'ombre de l'ombre de l'aspect technique du problème.

Pourtant la curiosité le mena à mettre le nez dans cet aspect technique.

L'*American Jewish Year book*, à la page 666 de son numéro 43, établit sans ambiguïté que le nombre de Juifs présents en Europe occupée était de 3300000 !

Or à partir de 1941 des milliers de Juifs sont partis en Zone Libre pour les femmes et les enfants et en Espagne pour les hommes. Tristan, toute sa famille et relations étaient de ceux-là.

Passer à la crémation quatre millions de Juifs en supposant que deux millions soient morts de faits de guerre (ce qui est d'ailleurs exagéré), alors que l'on connaît la durée de crémation, le nombre de fours crématoires est une absurdité. D'ailleurs les fours crématoires perfectionnés n'ont été installés que fin 1943 ! avant cette date les crémations étaient techniquement insuffisantes. Dans de telles conditions elles auraient déclenché des épidémies de typhus dans toute l'Europe. Ce sont donc des millions qui auraient été exterminés en un an environ ce qui est ridiculement impossible. D'ailleurs les Juifs qui sont partis furent si nombreux que c'est un million de Juifs que Hitler a proposé d'échanger aux USA, contre quinze mille camions : les Juifs d'USA ont préféré les laisser mourir de faim et de typhus pour concocter la juteuse affaire de l'holocauste et s'en servir pour leur hégémonie mondiale et le massacre des Palestiniens. Ergo l'extermination d'un pays comme la Suisse dans sept camps de concentration — dont certains n'ont jamais eu de chambres à gaz, officiellement — est une ineptie arithmétique.

Le cyclon B est de l'acide cyanhydrique. Or récemment un Président Directeur Général de la plus grosse usine de fabrication d'acide cyanhydrique a écrit à un malheureux professeur d'histoire, révoqué pour avoir dit à ses élèves qu'il y avait une école révisionniste :

— *J'ai été directeur de l'usine de Saint Avold qui avec sa production de quarante tonnes par jour d'ion cyanure était en 1970 la plus importante du monde. Cette production aurait permis théoriquement d'intoxiquer mortellement 500 millions d'êtres humains en une journée. C'est dire que je connais les problèmes concernant la manipulation de l'acide cyanhydrique. J'affirme que tous les témoignages que j'ai lus ou entendus concernant les chambres à gaz dans lesquelles on enfournait 2 à 3000 personnes relèvent de la plus totale fantaisie.*[40]

Il ne serait pas utile d'aller plus loin pour constater l'imposture. Mais faisons le par curiosité.

Les centaines de photographies prises par les Américains pendant la période supposée de l'holocauste, ne révèlent aucun des immenses tas de charbon nécessaire, ni aucune volute de fumée épaisse noire qui auraient dû être permanentes pour de telles crémations.

On sait parfaitement ce qu'est une chambre à gaz à l'acide cyanhydrique : c'est ainsi que les Américains exécutent leurs condamnés à mort.

Il s'agit d'une chambre pour un (maximum 2) condamnés. Cette chambre est d'une complexité et d'un coût inouïs. Une telle chambre pour 2000 victimes non seulement était financièrement impossible, mais en plus aurait laissé des traces considérables impossibles à éradiquer. Elles auraient laissé, des ordres, des documents, des archives. De tout cela Raymond Aron dit lui-même qu'on avait jamais rien trouvé alors que tous les fours crématoires sont encore en état ! ces fours sont indispensables en milieu carcéral et concentrationnaire pour éviter le typhus.

---

[40] Gérard Roubeix, PDG , Ingénieur des Arts et Manufactures.

Quant au cyclon B, il est utilisé en Allemagne par les services d'hygiène depuis 1920. Il a servi effectivement à l'épouillage des vêtements. Dans certains camps où il est officiel qu'il n'y a jamais eu de gazage, on a retrouvé des tonnes de cyclon B.

M. Leuchter, qui dirige et vend ce qui concerne les chambres à gaz pour condamnés à mort, est allé en Allemagne pour étudier le problème. Son célèbre rapport conclut à l'impossibilité de tels gazages. Deux spécialistes de haut niveau sont d'accord sur l'imposture. Le malheureux Leuchter a payé l'honnêteté de son travail par une ruine complète. Autre preuve par neuf de l'imposture. La liberté d'expression démocratique inscrite dans les droits de l'homme, n'est valable que si ce que l'on dit plaît aux Juifs. Dans le cas contraire des juges asservis vous ruineront.

Une thèse de doctorat sur le rapport Gerstein, (qui dénonçait l'assassinat des Juifs de façon si grotesque que le tribunal de Nuremberg ne put retenir son témoignage, et qui finit curieusement « suicidé ») fut annulée par la volonté juive, contre la compétence de professeurs d'université, et cela pour un prétexte futile.

Et l'on continue à imposer ce dogme par les marx merdia et l'athée levy sion. Les masses mondiales l'ont phagocyté.

Malgré ces réalités éclatantes, l'endormissement comateux et hypnotique des masses abruties par le rock, le techno, le foot ball, la drogue, l'alcool, continue.

Big brother Rothschild Marx fait condamner en justice tous ceux qui dénoncent l'absurdité du dogme. En Allemagne le doute c'est la prison.

Comme si tout cela ne prouvait pas l'imposture dans une soi-disant démocratie.

Les milliardaires circoncis américains, aussi rouges que circoncis ont financé le Bolchevisme.

Hammer, visage carnassier, pèse vingt millions de dollars. A lui seul il possédait pendant la seconde guerre mondiale autant de pétrole que les trois puissances de l'Axe. (Japon, Allemagne, Italie).

Sa note de téléphone à Los Angeles dépasse le milliard de centimes annuel. (Dix millions de francs lourds)

Son empire est un des plus puissants de la planète. Il rencontre en permanence les chefs d'états. De son appartement situé en face de la maison blanche et celui situé en face du Kremlin, il voyage en avion et est reçu comme un chef d'état. Il a été depuis 1917, l'interlocuteur privilégié du Kremlin. Il a connu les sept secrétaires généraux du Parti Communiste, et les treize présidents des USA

Rockfeller (Steinhauer), autre milliardaire rouge circoncis, possède la plus puissante compagnie pétrolière du monde. Avec Hammer ils ont négocié la création d'une chambre de commerce soviéto-américaine qui facilite les exportations vers l'URSS de machines outils, sans lesquelles l'armée soviétique qui menaçait le monde, n'aurait pas existé.

Les banquiers circoncis Kuhn, Loeb, Warburg ont transféré entre 1918 et 1922, six cent millions de roubles. Le père de Hammer est le roi du transfert clandestin de fonds pour les activités de subversion du Kominterm. Il a même été incarcéré à la prison de Sing Sing en 1920 pour ce délit. Son fils Armand prend la suite. En 1922 Hammer réussit à convaincre Ford anticommuniste, d'installer des usines en URSS Des experts communistes viennent s'initier dans les usines Ford.

Dans un rapport de l'ambassadeur américain à Moscou, destiné à Roosevelt on peut lire :

« Staline reconnaît que les 2/3 des plus grandes entreprises soviétiques ont été construites grâce à l'aide des financiers américains ».

On comprend que Hammer soit reçu à Moscou comme un chef d'état.

En 1960 il entraîne dans son sillage les plus puissants hommes d'affaires occidentaux pour les engager sur la voie des échanges économiques Est-Ouest.

Le vaste mouvement d'implantation à l'Est qui a commencé au début des années 1970, est accompagné de fermetures d'usines à l'Ouest, de chômage et de manipulations fiscales. Les dirigeants communistes espèrent qu'en accueillant les multinationales ils vont affermir leur pouvoir et combler les retards accumulés par leurs industries.

Le directeur du K.G.B. de l'époque n'a-t-il pas déclaré :

— *Nous construisons une société communiste avec votre savoir-faire, nous maintiendrons notre système et nos règles grâce à votre aide.*

L'avion personnel de Hammer va de son appartement de la Maison Blanche à celui du Kremlin sans formalités.

Ce sont des camions construits par Ford sur les bords de la Volga qui seront plus tard en Afghanistan.

A titre d'exemple symbolique, Hammer a signé les deux plus gros contrats économiques jamais négociés entre l'Occident et L'URSS. Vingt milliards de dollar et la fourniture de fertilisants à l'URSS pendant vingt ans. Huit milliards de dollars pour alimenter la côte ouest des USA et le Japon avec le pétrole et le gaz sibériens exploités par la compagnie de Hammer.

Bien entendu pour tous les accords l'URSS bénéficie de crédits occidentaux ridiculement bas et financés par le contribuable occidental.

Le rideau de fer est une vitre transparente pour les banquiers juifs américains et les Goyim entraînés dans leur sillage.

La « détente » dont on a tant parlé a surtout été une période d'intense espionnage économique et technologique.

Lors de l'invasion de l'Afghanistan par les Russes, la rencontre Hammer-Brejniev se conclura par cette déclaration du milliardaire :

— « *LA'fghanistan fait partie de la sphère d'influence soviétique* ».

Ensuite en proposant au Pakistan d'investir dans le pétrole, il s'arrange pour que des promesses de prospections pétrolières permettent de verrouiller la frontière pakistanaise, endroit de passage possible pour l'aide et l'approvisionnement destinés à la résistance afghane.

Pas un président américain, de Roosevelt à Regan, n'a été élu sans la contribution électorale de Hammer, démocrates et républicains confondus.

Pourtant un rapport « top secret » avait été déposé en 1960 sur le bureau du président des USA Ce rapport n'avait qu'un but : dissuader tout président de négocier avec Hammer.

C'est grâce aux milliardaires américains circoncis au 8ème jour, que l'industrie et l'armée d'URSS existaient et fonctionnaient.

Pas de Bolchevisme sans le capitalisme circoncis américain.

Ce prototype de milliardaires rouges est inamovible et inattaquable. Ils sont les véritables rois du monde.

C'est le règne absolu de semblables despotes qui bolchevise le monde que l'on appelle « démocratique ».

Hammer reste le chef de file des autres milliardaires rouges circoncis et quelques non circoncis. Son Boeing 727 spécialement aménagé, est le seul avion privé qui entrait en permanence dans l'espace aérien soviétique.

Lénine disait : « Les capitalistes nous vendront la corde pour les pendre ». Ils fournissent aussi la potence.

Il n'est pas sans intérêt de décrire à titre symbolique un autre milliardaire Juif, Klimrod.

On a dit que c'était l'homme d'affaires juif le plus riche du monde avec Hammer. Mais ceci est sans importance, car on pourrait dire cela de nombreux financiers juifs. Sa fortune se compte en milliards de dollars.

En 1945 on le trouve dans une fosse pleine de cadavres dans un camp de concentration allemand. Il était vivant. Il devint alors terroriste en Israël, et « justicier antinazi ». il partit à Tanger où il prospéra du trafic de cigarettes. Arrivé aux USA en espadrilles, à l'âge de vingt deux ans, il se trouve deux mois plus tard, à la tête de soixante sociétés.

En 1980, il possède 1687 sociétés. Elles couvrent tout ce qu'il est possible de vendre : nourriture, restaurants, presse, télévisions, vente de toutes sortes de produits à l'URSS, y compris usines clefs en main.

Restant dans l'ombre, il esquive toutes les lois antitrust et met des hommes à lui au sein de tous les gouvernements.

Que représente un minuscule président des USA, marchands de cacahuètes ou acteur de cinéma, balayé tous les quatre ans d'ailleurs, mis en place par un Congrès et une masse aux mains de la haute finance au regard d'une telle puissance occulte et à pérennité absolue, susceptible de manipuler les gouvernements à sa guise ?

Quel potentiel de destruction organique, mentale, écologique, morale contenu dans une telle puissance spéculative isolée de toutes les lois véritables de la vie que seuls les élites providentielles et les sages connaissent ?

Il est quasiment impossible au plus grand nombre des humains de prendre conscience de la perversité gigantesque de la spéculation judéo-cartésienne.

Ils ne peuvent appréhender la synthèse destructive des financiers, des Marx, des Freud, des Oppenheimer, des S.T. Cohen, des Djérassi, de la médecine physico-chimique pathogène et tératogène, matérialiste, du mensonge inouï du progrès et de la démocratie qui n'est que leur dictature absolue sur les masses et leur dégradation progressive et implacable.

Et pourtant sous l'égide de cette démocratie, les droits de l'homme dont ils ont plein la bouche sont bafoués dans tous les pays du monde, sauf en ce qui les concerne. En plus les 2/3 de l'humanité meurent de faim.

La misère matérielle et spirituelle atteint son paroxysme sous la tyrannie polluante des politiques rothschildo-marxistes, exercée sur les corps et les âmes, comme sur le sol de la planète, stérilisé par la chimie et perturbé par le déboisement.

Tout cela est occulte à la majorité des humains qui ont perdu toute intelligence synthétique et acceptent dans un déterminisme qui semble absolu et cosmique tout ce qui pourrit pourvu que ce soit officiel et ventilé par les media.

Le moindre de leurs gestes, leur forme mentale d'expression, leurs objectifs ont cela d'étrangement inhumain. Ils sont obscènes.

Dans un bain universel de mensonge, il font l'autopsie du monde entier. Leur aspect physique si prodigieusement calqué sur les représentations symboliques de Satan dans toutes les traditions religieuses, est fulgurante de signification : *Mendès-France, Olivenstein, Hammer, Raymond Aron, Gainsbourg etc. gargouilles parfaites. Rien à retoucher.*

Grand-maman chérie et son sens destructif immédiat. Hammer, Oppenheimer, Freud, Marx et leur destruction universelle. *Marx et la haine. De Hammer, Marx à S.T. Cohen, toutes leurs analyses tuent.*

Leur facultés étincelantes dans l'immédiat, leurs spéculations qui semblent positives, géniales à la masse qui, partant, leur confère l'admiration du plus grand nombre.

Laurent Schwarz, mathématicien trotskyste, intelligent ?

S.T. Cohen inventeur de la bombe à neutrons, intelligent ?

Hammer, milliardaire rouge, qui prépare activement la bolchevisation du monde, et la troisième guerre mondiale, intelligent ?

Dérision et mystification suprême.

« *Ils n'ont jamais cette modeste attention propre à l'intelligence vraie* », disait Simone Weil.

La véritable intelligence ne se reconnaîtpas comme cela ettoutestorganisé pourqu'elle prenne figure d'imposture aux yeux d'une masse dégénérée qui ne peut adorer que ses bourreaux.

Le sangsuisme et le pourrissage universels.

Farce sanglante de l'antagonisme Est Ouest, tandis que la clique des milliardaires rouges répand le bolchevisme, que l'URSS est soutenue depuis 1917[41] sans solution de continuité par les banquiers juifs américains.

Ils n'ont ni la foi, ni l'espérance, ni la charité. A-t-on jamais vu un œil juif contenant une goutte de tendresse gratuite ? Regardez ces yeux trop brillants, ou atones revêtus d'une fausse douceur d'où le cœur est absent.

Leur yeux n'ont pas de sentiment profond, d'âme. Comme tous les névrosés ils n'ont pas de cœur mais ils ont un attachement para hystérique pour leur mère. Ils écrasent tout par la matière, pour la matière. L'or n'aime que l'or. Leurs spéculations, même désintéressées, s'exercent comme une névrose, une maladie d'où toute synthèse humaine est exclue.

Pourquoi cette condamnation métaphysique par le ridicule truchement de la circoncision au 8ème jour ?

Pourquoi leur intelligence névrotique ne peut-elle cesser de fonctionner ? Pourquoi sont-ils condamnés à détruire de façon aussi fatale ?

Leur pensée a le visage de leurs visages.

---

[41] En réalité la finance juive USA a préparé la Révolution Bolchevique par des financements en date des années 1900. La révolution n'a pas éclaté comme ça en 1917 : il a fallu une longue préparation financière.

L'exploitation du mythe démocratique, le mensonge du progrès, le Capitalisme, le Communisme, tous les *ismes*. La troisième vraiment dernière guerre mondiale.

La responsabilité de l'homme moyen dans cette *énaurme*[42] mystification démocratique ! nulle, c'est ça l'absurde...

Léon Blum contre Citroën, Marx contre Rothschild.

Dites aux gens « Je vais vous donner la liberté » et asservissez les, et ils viendront en masse. Dites leur que vous allez les contraindre et donnez leur la vraie liberté et ils ne viendront pas, à moins bien sur qu'il n'y ait six millions de chômeurs sur le territoire national. En l'an 2000 l'avachissement humain et si total que même six millions de chômeurs ne les empêcheront pas de voter démocratique ! ils préfèrent se nourrir de démagogie, d'étiquettes, d'illusions, de foot ball, de musiques régressives, ignares et pathogènes, de drogue, de pornographie, de spectacles idiots. Il suffit que tout cela brille et s'agite.

Rockefeller « L'homme qui fait tomber les rocs » et ne se préoccupe pas de ce qu'il y a alentour.

C'est la monarchie enjuivée qui fait la révolution, au profit des financiers, dite « française ».

C'est le Socialisme juif qui nous mène au Communisme, au Mondialisme juifs.

Satan est circoncis au huitième jour.

---

[42] « *Énaurme* » rappel du « *roi Ubu* » : « Quand j'aurai pris toute la finance, je tuerai tout le monde et je m'en irai. »

Ils sont dans un cercle vicieux d'où ils ne peuvent sortir et dans lequel ils nous entraînent. Ils sont psychopathes, ils parlent vite et avec des gestes, ils parlent énormément et un dialogue avec eux est un tour de force. Ils n'ont aucune probité intellectuelle. Ils séduisent les masses. Ils flattent, exploitent la bêtise, la vanité, la faiblesse, la vulgarité des hommes et surtout des femmes. Ils ne restent pas une minute en place. Ils viennent vous voir... Quand ils ont besoin de vous. Ils ne sont pas heureux. Ils manifestent pour un rien une haine butée car le mensonge est aussi essentiel à leur survie que la feuille à l'escargot.

Faites leur remarquer les noms juifs de la pourriture de Weimar, le fait que cette pourriture ait disparu avec l'avènement de Hitler, les noms des bourreaux carcéraux et concentrationnaires juifs d'URSS qui ont exterminé des dizaines de millions de Goyim, et vous ne les reverrez jamais.

Ils ne supportent aucune vérité les concernant mais ils clament les mensonges érigés en vérité qui les sert, comme l'ineptie arithmético-technique des 6-millions-chambres-à-gaz.

Ils sont dépourvus de cette faculté d'abstraction d'eux-mêmes qui permet de se regarder au sein même de la tragédie, de se trouver métaphysiquement comiques, de s'amuser de cette prédestination de peuple élu de Satan, de lutter contre le fatal.

Ils transpirent leur « créations », leur cruauté, leur appui, leur amour, leur mysticisme, comme le malade une sueur de mauvaise augure. Hyper-spéculatifs, (Rothschild, Marx, Freud et consorts) jamais géniaux.

Tout ce qu'ils créent détruit par synthèse et est spectaculaire à l'analyste béat.

Pas de Saints, de génies, de grands artistes Juifs. Mozart ? Non Juif certes, mais d'une famille qui avait quitté le judaïsme depuis des siècles.

Picasso ? Oui bien sûr : « Ce pitre public qui a exploité le mieux qu'il a pu la bêtise de ses contemporains » comme il s'en est confessé lui-même.

Dès qu'ils tentent de penser ce sont des mythomanes Freud et Marx, points finaux du Nihilisme occidental. Ils sont fermés, radicalement fermés à toute manifestation d'intelligence supérieure qui sera par essence « antijuive », car rien de synthétique ne peut se construire dans l'orbite de leurs spéculations judéo cartésiennes nécrosantes.

Leurs analyses dissolvantes, la destruction du sens moral leur sont nécessaires pour régner sur une masse inculte. Le laïcisme inaugure, les musiques pathogènes et criminogènes, l'alcool, la drogue fignolent la destruction universelle. Les Goyim sont désormais conditionnés comme des machines à sous. Ils voteront tous pour le crétin nécessaire, la serpillière manipulée par Israël, qui paie les élections du président américain comme du président français et autres présidents consorts.

Ils imposent leur racisme au nom de l'antiracisme. Faites donc entrer un seul Maghrébin en Israël où même les Palestiniens n'ont pas le droit de vivre sur leur propre sol.

Des millions d'hommes sous-hommisés marchent.

Ils n'ont aucun scrupule. Leur infirmité, ce n'est point cruauté et haine à une échelle ou cruauté et haine seraient si intenses qu'ils dépasseraient l'humain. Leur haine et leur amour sont abstraits, partant décuplés et infernaux. Leur amour est artifice démoniaque où la destruction de centaines de millions de gens apparaît potentiellement à un penseur véritable. Leur pitié ne peut mener dans le cœur d'autrui qu'à meurtrière humiliation. Méchanceté et pitié étrange car l'une détruit inconsciemment le monde inconscient et l'autre engendre un désespoir plus destructif encore. Ils ont un cœur théorique et vous comble volontiers d'aide surnaturelle. Les convertis de la famille ignorent le sens moral élémentaire et vous convertiraient volontiers à coups de gourdins, même si vous êtes un milliard de fois plus « chrétien »[43] qu'eux.

Même si ce ne sont pas des convertis intellectuels, et dans ce cas ils font encore une bonne affaire, ils sont toujours barrés à l'entrée de ce qu'il y a de bien dans le Nouveau Testament. Curieux mystiques, simili chrétiens, capables de laisser le voisin dans le dénuement et de prier avec ferveur. Un Juif converti est toujours une vivante antinomie, un comédien qui joue faux, car il ne peut se mettre dans la peau du personnage. Et pourtant ce sont de remarquables acteurs, comédiens, au théâtre, au cinéma, instrument de propagande entièrement entre leurs mains pour l'abrutissement planétaire des masses.

Tristan pourrait dire de ces célèbres prêtres qui sont encore plus juifs qu'avant leur conversion et qui ne veulent jamais entendre parler de la question juive. En fait ils n'ont pas changé mais il y l'effet de contraste.

Tous ces pianistes à technique époustouflante, prodigieux acrobates.

Pas de compositeur qui dépassent le charme de Mendelssohn et de Meyerbeer. Par contre des jongleries techniques de musique sans âme.

---

[43] C'est-à-dire doué de sens moral tel que mal exprimé dans les Evangiles et mieux exprimé dans Platon et dans l'Ancienne Egypte (voir pages précédentes).

Ils analysent, ils pèsent, l'important est que cela rapporte ou de l'argent ou la satisfaction névrotique de la spéculation. Avec à la clef des idéalismes aussi faux que capitalisme, socialisme, marxisme. Spinoza a séparé la mystique de la philosophie, détruisant la philosophie et préparant les voies de la science moderne suicidaire.

Ou bien l'on vit désespéré, carencé, « réductionné » dans l'enfer occidental technocratique, où nos enfants se droguent et se suicident au sein de leurs spéculations multiformes et ce n'est pas le freudisme qui les sauvera, car le mental cède devant tant de barbarie, ou bien on va demander le salut à une idéologie qui nous plongera dans un enfer pire encore. L'enfer des unités statistiques matriculaires élémentaires et des goulags. Notre lâcheté en Capitalisme nous précipitera en Mondialisme qui nous achèvera.

Grand triomphateurs de l'humanité actuelle « hypophysaire » (analytique).

Ils sont allés aussi loin qu'il est possible dans cette voie. Il faut peut-être oublier qu'ils détruisent provisoirement la synthèse humaine pour accéder à cette révélation. Ils sont maintenant dépassés et c'est pourquoi ils vont nous exterminer avec eux-mêmes.

Ce sont des involués supérieurs. Ils sont hormonalement malades.

Leur unité psychophysiologique les prive de tout ce qui constitue l'homme objectif : cœur, intelligence, équilibre.

Le sens moral inexistant est remplacé par la moralité d'ostentation, le pharisaïsme, le sens de la tribu.

Il est évident que le climat, le lieu géographique, le régime alimentaire déterminent les ethnies. Il n'y a pas de races fixes. La

Connaissance des sages, comme la science moderne nient ce concept flou.

Si l'on observe avec soin la photographie en noir et blanc d'un malade atteint d'acromégalie, dont la maladie évolue, on s'aperçoit qu'au bout d'un certain temps, les photographies prennent l'aspect d'un nègre. La toute dernière photo présente un nègre sans la moindre ambiguïté.

Un nègre est donc « un hypophysaire avec manifestations acromégaliques ».

L'acromégalie est une maladie de l'hypophyse qui confère des caractéristiques négroïdes.

L'hypophyse étant très développée chez les Juifs du fait de la circoncision au 8ème jour, on a longtemps parlé des origines nègres des Juifs. Cela est très loin du problème.

Il est évident que l'on ne trouvera jamais de nègres ayant la morphologie de Chopin, Lamartine, qui sont des « thyroïdiens ».

De même la photographie d'un myxœdémateux (insuffisance pathologique de la thyroïde) offre une ressemblance inouïe avec celle d'un Pygmée : même morphologie globale, même gestualité. Cette analogie montre que le Pygmée est physiologiquement hypothyroïdien.

Ce genre d'élaboration, sans laquelle il ne peut y avoir de pensée, est radicalement exclu de l'université. C'est la notion d'identité.

Aucune influence géographique, de climat, ne peut rendre compte du particularisme juif constant dans le temps et l'espace, puisqu'ils n'ont jamais séjourné 1000 ans au même endroit, durée indispensable pour constituer une ethnie. Leur particularisme est strictement dû à la circoncision au 8ème jour, 1er jour de la première puberté qui durera 21 jours.

La spéculation juive a éradiqué le sens moral, l'esprit de synthèse qui constitue le fondement des véritables élites. Leur particularisme tient en laisse toute l'officialité du XXème siècle.

La circoncision explique ce physique souvent caricatural et ces pouvoirs spéculatifs considérables. On les retrouve dans la perversité de Freud et Marx et dans tous les tenant d'un libéralisme échevelé et pollueur universel. Leur racisme stimule un antiracisme à leur avantage. Leur tendance thyroïdienne « hyper », explique à la fois leur étonnante vitalité, leur sensibilité paranoïde, leur psychologie »jérémiante ». Leur sensibilité physique est souvent anormale, leur manque d'adaptation aussi. Leurs possibilités spéculatives hypophysaires sont admirées des Goyim. Ils utilisent le clan pour se soutenir, avec cette nuance d'hystérie quant à l'amour des mères pour leurs enfants et des enfants pour leurs mères.

Les 21 jours de la première puberté, qui commence au 8ème jour, est d'une extrême importance. Il suffirait de supprimer la circoncision juive pour retourner aux valeurs traditionnelles, et voir disparaître le fléau mondial de la spéculation juive. La société ne se construit pas et ne suivit pas sans sens moral et sans synthèse.

Nihilisme occidental et circoncision ! Le nez de Cléopâtre !

Les médecins ne peuvent comprendre tout cela : ils n'ont pas même encore compris, dans la majorité du moins, l'antériorité fonctionnelle du système hormonal sur le système nerveux.

Pourquoi sont-ils condamnés par ce ridicule truchement de la circoncision que les commentaires de la Thora rendent plus opaques encore puisqu'il y est dit : « Les effets de la circoncision dépassent l'entendement humain ».

Tel n'est désormais plus le cas.

Le rationalisme judéo-cartésien va s'auto-détruire par son incapacité à résoudre les secrets du monde et de l'homme, par son impuissance à cesser le martyr et le déchirement imposé par son incurable matérialisme rothschildo-marxiste.

L'homme a perdu confiance en cette science qui n'est en fait que magie noire. Il cherchera dans son esprit régénéré la source de la vérité. Le mythe socialiste ne pourra survivre au temps nécessaire à ce qu'il détermine la ruine économique et morale.

Il est la dernière croyance mystique du Judéo Christianisme.

L'Église dogmatique et sclérosée, la maçonnerie socialiste aurait été les deux revers de la même médaille pendue au cou des circoncis au 8ème jour après la naissance…

LETTRE OUVERTE À ALBERT COHEN.

Cher Monsieur.

Après vous avoir vu et entendu à la télévision, j'ai été plongé dans une douloureuse méditation quant à nos déterminismes et je me suis demandé comment un homme comme vous pouvez être si éloigné de toute conscience fondamentale.

Tout d'abord un détail de votre émission : William Harvey le médecin anglais qui mourut au milieu du XVIIème siècle et qui a découvert la circulation sanguine, n'a rien à voir avec le médecin théologien suisse qui fut brûlé à l'instigation de Calvin.

Je n'ai vu que les ¾ de votre émission et il est possible que si j'avais tout vu et entendu j'aurais eu d'autres choses à vous dire que ce qui va suivre mais je pense que ce qui va suivre suffit à secouer une conscience.

Vous avez parlé de Pierre Laval assassiné, avec une apparente compassion. Ceci sans omettre de dire que « c'était un salaud qui méritait une balle dans la tête ».

Ce salaud n'avait qu'un but, sauver la France, l'Europe et le monde du bolchevisme avec les pauvres cartes dont il disposait, une France occupée, un Maréchal, conscient de la tragédie bolchevique. « Je souhaite la victoire de l'Allemagne », a-t-il dit, « car sans elle le monde sera bolchevisé ».

Quand vous connaissez les dizaines de millions de cadavres en « bolchevie », les 200 millions de victimes du marxisme et les tentacules qui s'élargissent de cette idéologie meurtrière, on se demande comment on peut porter un tel jugement sur ce Talleyrand moderne qui avait parfaitement raison, comme le confirmera Soljenitsyne. Il a donc fait pour le mieux pour éviter un tel cataclysme même si cela déplaît à nos congénères du libéralo-marxisme.

Souvenez-vous de ce que disait le Vatican en 1942 : « L'Allemagne nazie se bat pour ses amis et pour ses ennemis car si le front de l'Est s'effondre, le sort de l'Occident est scellé ». Avez-vous lu « *Mein Kampf* » et l'avez-vous confronté aux années qui nous séparent de sa publication dans les années 1920 ? Vous pourrez alors tirer des conclusions aveuglantes qui s'imposent.

Si la politique de Hitler avait été suivie nous n'en serions pas à un tel de degré de dégénérescence, de chaos, de crime, et de cannibalisation de la nature. Une politique autarcique et biologique eût été suivie en Europe. Une surpopulation démentielle d'êtres de plus en plus dégénérés, l'envahissement de l'Europe par le Tiers Monde, eussent été impossibles.

Et surtout nous ne vivrions pas sous la dictature des financiers juifs rouges, et tous les pays ne seraient pas réduits à la ruine économique et à des dettes impayables. Enfin la guerre de 1939 fut déclarée par nous, les Juifs en 1933 à Hitler, et rendue inévitable par la politique de rapine instaurée par le Traité de Versailles contre lequel Hitler s'est légitimement élevé.

Il faut lire l'article du Rabbin Reifer qui dresse un réquisitoire implacable contre nous, les Juifs, expliquant l'inévitabilité de l'émergence de Hitler.

Cette politique mondiale désastreuse fut imposée par la finance juive USA qui finança d'ailleurs simultanément les Alliés et la révolution bolchevique.

Ensuite, les Warburg vinrent en 1919 comme négociateurs de la paix qui prépara la seconde guerre mondiale.

Les journaux américains témoignent du fait que les Juifs ont déclaré la guerre à Hitler en 1933. Documents et témoignages attestent que Hitler a tout fait pour éviter la guerre. Le premier témoignage d'ailleurs est son système économique d'une efficacité inouïe, totalement incompatible avec l'idée même de la guerre !

Hitler était parvenu à un accord parfait avec le colonel beck au sujet de Dantzig, d'une autostrade jouissant d'exterritorialité etc. Ce fut sous l'influence de l'Angleterre manipulée par le financier Juif baruch que beck changea d'avis et rendit inévitable l'invasion de la Pologne dont la Posnanie était peuplée d'Allemands maltraités et parfois massacrés…

Le premier ministre Chamberlain, n'a-t-il pas écrit à sa sœur en 1939, « Ce sont les Juifs qui nous ont précipités dans la guerre »…

Tous ces faits sont des réalités dont les preuves ne pourront pas être toutes détruites par notre propagande.[44]

On comprend désormais grâce à de courageux historiens, de gauche s.v.p. que les six-millionschambres-à-gaz sont une ineptie arithmético-technique.

On ne peut effectivement exterminer 4 ou 6 millions, un pays comme la Suisse, dans sept camps de concentration dont il est officiel que la majorité n'avait pas de chambre à gaz. Les spécialistes au plus haut niveau, affirment l'impossibilité de gazer 2000 personnes à la fois à l'acide cyanhydrique (cyclon b).

On se rend compte également que l'affaire barbie est un montage des Wiessenthal et de la Haute Finance juive. Ce barbie servit la CIA, c'est-à-dire le gouvernement judéo-américain, pour installer et consolider des régimes fascistes en Amérique du Sud. Si barbie avait été Français, on lui aurait élevé une statue pour son travail de soldat. Il a laissé emmener sur ordre des enfants Juifs (en petit nombre) ? Et alors ? En a-t-il l'exclusivité ? Qui a massacré des enfants boers par milliers dans des camps de concentration en Afrique du Sud sinon les Anglais qui avaient derrière eux un financier juif allemand, un financier juif portugais, et un financier juif anglais : Lord Rothschild, comme par hasard.

Être Juif est sublimité, avez-vous dit ?

Outre que je n'ai jamais entendu une déclaration plus raciste, plus mégalomaniaque, je voudrais vous demander d'où vous tirez cet orgueil ?

---

[44] Après la mort de cet auteur juif, Rudolf Hess fut assassiné dans sa prison à 93 ans : il a été prouvé qu'il ne pouvait en aucun cas s'agir d'un suicide pour de multiples raisons concrètes et incontournables. On s'imagine en effet l'explosion mondiale qu'auraient pu déclencher ses révélations. Il ne fallait surtout pas, à l'ère du mensonge !

Moi, Juif, d'une famille illustre, je ne vois aucune sublimité là-dedans.

D'abord sommes-nous une race ? Non, car les races n'existent pas. Il n'existent que les ethnies qui sont le résultat de l'adaptation hormonale à un environnement fixe pendant au moins 1000 ans. Or nous n'avons jamais réalisé cette condition. Notre particularisme pathologique, et brillamment spéculatif, vient exclusivement de la circoncision au 8ème jour, produisant un grave traumatisme hormono-psychique.

Ce groupe, perturbé hormonalement, a refusé la révélation égyptienne et a eu le Dieu charnel qu'il méritait. Il a produit quelques prophètes qu'il s'est empressé de massacrer. Il a constitué un peuple artificiel d'esclaves fugitifs qui détruisait par des massacres les peuples dont il ignorait la civilisation et le labeur, peuple d'un monothéisme de Dieu de tribu avide du sang des sacrifices.

« *J'ai endurci leur cœur pour qu'ils n'entendent pas ma parole* » disait Isaïe, une de leurs rarissimes lumières.

Votre sublimité prend-elle sa source dans votre parenté « hormonale » :

Avec les milliardaires rouges, Rothschild, Hammer, Rockfeller, Warburg, Schiff, Sassoon, Oppenheimer et consorts ?

Avec Marx et ses 200 millions de cadavres, exécutés par des bourreaux carcéraux et concentrationnaires tels que Kaganovitch, Frenkel, Yagoda, Jejoff, Abramovici, Firine, Appeter, Rappaport, etc.

Freud ? Et son pornographiage et pourrissage mondial, sa destruction de la famille, et de tous les sentiments tendres qui sont l'essence de la vie et dont la fumeuse théorie ne repose sur rien.

Picasso ? Et sa dégradation esthétique qu'il a d'ailleurs avouée humblement. Einstein et la fission nucléaire ?

Oppenheimer et sa bombe atomique ? Field et sa bombe à hydrogène ?

S.T. Cohen et sa bombe à neutrons ? Meyer-Lanski, parrain de la Maffia ?

Flato-Sharon escroc international et fraudeur électoral ?

En un mot tous les tyrans de la dictature démocratique servie par des serpillières politiciens bien engraissés de tous les partis, ces implacables débiles qui nous mènent vers le pire ?

Non, mon cher Monsieur, tout homme digne de ce nom ne peut qu'être honteux d'appartenir à cette clique de criminels majeurs qui détiennent tous les rouages de l'officialité et son en train de liquider l'homme et la planète.

Notre congénère George Steiner a tout résumé fort bien :

« Depuis 5000 ans nous parlons trop, parole de mort pour nous et pour les autres ». Croyez à mes bons sentiments.

Chapitre XV

La fièvre de Tristan persistait. Il gisait dans un chaos de souffrances effervescentes.

Il délirait.

J'aime pour aimer.

C'est ce qui fait ma force et ma faiblesse. Ma lutte énorme contre l'impossible.

La présence d'un cœur nu devant le cynisme nihilisant, la mort de tout sentiment authentique.

Plus de bonté, plus de rigueur, plus rien.

L'espoir quand il n'y a plus d'espoir. Ma présence devant l'hostile total.

Les agrégés voient avec cohérence dans le minuscule, ils facilement leurs idées rétrécies.

Nietzsche, Pascal avait la tendance aphoristique.

Devant les pensées douloureuses que déverse le chaos il n'y a guère de place pour l'ordre et il y en aura de moins en moins.

Il y a bon nombre d'humanoïdes pour qui les évidences sont des théories, les vérités, des systèmes.

Mon Dieu, donne moi la paix. Satan, donne moi la paix du bonheur léthargique du spectateur des match de foot ball. Des millions, des millions.

L'absence de problème par le nivellement, l'anesthésie définitive par la bombe à neutrons.

Grand-maman chérie ? Biche ? Il me reste Chopin et les petits.

Nous souffrons de ce qui est faux en nous. Moral d'abord, puis physiologique. Physiologique puis encore moral. Et encore physiologique.

Spirale descendante de la désintégration humaine. Maladies psycho-somatique et somatopsychique sans fin. L'homme devient un homoncule gesticulant au sein de musiques qui feraient fuir les singes. Il faut voir les visages de têtes de morts de certains chanteurs rock ou autre imposture scandée de battements sourds et hideux.

Défaut congénital dû à notre dégénérescence depuis notre chute. Depuis l'aliénation du bonheur originel que nous avions peut-être. Il y a des peuplades qui savent vivre, qui ne connaissent ni la maladie ni la folie et seulement une mort tardive vers cent vingt ou cent cinquante ans.[45]

Si nous suivions les lois de la vie nous pourrions ici bas connaître le bonheur, une mort douce et acceptée pour terminer une vie de plénitude.

Les climats divers, la nourriture, non conformes à notre nature et qui, en ce siècle est rendue plus nocive par la chimie, nous dégénèrent progressivement. Nous mourons quasiment tous de

---

[45] Allusion aux Hounzas au nord de l'Inde. Principalement frugivores.

cancers ou de maladies cardio-vasculaires avant tout du fait de l'incongruité de notre nourriture.

Quand je vois les visages, je sens qu'ils ne sont pas normaux, souvent très laids tels qu'ils sont, je les imagine beaux, tels qu'ils devraient être. Si les êtres retrouvaient équilibre organique et mental ils auraient un visage glorieux. Dieu a permis que nous perdions nos visages avec notre bonheur.

Il a accepté que nous ignorions ses lois par bêtise et ignorance. Visages dégénérés. Notre sécurité ne lui suffisait pas. Il nous voulait dans l'instable pour nous voir nous débattre, nous noyer. Nous n'avons somme toute, rien compris ni à lui ni à nous-mêmes.

Et maintenant nous périssons sous la faux judéo-cartésienne. Pourquoi ? L'authentique paix est la non souffrance, la non joie, la non existence.

Je veux retourner au néant avec mes deux petits.

J'étais heureux avant de naître, je ne m'en souviens même pas. Ne pas se souvenir est aussi une forme de bonheur. Nous sommes tous des infirmes : la pensée et le génie sont des tares issues du désespoir. L'homme du paradis ressemblait plus à un pécheur à la ligne qu'à Nietzsche.

Il n'était pas contraint de creuser problèmes par son intelligence, de hurler sa douleur par son génie.

L'acteur est un pauvre monstre, lui aussi. J'ai vu au théâtre des pantins qui Jouaient des sentiments et des passions qui ne leur appartenaient pas.

L'acteur est tout, sauf lui-même : il est de n'être rien.

J'aime pour aimer. Ma Biche.

N'a-t-on pas remarqué que les biches pleurent toujours ?

C'est parce qu'elles souffrent. La biche serait danseuse, si elle était femme, comme le lévrier, le pur sang, la gazelle.

Ma biche à moi elle est femme, biche et un peu chatte. Elle se tait. C'est un petit monstre que j'ai envie d'aimer parce qu'il a besoin d'amour et qu'il prend au delà de l'épuisement. Qui a dit que nous sommes tous masochistes en amour ? Il y a du vrai là-dedans.

Elle se laisse aimer. J'aime pour aimer. Je lui ai tout remis, tout mon cœur.

Toute ma détresse. En amour on choisit ce qui exigera le plus de soi. On choisit ce qui vous est le plus nuisible. J'ai choisi Biche malgré moi, sachant que peut-être elle allait me dissoudre, m'anéantir. Je me suis retourné vers le passé, les yeux pleins de larmes et envoûté par ma passion, je me suis mis en marche. Je me suis dépouillé de vies qui ne m'appartenaient pas et dont la sécurité m'est chère.

J'aime sa faiblesse.

Il ne me reste rien, pas même ma dignité.

Elle est belle, mais elle ne conçoit pas qu'il existe autre chose au monde pour moi qu'elle, elle toute seule.

— J'ai une petite tête de Biche, me dit-elle un jour, pas une grosse tête d'éléphant.

Oui, elle a une adorable petite tête de Biche qui me fait tant souffrir. Je ne peux pas trop lui expliquer. Mais que faire ?

Elle est née avec le don de la danse. La danse était sa joie de vivre. Ses parents n'ont pas su le déceler, elle n'est pas devenue danseuse, mais elle sera toujours une danseuse comme je serai toujours un pianiste, *essentiellement*.

Une danseuse sans danse, un pianiste sans piano.

Perdus dans le monde moderne. On ne peut changer nos essences, ce monde de brutes peut nous tuer, c'est tout.

Elle a rencontré ma passion et elle avait besoin de celle-ci. Elle voulait m'absorber corps et âme, elle se voulait mon idole muette. Elle n'admet rien d'autre dans ma tête qu'elle, elle ne peut supporter mes deux enfants.

Si elle pouvait découvrir que deux enfants c'est sacré… Si elle pouvait comprendre que ces deux petits êtres ne sont pas entre elle et moi, entre mon amour et elle.

Je ne vois plus clair dans cette pénombre de condamné.

L'aimerais-je aussi passionnément si elle communiait avec moi dans mon devoir de père et d'artiste ? Voire !

Ne serait-elle pas sous-entendue en moi de manière éteinte ? Ne serions-nous pas un tout tranquille ? Mais alors ne serions-nous pas totalement différents ?

Si j'avais étudié le piano, je n'aurais pas eu besoin de penser. Je n'étais pas fait pour penser. Je penserai toujours comme un enfant. On ne peut tant demander à un cerveau d'enfant.

Le dandy est l'enfant par excellence. Alors pitié pour nous. Qu'on lui donne la danse, qu'on me donne un piano, parce que j'aime et n'en peux plus d'aimer.

Ma Biche, jalouse de deux enfants...

Seigneur ne devrions-nous pas vous haïr de ce que *nous ne soyons pas toujours informés par vous des lois de la vie qui confèrent le bonheur ?*

Noël

Pour la première fois, on ne sait pourquoi, *grand-maman chérie* est allée voir les enfants de Tristan. Elle avait offert un ours en pluche et un petit billet à la nourrice. Elle avait clamé :

« Que voulez-vous, ce n'est pas parce que leur père est un monstre et un ingrat. Quand je pense à tout ce que j'ai fait pour lui ! quel serpent j'ai réchauffé dans mon sein ! »

Et le parterre de son salon, opinant du bonnet, lui avait laissé entendre qu'elle était une sorte de sainte.

La fièvre, toujours la fièvre. Alité, lucide, anéanti.

Il devait quelques jours plus tard subir les derniers examens de licence.

André l'ami psychiatre, vint voir Tristan et décida qu'il serait plus sage qu'il entrât à l'hôpital.

Les sulfamides avaient fait disparaître les colibacilles, mais les traces purulentes subsistaient.

Le médecin chef de l'hôtel Dieu où il se trouvait, gendre d'un médecin ami de son père et de sa mère et qui avait mis Tristan au monde, était surnommé le « professeur miracle ». Il avait en effet radoubé un malade atteint d'une cirrhose du foie, d'une méningite cérébro-spinale et autres calamiteuses maladies. Il avait en tout cas quitté l'hôpital sur ses deux jambes, mais personne ne savait si un mois plus tard, il était encore vivant.

L'attitude et le physique de ce médecin frappèrent étrangement Tristan. Carré, sportif, mémoire prodigieuse facile à observer lorsque le matin entouré de ses étudiants il procédait à l'examen des malades. L'interne qui le suivait avait exactement le même type si bien qu'on eût pu aisément les prendre pour le père et le fils. C'était deux hypophysaires parfaits.

Tristan avait constaté, il l'avait dit, la fréquence de ce type chez les agrégés, les internes bien avant qu'il leur donnât une « appellation glandulaire ».

Il avait bien conscience que cette observation aurait échappé à quiconque car dans le détail ils étaient différents, mais c'est précisément le détail que sait observer l'homme banal.

Pour Tristan leur ressemblance était aussi flagrante que celle de Chopin Musset, Liszt, Goethe, Disraeli, et les romantiques longilignes en général.

Le professeur n'observa rien. Il ne posa aucune question. Sa seule perspective était *la recherche du syndrome*. Instruments de mesure, examens matériels, radio des poumons, et des reins, recherche de l'albumine, hyperglycémie provoquée, diverses prises de sang, métabolisme basal…

Les traces purulentes venant de disparaître, le professeur conclut : « Fièvre physiologique ».

On administra à Tristan un calmant nerveux qui le précipita dans un tel état d'étouffement qu'il dût y renoncer.

Tristan médita sur une véritable médecine. Celle-ci lui semblait tellement aberrante qu'il ne comprenait pas qu'on pût y croire sérieusement et l'appliquer de façon systématique. Seules les causes nutritionnelles et psychologiques pouvaient mener aux origines d'une maladie.

Biche était venue. La fièvre avait monté. Mais cette fièvre, ce pus, ces microbes, *n'étaient-ils pas l'expression physique de l'arrachement de son âme ?*

En vacillant il quitta l'hôtel Dieu pour aller en Sorbonne passer son ultime certificat de licence. Il rédigea dans un semi-brouillard, passa l'oral avec succès et fut reçu avec mention.

Depuis dix ans déjà il enseignait.

Malgré cette importante ancienneté, nombre de ses collègues également licenciés es lettres, ne pouvaient obtenir leur titularisation : il fallait un concours, CAPES ou agrégation.

Leurs traitements demeuraient dérisoires et statiques. Un jour un comité s'était organisé parmi les professeurs non titulaires et ils avaient consulté un très important syndicat. A la tête de celui-ci, Mademoiselle Abraham leur avait répondu :

— Nous sommes un syndicat de titulaires, le problème des professeurs non titulaires ne nous intéresse pas.

Alors un collègue se leva pour regrouper et défendre les intérêts des professeurs non titularisés et licenciés es lettres. Il était communiste.

Personne n'eut le choix d'en élire un autre car personne n'était candidat à la défense de leur intérêt élémentaire. Le dilemme était simple : ou être défendu par un communiste ou ne pas être défendu du tout.

N'était-ce point là un aspect fondamental du monde moderne. Les nations dont la tradition est aux antipodes du marxisme finissent par ne trouver qu'un seul protecteur apparent, le marxisme.

Il n'arrangera rien mais il n'y a que lui.

Un jour il dévorera le monde entier ne gardant du Capitalisme que les financiers qui le financeront, comme ils ont financé le bolchevisme en Russie : ce sera l'enfer mondialiste.

Ces surprimaires de l'université n'avaient rien compris à son agonie sans syndrome.

Biche demeurait irascible, nerveuse, elle créait en lui des conflits déments. L'existence des enfants la révoltait. Il saignait de penser que ces deux petits pesaient si peu pour elle. Il était déchiré par sa passion et son devoir.

Un jeudi, il devait aller voir ses petits.

Biche souffrait tant. Elle n'était méchante que parce qu'elle souffrait. Tristan ne prit pas le train pour la banlieue.

Il était resté là près d'elle, ressentant sa souffrance. Désespéré, affaibli, fou de passion et torturé.

Le visage de ses deux enfants, devant lui.

Non, ce n'est pas l'amour cet esclavage ignoble dont on meurt.

Il ne pouvait plus vouloir. Il avait, vingt neuf ans, utilisé sa faible volonté dans une lutte harassante à se nier lui-même, à renier sa vocation de pianiste, de penseur, d'artiste pour acheter presque malgré lui le droit d'exister. Tout ce qu'il avait construit s'effondrait à cause d'une passion à laquelle sa raison s'opposait, vers laquelle il était entraîné fatalement, et contre laquelle il ne pouvait rien.

Il sentait la tuberculose et la folie le menacer. Les médecins *matérialistes* ne pouvaient rien pour lui.

La Providence, il n'y a pas d'autres mot en l'occurrence, mit alors devant ses yeux un article médical qui formulait la traduction endocrinologique des quatre archétypes humains qu'il avait observés. Le lutteur de ring, Staline, Kroutchev, étaient des *surrénaliens*.

Les internes et agrégés des *hypophysaires*.

Les artistes romantiques comme Chopin, Musset, Liszt et lui-même, des *thyroïdiens*.

Le Docteur Alexis Carrel correspondait parfaitement au type *génital interne ou interstitiel*.

Il entra alors en contact épistolaire avec le médecin auteur de ce fulgurant article dont il avait compris immédiatement les arcanes.

Ce médecin de Bordeaux, le Dr. Jean Gautier, avait fait la plus importante découverte du siècle quant à la connaissance de l'homme : *l'antériorité fonctionnelle du système hormonal sur le système nerveux et l'être en général*.

Leur premier contact ayant un caractère d'urgence, il lui écrivit une lettre chaotique où se mêlait la plaie de son passé, son mariage, sa passion pour Biche, ses enfants, et l'apologie de l'esthète condamné à mort par le progrès.

La réponse du médecin fut rapide :

Mon cher Monsieur.

Ne désespérez point. Vous analysez votre situation avec beaucoup trop de lucidité, de raison, de bon sens pour ne point guérir et vous ressaisir. Vous avez un idéal, le piano, un devoir, vos enfants, Vous avez là de quoi remplir magnifiquement la vie d'un homme de cœur intelligent et grandement sentimental.

Je vous aiderai. Vous avez écrit sur le dandysme un essai tout à fait remarquable.

Votre photographie jointe illustre de façon patente mon type « thyroïdien ». Vous avez fatalement choisi une femme dont le type glandulaire a quelque affinité avec le vôtre. Mais elle manque de génitale interne ce qui lui confère un gros égoïsme. Ce sont des êtres insatisfaits, à la recherche de sensations, jaloux.

Vous êtes comme Chopin et Musset avec George Sand : vous lui montrez trop que vous l'aimez. Mais Sand était une génitale reproductrice ce qui lui permettait d'être infidèle mais avec quelque bonté.

Suivez les deux ordonnances hormonales que j'adresse pour vous et votre femme. Lorsque vous serez guéri, venez me voir et nous aurons une longue conversation…

Tristan et Biche prirent les hormones et cessèrent de se déchirer.

Malheureusement les hormones coûtaient fort cher et ils n'eurent pas les moyens de les renouveler.

Alors Biche, pour mille vétilles, reprenait son masque. Il tendait de se plier à n'énigme de son caractère. Ils cherchaient des mots pour l'apaiser. Tout lui déplaisait. En présence d'amis il ne pouvait parler. Biche le paralysait. Un seul mot pouvait la mettre hors d'elle, la blesser, l'écorcher vive.

Tristan avait dit qu'elle le détruisait.

« Cela m'arrangerait bien » avait-elle répondu.

Une lettre, son fils était malade.

Quarante de fièvre. Il garda son inquiétude pour lui seul. Biche avait aperçu l'enveloppe : « Si tu aimes tes enfants, ne reste pas ici, va les rejoindre » avait-elle jeté.

Puis vouvoyant Tristan :

— « Qu'est-ce que vous faites ici » ?

Cette scène avait réduit Tristan à l'hébétude. Pendant le déjeuner elle jouera la comédie de la sérénité devant ses parents. Lui ne pouvait pas. Alors elle l'entraîna à l'écart dans le salon en lui donnant quelque illusion de tendresse afin qu'il pût jouer aussi devant les parents une relative comédie du bonheur.

Après le repas ils se trouvèrent seuls.

— « Nous n'avons qu'à être un frère et une sœur » lui dit-elle, « d'ailleurs je veux prendre une place de mannequin que l'on m'offre en Suisse ». Puis :
— « Je veux faire ce que je voudrais ».

Enfin elle ajouta cette phrase inouïe : « Je ne veux pas être damnée seule ».

Elle disparut tout l'après midi.

Il lui demanda où elle avait été. « J'ai cherché un hôtel » avait-elle répondu. Le soir dans leur chambre il insista pour qu'il partît.

Elle voulait qu'il s'en allât. Il n'avait qu'à s'en aller.

Il s'était assis au bord du lit, il avait mal pour eux deux. Leurs deux souffrances étaient antagonistes : elle n'avait que la sienne, il vivait les deux.

Alors pendant un temps interminable il avait parlé. Il lui expliqua que par un caprice de la nature il y avait des choses qu'elle ne comprenait pas, qu'il fallait qu'elle essayât, que les enfants n'étaient pas entre elle et lui.

Qu'elle était une biche jalouse de deux enfants.

Elle s'était calmée, elle avait pleuré dans les bras de Tristan. « Ce n'est pas ma faute » avaitelle gémi, « ne me quitte jamais ».

Tristan le savait. Pauvre petite fleur de serre, comme il l'aimait. Il fallait racheter des hormones, il le fallait, il en racheta.

Deux semaines s'écoulèrent. Il se hasarda à lui parler de ses projets pour la Suisse. « Mais je ne veux pas être mannequin, pourquoi veux-tu que je sois mannequin » avait-elle répondu.

Biche devint enceinte.

Alors les semaines qui suivirent sa petite Biche se mit à tricoter des choses ravissantes pour le petit faon qui allait naître. Il y avait un petit mantelet rose avec une capuche, de toutes petites moufles blanches…

Comme c'était joli tout cela…

Si l'on savait comme c'est joli une petit Biche qui tricote. Sa petite fleur de serre…

Ce jour-là Tristan n'avait plus mal. Il ne veut plus avoir mal. S'il avait encore mal, il le dirait à son piano…

Chapitre XVI

> « *La vie est unité dans la variété* » *(Thomas d'Aquin)*
>
> « *Souffrance, accoucheuse de l'homme intérieur* » *(Prince Paul Scortesco)*

Tristan profité des longues vacances scolaires d'été pour aller rendre visite à ce médecin physiologiste, endocrinologiste, qui l'avait aidé.

Cet homme avait découvert une clef fondamentale de la nature humaine : la toute puissance des glandes endocrines. Il avait constaté que le type « thyroïdien » auquel il appartenait était l'Apollinien de l'astrologie et le phosphorus de l'homéopathie. Les perspectives vénusiennes entraient aussi dans la caractérologie du thyroïdien, comme les données martiennes dans celle du surrénalien. Il sentait que ces données ne seraient pas perçues par une société matérialiste, primaire, avant l'effondrement du matérialisme.

Même l'antériorité fonctionnelle du système hormonal n'était pas comprise au vingtième siècle. Il faudra un temps considérable pour que cette nouvelle connaissance pénètre dans le conscient collectif.

Il pressentait que cet échange de vues allait être pour lui une ouverture immense vers la Connaissance.

Il fallait sortir de toutes ces pseudo-philosophies judéo-cartésiennes qui ne pouvaient engendrer que le néant de l'intellect rationaliste.

L'intelligence synthétique, l'intuition, avaient déserté l'homme sous l'influence de la dictature absolue d'un impitoyable intellect livré à son exclusivité. Il n'avait logiquement engendré que la sottise matérialiste et son orgueil dérisoire débouchant sur le suicide des corps, des âmes et de la planète.

Le Docteur ressemblait à Montaigne, et surtout au général Tchang Kaï-Chek. Tristan se souvenait : ce général nationaliste qui était prêt avec l'aide du général Mac Arthur à empêcher l'avènement de Mao Tsé Toung et du communisme en Chine. Le succès était certain, mais le gouvernement « américain » empêcha Mac Arthur de joindre ses forces à celle de Tchang Kaï Chek et fut rappelé aux USA tandis que le général nationaliste était relégué à Formose… Il est *certain* que l'intervention de Mac Arthur eût empêché l'avènement communiste en Chine : qui dont a *fait* le communisme chinois ? ? ?

Le savant apprit à Tristan qu'il avait été pré-mongolien mais que grâce à sa compréhension de l'homme hormonal, il s'était tiré de cet état. Il avait aussi maintes fois réussi à faire de petits mongoliens des petits commerçants, des employés et à leur donner une apparence physique qui ne comportait que des traces mongoloïdes. Lorsque des années étant passées, ces ex-mongoliens allaient voir le médecin qui avait diagnostiqué leur mongolisme, ceux-ci, sans exception, préféraient s'accuser d'une erreur de diagnostic plutôt que de reconnaître l'efficacité thérapeutique du Docteur Gautier.

Il restait d'ailleurs chez le Docteur Gautier un vestige asiatique, déjà mentionné puisqu'il ressemblait à Tchang Kaï Chek.

Un long, passionnant, dialogue, unique au monde, allait s'établir entre eux.

— Mon cher Tristan, vous êtes d'une sensibilité, d'une émotivité anormale et d'une grande sentimentalité. Vous êtes à peu près capable de tout comprendre, ne serait-ce que par intuition. Rien ne peut donc s'opposer à une sorte de mise au point de tous les problèmes généraux et personnels qui préoccupent et vous accablent. Parlons d'abord de votre mariage avec celle que vous appelez « biche ». Il est bien difficile que vous vous adaptiez à votre femme et encore moins qu'elle s'adapte à vous. Elle est non seulement thyroïdienne de type mais elle a une tendance hyper-thyroïdienne pathologique légère. Cela signifie que la vie en commun est impossible entre vous deux. Il lui faut un hypophysaire calme, sans problème, sans vie intellectuelle et affective débordante comme vous. Sa tendance hyperthyroïdienne pathologique est aussi évidente pour moi par simple photographie, sans examen de laboratoire, que sont pour moi évidentes les lèvres violacées de votre grand-mère que je ne connais pas.

Tristan fut ahuri.

— Comment pouvez-vous connaître tout cela ?
— C'est simple. Votre grand-mère appartient à un type précis de thyroïdiennes qui apparaît souvent dans la secte des circoncis au 8ème jour du fait d'un déséquilibre hormonal agencé par la circoncision au 8ème jour chez l'homme. Nous en reparlerons plus tard exhaustivement. Ce détail lui est propre à partir d'un certain âge et je puis vous dire que votre mère qui appartient aussi à ce type, aura ces lèvres-là si elle vit à un âge avancé. Je puis ajouter qu'elles ont toutes deux des troubles de la circulation dans les jambes et une tendance aux palpitations.

La curiosité de Tristan était aiguisée par son impatience native. Un chaos se précipitait dans son esprit, un univers de question à poser, mais le docteur continua.

— Il y a entre votre femme et vous une fatalité hormonale contre laquelle on ne peut pas grand chose, surtout dans les conditions de vie actuelle. Il faudra vous séparer avant d'être contraints de prendre des mois de repos ou de tomber gravement malade, notamment chez vous deux thyroïdiens, de maladies pulmonaires.

— Mais j'aime ma femme !

— J'en suis persuadé et même sans mesure. Je vous aiderai à supporter cette dure épreuve, tout d'abord en vous expliquant. Nous allons contempler l'humanité et essayer de comprendre ce dont personne n'a encore idée. Je sais que votre rythme cardiaque accélère parce que votre thyroïde est excitée par l'aspect nouveau, oppositionnel de tout ce que je vous expose. Je vais donc vous expliquer des conceptions nouvelles qui touchent l'homme et que personne ne comprendra actuellement hormis quelques thyroïdiens de type supérieur, et des « interstitiels ». Il est vrai que ces deux catégories d'êtres ont pratiquement disparu.

— Certains fous ne peuvent-ils pas comprendre, par « fulgurances thyroïdiennes » car il est évident que les déments qui ont un caractère trop dynamiques, ont une thyroïde sur active.

— Ce que vous dites est vrai et bien observé et compris. Ils peuvent parfois comprendre bien des choses mais ils ne peuvent en tirer partie. Le chaos de leur mental n'est pas constructif. De plus ils auront tendance à déformer les réalités que nous allons exposer pour satisfaire leurs instincts, leurs manies, leurs marottes, leur intérêt, leur folie. Ils ne peuvent accéder à l'AbSTRACTION indépendante de leurs idées, leur sentiments personnels, leurs conditionnements, leurs préférences. Le génie, lui, accède à la vérité même si elle lui est subjectivement très désagréable. Il ne tient aucun compte de ses préférences, et n'observent que les faits et les arguments profondément médités. Le fou ne peut rien de tout cela. Il faut donc pour comprendre tout cela un minimum de substratum hormonal thyroïdien et interstitiel.

— Qu'est-ce que l'interstitielle ?

Tristan buvait.

— C'est une partie glandulaire qui s'intègre dans les gonades chez l'homme et dans les ovaires chez la femme. Elle fait pendant à la « génitale reproductrice ». Les parties génitales « interstitielle » et « reproductrice » constituent la glande génitale. L'interstitielle ou « génitale interne » est atrophiée chez les déments. C'est donc là le signe constant de la folie chez un être normalement constitué évidemment. (car un état mental aberrant est naturel chez des êtres congénitalement mal formés, tels les microcéphales, les anencéphales etc) Cela ne vous suggère-t-il rien ?

— bien sûr que si. L'interstitielle doit être la glande de la santé mentale, du sens moral, du courage, des capacités intellectuelles supérieures comme la notion d'identité et la synthèse toutes possibilités interdites aux fous. C'est tout cela qui avec la volonté constitue la véritable intelligence qui manque aux déments. D'ailleurs dans le langage populaire ne dit-on pas d'un homme sans courage qu'il n'a pas de testicules. L'observation populaire a découvert, par l'observation séculaire, la glande génitale interne sans le savoir.

— Exactement « l'interstitiel » est donc un homme doué d'une puissance interstitielle qui lui confère la maîtrise de ses pensées et de ses actes.

— Cette glande doit être peu développée actuellement.

— Non, elle est chétive dans l'humanité actuelle et elle diminue de plus en plus du fait des conditions générales de la vie moderne : agitation trépidante, chimification du sol, de la nourriture, de la thérapeutique, vaccinations systématiques,[46] toutes choses qui sont un assassinat de cette glande fondamentale. Cette glande est celle de la finalité humaine. Voyez-vous, Tristan,

---

[46] Une vingtaine d'injections de produits putrides dans l'organisme avec des métaux dangereux tel l'aluminium. La vaccination détermine cancers, maladies cardio vasculaires et mentales... En l'an 2000 la vaccination anti hépatite B, par exemple, détermine des scléroses en plaques et des spondylarthrites ankylosantes...

la base fondamentale de ces nouvelles découvertes est que nous sommes fonctionnellement dirigés par notre système hormonal et non pas par notre système nerveux comme la majorité des médecins le croient encore.[47] tout dans l'être est affecté à la fois d'une part l'esprit d'autre part le corps par le truchement du système hormonal. Vous comprendrez ainsi que des techniques millénaires tels que le respir ou respiration contrôlée, permettent en exerçant une maîtrise parfaite du système hormonal, l'impossibilité de maladies psychosomatiques.

Je conçois très bien l'importance du système hormonal quand je constate chez moi l'importance de la thyroïde dans toutes mes réactions.

— Il est naturel que vous accédiez directement à ces données mais il y a quantités d'autres preuves accessibles.
— Lesquelles ?
— Par exemple certains insectes dont la tête est coupée, peuvent continuer la pariade ! si l'on pratique la section de tous les nerfs aboutissant aux organes sexuels d'un chien, cela n'abolit ni le rut, ni la marche normale de procréation de ces organes. La résection de tout le système sympathique ne modifie en rien les manifestations vitales, les émotions, les activités sexuelles d'un chien ainsi opéré. Mais la suppression d'une seule des quatre endocrines organiques empêche chez cet animal l'apparition de l'instinct sexuel et amène la dégénérescence des organes reproducteurs.
— Tout cela m'est parfaitement évident depuis longtemps. Je ne comprends même pas la nécessité de ces démonstrations ! si les endocrines, comme le disait Carrel en 1937, nous confèrent nos caractéristiques physiques et mentales, il est de toute évidence que le système hormonal nous dirige fonctionnellement. *Notre système*

---

[47] Beaucoup d'homéopathes et de naturopathes ont parfaitement compris cette antériorité fonctionnelle.

nerveux ne nous fait agir qu'en fonction de ce que nous sommes hormonalement. Il est donc évident que notre système hormonal dirige notre système nerveux.

— Ce raisonnement est pour vous élémentaire mais vous connaissez suffisamment « les agrégés » et les « internes » pour savoir que ce n'est pas du tout évident pour eux. Nous verrons plus tard *pourquoi ils ne peuvent pas comprendre.* Nous possédons quatre endocrines organiques : *les surrénales, l'hypophyse, la thyroïde, la génitale.* Chacune d'elle, lorsqu'elle est physiologiquement suractive et que les autres sont en état normal, détermine l'un des quatre prototypes humains. Si vous voulez une image symbolique, le surrénalien sera un lutteur de ring, ou Staline, type matérialiste, le moins évolué. Son allure rappelle celle de l'orang-outang dont il a des mimiques et des gestes. Chacun se souvient de Kroutchev tapant sur son pupitre avec sa chaussure à une séance de l'O.N.U. Un grand paysan du Haut Nil représente parfaitement le type hypophysaire et le général de Gaulle est un prédominant de ce type. Vous représentez parfaitement le thyroïdien comme Chopin, Goethe, Chateaubriand etc. Un grand saint serait un thyroïdien interstitiel, vous « dandy » êtes un thyroïdien moins interstitiel ce qui vous rend susceptible d'être victime de passion. Vous avez de l'interstitielle car autrement il n'y aurait pas chez vous souci de vérité, de synthèse, de beauté. Mais elle agit plus sur votre cérébralité que sur votre somatique. Vous pouvez aussi comprendre la phrase de Camus, « le dandysme est une forme dégradée de l'ascèse ». En d'autres termes on pourrait dire que le dandy est une sorte de saint dégénéré ce qui se vérifie parfaitement par l'endocrinologie. Il n'est pas impossible qu'un thyroïdien devienne un ascète, ce qu'il serait dans une société traditionnelle, non pathogène comme la nôtre. Le dandy devient ascète même dans notre société, du moins ces derniers siècles, car La Fontaine, dandy avant la lettre, Liszt, sont devenus ascètes quand l'âge fut venu. La Fontaine porta silice et Liszt devint le chanoine Liszt. François d'Assises fut dans ce cas. Tous trois furent des libertins. Lorsque la thyroïde a été fatiguée par l'âge, l'interstitielle a pris le dessus, d'où cette évolution vers les qualités spirituelles de l'interstitielle. Malheureusement vous n'en êtes pas encore là. Toute femme charmante met votre thyroïde en transes et exerce sur vous une sorte de fascination fatale. Pour guérir cela, il n'y a que la nourriture végétarienne, la respiration contrôlée et la prière active, c'est-à-dire non quémandeuse. L'exacerbation thyroïdienne mène à une grande utilisation de la génitale reproductrice qui va diminuer l'activité de la génitale interne. Je vais vous découvrir un phénomène étonnant : l'homme primitif était surrénalien, c'était la grosse brute. Celle qui a suivi était celle de l'homme du Cro Magnon, de l'artiste des cavernes, il était thyroïdien. L'humanité actuelle est hypophysaire, analytique, idéologique. Or il se trouve que le bébé-homme est surrénalien, ce qui lui permet de tenir son petit bras en l'air à angle droit pendant trois quarts d'heure ce que nous ne pourrions faire. Après une puberté, il y en a trois, (et pas seulement la seconde que tout le monde connaît et nomme « la puberté »), il devient thyroïdien, il gazouille, parle, fait son petit poète, crée des néologismes. Puis vers 18 ans, âge de la dernière puberté, il devient interstitiel, c'est-à-dire en possession maximale de ce qui lui revient de libre arbitre. Vous comprenez, en passant, la nécessité d'une éducation rigoureuse pour développer l'interstitielle et créer des sortes de tuteurs qui, par les bons automatismes acquis, aideront à la fortifier.

— Si je comprends bien, l'humanité évolue exactement comme l'enfant et si on les compare, elle serait proche de ses 18 ans, de sa dernière puberté. C'est ce que les astrologues appellent l'ère du Verseau.

— Oui, la fin de l'humanité hypophysaire est proche. Nous allons après notre suicide atteindre notre dernière puberté : l'humanité sera majeure, elle aura ses dix-huit ans accomplis.

— Tout cela est clair.

— Pour vous, Tristan, mais pas pour un hypophysaire qui a perdu tout sens du sacré, du religieux authentique, de la beauté, de la synthèse, en un mot toutes les composantes essentielles du mental qui permet de comprendre à ce niveau de pensée. L'intellect analytique qui a seul cours dans une officialité suicidaire ne permet que d'adhérer à des mirages suicidaires. Pourtant l'observation analytique élémentaire montre que la science est suicidaire. Et pourtant les savants de l'époque continuent à être le jouet de la frénésie inventive. Que voulez-vous que comprennent les hypophysaires capables d'élaborer des horreurs comme la tour Eiffel, le centre Pompidou, la chimie de synthèse comme principe de santé, les vaccinations, et de prendre Freud et Marx pour des génies ?

Tristan resta rêveur. Le docteur reprit :

— Vous êtes Tristan le descendant direct de cet ancêtre du Cro-Magnon. Il avait une haute taille, une souplesse féline, une musculature longue et il était coquet. Il paraît son corps de peaux de bêtes, de bariolages, de tatouages. Il fut sorcier et poète C'était déjà un visionnaire et un poète du fait de sa puissance thyroïdienne. C'est de lui que l'homme tient l'extension et l'ampleur de son vocabulaire tout à fait stupéfiant. La période romantique nous offre les échantillons les plus représentatifs de ce type : Chopin, Musset, Liszt, Chateaubriand, Weber, Lamartine, Disraeli, Goethe... Ils ont cet aspect longiligne, la tête ovoïde, les yeux bien et grands ouverts, très expressifs et mobiles. Souvenez-vous que l'hyper-thyroïdien pathologique a des yeux exophtalmiés. Leur physionomie est racée, leurs traits mobiles traduisent fidèlement leurs impressions, leurs sentiments. Leur langage est facile, parfois recherché, ils connaissent aussi d'instinct les atours qui flattent. Ce sont des hermaphrodites sentimentaux. Ce sont bien des hommes, mais avec quelque chose de la féminité dans leurs gestes, la douceur du regard et de l'expression. Ils sont souvent plus féminins que la femme elle-même en ce qui concerne les sentiments car ils ne sont capables d'aucune des méchancetés, des mesquineries, qui caractérisent la psychologie féminine. Leur sensibilité est vive, aiguisée et ressent les moindres sensations, les moindres atteintes. Une sensation même minime les replie sur eux-mêmes comme la moindre force contrariante. Ils sont emportés par leurs sentiments comme un torrent dont les flots se brisant sur un rocher se blanchissent d'écume. Les humains ne les comprennent pas, ce qui ne facilite pas leur état marital. Nous ne comprenons pas les humains non plus. Nous les ressentons, nous les connaissons, mais nous ne parvenons pas à les comprendre car ils sont très éloignés de notre mentalité. Je peux même dire que plus nous les connaissons moins nous les comprenons. Ils nous semblent sans cœur, insignifiants, futiles, dérisoires et le plus souvent intéressés par l'inintéressant. C'est encore plus vrai à notre époque de bêtise et de laideur généralisées qui les stupéfient. Pourquoi sommes-nous si sensibles à la douleur ?

Eh bien en général, car ce ne fut pas le cas de Goethe fortement surrénalien, ils ont des surrénales physiologiquement faibles. Votre main extrêmement fine, que les chirologues dénomment « main psychique », est l'antithèse de la grosse patte matérialiste du surrénalien. Les surrénales donnent des particularités masculines : une insensibilité relative à la douleur qui permet de se battre, une force musculaire qui participe au même but. Elle confère une brutalité qui pousse à forcer et à contraindre la femelle. Mais tandis que le surrénalien s'il est soumis à la douleur éprouve un plaisir qui confine au masochisme, le dandy thyroïdien en souffre et s'en plaint. Il n'apprécie la douleur que parce qu'elle excite sa thyroïde, c'est-à-dire son intelligence, son imagination. La thyroïde avec des surrénales faibles déterminent cette angoisse que Kierkegaard, thyroïdien, dénommait « l'écharde dans la chair ».

— C'est donc ainsi que vous expliquez dans un aspect essentiel, mon mariage avec biche ?
— Oui, car vous ne l'avez pas seulement épousée parce qu'elle était belle. Certes, elle répondait à une visualisation longtemps chérie dans votre esprit, car il est normal qu'un

thyroïdien grand, blond et mince s'éprenne d'une thyroïdienne de type analogue, mais elle a provoqué un état passionnel amoureux. Que s'est-il passé alors ? Une excitation psychologique favorable a déterminé une excitation thyroïdienne, la sécrétion qui en a résulté a agi sur votre sexualité et l'état d'excitation de celle-ci sur la même glande qui a agi à son tour sur la cérébralité pour y faire apparaître des représentations imaginatives érotiques. Ces dernières ont eu tendance à accroître l'excitation sexuelle qui a encore une fois retenti sur votre thyroïde : *d'où ce cercle fonctionnel vicieux* devenant un élément vital pour l'entretien de l'oxydation, c'est-à-dire de la vie. Ainsi il y a chez le dandy une recherche physiologique thyroïdienne de la douleur ce qui semble paradoxal, mais qui s'explique très bien si l'on connaît les divers fonctionnements qui interviennent en lui. Cette tendance à la tristesse est flagrante dans la musique de Chopin. La polonaise en là bémol est presque lugubre, ce n'est pas une danse joyeuse, ni une marche éclatante comme l'harmonie et le rythme sembleraient le désirer. Il est certain que cet état fonctionnel d'une sensibilité excessive qui chez l'être courant, normal, transforme les sensations visuelles, auditives en joie, se métamorphosent chez le dandy romantique en une sensation qui, jusqu'à une certaine limite ou intensité procure de la joie, et au delà une impression pénible puis douloureuse. Comme le romantique est à la recherche de sensations violentes pour vivifier une thyroïde qui se fatigue vite, car mal soutenue par les surrénales et la génitale interne, il aboutit presque en toutes circonstances, soit par l'intensité, soit par la durée, à la fatigue, le chagrin, la douleur. Dans une civilisation traditionnelle, le végétarisme, l'éducation spirituelle, le respir lui auraient évité cet état. Il ferait partie de la classe des prêtres et des clercs dirigeants. N'oublions pas que la thyroïde est la glande de la sexualité ce qui signifie que ce qui ne sort pas par en haut, sort par en bas ! les hormones thyroïdiennes s'utilisent soit pour une haute intellectualité, soit pour la sexualité. Selon le contexte sociologique où il se trouve le thyroïdien sera fondamentalement, une haute intellectualité ou un érotique. Ainsi le romantique évolue, ondule, varie du plaisir à la douleur, avec le même genre de sensations, couleurs, musique, sentiments, jouissance génésique. Il passe continuellement à une sensation de plaisir à une sensation douloureuse, autrement dit de l'activité de sa thyroïde à son insuffisance. Puisque l'activité thyroïdienne procure la joie, son insuffisance apporte tristesse, angoisse, maladie car il faut savoir que ce ne sont pas les microbes qui sont causes des maladies *mais leurs formes pathogènes sur un terrain malsain*.[48]

Remarquons en passant qu'au delà du terrain et des maladies psycho somatiques si nombreuses, il y a l'ingestion de molécules non spécifiques du bio type humain. Autrement dit nous mangeons ce qui ne convient pas à notre corps. Voilà qui est fondamentalement pathogène. La guérison de cancers par le retour au cru et au véritable instinct qui revient après quelques jours d'ingestion de cru, est un phénomène connu désormais. Si le microbe était la cause des maladies, les milliards de bacilles de Kock qui se trouvent dans le métro de Paris par exemple, *feraient de tous les parisiens des tuberculeux, or ce n'est pas le cas.*

Telle est donc la sensibilité du dandy romantique, exagérée parce que toute sensation détermine chez lui une souffrance pour la moindre force qui pèse sur lui, car il s'adapte mal. Quand une force agit sur notre être il doit y faire face grâce à la sécrétion hormonale qui y répond. Si la force est puissante, ce sont les surrénales qui interviennent, d'où une certaine insensibilité qui permet au sujet de supporter un bruit violent, un éclairage intense, un poids lourd. Quand la force est moins perceptible comme un objet mal éclairé ou situé dans l'ombre, c'est la thyroïde qui doit intervenir pour conférer à l'œil plus d'acuité, à l'ouïe plus de finesse. Si une force agit trop longtemps c'est l'hypophyse qui intervient pour fournir la résistance voulue. Vous pouvez comprendre la prédominance hypophysaire nécessaire aux

---

[48] Souvenons nous que Pasteur est mort en disant : « C'est Claude Bernard qui a raison, le microbe n'est rien le terrain est tout ».

candidats des concours officiels tels que l'agrégation ou l'internat en médecine. Si un danger menace, c'est la génitale interne qui va s'interposer pour donner courage et volonté. On pourrait multiplier à l'infini ces exemples d'adaptation car il en existe pour tous les cas possibles et imaginables de l'existence.

L'artiste romantique, lui, n'utilise pas chacune de ses sécrétions pour s'opposer aux diverses forces contrariantes. Il se sert toujours de sa thyroïde qui devient pour lui sa sécrétion à tout faire. Dans de telles circonstances, la souffrance activant sa thyroïde, le rend intelligent et créateur. Mais si la souffrance ou l'opposition durent trop longtemps alors son état d'hyperthyroïdie physiologique devient pathologique : il peut alors devenir fou ou se suicider. *Il est important de savoir par ailleurs que la folie est un état d'hyperthyroïdie* comme la neurasthénie est un état d'hypothyroïdie. Cela n'est pas vérifiable en laboratoire d'où l'incapacité des esprits analytiques de prendre conscience de ces vérités.

Son égocentrisme, son égotisme dus à son manque d'adaptation comme à sa très grande sensibilité, font qu'il aime la flatterie, il aime devenir une vedette, se singulariser par ses talents artistiques, sa faconde, son pouvoir mimétique ou de reproduction sentimentale. Il a donc une inclination pour le théâtre car c'est un comédien inégalable. Il est aussi orateur, conférencier, prédicateur, grand politique (absolument pas « politicien », car il ne peut s'intégrer dans les troupeaux amorphes et la nullité des partis politiques régimentés), il a la voix qui convient, la rapidité d'élocution. La voix émane non pas du système nerveux mais du système glandulaire. Les anencéphales qui ne possèdent même pas de protubérance, se manifestent non seulement par des gestes, une affectivité, mais aussi par un gazouillis. La voix provient donc de la thyroïde. C'est pourquoi le thyroïdien est beau parleur dès qu'il se sent entouré de compréhension intelligente, de sympathie. Comme il est frappé par l'aspect des choses, il a un langage imagé.

Comme il éprouve les sentiments à la quintessence au point d'en souffrir, il est poète avant toute chose.

Il a le don d'exprimer ses sentiments par des mots et des images. Thyroïdien seulement, il sera un poète impressionniste plus ou moins décadent. Interstitiel, il aura tendance au classicisme, c'est-à-dire à peindre des caractères communs à tous les humains : La Fontaine, dandy romantique avant la lettre, était de ceux-là.

Avec une génitale reproductrice active nous aurons Alfred de Musset et avec une interstitielle déficiente, Oscar Wilde et son homosexualité.

Le thyroïdien est aussi un excellent musicien, compositeur, pianiste, violoniste. Il est intelligent, vif d'esprit, comprenant à mi mot textes et gens. C'est un être étonnant et voué à la souffrance. Vous savez que de nombreux thyroïdiens sont morts tuberculeux : Chopin, Lamartine, Keats, Schiller et d'autres.

En effet chez le thyroïdien un refroidissement, une peine de cœur peuvent permettre à une tuberculose de s'installer. Une température chronique se déclare, si elle persiste, la thyroïde lutte. Il faut la soutenir et c'est ce que j'ai fait quand vous m'avez écrit que les médecins parlaient chez vous de « fièvre physiologique » qui dénote un état d'hyperthyroïdie léger et non mesurable.

La maladie peut procéder par poussées. Quand la thyroïde possède des ressources, elle se fâche, s'irrite et lutte par la fièvre. Ainsi les microbes pathogènes malmenés adoptent une forme de résistance. Ils restent peu virulents aussi longtemps que la thyroïde est capable de reprendre ses efforts. Mais si une nouvelle cause vient l'affaiblir, les microbes pathogènes se multiplient. La thyroïde peut encore, peut-être, les repousser, mais si elle se fatigue, s'épuise, alors l'infection tue le malade. C'est ainsi que Keats mourut à vingt cinq ans, miné par une peine de cœur, hélas pour une femme qui n'en valaient guère la peine. Ce drame est typique de notre morphotype. Les femmes très jolies mais mentalement insuffisantes, sont le piège fatal du thyroïdien.

— Voilà qui me mène à vous poser la question du don juanisme du thyroïdien.
— Eh bien, la thyroïde est la glande qui crée les plus fréquentes anomalies dans la jouissance et le désir sexuel masculin. Or les thyroïdiens possèdent une glande thyroïde puissante qui n'est jamais satisfaite d'un acte sexuel normal. Elle se fatigue rapidement car nous savons que c'est une endocrine qui est stimulée par des sensations originales, inédites, irrégulières, variables, changeantes. Ce sont de telles sensations qui dans l'existence, dans l'activité intellectuelle, comme dans tout ce qui touche à la sexualité, mettent le plus facilement la thyroïde en activité en procurant une impression très vive de plaisir et de satisfaction. Par contre dans le cas de sensations toujours identiques, d'une même intensité, d'un déroulement égal, connu, cette endocrine se met en insuffisance, réduisant le sujet, au dégoût, à l'apathie, à la torpeur ce qui peut dans les cas les moins évolués, le mener à la drogue ou à l'alcool. Ainsi leur est-il difficile « thyroïdiennement » d'accomplir l'acte sexuel de façon monotone car l'habitude entraîne chez lui une sorte d'impuissance, de dépression chagrine hypothyroïdienne, tandis qu'une femme nouvelle, dans les apparences, les manières, la conversation, le genre de vie restaure la virilité du thyroïdien en excitant sa thyroïde. C'est ce qui s'est produit en ce qui concerne vos amours avec biche. D'une part votre thyroïde imaginative vous interdisait physiologiquement des rapports conjugaux réguliers et banals et d'autre part vos fonctionnements physiologiques sentimentaux, extrêmement développés, répercutaient sur votre interstitielle en vous laissant en possession d'un grand sens moral, annulé par votre passion. La rencontre avec biche a déterminé un état amoureux passionnel très sentimental. Nous avons parlé du processus physiologique, du cercle vicieux fonctionnel qui, si vous aviez perdu biche, aurait pu déterminer chez vous un état de choc,

une hypothyroïdie, le suicide, la folie, les maladies broncho-pulmonaires. *La passion est l'insuffisance de la génitale interne dominée par une thyroïde sur-active. La thyroïde, il faut le savoir, est la glande de la tentation.* Il s'est donc déclenché en vous un conflit violent entre votre amour passionnel et votre amour pour vos enfants, dont biche n'avait cure.

N'est-il pas métaphysiquement passionnant de constater que cette souffrance vous a fait penser, vous à mené à considérer des problèmes fondamentaux qui concernent tous les hommes. Vous avez médité l'homme hormonal totalement inconnu de l'officialité qui n'en est qu'à des mesures analytiques des sécrétions hormonales et à des observations purement empiriques. Un bouillonnement de peines a jailli en vous avec un farouche désir de transcender ces douloureuses épreuves.

— Que pensez vous de ma thyroïdienne de biche sur le plan de la caractérologie hormonale ?
— Sans doute il y a de la biche dans votre femme, mais votre symbole correspond bien plus à une illusion qu'à la réalité. Ce genre d'illusions sur les femmes est typique du thyroïdien. Il y a beaucoup plus chez elle de la chatte qui devient cruelle sous l'emprise des surrénales, ou de certains félins hauts sur pattes tels que le couguar ou le jaguar. Vous aviez remarqué qu'elle avait une articulation du pouce très marquée et que pieds et mains étaient légèrement disproportionnés par rapport à l'ensemble morphologique du corps. On remarque la même disproportion chez le couguar par rapport à un corps souple et allongé. Elle n'a pas eu beaucoup de cœur ni envers vous ni envers vos enfants. C'est une thyroïdienne avec insuffisance interstitielle et elle n'a guère de sentiments en dehors de ce qui dépasse le cadre étroit de sa personne. Je puis vous affirmer que lorsque vous serez séparés, elle n'aura plus de rapports avec vous. C'est une thyroïdienne *physique* et *non sentimentale* comme vous. Elle a l'aptitude à danser, la légèreté, la souplesse, les automatismes. C'est le type de

la danseuse slave. Il y a trois type de danseuses : la thyroïdienne gracieuse, danseuse classique, l'hypophysaire, danseuse acrobatique américaine, et la génitale, danseuse espagnole.

— Parlez-moi du concept du génie en termes d'endocrinologie.

— L'homme génial doit posséder une génitale interne ou interstitielle puissante qui a été l'œuvre fonctionnelle des surrénales, de la thyroïde, et de l'hypophyse à la fois. Il a la propriété extraordinaire de provoquer l'activité de ces trois glandes selon sa volonté, car en physiologie tous les phénomènes sont réversibles. Il est donc fortement thyroïdien, c'est un artiste, un sensible, un altruiste, un sentimental. Grâce aux surrénales il met sa force, sa puissance au service de sa bonté. Il est également objectif, pratique car il considère les phénomènes comme ils sont et non au gré des caprices de ses préférences personnelles, de celles de son clan, de son parti : il n'a jamais peur de la vérité. Il est aussi hypophysaire, analytique, c'est donc un esprit complet. Il est toujours philosophe c'est-à-dire capable d'envisager les problèmes humains sans parti pris et en toute impartialité. Il n'existe aucun génie dans le monde officiel. Il n'existe que des médiocres préoccupés de leur intérêt immédiat qui ne voient même pas qu'ils se suicident en obéissant aux impératifs de leurs maîtres tout puissants de la finance. C'est pourquoi pollutions physiques et morales, famines, guerres mondiales et locales, révolutions permanentes terminent cette humanité. Le saint, le génie, le dandy sont des thyroïdiens de puissance interstitielle différente. Mais il n'est pas impossible à un dandy de devenir génial. Cela dépend de la discipline imposée à l'interstitielle par la diététique, le respir, le travail spirituel, la prière notamment.

— Pour terminer sur ce sujet et vous montrer que je vous ai bien compris, je vais faire deux remarques : tout d'abord l'homme normal n'est libre qu'à l'intérieur d'un déterminisme hormonal. Un épicier dont le système hormonal est en équilibre, aura la liberté d'être un bon épicier. De même pour un artiste, un intellectuel, un artisan. Mais il me semble que les êtres du monde moderne, pots pourris de déséquilibres hormonaux, nerveux, neurovégétatifs, sont quasiment voués à un déterminisme absolu de voteurs-consommateurs. Cela vient évidemment du fait que ni le laïcisme, ni la chimification, ni la vaccination systématique, ne peuvent développer l'interstitielle. Quant au thyroïdien je voudrais traduire par l'endocrinologie la formule camusienne : « *Le dandy lorsqu'il ne se tue pas ou ne devient pas fou, fait carrière et pose pour la postérité* ». Je dirai donc ceci : « Si l'hyper-thyroïdien physiologique de type supérieur ne se tue pas en phase d'hyper-ou d'hypo-thyroïdie, ou si sous l'effet d'une trop intense souffrance, il ne sombre pas dans la folie, (formes frustes de folie érotique, mégalomaniaque ou paranoïaque) il trouve dans la réalisation de sa finalité d'artiste un équilibre physiologique qui rend sa vie possible, mais le plus souvent courte et douloureuse du fait de la dépense vitale exagérée, de sa grande sensibilité déterminée par son hyper-thyroïdie congénitale et accentuée, par la faiblesse de ses glandes surrénales, et l'insuffisance de l'interstitielle que la douleur, les difficultés de la vie, les excès sexuels, le manque d'adaptation aux circonstances hypotrophient.

— Vous avez parfaitement compris ![49]

---

[49] Ce sujet passionnant a été traité dans un doctorat en Sorbonne. Juin 1971 sous le titre « *étude psychophysiologique des dandys romantiques* (ou le dandysme, hyperthyroïdie physiologique) ». Président du Jury le Doyen Raymond Las Vergnas, directeur de thèse Professeur Albeaux Fernet, endocrinologiste connu qui a introduit en France le fameux Hans Selye, lequel nous a légué le mot « stress ».

Chapitre XVII

> *« Ils n'ont jamais cette modeste attention propre à l'intelligence vraie » (Simone Weil)*

Le crâne de Tristan demeurait dans un tel état d'effervescence qu'il avait du mal à exprimer par un filament logique tout le globe synthétique du chaos qui l'habitait. Ce qu'il voulait c'était comprendre tout ce qu'il ressentait si parfaitement.

— Tristan commença :
— Je pense depuis des années que le seul dénominateur commun qui puisse rendre compte du particularisme juif dans le temps et l'espace est la circoncision au 8ème jour.

Vous aviez parfaitement raison, c'est bien là le seule et unique cause véritable de leur particularisme brillamment spéculatif et parasitaire. Mais je vais d'abord mettre votre patience à l'épreuve car un préambule s'impose. Vous avez remarqué sans difficulté, que le monde moderne est radicalement privé de génies car il n'existe dans l'officialité aucun esprit de synthèse oeuvrant. Il serait en effet obligé de faire exactement le contraire de tout ce qui se fait dans tous les domaines. Le génie oeuvrerait pour un monde qualitatif et biologique. En conséquence non seulement aucun problème ne peut se résoudre mais ils ne peuvent que devenir radicalement insolubles et culminer dans toutes les formes de pollutions et une troisième guerre mondiale. Les asiles se remplissent de fous, et il y aura de moins en moins de place pour les accueillir d'autant que la folie va devenir normative. Des fous lucides, des criminels, des débiles font œuvres de littérateurs ou de compositeurs de musiques régressives, pathogènes et criminogènes.

Des déséquilibrés dirigent les états, car seuls des primitifs ou des sots diplômés téléguidés par finance et marxisme, sont à la tête visible des états. L'homme subit un esclavage atroce pire que celui de l'antiquité.

— Oui, cela est indiscutable.

Le docteur se leva et se dirigea vers un tiroir d'où il sortit deux photographies. Il en tendit une à Tristan :

— A votre avis, qu'est-ce que ceci ?

Tristan avait regardé.

— Un nègre, n'est-ce pas ? Mais qu'est-ce que cela a à voir avec les Juifs qui dirigent le monde et qui nous intéressent actuellement ?
— Soyez patient, je sais que vous ne l'êtes pas, mais je vous ai dit que je devais vous exposer un important préambule. Et bien non, ce n'est pas un nègre : c'est un acromégalique après dix ans d'évolution de la maladie. L'acromégalie est une maladie de l'hypophyse en hyper-fonction.

Le docteur montra à Tristan d'autres photographies du malade, prises au cours des 10 ans d'évolution de la maladie. L'homme avait pris un aspect de plus en plus négroïde, pour en fin de compte, prendre l'aspect parfait d'un nègre. Le phénomène était encore plus en évidence sur une photographie en noir et blanc.

— Que concluez-vous ?
— C'est simple, je dirais que le nègre est un acromégalique normal.
— Très bien compris, mais mal exprimé. Nous dirons que le nègre est un hypophysaire avec manifestations acromégaliques.

— Je comprends parfaitement et j'avais bien compris qu'un nègre ne peut jamais être un thyroïdien comme Périclès, Chopin, Goethe, Lamartine ou Chateaubriand.

— C'est en effet hormonalement impossible, surtout à proximité de l'équateur. Seuls les Indiens peuvent avoir ce type car leur civilisation a pu produire des thyroïdiens interstitiels capables de pratiquer la lévitation. Non seulement un thyroïdien ne peut naître aux environs de l'équateur, mais adulte, il ne pourrait y vivre et y mourrait très vite. Le thyroïdien ne peut vivre que dans des pays tempérés ou froids sans exagération.

— Mais un nègre peut faire un bon universitaire spécialiste, un honnête romancier, un pianiste jazz.

— Sans aucun doute mais jamais un Chopin, un Périclès ou un Carrel.

— Tout cela est parfaitement clair et évident pour moi.

— Pour vous, mais ne croyez pas que cela soit évident pour un hypophysaire dont nous parlerons tout à l'heure. Ne croyez pas non plus que tout cela soit à la veille de pénétrer le conscient collectif. Il faudra des siècles.

Le docteur produisit une autre photographie. Elle représentait un idiot avec un ventre proéminent. Il était de profil, front bas, lèvres épaisses. Il s'agissait d'un hypo-thyroïdien pathologique. Le docteur prit alors une autre photo qu'il soumit à Tristan. Elle ressemblait infiniment à l'autre dans son aspect global.

— Savez-vous ce qu'est l'individu que vous voyez sur cette seconde photo ?
— Non ?
— Il s'agit d'un Pygmée.
— Oh ! la ressemblance psychologique est visible sur la photo : voyez comme ils tiennent tous deux leur bras gauche bêtement plié avec la main pendante. Or ces deux photos, si similaires, ont été prises à des années de distance et n'ont rien de commun.

Ces données nouvelles, si éclatantes, imposèrent un moment de silence méditatif à Tristan qui sentait son effervescence mentale croître au fur et à mesure de cette prise de conscience dont les germes étaient déjà en lui.

— Savez-vous comment se dénomment l'élaboration intellectuelle que vous venez de pratiquer si naturellement et sans laquelle il ne saurait y avoir de véritable connaissance ? C'est la notion d'identité. Cette élaboration, comme la synthèse, sont radicalement exclues de l'intellectualisme officiel. Quant à ceux qui seraient capables de les pratiquer, ils sont exclus par le système aberrant de concours technocratiques qui en plus ont un effet pathogène sur le mental. Ces concours ne laissent subsister que l'analytique et le mnémonique et sont par conséquent de véritables laveurs de cerveaux. Analyse et mémoire sont indispensables, assurément, mais ne sont aucunement les critères d'une intellectualité supérieure. En conclusion les qualités des véritables élites sont totalement absentes de l'officialité.

— Evident ! mais où est la question des circoncis au 8ème jour dans tout cela ?

— Je suis bien sûr que vous le pressentez, mais attendez encore un peu. Je vais vous conter une anecdote symbolique qui vous fera comprendre la fatalité de notre temps. Je reçois ici nombre de gens, médecins, avocats, professeurs, Juifs ou Goyim. Mon bureau est dans un savant désordre d'éparpillement nécessaire. Regardez sur la cheminée.

Tristan se dirigea vers l'âtre et vit, sur le marbre, un livre sur Kierkegaard, qui portait en lettres rouges une bande : « L'humanisme appartient-il aux prêtres, au saint, au fou au philosophe ou au dandy ». Cette formule intelligente et cocasse fut une sorte de coup porté au cœur de Tristan. Une question originale, dans sa forme et dans son fond était là posée à l'esprit.*

Il y avait sur le livre un pistolet à pierre du XVème siècle peut-être mais il le vit à peine et le repoussa de la main pour mieux relire la question-choc.

Le docteur avait gardé le silence et reprit :

— Cette phrase vous a frappé, le pistolet était une ombre pour vous. Et bien quand je reçois un circoncis au 8ème jour, et même s'il s'agit d'un simple tailleur, il fait comme vous. Les autres humains, professeurs, médecins même, sans aucune exception prennent le pistolet, le tripotent, l'examinent, tandis que la phrase en rouge ne leur suggère rien. Ainsi vous voyez, le circoncis pense. Qu'il pense bien ou mal, là n'est pas actuellement le problème. Mais il pense. Voyezvous entre toute synthèse, toute vérité et la masse, le Juif mettre un « pistolet », une petite chose facile, insignifiante pour capter l'attention des masses et gagner de l'argent sur la sottise humaine. Pensez aux musiques actuelles, au football, à l'édition, à la presse, à la télévision et la radio. La dialectique démagogique officielle se met au niveau des masses qui se dégradent de plus en plus. La masse suit et depuis la seconde guerre mondiale, radicalement économique d'ailleurs, se précipite vers toutes les dégradations et toutes les boucheries. Et la masse c'est tout le monde sauf les saints, les véritables génies, les véritables artistes et les Juifs. Seuls ces derniers ont pouvoir officiel actuellement depuis la révolution de 1789. Même les révérends pères, juifs convertis ne peuvent sortir de la fatalité. Un père Juif célèbre, avec qui j'ai eu récemment une conversation me disait que la circoncision n'expliquait pas les Juifs, — alors qu'il ne connaît rien à l'endocrinologie dont je suis spécialiste — que l'Histoire suffisait à en rendre compte, ce qui est absurde car les ghettos n'ont que quelques siècles. Ils ont en effet connu des situations optimales dans maintes civilisations pré-Chrétiennes où l'antisémitisme (anti-juivisme est plus exact) s'est manifesté abondamment. En fait partout où ils se sont installés, à toutes les époques dans des pays et des langues différents. Il m'a dit aussi que la Franc Maçonnerie était un mythe, ce qui fait rire même un maçon moyen, et qu'il n'y a jamais eu autant de grands artistes qu'à notre époque, que Carrel était un esprit superficiel et sans envergure et Simone Weil, un cas pathologique ! autrement dit se Révérend Père n'a fait que répéter ce que n'importe quel zombie socialo communiste aurait pu me dire. Il est donc incapable d'écouter un spécialiste qui travaille l'endocrinologie depuis quarante ans, de comprendre Carrel et Simone Weil. Tout cela avec un aplomb, une prétention et une arrogance inouïe. Simone Weil a bien résumé cet aspect de la mentalité juive : « Ils n'ont jamais cette modeste attention propre à l'intelligence vraie ». Vous comprenez qu'avec ces nouveaux Pères l'Eglise sombre dans le marxisme, dans la défense des droits de l'homme bafoués partout, et qui ne sont en fait valables que pour protéger l'hégémonie juive. Malgré les encycliques célèbres qui condamnent radicalement le Libéralisme et le Marxisme, tous deux « intrinsèquement pervers », le second n'existant que par le premier.

Nous pouvons maintenant rentrer dans le vif du sujet le plus redoutable de tous les sujets.

Nous savons que les races n'existent pas mais qu'il n'existe que les ethnies qui sont le résultat de l'adaptation hormonale à un environnement fixe pendant environ 10 siècles. Il est bien clair que ce n'est pas le lieu géographique, la nutrition et le climat qui peut expliquer les Juifs qui ne sont jamais restés à un endroit fixe pendant mille ans comme le Nègre, l'Esquimau, le Pygmée. Ils n'ont que très peu de temps séjourné en Palestine et se sont répandus sur la terre entière. Ils prennent d'ailleurs les caractéristiques des pays dans lesquels ils vivent depuis longtemps : un petit Juif râblé d'Amérique du Sud ne ressemble pas à un grand Juif blond aux yeux bleus de Pologne. Ils n'ont en commun que deux aspects : des traits souvent caricaturaux objets de dérision séculaire et pour nombre d'entre eux, des possibilités mnémonique et spéculative hors pair. C'est ce qui leur permet d'élaborer les crimes majeurs du libéralisme, du marxisme, du freudisme, des bombes atomiques à hydrogène et à neutrons. Ni l'éducation, ni la nourriture Kocher, ne peuvent en aucun cas conférer un particularisme aussi implacable. Les Anglais par exemple, sont des prédominants hypophysaires : « Wait and see »[50] est la formule par excellence de leur empirisme. Les Allemands ont une tendance surrénalienne ce qui leur confère une mentalité grégaire, comme les anciens Assyriens qui portaient les mêmes bottes qu'eux, pratiquaient le même système de la cinquième colonne, avaient aussi une tendance agressive et des chars d'assaut. Bref les Juifs, pratiquants ou athées, tous soumis à la circoncision, sont répandus sur le globe depuis des millénaires. Comment trouver le dénominateur commun qui puisse rendre compte de leur particularisme puisqu'aucun lieu géographique, climat et nutrition spécifique à ce climat, ne peut en rendre compte ? On a beaucoup parlé de leur formation religieuse mais elle ne joue aucun rôle chez les Juifs de la haute bourgeoisie, qui ne vont à la Synagogue que pour des raisons de convenance. *La circoncision au 8ème jour est le seul dénominateur commun qui puisse rendre compte de ce particularisme.*

Ce particularisme est simple à définir et à observer en l'an 2000 :

Traits physiques caricaturaux, tels Mendès France, Raymond Aron, Serge Gainsbourg, Soros, Hamer etc et des possibilités spéculatives énormes au détriment du sens moral et de l'esprit de synthèse.

Même la science matérialiste a découvert qu'il existait à partir du 8ème jour, 21 jours d'un moment biologique important, la première puberté. Il se passe pendant celle-ci des bouleversements

---

[50] Attendre et voir.

considérables.⁵¹ La circoncision vient perturber ces bouleversements chez ce petit être si fragile qu'est le nouveau né.

Cette pratique de la circoncision au premier jour de la première puberté confère un particularisme spéculatif que les humains sont incapables de conceptualiser.

La pratique de la circoncision est très ancienne. Elle existait chez les Égyptiens dès l'époque pré-pharaonique et chez les Sumériens dans le delta du Tigre et de l'Euphrate. Les Égyptiens connaissaient les propriétés glandulaires de la thyroïde. Ils la symbolisaient à son emplacement anatomique par un soleil ce qui signifiaient qu'ils savaient qu'*elle était la glande de la vie et de l'intelligence*. Ils pratiquaient la circoncision au 5ème jour, c'est-à-dire trois jours avant le début de la puberté. Cela permettait une cicatrisation qui rendait moins brutal le trauma infligé à l'interstitielle non encore réveillée.

Ils faisaient cela pour constituer une élite morale et intellectuelle.

Mais cette circoncision était totalement différente dans ses effets de la circoncision juive. Les pharaons étaient baptisés à l'eau et circoncis au 5ème jour après la naissance. Ils étaient nourris d'huile de palme de germe de blé contenant des vitamines E (souvenons nous de l'importance de la nutrition chez les abeilles pour former leur reine) et pratiquaient la consanguinité incestueuse pour pallier les inconvénients de cette circoncision. Remarquons qu'en tout autre cas, la consanguinité incestueuse est à proscrire du fait de ses effets pathogènes et dégénératifs graves. Ils suivaient une éducation intellectuelle, physique, morale, spirituelle rigoureuse sous l'égide des prêtres d'Horus. Aussi se succédèrent-ils pendant des milliers d'années sur le trône d'Egypte.

---

⁵¹ Voir mes « *Dossiers secrets du XXème siècle* » dont la première partie est consacrée à la circoncision juive.

Issus d'un petit nombre de familles leur pérennité était assurée, comme leurs possibilités reproductrices. Ils étaient très intelligents ainsi que les membres de la caste sacerdotale circoncis dans les mêmes conditions. C'est leur très grande supériorité intellectuelle qui favorisa entre autre *la grande découverte de l'écriture phonétique*.

Moïse, initié égyptien, connaissait beaucoup moins bien que les prêtres d'Horus la question glandulaire. Il résolut de rendre son peuple supérieur à tous les autres en systématisant la circoncision déjà prescrite par Abraham. C'est pourquoi il est écrit dans la bible que la circoncision « symbolise un pacte avec Dieu et qu'Israël sera le peuple qui régnera sur la terre ».[52]

Un professeur de Bible hébraïque m'a dit récemment que la prescription de la circoncision ne se trouvait dans aucun texte majeur de Moïse, que le terme « peuple élu » était un contre-sens de l'hébreu, le véritable sens étant : « Peuple modèle » de sagesse et de vertu. Tout cela est douteux car pourquoi la pratiqueraient-ils et pourquoi cette psychose de supériorité mégalomaniaque ? Qui pourrait nous dire en effet que Rothschild, Hammer, Marx, Freud, Picasso, Oppenheimer, Field, S.T. Cohen Flato-Sharon, Djérassi, Meyer Lanski, Tordjman,[53] Bénézareff,[54] Kaganovitch,[55]

---

[52] J'ai lu dans les commentaires de la Thora : « Ne tente pas de comprendre le problème de la circoncision, il dépasse l'entendement humain »

[53] Psychanalyste pourrisseur qui nous dit que si nous ne trouvons pas la pornographie normale c'est que nous sommes prisonniers de quelques clichés mentaux rétrograde.

[54] Roi du film pornographique.

[55] A dirigé l'URSS avec Staline et était le chef du système concentrationnaires qui extermina des dizaines de millions de Russes.

Jejoff, Badinter,[56] Kouchner, Lang,[57] etc sont des modèles de sagesse et de vertu ?

La circoncision juive est donc très différente de la circoncision pharaonique et les résultats sont donc aussi très différents. Il va en résulter que les Juifs vont être de véritables caricatures des pharaons. Ils sont d'ailleurs aussi analytiques que les pharaons étaient synthétiques.

Les Juifs croient donc en leur supériorité raciale (alors que les races n'existent pas et qu'ils ne sont pas une ethnie), et morale qui n'existe pas. *Ce fait connu de tous prouve qu'ils sont fondamentalement racistes ce qui est comique car ils se font partout champion de l'antiracisme à leur strict avantage, uniquement pour servir leur propre racisme hégémonique. Il est inouï d'ailleurs que les Goyim acceptent d'être victime de l'énormité de cette duperie. La question juive ne peut en aucun cas être incluse dans le mythe de l'antiracisme qu'ils ont créé.*

Cette mutilation sexuelle au 8ème jour n'a donc pas été inventée par Moïse mais exploitée par lui dans l'ignorance de la réalité hormonale. *Cette mutilation sexuelle au 1er jour de la 1ère puberté rend très actives les surrénales, l'hypophyse, la thyroïde, la génitale reproductrice mais au détriment de la génitale interne. Tout le drame est là.*

A ce moment de la vie commence la première puberté. Toutes les glandes doivent s'activer se mettre en équilibre pour donner à l'enfant les possibilités d'adaptation à l'existence nouvelle. En fait

---

[56] Juriste juif qui fit instaurer la peine de mort pour les innocents en la supprimant pour les assassins. Il nous dit aussi qu'un bon père doit être un peu homosexuel et un peu pédophile. Sa femme nie l'instinct maternel.

[57] Ces deux derniers nous affirment que les enfants ont droit au plaisir sexuel… Lang était ministre de l'éducation nationale : pauvres enfants !

3 glandes, surrénales, thyroïde, hypophyse, à l'instigation de l'hypophyse doivent concourir à réveiller l'interstitielle. Malheureusement la circoncision par la blessure qu'elle provoque, fait affluer les hormones sécrétées abondamment sur les parties sexuelles externes et détourne la sécrétion de la génitale interne de sa mission essentielles : *l'ensemble glandulaire et l'encéphale*. Les hormones en se fixant prématurément dès cette époque sur les organes génitaux externes, leur donneront une grande activité.

Mais la fonction naturelle de la sécrétion génitale est d'atteindre toute l'économie et plus particulièrement, le système nerveux, pour conférer à l'être sa supériorité intellectuelle et morale. Elle est donc détournée de son objet et ne peut accomplir sa mission.

Au lieu de perfectionner l'homme moral et intellectuel, elle va d'abord en faire un reproducteur en se fixant sur les organes sexuels. Ensuite, la génitale interne étant peu efficiente, elle va laisser se débrider les autres endocrines organiques. C'est pourquoi on trouve chez eux des hypersurrénaliens (en petit nombre car l'humanité actuelle est éloignée de l'humanité surrénalienne), beaucoup de thyroïdiens, et des quantités d'hypophysaires (finance, physique, Chimie, médecine spécialisée, psychanalyse, idéologies).

Mais, et là est l'épicentre du drame, n'étant pas orientés par la génitale interne, ils sont emportés par leurs spéculations de manière fatale.

Leurs spéculations seront donc situées aux antipodes de l'humain.

Ils produisent donc des logiciens démâtés, (Marx), des rêveurs à système (l'érotomanie freudienne), des financiers (Rothschild, Warburg). Ils sont intelligents, éveillés, au sens banal du terme, mais ils sont totalement privés d'esprit de synthèse et ne sont jamais des réalisateurs intellectuels ou artistiques vivifiant l'humanité. Leurs seuls « génies » sont deux mythomanes : Freud et Marx. Ces fous lucides ont débouché sur l'érotisation de la planète et le massacre de dizaines de millions d'humains.

Ils semblent donc en avance sur l'évolution humaine par leur impulsion à jouir de la vie, leur vivacité d'esprit, leur tendances spéculatives scientifiques et même médicales hypophysaires, mais ils sont figés dans un perfectionnement et ne pourront suivre l'humanité qui va évoluer vers l'interstitielle. Ils font déjà figure de fossiles ou de déréglés mentaux et ne maintiennent leur hégémonie que la puissance de l'argent et la démagogie. Il faut dire que certains Juifs évolués n'approuvent pas le comportement de leurs congénères mais ne peuvent rien dire. Bergson mit les Juifs d'Allemagne en garde contre leur propre comportement, leur enjoignant de le changer s'ils ne voulaient voir l'émergence d'une grande vague antisémite (ce terme n'a d'ailleurs aucun sens, car un Juif polonais vivant depuis des siècles en Pologne n'a rien de sémite : il faut dire anti-juivisme).

Dix ans après cette admonestation le Nazisme est apparu, annoncé également par le Rabbin Reifer. Ce dernier fit d'ailleurs le point dans un article publié en 1933, l'année de l'avènement hitlérien.

— Ils vont devenir de plus en plus malheureux, préoccupés, angoissés, et payer un tribut de plus en plus lourd à la folie, comme le prouvent les statistiques américaines. Leur drame c'est la manque d'altruisme, de « sentiment » pour les autres (il ne s'agit pas de « sensibilité » car ils en ont une qui frise la paranoïa). Les juifs pensent toujours à eux-mêmes, à leur secte, à leur clan, à leur famille. Ils considèrent les autres humains comme des occasions à exploiter, ce qui explique clairement quatre ou cinq mille ans d'anti-juivisme. Toutes leurs spéculations ne fait que les servir, en dernière analyse. Quand le Juif pense à son clan, il pense à lui. Entre le Juif et la Juive il y a une certaine différence. La femme est en général douée de plus de qualités et l'on peut affirmer que l'altruisme de la femme est une cause fondamentale de la survie de cette secte. Elle est plus honnête et plus courageuse. Bien entendu, la Juive thyroïdienne comme votre mère et votre grand-mère est différente. Elle n'a eu aucun cœur pour vous, ni pour vos enfants d'ailleurs. Le sentiment maternel lui fait défaut. Tel est le cas de ces actrices célèbres que furent Rachel et Sarah Bernard, car leur interstitielle fonctionne mal.

— Votre mère recèle la plupart des défauts de la femme, jalousie, penchant à commettre le mal et à le dire pour humilier, pour avilir, comme le faisait votre grand-mère qui est du même type. Elle possède les caractéristiques de la femme et de la juive thyroïdienne, la première l'ayant peut-être un peu emporté sur la seconde.

Si Moïse est grandement responsable de la pratique de la circoncision il a fait de cette secte des préoccupés, des angoissés, des déréglés glandulaires parmi lesquels se rencontrent la grande majorité des névrosés de la psychanalyse. *Il leur a inculqué l'idée de l'hégémonie mondiale à laquelle ils sont parvenus de par la disparition des élites providentielles agencée par la révolution juive de 1789, et par l'infériorité mentale de la plus grande partie des êtres humains.*

Ces derniers sont désormais hébétés par le laïcisme et tout ce qu'il contient c'est-à-dire, chimification du sol, des aliments, de la thérapeutique, alcool, musiques pathogènes et hypnotiques, drogue, vaccination systématique, football, télévision, en un mot finance, freudisme, marxisme. Les pires horreurs sont devenues normatives puisque l'on a conditionné depuis l'enfance de façon à extirper de leur mental, intuition, sens moral, sens du sacré, sens esthétique, c'est-à-dire toutes les composantes d'un mental sain. Les Juifs peuvent désormais avec la complicité des politiciens et des juges qui dépendent d'eux, imposer les pires horreurs pourvu qu'elles soient ventilées par les média et l'officialité. Tout sens critique ayant disparu, ils peuvent en toute liberté manipuler les masses.

— Mais un jour ou l'autre ils vont se trouver devant d'autres déréglés glandulaires, les Chinois qui humainement parlant sont proches d'eux. Les Chinois pratiquent depuis des millénaires l'excision chez la femme et cette pratique a sur le plan spéculatif comme moral, des effets analogues à la circoncision. Il est à craindre que nous aurons alors à subir une guerre ou périra notre civilisation. Remarquons en passant que les prêts bancaires qui ont permis l'existence de l'armée rouge effrayante, vont s'ouvrir de plus en plus vers la Chine qui pourra grâce à l'aide américaine se constituer une armée encore plus redoutable. Il ne serait pas étonnant que les USA vendent à la Chine la bombe atomique.[58]

— Les Juifs sont des hypermâles, les Chinois des hyperféminins. Ces derniers peuvent vivre entre eux, tandis que les Juifs ne le peuvent et sont contraints au parasitisme. La Chine est le seul pays où les Juifs n'ont pu pénétrer hormis par le truchement idéologique marxiste et un début de libéralisme, car le Chinois est aussi doué pour le commerce et la spéculation. Il a pour lui d'être économe, frugal et ennemi de la jouissance matérielle tandis que le Juif est jouisseur et dépensier pour lui-même et l'ostentation. Le financier Oppenheimer dépensait pour une de ses soirées en Afrique du Sud la bagatelle de 150 millions d'anciens francs. (1 million et demi de nouveaux francs).

Ce dernier, avec Warburg, Rockfeller, Hammer, Schiff, Loeb, et maints autres financiers juifs, manipulent les toiles d'araignée des organisations internationales comme le Bilderberg, la Trilatérale, le C.F.R., où sont « emprisonnés » (volontairement et pour leur intérêt) tous les politiciens de tous les partis de droite et de gauche (nationalistes exclus, mais ils ne sont pas représentés dans les parlements).

— Mais les Musulmans aussi pratiquent la circoncision ?

---

[58] La chose a été mentionnée aux informations télévisées. (TF1)

— Certes, *mais pas au premier jour de la première puberté*. Leur circoncision n'a donc pas de répercussions internationales et cosmiques immédiates. Il y a surtout avec leur circoncision (entre 8 et 12 ans) une exacerbation de la génitale reproductrice. Cela en fera un peuple sexuel. Les autres endocrines ne sont pas stimulées bien au contraire, aussi ne feront-ils jamais des spéculatifs comme les Juifs, ni non plus des thyroïdiens plus ou moins interstitiels. *La seule chose qui pourrait sauver l'humanité serait la suppression radicale de la circoncision au 8ème jour*. Il semble que cela ne pourrait changer grand chose car il est trop tard : la machine infernale libéralo marxiste est lancée sans pilote à grande vitesse sur une piste. Elle devra finir sa course de Sisyphe dans un cataclysme mondial.

— D'ailleurs il me semble douteux que l'on puisse faire comprendre aux Juifs que cette pratique les fixent dans le matérialisme, le rationalisme, le pur spéculatif qui les mènent aussi à l'autodestruction. Ils ont conscience d'être parvenus à l'hégémonie mondiale mais ils ne comprennent pas qu'elle est concomitante à la destruction générale du fait de leur « *antitranscendance* ».[59]

— Et l'état d'Israël ?

— Il s'inscrit parfaitement dans le programme de la destruction mondiale. Ce que l'on peut dire c'est que les premiers immigrants étaient les moins marqués par la circoncision juive. Il y avait quantité d'hommes courageux, dépourvus des stigmates si remarquables des faciès juifs objets de dérision millénaire, physiquement beaux. Il faisait partie des Juifs internés dont beaucoup moururent de typhus et de faim. Ils faisaient partie du million de Juifs que Hitler voulut échanger contre des camions, mais ils préférèrent les camions à leurs congénères qui allaient leur permettre de concocter le juteux chantage à l'holocauste. Les Juifs dirigeants n'iront jamais en Israël : ils se servent d'Israël comme

---

[59] Humanité matérialiste sans Dieu et sans élite de synthèse.

tête de pont en Moyen Orient vers le pétrole et les matières premières.

— Tout cela est pour moi évident car je le comprends et le constate tous les jours depuis des décennies. Je voudrais vous poser une autre question : au début du siècle un Juif nommé Otto Weininger a écrit : « Nous sommes à l'époque de la femme et du Juif ». Cette phrase m'a beaucoup frappé car elle est une synthèse de mes observations sur la femme moderne. Il est certain que la femme ne saurait être géniale, esprit de synthèse douée de sens moral. Il est impossible d'imaginer une femme qui ressemble somatiquement à Périclès, Goethe ou Carrel. Elle a d'ailleurs prouvé son incompétence radicale à un véritable anticonformisme. Elle est incapable d'abstraction : si par exemple elle aime un génie elle le soutiendra aussi longtemps qu'elle l'aimera. Si elle se sépare de lui, il ne lui restera rien de la conscience « affective » qu'elle avait de son compagnon et elle jettera le bébé avec l'eau du bain. Un homme lui, pourra respecter et admirer son adversaire. Au lieu de s'appuyer sur les mauvais traitements séculaires qui lui ont été infligés pour réclamer ses droits d'épouse au foyer et de mère d'enfants équilibrés, elle se précipite dans une hystérie d'égalité avec les humanoïdes de la technocratie. Elle a même perdu le sens esthétique élémentaire que lui conférait l'instinct de jolis atours. Elle est devenue hideuse dans cet uniforme de la sottise internationale, le blue-jeans lévis. Il est certain que les femmes se sont intégrées « librement », par conditionnement progressif, dans tous les conformismes créés par les Juifs. M.L.F., vestimentarité d'hommasses, pilule pathogène, en général, cancérigène et tératogène, avortement self service. *Aucune n'a assez de personnalité pour s'habiller en dehors d'une mode crétineuse, ni de dire « non » ce que je veux c'est une épouse, une mère avec un mari digne de ce nom . Nous ne sommes pas égales de l'homme, mais complémentaires. Nos natures sont différentes. Nous voulons des enfants élevés selon la sagesse et la morale éternelle ».* Elle n'a même pas assez d'intelligence pour revendiquer sa finalité élémentaire. Depuis quarante ans je l'entends exprimer son asservissement par cette phrase internationale dans sa stupidité : « Je veux pas être ta bonne ».

Cela résume leur vanité, leur orgueil et leur insuffisance mentale.[60] La femme étant sans personnalité, ce qui est normal, est devenue bête parce que l'homme l'a abêtie. (L'homme qui lui aussi a avalé le mythe imbécile de « la libération de la femme », devenue « un objet libre » de tourner des films pornographiques). Toutes les femmes féminines que vous rencontrerez, tant qu'il y en aura, ont horreur du M.L.F.

— Quel est à votre avis le rôle métaphysique des Juifs ?

— Toutes les humanités se sont terminées par un cataclysme. L'humanité surrénalienne, thyroïdienne du Cro-Magnon (et d'autres encore avant l'apparition de l'homme : fin des dinosaures par exemple). Il faut donc que l'humanité hypophysaire cède la place à l'humanité interstitielle. Les Juifs semblent avoir pour mission de stimuler l'humanité hypophysaire par une outrance cataclysmique. Ils seront dépassés après le duel final entre Rothschild et Marx, armés par Oppenheimer et S.T. Cohen. Ce sera sans toute une guerre sino-américaine. Le Chinois hyper-féminin a peu de barbe. La Chinoise du fait de l'excision peut faire des mathématiques supérieures à dix huit ans ! par hérédité le Chinois atteint des sommets dans la spéculation commerciale.

— S'il existait une femme normale que dirait-elle ?

— Elle dirait qu'elle ne peut être intelligente ni comme Périclès, ni comme Rothschild. Elle aura pensé seule et ne sera pas le jouet de la propagande imbécile. Elle saura que jamais la femme n'a eu d'initiative transcendante, même lorsque pendant des siècles et dans différentes civilisations elle jouissait de loisir, étudiait la musique, sans jamais produire un Schubert ! elle peut cependant accéder à la mystique. Elle vous dira qu'elle est faite pour compléter son compagnon et élever des enfants qui ne seront pas comme aujourd'hui voués à la drogue et à la délinquance, en un mot pour en faire de vrais hommes et de vraies femmes…

— En existe-t-il une en Occident ???

---

[60] Il existe quelques femmes qui revendiquent leur féminité mais elles sont de plus en plus rares.

Chapitre XVIII

> *Lévy, Homais. Homais Lévy. Cercle vicieux international. Homais fait de la surenchère. On en fait un ministre, un académicien, on peut compter sur lui il servira aveuglément ses maîtres. Il est plus répugnant que Lévy qui lui, au moins a l'excuse de la fatalité pathologique qui le contraint à gratifier le monde de crétinisme.*

— Toutes ces notions sont-elles irrémédiablement inaccessibles à nos collègues universitaires de la Sorbonne ou de la faculté de médecine ?

— Vous n'en doutez pas ?

— Aucunement mais j'aimerais analyser ce qui est pour moi une vérité première.

— Faisons-le ensemble. Je vous expose là des connaissances exprimées dans 5000 pages de texte qu'Albert Camus dans son absolue probité intellectuelle, a mis un an à absorber.

— Qu'importe, puisque je comprends l'essentiel.

— Bien. Avez-vous observé le milieu médical officiel ?

— Oui, je connais un certain nombre de professeurs, de médecins, et j'ai des amis et camarades internes des hôpitaux. Il m'est même arrivé de déjeuner en salle de garde, avec ces horribles dessins pornographiques aux murs, qui en disent long sur le niveau d'évolution spirituel et esthétique du corps médical. J'imagine mal en effet, les murs des résidences des prêtres médecins des civilisations traditionnelles, ornés de telles horreurs.

— Ce n'est certainement pas un endroit où vous devez vous sentir à l'aise.

— Non, mais c'est ce que j'appelle « mes exercices d'adaptation ».

— Qu'avez-vous remarqué dans ce milieu ?

— L'étrange similitude des internes. Même quand l'un est petit et gros et l'autre grand et maigre, ils se *ressemblent*. Lorsque leur morphologie générale est analogue, il m'arrive de les confondre : leur ressemblance est pour moi, aussi flagrante que celle des Romantiques du XIXème siècle.

— Parfait : vous avez découvert l'essentiel. Vous n'en avez jamais vu qui ressemblât à Chopin ou Laennec ?

— Jamais.

— Et bien ce type que votre regard synthétique a découvert est à *prédominance hypophysaire*.

Pour passer l'internat qui exige une grande résistance physique et une grande mémoire, il faut appartenir à ce type glandulaire ou en tout cas avoir une puissante hypophyse.

— Donc un génie comme Montaigne ou Vigny ne passeraient pas ce concours ?

— Jamais. Leur résistance est faible, leur mémoire abstraite débile. Ils risqueraient la tuberculose en tenant ce tour de force physiologique. Albert Camus dont j'ai admiré la force de la pensée dans « l'homme révolté », fut arrêté sur le chemin de l'agrégation par la tuberculose. Montaigne s'est toujours plaint de sa mémoire. Connaissez-vous l'histoire de Semmelweis ?

— Non.

— C'était un médecin, professeur Hongrois, de type thyroïdien, qui vivait à Vienne à la fin du siècle dernier. A cette époque le système universitaire n'était pas aussi rigide qu'aujourd'hui. Il découvrit par une « notion d'identité » que la mort par « fièvre puerpérale » était infligée aux femmes parturientes par les étudiants et médecins qui ne se lavaient pas les mains. *Sans lui il n'y aurait ni asepsie, ni obstétrique, ni chirurgie.* Comme il était professeur il put s'exprimer, mais on lui rit au nez internationalement et fatalement il devint fou. Depuis on lui a élevé une statue à Vienne. Quand on étudie la manière dont le corps médical s'est comporté envers lui, on est stupéfié de la bêtise et de la méchanceté humaine. Aujourd'hui il n'aurait même pas la chance d'être ridicule car il ne pourrait accéder à une position officielle qui lui permît de s'exprimer. Il serait tout au plus un excellent médecin de quartier retournant à la naturo-thérapie fondamentale.[61] Tous les chercheurs qui ne s'inscrivent pas dans l'axe de l'analytisme judéo-cartésiens sont condamnables et condamnés. Cela est d'autant plus comique, si l'on ose dire, que depuis que la recherche officielle sur le cancer a commencé, le cancer s'est développé en progression géométrique. Ce qui prouve bien que l'axe de la recherche est faux. Le problème du cancer est avant tout un problème de chimification et de stress. Toute véritable recherche qui implique l'*esprit* et non la *pesée* de laboratoire est taxée « d'ésotérique » ce qui paralyse toute recherche. L'asphyxie est donc organisée, politiquement, juridiquement et administrativement.

— Autrement dit, il n'y a de place que pour les robots qui se laissent manipuler par le système officiel et qui aggrave la sclérose avec le temps. Pourtant les hypophysaires sont de bons spécialistes, de bons techniciens de bons chirurgiens.

— Aucun doute, ils ont ces qualités. Le médecin intellectuel serait un médiocre technicien, un déplorable chirurgien de par sa sentimentalité. Son rôle serait synthétique et directorial. Il éviterait l'éparpillement analytique et garderait la perspective de l'homme global. Il aurait tendance à garder la médecine dans la perspective de l'hygiène et de la santé naturelle en général. Malheureusement le règne des hypophysaires téléguidés par les Juifs du système est exclusif chez tous les éditeurs sans exception. Cela est valable dans toutes les perspectives, non seulement médicales par conséquent. Il en résulte que tout ouvrage de synthèse qui mettra nécessairement

---

[61] Le nombre de découvreurs en histoire et en médecine qui sont lourdement condamnés pour le délit d'exprimer la vérité sont innombrables. Cela ridiculisera le siècle (Faurisson, Garaudy, Beljanski, le Ribault, Solomidès, Hamer, pour ne citer que quelques uns).

en cause l'asphyxie judéo-cartésienne implique la certitude de le voir refusé partout. Tout ouvrage génial sera donc incompris et exclu, aux éditions catholiques autant, sinon plus qu'ailleurs.

— Personnellement en présence d'hypophysaires j'ai toujours la sensation *qu'ils transpirent le minuscule*. C'est l'inspecteur général qui ne perçoit aucunement l'amplitude d'un esprit et fera un rapport sur des coquilles oubliées dans des copies, même dans l'enseignement supérieur. Les hypophysaires manifestent une impuissance à raisonner autrement que sur une seule ligne logique. Ils ne parviennent pas à envisager divers plans, divers aspects, un ensemble de paramètres à la fois. *On a l'impression catégorique que la spécialisation est une forme naturelle de leur esprit et qu'ils ne peuvent la rattacher à une synthèse, ce qui d'ailleurs ne les intéresse pas.* Ils seraient d'ailleurs dépassés, alors que de fausses synthèses comme le marxisme et le freudisme les enchantent.

— En effet, imaginons une petite expérience spectaculaire. Supposez que nous écrivions une page très synthétique sur un aspect de tout cet univers de connaissance nouvelle que nous sommes en train d'examiner. Nous présentons cette page à un hypophysaire. Au milieu nous glissons une bourde énorme, par exemple que le grand sympathique n'est formé qu'à soixante quinze ans. Eh bien notre hypophysaire sera fasciné par cette bourde. Il ne tentera pas d'appréhender l'ensemble, aussi génial soit-il, alors que vous auriez, en ce qui vous concerne, perçu l'ensemble et rétabli en passant l'inexactitude sans y attacher d'autre importance que la nécessité de la correction. A un niveau hypophysaire encore inférieur, si vous présentez un texte passionnant, la première chose qui le frappera sera la faute d'orthographe que vous aurez à peine vue.

— J'ai constaté mille fois cette psychologie fondamentale dans l'approche de l'hypophysaire. L'université comme je l'ai constaté, a exclu de ses bancs le type intellectuel véritable aux profits d'ailleurs de Juifs hypophysaires et thyroïdiens (le Juif thyroïdien a aussi une solide hypophyse). En médecine c'est tellement spectaculaire que c'en est obscène. L'instruction devient d'ailleurs à tous les niveaux, le premier stade de l'abrutissement collectif au service d'un totalitarisme occulte dont la seule finalité est la fabrication de spécialistes producteurs-consommateurs freudo-marxisés. Ainsi l'université devient l'agent de toutes les pollutions matérialistes, chimiques, marxistes, freudiennes. Les esprits vont devenir radicalement abrutis, et ne pourront même plus assimiler l'orthodoxie judéo-cartésienne élémentaire. Nous allons voir des masses d'enfants illettrés et analphabètes, des bacheliers incapables de rédiger trois pages sans une foule de fautes d'orthographe, de grammaire et de syntaxe.

— Évolution fatale. *Mais examinons le problème des hypophysaires dans le domaine de la médecine.* Ils sont en train de pourrir l'humanité avec la vaccination systématique, la chimie de synthèse pathogène et tératogène. Songez que 20 à 30 injections vaccinales de produits putrides et de métaux dangereux tels que l'aluminium et le mercure potentialisent cancers, maladies cardiovasculaires et mentales sans oublier les paralysies, les scléroses en plaque et les spondylarthrites ankylosantes. Elles détruisent toutes nos défenses. Voyons donc l'hypophyse médicale et vous pourrez ensuite transposer la synthèse qui se dégagera dans tous les aspects sociétaux. L'hypophyse permet à l'organisme d'apprécier la valeur physique et chimique de la pensée humaine. Nos idées sont en effet une sorte de combinaison dans laquelle entre les hormones et la vibrations provenant des cellules nerveuses. *Il n'y a donc qu'elle qui puisse nous indiquer ce que peut être une pensée.* Elle nous donne notre raison, notre capacité de comparaison en face des idéologies. Son pouvoir d'apprécier les idées lui confère une certaine marge d'abstraction, c'est-à-dire de faire intervenir une idée au sujet des objets que nous percevons. On voit des chaises de diverses formes, ce sont des sièges. On voit des hommes, on les compte, ce sont des humains. *C'est un début d'abstraction, une abstraction très rudimentaire, parce que celle-ci ne se rapporte pas essentiellement à l'objectivité ou à l'idée considérée mais à un nombre.* Ainsi l'hypophyse avec ses tendances idéologiques accentuées a incité l'homme à compter, à établir des calculs, à échafauder les sciences positives, les mathématiques. L'homme a rencontré beaucoup de difficultés pour parvenir au symbolisme mathématique. Il n'existe pas dans la nature deux objets semblables. Les primitifs les observaient avec leur vue leur ouïe, leur tact très développé, dans leurs détails et non dans leurs éléments communs. Aussi ont-ils multiplié les signes et les termes pour désigner tout ce qui les entourait. L'homme parvint à compter jusqu'à 3, comme le font encore certains sauvages, puis après un long temps, jusqu'à 10. La nécessité de diviser les terres inondées et très fertiles dans les vallées du Nil et de l'Euphrate, l'ont contraint à utiliser les longueurs, les chiffres et la géométrie. L'astronomie contribua aux recherches mathématiques. Les Hindous inventèrent les chiffres en remplacement des lettres. Ce fut un net progrès car les calculs, la multiplication, la division devinrent plus faciles et plus rapides. Puis vint le symbolisme algébrique qui permit aux lettres de reprendre leur importance. La physique d'abord expérimentale devint de plus en plus mathématique. La nature offre des modifications relativement lentes et le plus souvent constantes. Ainsi les savants ont pu procéder à des mesures et à imaginer des expériences qui reproduisent une partie des phénomènes naturels. Ils ont pu en découvrir les principales forces et en tirer les applications que l'industrie utilise.

On aurait pu comprendre l'être humain de la même manière si l'on avait pu se livrer sur lui à des investigations aussi simples. On peut sans doute expérimenter sur les composantes matérielles de son corps mais ses états émotionnels demeurent hors de notre portée et de nos mesures. L'homme est en transformations constantes, en variations perpétuelles. On peut certes se livrer à des expériences sur son sang, ses urines et ses fonctionnements végétatifs, mais on ne peut rendre compte de l'état des transformations de son esprit. *Or l'esprit qui est la manifestation de phénomènes glandulaires, possède une importante influence sur l'état général du fonctionnement organique.* Ainsi le spectacle d'un accident grave par exemple, suscite un état d'esprit doublé d'une émotion (crainte, tristesse etc.) *qui n'est qu'une modification de l'équilibre glandulaire, lequel retentit sur tous les métabolismes fonctionnels des organes végétatifs et nerveux les plus divers.* Si l'équilibre ne se rétablit pas ce sera la maladie. Cette modification de l'équilibre glandulaire constitue donc un potentiel morbide essentiel de toutes les maladies constatées chez les différents types humains sous les formes les plus diverses : infections, troubles fonctionnels du cœur, des poumons, de l'appareil digestif et rénal etc. Les troubles glandulaires provoquent donc des lésions d'ensemble de cellules et d'organes, c'est pourquoi vous vous êtes senti devenir tuberculeux et schizophrène, les deux maladies des intellectuels du fait de leur difficulté à s'adapter au monde matériel et de leur refoulement du moi. N'oublions pas également de mentionner que la maladie peut être aussi provoquée par l'ingestion de molécules non spécifiques du biotype humain. Ainsi l'esprit comme la nourriture peut nous rendre malade. Elle agit considérablement sur le système hormonal autant que l'esprit perturbé.

Prenons donc votre exemple : le médecin hypophysaire ne constatait chez vous aucun de leurs syndromes répertoriés. Il a donc conclu : « Fièvre physiologique » *ce qui ne signifie strictement rien. Il aurait fallu qu'il sût que la fièvre est un état d'hyperthyroïdie.* Et cela même si l'on ne peut le mesurer quantitativement et si l'on méconnaît les caractéristiques de votre biotype thyroïdien.

Le médecin hypophysaire n'a aucun soupçon de semblables phénomènes : il ne peut concevoir que tout dans l'être humain est affecté à la fois d'un côté son esprit, de l'autre son corps par le truchement de son système glandulaire.

L'allopathe présente une certaine supériorité sur son confrère homéopathe. Il est parvenu à classifier les maladies, c'est-à-dire à classifier les maladies, à reconnaître les symptômes marquants d'une maladie et à lui donner un nom. Il a choisi les signes essentiels et a négligé les secondaires. L'homéopathe n'y est point parvenu, en dehors de quelques maîtres comme le Docteur Louis Rousseau, qui savent que le *phosphorus* et un thyroïdien, le *fluorique*, un hypophysaire, le *carbonique*, un surrénalien. Mais pour la majorité d'entre eux ils sont égarés dans une multitude de symptômes secondaires auxquels ils s'attaquent, et ils ne savent pas que les divers types, fluorique, carbonique, phosphorique dont ils accusent les intoxications tuberculeuses ou syphilitiques, correspondent à des états glandulaires. Les allopathes ne tiennent pas compte des états fonctionnels, réactionnels, individuels, comme cela vous a stupéfié lors de votre séjour hospitalier. Ils croient tout régler avec de la chimie de synthèse qui est un poison non seulement pour l'individu mais pour sa descendance. Les homéopathes tiennent compte surtout de l'état individuel mais ne comprennent rien aux états fonctionnels.

Les hypophysaires de par leur mentalité, ont été fascinés par le laboratoire parce qu'ils n'entendent rien aux états maladifs et aux possibilités d'adaptation et de réactions des êtres vivants. Ils ont couru au laboratoire, ils ont amplifié, abusivement grossi, compliqué à l'infini, les données qui nous sont fournies par exemple dans le diabète par le sucre, dans l'albuminurie par l'albumine. Ils ont examiné dans tous les liquides et sécrétions par la chimie et dans les tissus par le microscope, l'état de nos organes et de nos cellules. Ils ont donc constaté les résultats en plus ou en moins par rapport à la normale. *Ainsi l'urée, le cholestérol, l'hypertension sont devenues des maladies alors qu'ils ne sont que des symptômes.* La notion de maladie dégénère de plus en plus au fur et à mesure que s'éloigne dans l'esprit du médecin la cause véritable de la maladie elle-même. Pour vous donner un exemple spectaculaire, la femme moderne accuse des troubles extrêmement divers qui la font recourir à tous les spécialistes. *Or cette diversité symptomatique ressortit à un syndrome d'hyperthyroïdie paradoxale. Ce symptôme est agencé non seulement par la chimification générale, le café, le tabac, l'alcool et les toxiques divers, mais surtout parce que la femme moderne vit contre sa nature.*

Ainsi elle et les enfants dégénèrent de plus en plus et accusent de plus en plus des maladies nouvelles. La femme s'enlaidit et perd de plus en plus sa ressemblance avec l'éternel féminin de toutes les traditions dont la Vénus de Botticelli reste un symbole.

Jusqu'à la dernière guerre on voyait partout des femmes ravissantes et habillées avec un goût exquis. En l'an 2000 elles ont disparu.

Considérons le diabète par exemple. C'est un excès de sucre dans les urines. Il provient d'un déséquilibre des phénomènes glandulaires. Le pancréas règle le taux de sucre mis en réserve. Les autres glandes tentent de le mettre en circulation. Le diabète peut provenir d'une insuffisance de fonctionnement du pancréas, ou d'un excès d'activité des autres glandes. Il peut aussi avoir les deux causes. L'injection d'insuline ne règle pas le problème.

Le plus grave défaut de l'hypophysaire est qu'il ne peut sortir de l'immédiat, de ce qu'il a sous les yeux. C'est un esprit primaire. Il ne peut se reporter à une réalité plus vaste, et qui pourrait contredire les conclusions qu'il tire d'une observation immédiate et présente. Il ne peut accéder à la véritable origine des phénomènes.

Une autre observation d'une importance capitale :

L'hypophysaire voit un nerf qui actionne un muscle. Il voit un homme devenir basedowien à la suite d'un choc psychologique, et il en conclut que c'est le système nerveux qui dirige l'homme. **Or il est victime d'une illusion soutenue par une logique élémentaire !**

Lorsque l'homme éprouve une émotion toutes les composantes de son individu sont engagées, atteintes. *Si l'on n'a pas compris l'antériorité fonctionnelle du système hormonal sur le système nerveux,* on ne peut comprendre comment le système nerveux peut agir sur tous les éléments dont certains comme les globules rouges, qui voient leur charge en oxygène varier selon les émotions, ne sont pas reliés au système nerveux par les nerfs !

L'hypophysaire est rivé dans le présent immédiat.

Aussi ne peut-il rien comprendre à l'homme qui n'est qu'évolution, transformation, variations, en raison des forces qui agissent continuellement sur lui, qui conditionnent son activité et auxquelles il doit s'adapter et se soumettre. Un autre défaut de l'hypophysaire est de ne déceler dans le mauvais état d'un organe qu'une cause anatomique, rythmique ou une lésion, sans pouvoir se reporter aux glandes endocrines, à leur mode d'action sur les organes, et au delà, à l'hygiène de vie, l'alimentation, la psychologie perturbée du patient.

Le fonctionnement du cœur, des poumons, de l'appareil digestif, est conditionné par les sécrétions glandulaires. Leur action est longuement décrite dans les ouvrages d'endocrinologie mais ni les physiologistes ni les médecins n'en tiennent compte. Pourquoi ? Parce-qu'ils pensent toujours que les glandes endocrines sont commandées par le système nerveux, ce qui est totalement faux malgré les apparences.

Ils ne sont jamais remontés aux sources, aux origines fonctionnelles de l'être humain, à son état embryologique et fœtal. Ils ne peuvent comprendre que c'est la première apparition des organes, leur ancienneté, qui déterminent leur action sur le fonctionnement de l'être humain. Or le système glandulaire est le premier constitue. C'est donc lui qui dirige fonctionnellement l'être et le système nerveux. Je vous ai signalé que les anencéphales qui n'ont à leur disposition qu'une moelle épinière le plus souvent mal constituée, réagissent par des mouvements, des réflexes, des émotions surtout douloureuses, un gazouillis que l'on ne retrouve que plus tard chez l'enfant normal. L'hypophysaire décrit l'état de l'anencephale sans être capable de l'interpréter. Non seulement l'hypophysaire comme nous venons de le voir est incapable de véritable attention, mais *il est imperméable à la véritable abstraction car il ne juge que selon ses sens et des appareils de mesure.*

Il ne peut se libérer des idées sensations pour s'élever a une vraie pensée. Il ne peut non plus appréhender la notion d'identité et la synthèse qui sont les élaborations psychologiques supérieures.

En somme l'hypophysaire ne connaît que le détail, jamais l'ensemble : c'est un pur analytique. Il ne lui viendra jamais à l'idée que des signes disparates, différents, peuvent provenir d'un même fonctionnement hormonal,. De même un état se manifestant par des signes similaires peut avoir pour origine des états glandulaires opposés d'une même glande ou deux états fonctionnels différents. Tout cela est trop ardu pour des cerveaux d'une grande simplicité bien que les hypophysaires aient inventé les mathématiques, un peu un jeu de leur esprit mais qu'ils ont compliquées en dehors de conceptions le plus souvent réelles.

Ils ne peuvent soupçonner que fièvre, manie, folie sont des manifestations d'hyperthyroïdie. Que le coma, la syncope, la mélancolie, la tristesse, sont des états d'hypothyroïdie plus ou moins accusés. Ils sont en effet incapables intellectuellement de constater la similitude de ces états avec celle d'états glandulaires. On peut aisément constater que les symptômes cliniques d'une hypothyroïdie et d'une tristesse accusée sont *analogiques*, mais cela ne signifie rien pour eux. En somme l'hypophysaire ne saurait dépasser le stade analytique des élaborations intellectuelles. Il a l'illusion qu'en recherchant toujours avec plus de minutie les particularités d'un phénomène, il finira par en découvrir les causes. C'est bien là une énorme illusion car seuls les signes grossiers, souvent visibles à l'œil nu, fournissent les caractères fonciers communs à toute une série de phénomènes et peuvent conduire à leur origine. Les petits signes distinctifs sur lesquels est fondée la pathologie ne mènent à rien, sinon à diviser à l'infini nos connaissances et à imaginer selon chaque signe nouveau un médicament chimique qui vient encore encombrer la thérapeutique et accroître iatrogénisme et tératogénisme. Aussi l'efficacité devient de plus en plus faible, comme on le constate actuellement pour les antibiotiques, et surtout pour les affections qui se caractérisent par des déséquilibres fonctionnels accusés, comme les états glandulaires et les maladies mentales.

Souvenez-vous bien de quelques faits capitaux que je vais répéter ici :

1. Certains insectes mâles continuent la pariade bien que la femelle leur ait coupé la tête.
2. Une sauterelle sans tête vit plus d'une dizaine de jours.
3. La section de tous les nerfs aboutissant aux organes sexuels n'abolit ni le rut, ni la marche normale de procréation de ces organes.
4. La résection de tout le système sympathique ne modifie ni les manifestations vitales, ni les émotions, ni les activités sexuelles d'un chien.
5. La suppression d'une seule endocrine organique empêche radicalementchez l'animal l'apparition de l'instinct sexuel et provoque la dégénérescence des organes reproducteurs.

Ces constatations auraient pu faire comprendre de la façon la plus péremptoire, que le système nerveux ne joue qu'un rôle très effacé dans des activités complexes et que *le système hormonal est totalement prédominant fonctionnellement.*

Or on n'a rien compris devant ces faits patents.

Il est même inouï de savoir qu'avant Freud on savait que l'ablation de la thyroïde entraînait la disparition de l'intelligence et de la sexualité !

Il est donc évident que la sexualité animale est sous le contrôle du système hormonal et non pas du système nerveux.

Si l'hypophysaire était doué de possibilité de synthèse et de notion d'identité, il aurait découvert que la cause physiologique de la folie était l'atrophie de la glande génitale interne.

Il a bien constaté cette atrophie chez les déments mais il a délaissé ce signe constant pour rechercher des signes disparates, inconstants, qui n'ont rien d'essentiel et qui n'apprendront jamais rien. Ainsi on examine des personnes qui présentent un cerveau normal et qui sont démentes, tandis que d'autres dont le cerveau présentent des anomalies, sont parfaitement normales.

Ainsi on ignore ce qu'est une maladie mentale. Or l'identité de la folie est ainsi caractérisée :

1. Pertes des élaborations psychologiques supérieures : synthèse et notion d'identité.
2. Perte du sens moral.
3. Perte de la volonté.
4. Perte de l'attention volontaire. Il s'agit de l'attention portée pour une finalité supérieure, sur quelque chose *qui nous ennuie ou nous est désagréable.*

Tels sont les caractères fonciers de la folie.

Comme la possession de brillantes possibilités analytiques est tout à fait compatible avec un diagnostic de folie, nous pouvons faire le diagnostic de :

- La psychiatrie.
- La science.
- La politique.
- La médecine.
- La finance.

Il n'y a pas de science sans sens moral. Une telle science ne peut que déboucher sur la destruction universelle, avec les Tchernobyl, les déchets nucléaires instockables et non neutralisables, par exemple.

Notre société est donc folle et partant suicidaire.

Nous allons maintenant conclure cette vision panoramique de notre monde actuel. Vous êtes le dernier dandy métaphysique de l'histoire inventée par les circoncis. Le dandy est en révolte contre le créateur et les anthroposophes le dénomment « le luciférien ». Pour le dandy le créateur est responsable de la souffrance de toute la création car Dieu, omniscient, savait que l'homme chuterait et partant, lui a retiré toute liberté à priori. Dieu a donc créé l'homme dont il savait que la destinée serait misère et cruauté. Le dandy est toujours oppositionnel par vocation. C'est un type humain qui se renouvelle, reprend vie comme le phénix, se développe pour un temps, puis diminue au point de faire croire à sa disparition. Il a nécessairement disparu de tous les cercles officiels voués à l'insignifiance mentale et à la turpitude. Vous êtes donc condamné à une solitude intégrale.

La dégénérescence de ce type est représentée par les homosexuels longilignes dont la sexualité est non seulement faussée, mais touche à l'impuissance. C'est un déchet, un rebut de type glandulaire, en général peu intéressant, car fourbe, en marge de ce qui normal et sain. Ils se targuent de Freud ce qui dévoile leur peu de valeur morale et intellectuelle.

Lorsque les Juifs domineront le monde, les homosexuels auront un statut social officiel car ils seront des auxiliaires précieux des Juifs dans leur œuvre de désintégration. Ils finiront par pourrir totalement les jeunes, la mode, et auront le droit d'adopter des enfants, ce qui constitue une horreur absolue.

Le dandy thyroïdien, lui n'est pas un déséquilibré : c'est un excessif, un être en variations fonctionnelles dans la norme humaine. Il a les défauts de ses qualités, mais un potentiel intellectuel et affectif rare. L'homosexuel est quant à lui, un déséquilibré, au sens pathologique, tandis que le dandy romantique est un artiste qui peut sembler déséquilibré du fait d'un fonctionnement glandulaire normal mais très *exagéré*.

C'est ce fonctionnement qui lui confère son intelligence rapide, sa rapidité générale, ses excellents automatismes, son impatience.

La société mondiale s'effondre chérissant ses erreurs. La folie s'empare de tous les aspects de la vie officielle, des pseudo-savants font des découvertes inconsidérées, les valeurs authentiques morales, spirituelles, esthétiques ont sombré car elles ne sont plus soutenues chez les humains par une efficience physiologique. L'homme est réduit à ne vivre que pour l'argent et le sexe et les préoccupations de sécurité vitale. Il est réduit à un esclavage unique dans l'histoire humaine. Criminalité et folie croissent en progression géométrique et ne peuvent être endiguées puisque l'officialité fonctionne elle même sur des critères de folie et de crime. Carrel disait d'ailleurs en 1935 : « Les vrais criminels ne sont pas dans les prisons mais au faîte de la société libérale ». Il ajoutait d'ailleurs que « le bourgeois libéral est le frère aîné du Bolchevique ». Ces deux assertions n'ont hélas plus besoin de démonstration en l'an 2000.[62]

L'instruction matérialiste laïque se répand et ceux qui la suivent sont de moins en moins capables de l'assimiler car elle hypotrophie sournoisement le mental même pour les qualités analytiques et mnémoniques officielles. On s'aperçoit que les élèves de troisième ne savent pas conduire un raisonnement élémentaire et que les illettrés et les analphabètes croissent à une vitesse inquiétante.

La pléthore des connaissances oscillent entre la technicité à outrance à laquelle on donne le nom de science, alors qu'elle n'est qu'une forme de l'application, et le verbiage, la constatation de

---

[62] C'est pourquoi on débaptise partout les rue Alexis Carrel, peut-être le plus grand génie dont puisse s'enorgueillir l'humanité. Nous avons là le symbole parfait de toutes les inversions, avec l'abolition de la peine de mort qui permet au criminel de re-tuer de 6 à 15 fois (ce qui n'est pas exceptionnelvoir presse officielle).

faits dont on est incapable de dégager une seule grande idée l'officialité étant radicalement privée d'esprit de synthèse.

Un tel monde est nécessairement suicidaire…

Angelika

Chapitre XIX

> *La femme est si bête, au regard de l'intelligence abstraite de l'homme qu'elle croit qu'elle peut être aussi intelligente que lui. Elle croit pouvoir devenir Périclès, Goethe, Chopin ou Carrel ! Son illusion est d'autant plus grande qu'elle ne comprend pas son incapacité. La femme soi-disant intelligente ne peut que s'inscrire dans toutes les impostures modernes, elle fera un ministre pilulo-avorteur, et jamais un Lao-Tseu ou un Carrel.*
>
> *Sans l'amour oblatif pour un homme et pour ses enfants la femme n'est rien. Seule la femme intelligente sait qu'elle ne l'est pas. Elle est l'intuition de l'homme.*

Angelika

Le long entretien que Tristan avait eu avec ce génie de l'endocrinologie, l'avait profondément intéressé. Il avait en quelque sorte la preuve par neuf endocrinologique de toutes ses observations. Le génie n'est-il de percevoir le déterminisme des autres au travers d'un déterminisme supérieur ?

Aujourd'hui où « les hypointerstiels supérieurs »[63] règnent et rendent de plus en plus folle et déchirée la masse des humains,

---

[63] Hyper-hypophysaires, hyper-thyroïdiens, hyper-génitaux reproducteurs **physiologiques**, mais hypointerstitels : spéculatifs brillants **mais a moraux et a synthétiques**. « Et le monde sera dirigé par des monstres » nous dit l'Apocalypse.

tout n'est-il pas désormais intégralement déterministe jusqu'à la fin de cette humanité hypophysaire, jusqu'à la troisième guerre mondiale et la pollution générale ? Comment s'étonner que les cadres de la Chine communiste agencée par le rappel de Mac Arthur, aient été formés par les Jésuites et les Américains ? Pourquoi s'ahurir de voir le pape serrer la main du plus haut prélat de l'Anglicanisme alors que « le Protestantisme est l'universalisation de l'esprit Juif » ?[64] L'inanité est désormais universelle et l'œcuménisme ne se pratique qu'au sein de la démence. Rothschild de Marx exercent désormais un pouvoir totalitaire sur les pantins de la politique et les robots de l'université qui mènent les masses affolées et zombifiées.

Il était fatal que dans un monde où la femme est désintégrée et avide d'équilibre même artificiel, voire végétatif, Tristan, pût leur donner le moindre équilibre. La femme à l'affectivité réduite, aux systèmes nerveux, endocrinien délabrés, ne peut avoir cet héroïsme qui consiste à être la moitié d'une effervescence. Créer aujourd'hui, c'est créer dangereusement, voire même suicidairement.

Création, vérité, rigueur, beauté sont pour la femme des facteurs de déséquilibre élémentaire : elle ne peut s'adapter à celui qui en est le chantre dans un océan de mensonge. Cet océan nourrit désormais ce qui reste de l'homme et devient la condition de survie dans le monde de marchands et d'esclaves où, précisément, nous tentons de survivre.

Malgré les conseils du savant endocrinologiste, Tristan avait tenté de demeurer près de sa femme. Biche n'attendait-elle pas un enfant ?

---

[64] Louis Rougier dans « *La mystique démocratique* ».

Mais la situation ne s'améliorait pas et Tristan atteignit un tel degré d'épuisement qu'il lui fut prescrit un séjour de trois mois dans une maison de soins.

Un divorce amiable fut organisé par les beaux-parents. Ils avaient divorcé.

Ils avaient fait la queue au Palais de Justice, O dérision ! Tristan avait cru qu'ils allaient trouver là un juge, un vrai, auquel il aurait pu expliquer la fatalité de leur divorce nécessaire dans un tel contexte si délicat. Le juge avait une tête d'épicier et on divorçait en série : quelque chose comme la queue pour les cartes d'alimentation pendant la guerre. Une routine des hommes de loi, payés. Rien d'autre. Le divorce était aussi déshumanisé que le mariage, qui sans assises sérieuses menait au divorce imbécile et aux naissances d'enfants épaves de demain, drogués, clients disco, suicidés...

L'homme avait manifestement disparu.[65]

Après trois mois de maison de repos et de souffrance inexprimable, Tristan éprouva le désir de retourner près de ses enfants et de leur mère, malgré l'horrible trahison de celle-ci, qu'il s'était juré d'enfouir dans le silence de l'oubli. Les enfants, c'était l'essentiel. Jacqueline refusa. Ce refus se situait sur la ligne de légèreté de sa conduite antérieure. Lui, il avait mûri, il avait compris. Il n'aurait plus désormais quitté sa femme même pour Vénus en personne.

Tristan se résigna alors à louer une chambre chez une charmante dame âgée, dans le sixième arrondissement de Paris. Il reprit son enseignement de l'Anglais dans le secondaire et du Français dans une célèbre école pour adultes étrangers. Cette école rassemblait

---

[65] En 1980 un médecin disait à l'auteur : « En dessous de cinquante ans, il n'y a plus d'hommes ». Ce sont donc des homoncules qui vont disparaître.

les plus jolies filles du monde qui venaient là pour apprendre le Français. Tristan y eut de multiples aventures qui enchantèrent sa nature de Don Juan. Que de fois eut-il de nombreux rendez-vous dans la journée, et ne mélangea-t-il pas les prénoms de ces exquises créatures de vingt à trente ans qui lui glissaient des mots d'amour sur son bureau tandis que d'autres le regardaient amoureusement pendant la durée du cours !

Un jour une de ses élèves prenait le thé au bar où il buvait une bière.

— Ah lui, dit cette élève, je n'aimerais pas être votre maîtresse !
— Pourquoi, rétorqua-t-il ?
— Parce que je serais la deux cent quarante troisième !
— Non, répondit Tristan, vous seriez la deux cent quarante troisième bis !

L'élève s'absenta quelques jours et lorsqu'elle revint elle dut prendre connaissance d'un texte qu'il avait donné pour faire travailler la diction à ses élèves. Il prêta donc le livre dans lequel se trouvait le texte qui s'intitulait d'ailleurs « l'aimable voleur » en la priant de le lui rendre rapidement car ce livre lui fournissait des textes pédagogiquement remarquables.

Elle le lui rendit le lendemain, et Tristan posa le livre sur son bureau dans sa chambre. Quinze jours plus tard, alors qu'il avait besoin de choisir un texte adéquate pour ses étudiants, il trouva, en ouvrant le livre, un bristol sur lequel était écrit : « et quand vous en aurez fini avec la deux cent quarante troisième, la deux cent quarante troisième bis attend son tour ».

Il lui téléphona, lui faisant croire qu'il l'avait fait attendre volontairement et le soir même...

A cette époque il rencontre Hella. Allemande, elle n'était pas jolie, mais « mieux que belle » disait un ami philosophe roumain. Très racée, très bien faite, très élégante. Remarquablement intelligente aussi bien quant à l'intelligence scolaire que l'intelligence tout court, elle avait appris le français qu'elle parlait sans aucun accent, était devenue secrétaire de direction du Président Directeur Général d'une imprimerie célèbre qui avait jadis imprimé Balzac, elle avait fait la capacité en droit, ne pouvant faire la licence car elle n'était pas titulaire du baccalauréat français. Elle était une perfection qui, comme les peuples heureux, n'a pas d'histoire.

L'union sexuelle qu'ils avaient était d'une telle qualité, d'un tel « dixième ciel », que jamais Tristan ne connut une pareille extase avec une autre femme. Elle n'avait qu'un rêve : le mariage. Tristan n'avait pas encore passé de concours qui lui offrait la titularisation aussi, bien qu'ayant accepté le principe, il recula l'échéance grâce à cet alibi. Lorsqu'il fut reçu au concours, Hella le mit au pied du mur... Tristan lui dit alors qu'il voulait bien l'épouser mais qu'il ne vivrait pas avec elle. Il croyait que cela la dissuaderait, mais ce ne fut pas le cas. Tristan, de la nativité de la Balance, ne savait pas dire non. Pour faire plaisir à Hella il accepta de l'épouser. Faire plaisir est souvent beaucoup plus cruel qu'un refus car Hella allait payer cher ce mariage aberrant.

Il avait accepté en lui disant que s'il tombait amoureux il divorcerait. Elle avait acquiescé même à cela.

Il est vrai que Tristan pensait qu'un jour il s'assagirait et prendrait Hella contre son cœur définitivement.

Pour l'instant les femmes, y compris Hella, grande amie, ce n'était plus son but, son problème. Il trouvait un équilibre physiologique dans ce flirt tourbillonnant qui laissait loin derrière les performances de Don Juan. Du plaisir, jamais de peine. Jusque là dès qu'il avait pris une femme au sérieux, qu'il lui avait donné son amour, c'était pour souffrir le martyre. Il avait eu son compte comme on dit et il était désormais strictement au numéro et pas à l'abonnement.

Il ne faut jamais dire « fontaine je ne re-boirai pas de ton eau ».

Hella et lui habitaient séparément et il allait la voir le week-end. Il allait chercher les enfants qui s'entendaient très bien avec elle. Mais il allait la quitter, et n'ayant pas la patience d'attendre Tristan, alors qu'il lui serait revenu à coup sûr, elle quitta la France, rejoignit l'Allemagne, et tomba grièvement malade psychiquement.

Un jour qu'il venait de terminer son cours, il aperçut une jeune fille qui descendait le grand escalier de l'école. Il venait pourtant d'en prendre « plein la poire pour pas un rond » avec Biche, mais il était irrécupérable.

La maladie sournoise de la passion allait de nouveau le terrasser.

Il avait deux excuses : cette jeune fille de vingt deux ans était exquisissime et s'il ne lui avait pas plu, rien ne serait arrivé. *Que sera sera.*

Elle portait une robe bavaroise ravissante, ses longs cheveux étaient blonds comme les blés, son teint rose et clair, et son apparence était si féminine qu'elle jurait parmi les filles qui accusaient toutes, fussent-elles jolies, une certaine masculinisation propre à l'époque. Il était impensable de l'imaginer ministre de la santé promulguant la pilule et l'avortement, impossible de la supposer même membre du Mouvement de Libération Féminine. Les vraies femmes ignorent ce genre de concoction, mais où sont-elles ? Tristan qui était pourtant d'une timidité morbide, se sentit prêt à toutes les audaces. Il se dirigea vers elle avec assurance. Il posa délicatement le bout de ses doigts sur son bras et lui murmura : « je n'ai jamais rien vu de plus joli, Mademoiselle, pourriez-vous m'accorder une minute ? Elle rougit plaisamment, marmonna quelques mots dans un français embryonnaire et dit plus clairement « qu'elle verrait ».

Son sourire avait donné espoir à Tristan. Pendant deux mois elle disparut de l'école. Elle avait eu peur de Tristan. Elle se sentait à la fois attirée et effrayée par lui. Dans un premier temps, comme dirait l'autre, elle avait préféré fuir et se réfugier chez des amis en Angleterre. Tristan se morfondait.

Les semaines passèrent. Soudain de nouveau, il la vit descendre le grand escalier. Son cœur battit à tout rompre, il fallait lui parler, il lui parla. Elle accepta un rendez-vous.

Ils allaient connaître des mois de bonheur et des années de malheur.

Quand il la revoit dans son esprit, des années après leur séparation, avec son corsage en dentelle, son charme d'enfant, quand il revoit ses merveilleux dessins naïfs, adorables et si délicieusement stylisés, il ressent combien son être lui était profondément attaché. Il y avait chez Angelika car tel était son nom, une dominante vénusienne aussi flagrante que chez Tristan. Vénus les avait rapprochés, cela était psychologiquement et astrologiquement évident.

Ils s'installèrent à Maisons Alfort, dans un petit appartement de deux pièces qu'ils louèrent et bientôt une adorable petite Nathalie naquit, qui ne tarda pas à être le grand amour de son père, grand amour qui deviendrait aussi une source de douleur. Elle fut baptisée à Notre Dame de Paris et on ne sait par quelle exception, on leur accorda l'usage de la cour d'honneur réservée aux rois et aux reines. Nathalie aux cheveux d'or et aux yeux de ciel faisait la joie de son papa et de sa maman.

Mais le destin ne voulait pas que ce bonheur durât.

Patrice le fils de Tristan et de Jacqueline, était d'âge scolaire. Son caractère était des plus difficiles. Natif du Scorpion, il possédait les qualités les plus négatives de cette nativité. Tristan avait un ami remarquable astrologue et, sans lui dire qu'il s'agissait de son fils, il lui avait demandé de faire son thème. Il commençait ainsi : « je n'ai jamais vu une telle profusion de mauvais aspects ». Suivait une analyse qui hélas, se réalisa jusqu'à la fin de son malheureux destin puisqu'il mourut à trente neuf ans d'une hémorragie cérébrale contractée par le mélange alcool et drogues chimiques. Les difficultés de son fils rendaient plus aigu chez Tristan le sentiment qu'il devait tout faire pour lui afin de le tirer de cette fatalité caractérologique. Il fallait que Patrice passât son baccalauréat. Tristan voulait aussi qu'il réussît un minimum d'examens pour rentrer dans l'enseignement. Il l'avait déjà envoyé un an dans un collège espagnol et il parlait parfaitement la langue. Pour l'aider en général et en particulier en anglais, il fallait qu'il fût plus souvent chez lui que chez sa mère.

Malheureusement son agressivité, sa paresse, ses mauvaises tendances rendaient l'ambiance familiale précaire. Angelika, jalouse comme une enfant de cet enfant impossible, adoptait une attitude si pénible, si infantile, qu'elle obligeait Tristan pour ainsi dire, à prendre le parti de son fils afin que celui-ci ne se sentît pas abandonné ou mal aimé. Il eût fallu qu'Angélika s'effaçât avec intelligence en faisant pour le mieux de façon à ne pas décupler un fardeau déjà écrasant pour Tristan.

Mais cela semblait impossible à une femme de ce siècle généralement privée de toute éducation spirituelle, morale et intellectuelle à sa mesure. Si tous deux avaient vécu dans une civilisation traditionnelle, il n'y aurait d'abord pas de divorce, ensuite l'éducation fondamentale et l'amour mutuel du couple eût été le ressort de tout, tout ce qui s'opposait dans leur nature respective se serait canalisé dans une symbiose d'amour et de devoir.

Dans notre civilisation matérialiste, tout ce qui était différent devait s'opposer et devenir antagoniste. Les défauts devenaient source de conflit et de pathologies déterministes. Tel était le sort des couples du vingtième siècle avec ses mariages infantiles et ses divorces en séries. Ce qui était étonnant dans une telle conjoncture c'étaient les mariages qui duraient.

La courbe des divorces s'élevait vertigineusement, et même le concubinage n'était pas favorisé fiscalement en cas de déclaration commune.

Trois ans après leur mariage, Angelika avait montré à Tristan les analyses graphologiques que son père avait fait faire en Suisse par une graphologue de langue allemande. La lettre analysée avait été écrite en anglais car c'est en cette langue que Tristan et Angelika s'exprimaient puisque cette dernière ne connaissait pas encore assez bien le français. La graphologue ignorait l'anglais et ses deux analyses en allemand furent traduites en français.

Ces deux analyses offraient une synthèse sans faille de ce qu'ils allaient vivre pendant douze ans.

L'analyse de Tristan se dévoilait ainsi :

Il s'agit d'un être très intelligent et très sensible. Il a une grande originalité et un sens artistique flagrant. Il aurait l'esprit fertile et la capacité d'œuvrer de manière créatrice car il est remarquablement doué et possède un sens aigu de la beauté. Pourtant sa pensée procède souvent par analyse et décomposition. Il souffre de ne pas laisser à ses expériences et à ses sentiments leur intégrité et de les mettre en doute par son intelligence. Peser le pour et le contre, réfléchir, rejeter et reprendre les problèmes sont les activités caractéristiques de sa pensée et qui le mettent souvent en contradiction avec ses sentiments, d'autant qu'il a une âme sensible et ouverte. En rédigeant ce spécimen d'écriture le scripteur se trouvait dans un état d'euphorie accentué dans lequel il voyait le monde ainsi que sa future partenaire sous la forme d'une image idéale, n'accordant par là pas assez d'égards à la réalité.

étant dépendant des atmosphères, il ressent les déceptions et les tristesses de manière aussi extrêmes qu'une humeur momentanément joyeuse.

Le scripteur est pour ainsi dire la proie de cette cyclothymie et il aura du mal à s'en délivrer sans aide étrangère. Il est vraisemblable que lors d'un désaccord majeur il cherche les moyens de lui échapper à l'occasion même par des voies qui ne lui seraient pas salutaires. Il est sûr que sa partenaire saura lui donner en de telles circonstances beaucoup de force et de secours.

Bien que le scripteur soit très attentionné, la partenaire doit savoir que son propre monde occupe le premier rang et qu'on ne peut l'affronter qu'avec beaucoup de compréhension et de patience.

Il serait à conseiller à la future partenaire d'approfondir par de longues fiançailles la connaissance qu'elle acquerra de cet homme si doué et si intéressant, ceci, afin de pouvoir être sûre dans la quotidienneté de supporter en sa compagnie les mille désagréments qui sont le contraire de la conception romantique de la vie qu'a le scripteur.

Il semblait évident qu'Angelika était incapable d'assumer un pareil compagnon. Son analyse le confirmait :

C'est l'écriture d'un être particulièrement sensible et vulnérable qui s'efforcent souvent en vain de résoudre ses propres problèmes.

Cela provient sans doute du fait qu'elle entretient à l'égard des personnes et des choses des attentes démesurées. Elle s'écroule dans l'impuissance si elle n'obtient pas de transformations rapides. Quoique d'esprit vif et pratique elle a conservé une foi enfantine dans le merveilleux. De là vient qu'elle gaspille ses forces physiques et psychiques et qu'au moment critique elle réagit de façon émotive et psychologiquement maladroite. Elle est donc victime de ses propres sentiments. De plus elle est extrêmement scrupuleuse et l'amour de l'ordre lui tient lieu de loi suprême. Elle comprend difficilement que d'autres improvisent et agissent par à-coups.

Elle a dû dans son enfance être marquée par des sautes d'humeur inattendues dans son entourage immédiat. Elle n'est pas consciente que cela a considérablement exacerbé sa susceptibilité. L'insouciance et l'humour lui font grandement défaut.

On appréciera d'autant plus le sens qu'elle a de ses devoirs et de ses responsabilités et l'effort qu'elle fait pour garder patience même quand elle a envie de « tout plaquer ». Elle aime être gâtée, mais elle aime gâter, et entoure de soins maternels ceux qu'elle aime. Si elle n'est pas payée de retour elle tombe dans le désespoir. Pourtant avec un peu d'adresse et de psychologie à son égard son entourage peut obtenir d'elle des trésors. Elle a tendance à être trop spontanée. Ses tentatives de réparations, quoique de bonne intention, ne sont pas toujours adroites. Elle devrait tirer partie de son excellent goût et de sa sensibilité artistique comme de ses dons manuels négligés mais remarquables. Elle pourrait être décoratrice d'intérieur. A l'heure où elle écrit ses lignes, il lui manque la confiance en elle et un stimulant externe. Il est déterminant pour son état d'âme qu'elle parvienne à se donner un sentiment de chaleur et de sécurité. Ce sentiment lui manque depuis longtemps et les tentatives qu'elle fait pour l'acquérir, se font avec une fébrilité qui rend difficile à son entourage d'avoir la compréhension de ce qu'elle veut et ressent.

La tendance qu'elle a à se réfugier dans la volonté de croire, l'aide quelque temps mais ne lui procure pas une détente morale durable.

étant donné les qualités humaines et les nombreux dons qu'elle possède, cette personne devrait être capable de susciter un tournant dans sa vie en corrigeant sa susceptibilité maladive et en faisant ses preuves dans une activité pratique.

Quand Tristan relisait ses deux analyses il était stupéfié. Stupéfié par l'extraordinaire talent et connaissance de la graphologue, stupéfié car la confrontation de ces deux analyses était une parfaite synthèse de leur drame. La prodigieuse exactitude de leur révélation était inégalable. En quelques lignes il y avait la véracité et la précision de ce qu'ils avaient vécu pendant douze ans.

Malgré les attaches vénusiennes qui les unissaient, ils allaient vivre un martyre. L'amour de Tristan pour sa femme et sa fille était si grand qu'il n'aurait pas hésité à donner sa vie pour elle si celle-ci ne l'avait pas quitté en emmenant leur adorable petite Nathalie.

Angelika était native du Taureau. Elle en était le prototype. Un visage frais comme le printemps, une friandise encadrée de beau cheveux blond or. Elle était sensible et imaginative avec une pointe de bovarysme. Son apparence générale évoquait une personne charnelle, maternelle, avec un côté fort accusé pour le digestif, le lent, le végétatif, tous traits de caractères antithèse de Tristan, cérébral, intuitif, hyper-rapide, idéaliste.

Angelika aimait la nature, la campagne, la vie simple, mais elle aimait aussi le confort de la ville, et les commodités complexes du progrès la fascinaient.

Tristan était lui, le « thyroïdien Balance » que nous connaissons et dont le défaut majeur était d'être pris comme l'alouette dans les filets de belles créatures. Il préférait en effet toujours une femme jolie mais moralement disgraciée à une autre moins belle mais riche de qualités fondamentales, d'indulgence, de maturité, de force morale, de solidité affective, en un mot de toutes les qualités dont Tristan avait le plus grand besoin.

Angelika était née pendant la seconde guerre mondiale tandis que son père, avocat et militaire était absent. Sa mère avait toujours été de santé psychologique précaire, et lorsque Tristan la connut, il la voyait boire tous les soirs une ou deux bouteilles de champagne et des liqueurs, avec en plus, une consommation de force cigarettes. Elle se préparait allégrement le cancer dont elle mourut quelques années plus tard. Elle n'avait, et cela était évident, jamais sut donner à Angelika toute la tendresse dont cette jolie fleur de Bavière avait le plus grand besoin.

Il est donc certain que Angelika comme Tristan souffraient tous deux d'une grave carence maternelle, qui ne pouvait se combler que par un conjoint *maternel*.

Cette cruelle carence se voyait aggravée par le fait que leurs deux mères étaient vivantes.

Ainsi leur négativité alimentait sans cesse leur carence.

Il leur fallait donc à tous deux une compagne et un compagnon qui les maternent pour pallier ce gouffre affectif. Ce n'était pas le cas.

Angelika et Tristan étaient noyés dans une sphère vicieuse. Deux être vénusiens, attirés l'un vers l'autre mais incapable de se materner mutuellement. C'était l'échec garanti d'autant que Tristan, artiste et schizoïde, avait le plus grand besoin d'une femme indulgente et moralement forte. Rien n'avait aidé à les structurer l'un et l'autre. Lorsque la petite Angelika avait cinq ans, les bombes pleuvaient autour d'elle. Elle se dirigeait toute seule vers l'abri, chocs effrayants pour un petit enfant.

Le frère d'Angelika était un caractériel accusé, petit surrénalien épais et qui avait encore moins reçu que sa sœur. Il était aussi grossier d'apparence que sa sœur était jolie et charmante. Angelika avait conservé le souvenir lancinant de scènes violentes dans lesquelles son frère était impliqué. Pour tout arranger, à dix sept ans elle était devenue secrétaire de son père avocat. Elle avait eu accès à quantité de dossiers de divorces cauchemardesques dont les horreurs semèrent dans son esprit la haine, le mépris et le dégoût de l'homme.

Il était important que Tristan s'occupât de son fils Patrice. Certes, les enfants de cette génération, privés de tout ce qui est important, déchirés par le divorce, ne sont pas faciles. Comment pourraient-ils l'être ? Les parents séparés par le travail des deux membres du couple, par le divorce, ou par les deux à la fois, ne sont plus là pour offrir à leurs enfants de *vraies* connaissances qui structurent l'être, l'affection constante, l'éducation solide. La mère absente du foyer qui s'en va à vau-l'eau, ne peut plus procurer aux siens qu'une nourriture industrielle chimique, cancérigène, dénuée de vitamines naturelles,[66] de sels minéraux, d'oligo-éléments. L'influence laïque qui véhicule chez les élèves l'influence marxiste et freudienne, fignole ce travail de sape systématique de l'être.[67] Il fallait donc être plus compréhensif et plus humain. Il fallait tenir compte de tous les facteurs destructifs qui agissaient sur cette génération sacrifiée.

Angelika, marquée par la brutalité de son frère, revoyait celui-ci en Patrice, avec une panique tout infantile. Tristan devant cette agressivité qui empirait tout, dut soulever un hymalaya pour mener son fils au baccalauréat et l'acquisition de deux langues. Il réussit même à lui faire prendre un poste d'enseignant dans un collège privé. Il était à deux doigts d'obtenir sa titularisation car il pouvait à l'époque passer un concours pour être titulaire comme professeur de collège, sans être licencié ès lettres. Mais à vingt et un an, l'âge de la majorité, il envoya tout promener et sombra dans les drogues chimiques, l'alcool et le tabac qui finirent par le tuer à trente neuf ans.

---

[66] Il a été démontré que les vitamines de synthèse sont cancérigènes.
[67] La lutte des classes, comme l'envahissement sexuel et les complexes en trémolos étaient parfaitement ignorés et inconnus sous les National Socialisme, comme dans l'Ancienne Egypte…

Il fallait donc devant la position d'enfant jaloux et agressif d'Angelika, que Tristan soit aux côtés de son fils afin qu'il ne se sentît pas privé d'affection et de sécurité. Les agissements inconsidérés d'Angelika marquèrent Patrice. Ne disait-elle pas souvent à Tristan : « tu choisiras entre ton fils et moi, si tu choisis ton fils, je m'en irai ». C'est hélas ce qu'elle allait faire, car Tristan ne pouvait abandonner son fils dans une telle détresse.

Lorsque Patrice venait chez son père et sa belle-mère, et il venait souvent pour que son père le suivît, il se comportait, du moins au début, de façon convenable. Mais les choses changèrent. Il commença à leur voler de l'argent, ce qui choqua Angelika, qui ne fit plus rien pour stimuler l'enfant et l'aider. Les choses empirèrent. Patrice se présentait hagard, titubant, la langue pâteuse et la diction avinée sous l'effet de médicaments chimiques. Ces incidents forts désagréables poussaient parfois Angelika à partir à l'hôtel avec Nathalie lorsque Patrice venait. Sans doute un beau-fils de cette génération peut créer des problèmes. Tristan savait que bien des enfants de ses propres professeurs de Sorbonne, avaient de graves problèmes. Récemment deux d'entre eux, frère et sœur, enfants d'un professeur célèbre, s'étaient suicidés. Mais comment ne peut-on avoir un peu d'affection pour le fils de quelqu'un qu'on prétend aimer ? Elle aurait pu se réfugier derrière Tristan et laisser librement fonctionner son autorité et son affection.

Patrice dans ces dédales hérissés, avait réussi son baccalauréat à s'inscrire à la Sorbonne, à enseigner, à connaître trois langues. Mais il allait bientôt laver la vaisselle dans les restaurants londoniens.

Angelika accusait un syndrome que ce savant endocrinologiste dénommait « hyperthyroïdie paradoxale ». Dans le monde moderne il touche un grand nombre de femmes et est la cause de naissance de caractériels avec troubles du comportement et parfois même de mongoliens. Ce syndrome voit son étiologie dans le fait que la femme vit contre sa nature. Elles perdent ainsi leur caractère féminin de grâce, de beauté, de douceur, de délicatesse.

Le palliatif d'un tel syndrome est la vie calme avec un compagnon maternant. Elle présentait divers aspects de ce syndrome que les hypophysaires n'ont jamais pu réduire à une entité morbide : maux de tête, pertes, douleurs dans les jambes, arythmie, fatigue, idées noires. Son système nerveux était d'une grande faiblesse et son hypophyse caractérologiquement insuffisante. Cette caractéristique lui avait été révélée par deux faits cliniques : d'une part l'absence de vergetures après accouchement, et incapacité mentale de distinguer les concepts de nominatif et accusatif en allemand, sa propre langue.

Elle n'était donc pas à même d'établir une analyse objective des faits en présence, de lutter contre son propre état paranoïde, d'ailleurs si fréquent aujourd'hui. Elle n'avait donc aucun sens de l'autocritique. Elle était peu capable d'attention volontaire, et manifestait une sensibilité considérable aux bruits qui lui parvenaient comme décuplés. Ce signe, à lui seul, indique un important dérèglement thyroïdien dans le sens hyper. Elle était négative, exigeante, agressive et revendiquait sans cesse. Indécise et obsédée d'insécurité, son champ de conscience était considérablement rétréci.

Elle avait pourtant parfois une vague conscience de ses difficultés et manifestait une vraie bonne volonté. N'avait-elle pas tapé en français (elle qui savait à peine cette langue) toute la thèse de doctorat que son mari allait soutenir en Sorbonne.

Elle monta Nathalie contre son père, si bien que la petite à six ans, lui disait : « on en a assez, on va chercher un autre papa ».

C'est exactement ce qu'elles firent plus tard.

Angelika était coupé du monde de son mari et en ignorait tout. Son champ de conscience oscillait entre sa fille dont elle s'occupait concrètement très bien mais à qui elle ne donnerait certes pas d'âme. Elle avait assimilé tous les principes de santé et de médecine naturelle que Tristan lui avait inculqués. Elle tenait très bien son intérieur. L'erreur de Tristan et quelle erreur, était qu'il exigeait d'un petit écureuil un travail de mammouth.

Tristan avait une grande faiblesse, si bien décrite dans l'analyse graphologique : il avait besoin de tendresse et d'épanchement. Il se confiait à des relations intelligentes, à des médecins d'envergure. Angelika ressentait cela comme une persécution et jamais comme la pulsion incoercible d'un mari souffrant, sentimental, frustré qui avait besoin de puiser ses forces dans la compréhension, les encouragements, la consolation.

Tristan avait parmi ses amis, un médecin âgé et célèbre, ancien collaborateur du grand Alexis Carrel. Avec lui il parlait de ses inquiétudes et de ses souffrances. Il avait commencé à admonester Tristan, un peu de façon paternelle. Il insistait sur le fait qu'il n'aurait jamais du tomber amoureux d'une femme qui ne lui apportait pas la complémentarité nécessaire, qu'il avait, avec son potentiel, bien autre chose à faire dans la vie que de perdre son énergie dans des problèmes de femmes.

Tristan l'avait laissé parler sans mot dire. Quand le docteur eut terminé son sermon, Tristan sortit de son portefeuille une photographie d'Angelika.

Le vieux médecin, la regarda longuement et dit enfin :

— Ah, je comprends…

Invité par Tristan à déjeuner et dîner à la maison, il était littéralement gâteux devant Angelika. Son comportement, son jugement raisonnable furent totalement faussés par le sentiment que n'avait manqué de lui inspirer Angelika. Cela signifie simplement que s'il avait eu quarante ans de moins, si les circonstances l'avaient voulu, si le destin l'avait écrit, il serait *tombé* exactement comme Tristan...

Angelika était d'ailleurs attirée par les personnes âgées ce qui souligne son besoin de maternage et sa psychologie d'enfant.

Parfois elle ressentait une impression douloureuse de froidure interne (symptôme qui s'inscrit dans le syndrome d'hyperthyroïdie paradoxale). Alors disait-elle, elle perdait tout intérêt même pour son enfant. Un jour elle se cogna la tête contre les murs en criant, « je voudrais qu'on me tue ».

Le plus triste et le plus poignant est le travail de sape contre le père qu'elle imposait à son enfant. Une voisine, amie d'Angelika, vint un jour voir Tristan et lui dit : « ce que fait votre femme avec votre fille est criminel, la petite va vous haïr ».

En fait ce fut pire. Nathalie devint indifférente. Quand plus tard, Tristan était à la retraite, elle avait plus de vingt ans, lors de difficultés financières il avait un peu diminué sa pension dans des circonstances qui le justifiaient O combien, elle attaqua son père en justice.

Tant d'amour déversé sur des êtres qui ne l'aimaient pas.

Tristan se doutait-il qu'il allait encore revivre un calvaire pire encore ?[68]

Une fois sans mobile apparent, Angelika brisa d'un revers de main la bougie du chandelier situé sur le piano. Pire encore, ce fut un

---

[68] Chapitre « Monique ».

coupe papier qu'elle tordit et se dirigea sur la nuque, faisant une crise d'hystérie devant la petite qui hurlait de douleur morale.

Nathalie totalement mimétique de sa mère, ce qui est normal à cet âge, aboyait comme sa maman quand elle parlait à son père : « On va enlever tous les meubles »…

C'est ce qui arriva un jour. Tristan eût préféré mourir plutôt que de vivre tout cela.

Quelle puissance d'amour avait empêché Tristan de fuir, d'abandonner tout. Sans cet amour si fou, il n'aurait jamais eu à assumer tant de souffrances, la sienne, celle de sa femme et celle de la toute petite pour laquelle il ne pouvait rien.

Tristan essaya souvent d'expliquer à sa femme tout ce qui les concernait, sa bonne volonté, son désir de faire pour le mieux, d'accepter même qu'elle aille se reposer en Bavière chez ses parents chaque fois qu'elle en éprouverait le besoin. Rien n'aidait, au contraire. L'intelligence ne serait à rien dans cette circonstance, il aurait fallu que *tout soit sur les rails de la vérité et de la nature*. Même si l'on comprend l'essentiel de la géopolitique mondiale, cela n'empêchera pas la fatalité de la troisième guerre mondiale et toutes les pollutions car la nature ne pardonne jamais.

D'ailleurs personne ne comprend et personne n'écoute.

Un jour alors qu'elle était en vacances en Bavière chez son père, Angelika lui écrivit une lettre qui restera gravée dans le cœur :

Mon amour,

Nous te remercions pour tes jolies roses. Oui Noël était triste sans toi mais c'était mieux ainsi. Chéri, je suis à bout. Je ne sais que faire. Je suis condamnée à être malheureuse, mes parents, toi, que me reste-t-il sinon… ?

Pardonne-moi si je n'ai pas été une bonne femme pour toi. Mais je n'oublie pas que je t'aime toujours et que je te garderai dans mon cœur éternellement même très loin de toi, oui très loin.

J'espère que Dieu me pardonnera. Toi et la petite aussi mais je ne peux plus être sur cette terre, je dois retrouver le calme, le calme éternel. Je l'ai toujours su. J'ai senti que mes sens et mes nerfs m'abandonneraient un jour. Occupe-toi de notre chère Nathalie et ne lui dis jamais la vérité. Dis-lui seulement que je l'aimais très très fort, et que Dieu a voulu reprendre sa maman. Je vous garderai deux places à côté de moi. Mon amour fais quelque chose pour cette pauvre humanité, écris tout ce que tu as à dire en pensant à moi et à la petite. Promets-moi, pardonne moi, pardonne moi, je t'aime. Garde-moi toujours dans ton cœur, aime-moi et aime-moi en aimant Nathalie.

Je t'embrasse encore une fois très fort.

Cette lettre fut une douleur immense au cœur de Tristan. Il téléphona immédiatement en Bavière. Angelika allait bien. La lettre avait déjà cinq jours. Une douleur plus grande encore l'attendait.

Angelika revient en France. Elle ne s'était pas tuée comme le craignait tant Tristan. Sa lettre était une sorte d'appel au secours. Mais que pouvait-il faire ? Il faisait tout ce qu'il pouvait avec ce qu'il avait. Tristan adorait sa femme mais il était lui-même dans un tel état de dépression solitaire qu'il aurait posé sa tête sur l'épaule de n'importe quelle femme tendre qu'il aurait rencontrée. Objectivement, Angelika avait tout ce qu'il était possible d'avoir pour un bonheur raisonnable : un mari qui l'aimait, une enfant magnifique, un appartement confortable meublé en style Louis XVI et anglais, Tristan faisait jusqu'à quarante heures de cours par semaine, ce qui est énorme, pour pallier les insuffisances de traitement dans le ménage où lui seul travaillait. La petite était élevée selon des principes diététiques biologiques et, à l'école, quand on la regardait, elle avait l'air d'une petite rose dans un parterre de chardons...

Tristan pouvait tout comprendre, tout arranger, tout pallier et sa nature de « Balance » le poussait même à des compromis et des tolérances extrêmes.

Angelika connaissait la nature de son mari, bien longtemps avant leur mariage, par l'excellente analyse graphologique faite à l'instigation de son père. Si elle avait accepté son mari tel qu'il était pourquoi le faire tant souffrir ? Pourquoi souffrir tant elle-même alors qu'elle avait un si bel enfant ? Est-ce que le donjuanisme caractérologique de Tristan n'était pas ressenti en elle comme profondément déstructurant ? Certes, cela pouvait jouer un rôle important. Comment assumer un tel défaut avec un caractère enfantin alors que déjà une femme forte le supporte fort mal ? Ajoutons à cela le braquage vers le matérialisme conditionnant dont elle était inconsciente, un vide spirituel et intellectuel total.

Chez la femme moderne le physique et le mental sont atteints. Chez Angelika le somatique était splendide mais le système nerveux était détérioré. Dostoïevski avait prévu en 1880 que le progrès appliqué à la nutrition détruirait le système nerveux. Voilà qui est achevé en l'an 2000 dans le monde entier.

La caractéristique d'une certaine maturité et équilibre est de vivre le présent, de laisser s'estomper dans la mémoire les ennuis du passé, de ne pas se vautrer dans les souvenirs négatifs, car cela empêche tout dynamisme positif. Il faut impérativement oublier les échecs, accepter le vieillissement naturel et ce qu'on ne peut éviter à l'avenir.

Angelika était le contraire de tout cela, une sorte de contraire permanent et obsessionnel. Elle ne vivait que dans les reproches, les revendications ridicules, les souvenirs négatifs, et l'idée de vieillir la paniquait.

« Qu'est-ce que j'ai eu de ces dix ans ? » Disait-elle.

Rien : un mari qui l'adorait et s'épuisait au travail pour elle, un enfant adorable et une confortable demeure. Non, elle n'avait rien eu.

Un jour Tristan pas encore remis d'une congestion pulmonaire voulut aller faire un cours à l'université. Sa voiture était en panne, il demanda à sa femme de lui prêter la sienne. Elle refusa. Tristan fit alors trois heures de train et de métro pour aller de Vigneux sur Seine où ils habitaient à la porte de Clignancourt, où se faisaient les cours de l'université Paris IV. Or il n'avait pas eu l'autorisation médicale de se lever.

« A un tel degré d'inconscience, et d'égoïsme », lui dit son ami psychiatre, qui avait déjà suivi son drame avec Biche, « il ne reste aucun espoir ».

Elle ne faisait jamais allusion à toutes les réalités positives qui les concernaient tous trois. Elle ne voyait rien de toute l'énergie que Tristan déployait pour elle deux. Et pourtant tous trois ils auraient pu faire un îlot de bonheur. Et pour briser d'un seul coup tous les ressorts de Tristan, elle lui avait un jour jeté : « je ne peux rien te donner à toi, mais à un petit bourgeois, je pourrais »...

Elle appelait cela « sincérité ». Elle ne se doutait pas le moins du monde qu'une femme courageuse et noble serait partie peut-être, mais sans dire de telles choses. Il est vrai qu'une telle femme ne les aurait pas dites car elles ne les aurait pas pensées.

Cette phrase avait fait perdre tout espoir à Tristan. Il résolut de la répéter à ses beauxparents. Il avait la naïveté de croire que le beaupère par exemple, aurait réagi devant une telle ânerie et donné à sa fille les notions de devoir et de responsabilité. Il aurait pu aussi leur acheter un logement, au nom d'Angelika (il en avait les moyens), ce qui eût beaucoup aidé à diminuer le surmenage de Tristan. Les loyers étaient en effet considérables.

Tristan leur aurait demandé le premier apport, par exemple, et aurait payé les traites mensuelles. Certes le logement loué était intérieurement aimable, mais il était situé dans une grande cité bétonnée guère propice à la santé mentale de deux vénusiens. Les suicides y étaient fréquents. La délinquance y croissait. Ces facteurs a eux seuls ont sans aucun doute joué un rôle dans la ruine de leur ménage. Hélas, il ne fallait pas attendre un comportement traditionnel de parents façonnés par le matérialisme et qui avaient déjà fait leurs preuves quant à l'éducation de leur fille. Leur complicité psychologique et pécuniaire avec le mental délabré de leur fille, allait consommer leur ruine.

Un Juif, pharmacien, candidat à la députation, et qui avait pressenti Tristan à la tête d'un mouvement écologique, allait bientôt profiter de leur séparation pour entreposer moyennant finance le mobilier qu'Angelika avait extirpé de l'appartement. Le départ fut financé par les beaux-parents.

Quelques jours avant cette désertion, une amie d'Angelika était venue à la maison. Elle lui avait dit :

— Tu dis que ton mari ne fait pas de petites choses pour toi, mais lui as-tu gentiment mis les bras autour du cou pour les lui demander ? Tu sais que c'est un penseur et qu'il ne pense pas à tous ces détails.

Angélika ne fit aucune réponse. L'amie continua :

— Tu dis qu'il regarde le film à la télévision à vingt heures trente, mais toi qui ne travailles pas, t'es-tu jamais arrangée pour que le dîner soit prêt à dix neuf heures ? D'ailleurs ton mari aurait pu l'exiger.

Angelika ne répondit toujours pas. L'amie continua :

— Pourquoi ne lui as-tu pas prêté ta voiture pour aller faire ses cours à l'université, alors qu'il n'était pas encore relevé d'une congestion pulmonaire et que sa voiture était en panne ?

Angelika garda le même silence obstiné. L'amie partie, elle se mit à pleurer et à dire : « *heureusement que je pars en Allemagne, je n'entendrai plus jamais des choses comme ça* ».

A cette époque Tristan s'était initié aux bases de l'astrologie. Il put constater à quel point l'équilibre humain était lié à cette connaissance initiatique, radicalement incompatible avec le matérialisme qu'il dénommait « judéo-cartésien ». Cette ignorance durerait jusqu'au suicide de cette humanité bien agencé depuis la révolution de 1789 en particulier.

Ils étaient l'un et l'autre archétypes, elle du Taureau, lui, de la Balance.

La synthèse de leurs rapports était parfaitement exprimée dans ce résumé : « Le Taureau et la Balance présentent des affinités vénusiennes de la sensibilité et de la bonté, mais derrière des goûts communs, se dressent un être instinctif (Taureau) et un être raffiné et décadent (Balance).

La position de la lune de Tristan dans le Taureau d'Angelika impliquait une entente profonde sur le plan de l'êtrece qu'ils avaient vécumais le carré des ascendants « Scorpion » de Tristan et « Lion » d'Angelika marquait une mésentente radicale dans l'ordre des contingences — ce qu'ils avaient aussi parfaitement vécu —.[69] Ils avaient bien vécu tout cela pendant les douze années de leur union.

Un position du thème de Tristan était des plus intéressantes et illustrait la qualité profonde de tous ses écrits. Pluton en maison VIII.

On la trouvait chez Liszt, Hitler et de Gaulle.

C'était la position la plus dangereuse quant à l'équilibre psychique. Le « Maître des enfers faisant la liaison avec les forces animiques au niveau karmique » engendrait un état de dédoublement et de somnambulisme quasi permanent. Le sujet est absent des réalités banales, il se trouve doué d'une force magnétique d'influence considérable. Suivant la direction et les influences qui s'expriment sur le soleil, élément moteur, la croyance mystique en sa mission sur terre en fera un saint ou un véritable démon.

Pluton dans ses attributions générales concerne les masses, les peuples, les grands courants d'idées. Nous sommes en présence du prédestiné qui doit participer à ou conduire un grand bouleversement parmi les peuples. Toutes les planètes ayant une correspondance opposée en influences bonnes ou mauvaises, Pluton apporterait les bons effets de Mars : *ce qui explique chez le sujet l'ardeur guerrière au service d'un psychisme mystique.*

Tristan vivait bien cet aspect de son thème depuis qu'il était conscient.

---

[69] Ceux qui s'intéressent à l'astrologie savent que Lion et Scorpion sont deux ennemis irréductibles. Cela seul expliquerait la tragédie de ce couple.

Mais comment un tel être pourrait s'accommoder des psychologies féminines du vingtième siècle ? Angélika ne lui avait-elle pas dit :

— *Tu es un article de luxe dont plus personne n'a besoin.*

Comment une femme moderne à moitié détruite neuropsychiquement pourrait-elle aimer un type aussi effervescent, alors que seules des préoccupations mineures occupaient son esprit, ou ce qu'il en restait ?

Tristan en fait, avait été le mari de la femme d'un gérant de restaurant.

Le mari de Jacqueline, d'un polytechnicien, le mari de Biche, d'un directeur de brasserie, le futur mari d'Angelika...

Tristan ne pourrait trouver de compagne car leur union ne pourrait raisonnablement durer dans la conjoncture que ce que dure une rose cultivée sur un terrain chimiqué. Sa nature de Balance le pousserait encore au mariage, car il ne supportait pas la solitude, mais à cet instant de douleur l'idée même d'une autre femme lui était impossible.

Angelika partit le 20 décembre quelques jours avant Noël. Elle avait enlevé le mobilier « afin que Patrice ne vienne pas dans ses meubles ».

Il se trouva seul, tout seul, brisé, dans une moitié vide d'appartement. Il sentait qu'on lui avait tout arraché, tout son cœur. Il n'avait qu'une seule idée : mourir. D'ailleurs Angelika le lui avait bien dit : « Si tu es malade je ne viendrai pas te soigner »...

Tristan resta plusieurs jours dans son lit sans pouvoir rien avaler. Il travaillait comme un automate. Il voulait mourir, mourir, mourir.

Aucune lettre, aucune sonnerie de téléphone. La solitude insupportable dans un monde où il ne trouvait aucune raison de vivre. Sa petite Nathalie qu'il voulait élever hors du matérialisme, dont on allait dessécher le cœur. Angelika la lui avait retirée. Jamais il ne pourrait lui enseigner tout ce qu'il savait, jamais il n'en ferait *une femme*.

Dans un abîme de douleur qu'aucun mot ne saurait exprimer, une prière jaillit de son cœur ensanglanté :

Je suis Seigneur Jésus[70] à vos genoux plié.
Pécheur et repentant, et puis pécheur encore.
J'accepte la hideur, j'accepte la beauté.
J'accepte le mystère de tant d'iniquités
Je suis vôtre,
Seigneur, gardez moi en vous-même.
Que mon âme sereine accepte tout et tout.
Que je demeure ployé sous vos divins genoux…

---

[70] L'auteur n'est pas catholique pour des raisons expliquées dans les pages précédentes. « Jésus » garde ici le sens de la divinité, principe premier de toute chose. Il rejette encore plus Jéhovah.

Chapitre XX

> *La notion de karma apporte un apaisement à l'âme et une logique certaine dans notre destin. Sans elle, la vie individuelle demeure « une histoire pleine de bruit et de fureur » où ne règnent qu'injustice et absurdité.*

> *Si nous avons des problèmes avec des êtres bons et intelligents, soyons sûrs que ce ne sont que nos problèmes et non les leurs.*

Monique, ou le coup de grâce du Karma

Une fois encore Tristan survivait malgré lui. Son cœur confit de désespoir ne voulait plus rien et reniait ce siècle dont il n'aimait rien. Mais il y avait en lui cette étrange et miraculeuse sur vitalité qui le contraignait à vivre malgré lui et qui lui gardait, même au moment le plus aigu du désespoir et de prostration, une puissance sexuelle intacte. « Tu veux mourir, mais il te faudra encore marcher » semblait lui murmurer le destin. Tu devras encore beaucoup souffrir avant ton dernier souffle car rien n'est achevé ».

Rien n'était achevé en effet, il ne se doutait guère qu'il lui resterait de suprêmes épreuves. In extremis le souffle du destin l'avait éloigné de la tombe. Il survivait comme un automate, continuant ses cours à l'université, corrigeant les épreuves d'examens et de concours dont il était chargé. La solitude glacée de cette cité bétonnée où il demeurait, dans cet appartement vidé aux trois quarts par Angelika, n'était interrompue que par la femme de ménage italienne. De son fort accent elle dit un jour à Tristan :

« Ah Monsieur ! Dans quel état de décomposition est mon pays ! Je l'ai connu prospère et ordonné du temps de Mussolini. Il n'y avait plus du tout de Maffia alors, maintenant tout est pourri chez nous »…

De rares amis et relations venaient voir Tristan. Un soir un ami médecin lui dit que sa prostration pouvait le mener au pire et qu'il fallait accepter qu'il lui présente une amie qui dirigeait une importante agence matrimoniale.

Tristan n'en avait pas envie, et de plus il savait que la qualité physique et psychologique des femmes que l'on pouvait y rencontrer devait être loin de l'image que lui laissait son Angelika avec son enfant. Sa solitude était si atroce, il était si près du suicide, que n'importe quel contact humain valait mieux que cette sort de mort vivante qu'il subissait.

Il accepta le rendez-vous. Une gérante blonde aux formes généreuses le reçut, recommandé qu'il était par la directrice. A peine l'eût-elle vu qu'elle s'exclama : « Mais qu'est-ce que vous venez faire ici » ?

Deux jours après elle se glissa dans le lit de Tristan qui n'avait su dire non à une jolie femme, et que son état psychique désespéré ne rendait pas impuissant. Les femmes qu'elle lui présenta trahissaient toutes un état physique et mental affligeant. Aussi Tristan ne demeurait en leur compagnie que le temps de leur dire au revoir.

On l'introduisit un jour dans un salon où il pensa qu'il s'agissait d'attendre.

Il y avait dans cette pièce une personne d'une taille plutôt petite, vêtue d'un pantalon vert extra large grotesquement enlaidissant, elle avait des yeux qui ne dévoilaient aucune tendresse, aucun sentiment et ce regard le frappa.

Il avait une sorte de fixité inquiétante. Le teint tirait sur la jaunâtre ce qui est l'indice d'un tempérament bilieux, agressif, acariâtre. Pas une seule seconde Tristan n'avait pensé qu'il y avait quoi que ce soit de commun entre cette personne et lui. Elle était l'antithèse radicale et absolue de cette blondeur rosée qui avait fait les malheurs de Tristan. Il crut que, comme lui, elle attendait.

A la stupéfaction de Tristan, une porte s'ouvrit et la plantureuse gérante lança :

— Alors ? Vous avez fait connaissance ?

Tristan interloqué balbutia :

— Non !

Politesse obligeant, il échangea quelques propos avec cette personne, puis pour mieux la contempler, se plaça avec elle devant le miroir de la cheminée. Certes, cette peau plutôt jaune, cet œil à l'expression absente, ce menton à latéralités aplaties, ne présageaient rien de bon, comme l'intuition pure le soulignait ainsi que l'observation physiognomonique de Lombroso.[71] La conversation fut cependant sympathique et bien que le physique de cette femme fût bien loin des phantasmes de Tristan, il lui donna sa carte. Puis n'y pensant plus il rentra chez lui s'enfouir dans son épaisse et désespérée solitude.

Un soir alors que comme d'habitude, depuis le départ de sa femme et de sa fille, il demeurait prostré, le téléphone retentit.

---

[71] Célèbre psychiatre italien, juif, qui fit des travaux intéressants dans divers domaines. Son livre *Dégénérescence* est intéressant quoique trop systématique.

C'était Monique car tel était le nom de la personne rencontrée à l'agence et qui allait immerger la fin de sa vie dans le désespoir le plus définitif.

Elle avait environ trente ans.

Elle lui suggéra de sortir, de dîner ensemble. Dans l'état où il était il savait que tout valait mieux que cette prostration suicidaire qu'il finissait par chérir et qui le tuait aussi sûrement que du cyanure.

Tristan sortit avec elle. Son besoin d'épanchement si vif, fit qu'il lui conta sa tragédie. Il n'avait rien d'autre en tête, rien. Il ne lui cacha aucun de ses défauts, et elle répondit avec gentillesse et compassion. Elle tomba amoureuse. Personne ne peut réaliser comment et combien une femme peut cacher son caractère foncier lorsqu'elle est amoureuse. Elle parvint à exprimer un caractère dont l'essentiel était l'opposé du sien tel qu'il se révélera dans l'épreuve. Elle était réconfortante, peut-être une seconde nature car elle était infirmière. Combien Tristan avait envie de faire confiance à qui le ramassait, perdu dans le caniveau du désespoir le plus absolu… Elle serait l'exception des femmes rencontrées dans une agence parisienne où la tare était la règle. Pour lui, brisé, elle eût une tendresse maternelle et la sensualité de mille blondeurs rosées, bien souvent si creuses et si nombriliques. Le chagrin le déminéralisait : une périarthrite scapulo-humérale se déclara paralysant ses deux bras tour à tour. Il ne pouvait s'habiller, se déshabiller, se peigner. L'intelligence de Monique lui sembla considérable, elle paraissait accéder de plain pied à sa lucidité d'écrivain anticonformiste, de philosophe maudit.

« Mon Dieu » ! se disait-il, « qu'est-ce qu'une peau rose et des cheveux blonds à côté de cette perfection de tendresse, de sensualité, d'intelligence ».

La vie devait reprendre le dessus. Il avait besoin de cette illusion pour que la vie regrimpe à son tuteur.

La perfection de Monique dura deux ans pleins. Elle lui inspira ce poème :

A ma Monique

O je sens que mon cœur
Déborde de tendresse et de reconnaissance
Pour tout ce que tu es.
O mon ange gardien,
O ma douce compagne.
Dont la tendre présence est pleine de piété.
Je sais que Nathalie et que sa pauvre mère
Ne panseront jamais la plaie de mon tourment.
Et je sens que toi seule, tu peux sur cette terre.
M'apporter par ton âme un peu de firmament.

Au début de cette liaison Tristan s'était abandonné pour être aimé. Il était trop brisé, trop enraciné dans sa femme et sa fille pour pouvoir aimer activement. Mais il sentait croître en lui un sentiment profond de reconnaissance et de tendresse infinie pour Monique, qui ressemblait à de l'amour. Monique, si ce n'était son teint, son regard, son menton stigmates kharmiques évidentes, rien ne laissait transparaître les graves difficultés mentales qu'elle éprouvait. Son amour passionné pour Tristan masquait tout et dépassait son déterminisme kharmique. L'amour doit être la seule voie par delà les déterminismes.

La douleur morale de Tristan depuis le départ de sa famille, l'avait réduit au pire. Ses épaules paralysées qui rivaient ses bras dans la position verticale, un syndrome de Ménières, après un accident de voiture, qui lui donnait des bourdonnements d'oreille, des crises de perte d'équilibre et de vomissements la nuit, une chute d'audition à l'oreille droite tout cela le réduisait, avec le chagrin, à l'invalidité puisqu'il ne pouvait même pas prendre un bain seul. Ce grand bel homme était une épave radicale.

Monique, infirmière mais aussi kinésithérapeute, soigna Tristan avec un tendre dévouement. Il était sa chose, totalement sa chose, incapable d'une initiative banale, Il pouvait tout juste corriger ses copies car son état de santé l'avait fait nommer au Centre National de Télé Enseignement dans la section enseignement supérieur. Réduit à l'impuissance, seul, il se serait sans aucun doute suicidé, car il n'avait pas d'alternative au fin fond de l'abîme du désespoir, et dans une incapacité physique radicale. Le chagrin l'avait massivement déminéralisé, le calcium ne se fixait plus, thyroïde et parathyroïde fonctionnaient mal, perturbées par le chagrin qui est, nous l'avons vu, un état d'hypothyroïdie.

Non seulement le soutien de Monique pour sa santé physique délabrée était admirable, mais son soutien moral atteignait également des cimes.

C'est à cette époque que Tristan fut inculpé à l'instigation de Michel Droit, par le LICRA, pour son livre non diffusé, mais connu par une élite, « *Dossiers secrets du XXIème siècle* ». il avait dans ce livre stigmatisé implacablement les agissements de ses congénères mondiaux du Rothschildo-Marxisme, spéculatif, suicidaire, d'un racisme mégalomaniaque, déguisé en antiracisme, et soutenu hélas par la complicité flasque des humanoïdes contemporains. Devant le célèbre nom juif de l'auteur, la LICRA retira sa plainte et le juge prononça un non-lieu.

Michel Droit, de par la première signature du livre, ignorait que son auteur était un Juif d'une famille importante, car le faux-culisme ne prend jamais de tels risques, surtout s'il veut parvenir à l'Académie Française. Mais un Goy peut faire inculper un autre Goy pour se faire bien voir…

Monique semblait herculéenne. Un compagnon moralement et physiquement ruiné, inculpé par la force mondiale gigantesque de ses congénères, radicalement totalitaires… Quelle femme serait aujourd'hui capable d'un tel héroïsme. Il fallait beaucoup d'amour.

Malgré des précautions, Monique devint enceinte. Elle alla consulter un de ses anciens amis agrégé de médecine. Tristan ne comprit jamais pourquoi elle le lui avait présenté. Si elle avait ressenti combien le sens esthétique de Tristan était anormalement développé, elle n'aurait pas commis cette erreur. Elle infligea là une épreuve qui restera un cauchemar de sa vie.

Elle avait été l'amie de cet être ! il avait une taille moyenne, Juif, il avait un visage immonde. Les cheveux en touffes clairsemées et désordonnées, le teint cireux, un visage émacié, couvert d'une telle profusion de rides qu'il faisait penser à une vieille pomme desséchée. Tristan n'avait jamais vu rien de plus horrible : il était plus laid que Wiessenthal, Gainsbourg, Mendès France. Comment Monique avait-elle pu être touchée par cela ?

Bien que le rêve de Monique fût d'avoir un enfant, ils ne pouvaient dans les circonstances où ils se trouvaient, Tristan invalide, en avoir un. Bien que Tristan considérait l'avortement comme un crime, il considérait qu'avoir un enfant dans leur situation était un crime pire encore. Monique avorta.

Depuis ils ont eu un beau petit garçon qu'ils aiment et quand Tristan le contemple le cœur débordant d'amour, il pense que l'enfant qu'ils ont tué ressemblerait à celui-là, et alors son cœur se déchire d'horreur et il demande pardon à Dieu. Chaque fois que cette pensée se présente à son esprit elle prend la forme d'un hurlement cosmique.

Deux ans s'étaient écoulés. Il n'avait aucune nouvelle de sa femme et de sa fille et le seul contact était les chèques qu'il leur envoyait. Déjà la psychologie de Monique se modifiait négativement *mais l'avortement qu'elle avait subi, n'y était-il pas pour quelque chose ?*

Peut-on subir une telle épreuve sans le somatique et le psychique ne soient atteints ?

La réponse est catégorique : *l'avortement est un cataclysme somato-psychique.*

Monique voulait un enfant, et cela de façon obsessionnelle.

Tristan n'en voulait à aucun prix : son drame, sa santé physique et mentale, l'état de la société pourrissante...

Mais Monique en voulait un de façon si pressante que Tristan acquit la conviction que l'équilibre élémentaire de son amie était lié à une maternité tellement désirée. Tristan accepta donc cette perspective et il pensa même que toute sa tendresse reviendrait car elle s'était entièrement émoussée. Elle avait besoin de cet enfant qui ramènerait l'harmonie qui commençait à les fuir. Tristan aurait bien voulu être le seul enfant de son amie, mais Monique voulait un enfant et il n'eut pas le courage de le lui refuser. Il lui fit ce cadeau divin.

Lorsqu'Angelika l'apprit elle exigea le divorce, mais qu'importait, elle vivait déjà depuis longtemps avec le directeur d'une grosse brasserie allemande.

La tendresse de Monique fit rapidement place à une agressivité, une hargne qu'elle était incapable de contrôler et dont il se demandait si elle était consciente.

Pendant les deux premières années de leur union, lorsque Tristan conduisait, Monique était impassible, détendue, sans crainte. La troisième année elle devint odieuse lorsqu'elle était en voiture et Tristan au volant. La sensibilité de Tristan était mise à rude épreuve à telle enseigne qu'il craignait un accident lorsqu'elle était avec lui. Monique ne comprenait pas que Tristan conduisît d'une manière différente de la sienne. Nous savons tous que nous avons un conduite différente mais nous le dominons. Elle ne pouvait visiblement pas le dominer. Tout ce qui ne rentrait pas dans sa subjectivité de conductrice lui semblait imprudence. Tristan avait la même sensation quand Monique conduisait, mais il savait le cacher.

Trois mois après la naissance de leur fils Aurélien, on le baptisa à la campagne. La religion juive était impensable pour Tristan, comme d'ailleurs le Catholicisme de l'Église conciliaire. L'intégrisme catholique comportait encore un schéma moral et religieux qui pouvait structurer un être et ne pas le précipiter dans la Techno et la drogue. Il choisit pour parrain un paysan cultivé, profondément religieux et d'une grande qualité d'âme. Il le connaissait depuis une dizaine d'années. Charlotte, sa sœur, mariée en Amérique avec un Français, fut la marraine choisie.

Il ne l'avait pas vue depuis une dizaine d'années, mais c'était sa sœur et elle ferait une bonne marraine car elle avait des qualités certaines.

Après la cérémonie dans une église traditionnelle pleine de monde, au contraire des autres églises conciliaires, ils se retrouvèrent tous dans une auberge champêtre qui convenait à la circonstance.

Quand Tristan prit le petit panier berceau dans la voiture pour l'amener à l'auberge, il contempla le sourire d'ange de ce petit être aux yeux bleus, aux beaux cheveux blonds, à l'air tendre et fripon et son cœur se gonfla soudain d'amour pour lui, un amour grand comme tout le ciel bleu. Aurélien remplissait son cœur et le faisait déborder.

Il lui donnerait un cœur et une âme si lourds à porter en ce temps.

Monique et Tristan trouvaient à juste titre que Paris et banlieues, n'étaient pas un endroit propice pour élever un enfant. Les mégapoles modernes étaient devenues des laboratoires de névroses et généralement pathogènes.

Il fallait donc partir en province bien que des amis les aient mis en garde contre les dangers qu'il y avait à enterrer un thyroïdien en province.

Ils persistèrent dans leur projet surtout dans l'intérêt de l'enfant et aussi parce que Paris à une plus ou moins brève échéance, était sans avenir.

Ils partirent donc vers le Berry où ils avaient trouvé un pavillon à un prix de loyer abordable. Monique s'était fait nommer à l'hôpital du chef–lieu, Tristan avait démissionné de son poste de chargé de cours à Paris-Sorbonne pour ne garder que celui de titulaire au Centre National de Télé Enseignement. Pour rédiger ses cours et corriger ses copies de DEUG et de CAPES, il pouvait se trouver n'importe où en France. Il devait venir à Paris uniquement pour une réunion trimestrielle.

Quelques semaines avant leur départ survint un incident qui aurait dû mettre la puce à l'oreille de Tristan. Monique avait une amie Gladys, qui avait été avec elle sur les bancs de l'école d'infirmières. Elle téléphona un jour à Tristan pour lui délivrer un curieux message. Gladys lui dit ceci : « Je sais que Monique doit venir à trois heures pour m'apporter des cadeaux, tu lui diras que je ne serai pas là et qu'elle m'ennuie »…

Tristan resta d'autant plus perplexe que Gladys ne donna ni explication, ni commentaire à cette ex-postulation catégorique. Tristan connaissait Gladys à laquelle il avait été présenté. C'était une personne posée et raisonnable.

Un tel comportement de sa part laissait apparaître dans une nébuleuse certaine, une anomalie importante dans la caractérologie de Monique.

Monique avait une disposition de caractère assez curieuse : elle avait une impulsion incoercible à un dévouement intempestif. Elle voulait aider, quand elle voulait, qui elle voulait, où elle voulait, et comme elle voulait. Chose étonnante, il s'agissait toujours d'êtres passifs, Tristan lui-même dans l'état pitoyable où elle l'avait trouvé (il ne s'en plaignait pas, car elle lui avait sauvé la vie), sa propre mère qui ne disait mais, les vieillards ou les gens qui la voyant pour la première fois, pouvaient profiter pleinement d'une avalanche de soins. Ce dynamisme incoercible s'arrêtait net s'il y avait la moindre opposition, critique, mise en cause, gêne, avis personnel. Le côté authentiquement altruiste de sa démarche, c'est-à-dire fonction de l'autre, était quasiment absent. Il semblait que ce potentiel de sa vocation de dévouement, tout à fait réel, ait changé son caractère altruiste vers une coloration maniaque. Invitée une fois avec Tristan elle voulut absolument faire la vaisselle pour la maîtresse de maison. Celle-ci dut refuser avec insistance sans que pour cela Monique abdiquât. L'hôtesse se vit contrainte de lancer à Monique,

« Mais Monique, je suis chez moi ». En revanche tout ce dont vous aviez un besoin fondamental alors que vous étiez près d'elle, Monique ne le sentait *plus*. Elle n'avait pas toujours été comme cela, bien au contraire. Pendant la période qui précédait la gestation, elle prévenait les moindre besoins de Tristan sans même qu'il eût à les exprimer.

Monique avait pris un congé maximal à l'occasion de la naissance d'Aurélien. Il fallait qu'elle reprit son travail. Tristan décida que le mi-temps suffisait car il savait combien la présence de la mère à la maison est indispensable à l'équilibre de l'enfant et de la famille en général.

Il fallait donc trouver une aide à la maison, surtout pour l'enfant.

Tristan mit une annonce dans trois pays : France, Allemagne, Angleterre. Il offrait à la jeune fille qui viendrait, un enseignement complet du Français, de l'Anglais, de la médecine naturelle, des bases du piano, et un choix de spécialité qui lui conviendrait par le truchement du Centre où il était lui-même professeur. Il n'obtint aucune réponse. Peut-être parce qu'il avait précisé qu'il ne voulait ni blue-jeans ni cigarettes.

Un jour une personne qui habitait Vigneux vint avec ses deux filles. L'une était une blonde assez éteinte et l'autre une petite à caractère bio typologique nettement hypothyroïdien. L'aspect général de la mère était affligeant au suprême degré, physique, voix, vêtements.

Il se passa alors un étrange phénomène dans lequel, surtout après les années qui suivirent, il était impossible de ne pas voir le doigt de la Providence avec un P majuscule. C'est évidemment la jolie blonde qui aurait dû attirer à priori Tristan. Ce ne fut aucunement le cas. La sœur, au faciès légèrement mongoloïde était de toute évidence une handicapée légère.

De plus elle était vêtue d'un pantalon, ce qui ne l'embellissait en rien. Avec ses cheveux courts on aurait pu aussi la prendre pour un garçon.

Monique ne voulait pas la prendre. Tristan, bien que toujours attiré par la beauté, surtout lorsqu'il s'agissait de femmes, oublia *involontairement* et *complètement* cette particularité de sa nature.

Il ressentit dans cet ensemble peu attirant une tendresse, une profondeur, une sensibilité altruiste qu'exprimait le regard, que dévoilait l'expression. Il ressentit une perfection qui ne fut jamais démentie par l'avenir.

Il accepta donc de la prendre chez eux. Il lui donnerait un peu d'argent de poche, l'instruirait, la préparerait à un examen en conformité avec une vocation, ses goûts, ses aspirations.

Il ne s'était pas trompé. Cette petite était un ange tout près du Bon Dieu.

Son amour et sa compétence pour l'enfant étaient sans bornes et compensaient. O combien, la légère gaucherie de sa typologie glandulaire. Les parents de Béatrice, c'était son nom, ne s'intéressaient aucunement à leur fille et ne manifestèrent jamais un sentiment ou un cadeau à son égard.

Elle était pire qu'une orpheline, et la mère était une tarée dont on ne pouvait trouver pire que dans des établissements spécialisés.

Tristan commença donc par la scolariser lui-même car elle ignorait les frontières de la France et n'avait jamais entendu parler de Napoléon Ier.

Elle ne tarda pas à suivre une scolarité qui la mena au brevet des collèges, à jouer au piano la première invention de Bach, la lettre à Elise de Beethoven, Des pays étrangers de Schumann et en plus étudia un livre de naturopathie fondamentale que Tristan avait écrit.

Elle avait appris au tout petit à lire et écrire et répercutait sur lui l'enseignement de l'anglais et du piano que Tristan lui inculquait. Le petit, grâce à elle, joua deux ans de suite un morceau de piano à l'école de musique de la ville. C'était une excellente pédagogue et Tristan lui-même lui enviait cette qualité, cette patience qu'il ne possédait pas. En plus elle suivit un cours de dactylographie audio visuel et se mit à taper tous ses cours pour la préparation du brevet.

Ses miracles ne s'arrêtaient pas là : elle s'occupait de toute la maison, du secrétariat de Tristan, qui dans son surmenage avait toujours à l'instant un petit repas quand c'était nécessaire. Elle s'occupait aussi du jardin et Tristan l'avait vu transporter des énormes rondins de bois pour les ranger.

Tout cela était nimbé d'amour pour l'enfant et pour eux trois en général.

Dire qu'elle était stupéfiante ne rend aucun compte de ce trésor inouï et introuvable au XXème siècle. Cette bonté, cette efficacité, cette perfection profonde permettaient à Tristan, en gardant un œil sur elle et l'enfant, d'effectuer tout son travail, d'enseignant, d'écrivain, de conférencier.

Tant qu'ils restèrent à Vigneux, tout se passa bien, et Béatrice rentrait dormir chez ses parents à trois cents mètres de l'appartement.

Ils partirent bientôt en province et Béatrice resta désormais avec eux trois.

Pendant quelques mois les choses se passèrent dans le calme. Monique était totalement froide et ne manifestait aucune tendresse à l'égard de Béa, car c'est ainsi qu'on appelait la petite. On avait vraiment le sentiment sans ambiguïté qu'elle traitait Béa comme un colon traitait un nègre au début de la colonisation. Monique était froide, sans tendresse, alors que Tristan était si friand d'amour. La sexualité de sa compagne avait disparu depuis la naissance d'Aurélien, et pourtant « Don Juan » avait bien besoin d'être calmé.

Bientôt lorsque Monique rentrait vers dix sept heures de son travail, la hargne et l'énervement régnèrent. Au lieu de réconforter la petite Béa, et de lui montrer la gratitude infinie pour le trésor qu'elle était, Monique ne cessait de vitupérer à son égard. Au lieu de comprendre un peu de gaucherie due à une légère insuffisance thyroïdienne, si peu de choses par rapport à l'hymalaya de qualités et d'amour pour leur enfant qu'elle déployait, au lieu d'être reconnaissante pour ce dévouement à la maison, elle ne cessait de l'agresser, ce qui faisait battre le cœur de la petite et la rendait muette. Tristan tentait de pallier cette ignoble brutalité mais sans grande efficacité :

— *Tu n'es bonne que pour la serpillière*, lui jetait-elle.

Tristan se souvenait combien, dans son enfance, son cœur battait de par la méchanceté de *grand-maman chérie* que son cousin germain baptisait « peau de vache ». Et voilà qu'il constatait chez Monique le même comportement, avec le même teint jaunâtre, le même regard dépourvu de sentiment qu'on aurait dit qu'il émanait d'un être non biologiquement achevé. Jamais Tristan n'avait constaté de la part de Monique indulgence généreuse, reconnaissance élémentaire pour cet être merveilleux qui leur donnait tout sans compter. Et Tristan qui ne pouvait la dédommager qu'avec un peu d'argent de poche et l'instruction qu'il lui dispensait. Rien, en comparaison de tout ce qu'elle leur offrait le cœur ouvert et la douceur absolue qui ne se démentira jamais. Et cette perfection pour leur enfant !

Cette méchanceté hargneuse, carrément sadique, sans mesure, totalement desméritée, envers un être si bon, semblait à Tristan le comble de la monstruosité. Le cœur de Tristan se serrait à chaque fois que Monique agressait Béa. Dans sa sensibilité sentimentale si extrême, il ressentait parfaitement la douleur poignante de la petite. Il souffrait pour elle et à chaque choc qu'elle recevait de Monique, il le recevait aussi. Alors il tentait de la « remonter » avec toute son affection.

— Ma petite chérie, ce n'est pas grave. Tu sais bien que Monique est comme cela, n'y attache pas d'importance.

A la suite de ces brutalités de Monique elle pleurait des heures, parfois des jours. Tristan mettait toute son énergie pour pallier les effets de ces brutalités verbales, ignobles et meurtrières. C'était un véritable assassinat.

Tristan qui avait soutenu sa thèse « autour des états hyper et hypo thyroïdiens », savait fort bien que si l'on agresse des êtres à tendance hypo, on détermine une grave accentuation de l'hypothyroïdie que peut mener à une tristesse tragique, la neurasthénie, à un état d'immobilité quasi catatonique et *partant aussi à la mort*.

Le comportement de Monique était donc un comportement d'assassin. Il épouvantait d'autant Tristan qu'il avait constaté chez Monique cet aplatissement latéral du menton lui même légèrement récessif.

Tout cela correspondait à ce genre de pulsions décrites par Lombroso.

Parfois Béa désintégrée par Monique demeurait un ou deux jours incapable de quitter son lit, elle si dynamique, si énergique si infatigable,[72] mise en état de choc qui nous le savons est un état d'hypothyroïdie.

Tristan savait bien que seule la tendresse de Monique pouvait tout. Il faisait ce qu'il pouvait mais c'était l'amour de la maîtresse de maison qui comptait pour cette pauvre petite, orpheline en fait, et pire encore car ses parents étaient négatifs. Seul pour la consoler, il n'était que maigrement efficace.

Un de ces jours tragiques où Tristan revenait de la réunion trimestrielle de l'université à Paris, il demanda en rentrant :

— Béa a-t-elle mangé quelque chose ou bu un bouillon ?

Non seulement la petite n'avait rien pris car Monique ne lui avait rien donné, mais elle était restée seule dans sa chambre, dans sa

---

[72] Elle avait par contre de solides surrénales.

prostration quasi catatonique, sans une parole de chaleur. Il y avait un bol dans la cuisine devant Monique qu'elle venait de se servir. Tristan le prit et le porta à la pauvre petite chérie. Il avait les yeux pleins de larmes et le dégoût au cœur. Ce comportement de fœtus meurtrier eût été bouleversant si Monique s'en était accusé humblement, mais comme tel n'était pas le cas il était suprêmement ignoble.

Il y a deux sortes de souffrances : celle qui s'exprime par la méchanceté et qui n'inspire que du dégoût, celle qui s'exprime par la bonté et qui suscite cette forme suprême d'amour qu'est la compassion. Cette douleur était celle de Béa. Cette compassion, Monique allait la construire en diamant dans le cœur de Tristan...

Il est vrai que Monique s'adressait à Tristan sur un ton tel qu'il se vit contraint de lui dire un jour :

— Je ne connais pas de manœuvre qui accepterait que leur femme leur parlât sur ce ton.

Une amie qui avait pu constater la qualité parfaite des deux premières années de leur union, dit un jour à Tristan :

— Elle ne t'aime plus. Elle te jette des regards de haine, la naissance de l'enfant a tout détruit.

Tristan lui expliqua que la naissance de l'enfant n'y était que pour peu de choses, car le comportement de Monique était tel depuis environ un an avant la naissance du petit. Mais Tristan ne pouvait s'empêcher de penser que cet horrible avortement subi par Monique s'était férocement juxtaposé à son état caractérologique et caractériel.

Le petit Aurélien, cet ange de son cœur, poussait et s'instruisait dans le calme de la journée tandis que son papa travaillait en les couvant tous les deux. Monique rentrait et faisait battre leur cœur de ses éjaculations dérisoires et sans ménagement que la petite Béa supportait sans mot dire. Seuls des larmes et des silences figés témoignaient de la paralysie, du déchirement de sa petite âme tendre et généreuse qui avait fait naître dans le cœur de Tristan l'arbre éternel et fleuri de la compassion.

Monique n'avait jamais un geste d'affection, une parole de douceur, elle ne faisait plus l'amour. Elle parlait avec hargne à Tristan, avec méchanceté à Béatrice. Ce qu'elle enseignait à Béa en matière de ménage était judicieux mais elle le ventilait de manière inacceptable voire insupportable. Elle était tellement inconsciente qu'elle ne mesurait pas chez elle la différence incroyable de ton qu'elle employait envers son fils et Béa et Tristan. Avec son fils du miel pur, avec nous de l'acide sulfurique. Le plus souvent Tristan renonçait à lui parler car il sentait qu'elle n'écoutait pas. On ne peut pas dire que cela était exclusif envers Tristan car l'amie Gladys avait dit un jour à Tristan : « Toute conversation avec Monique est une marche sur une corde raide ». Donc tout cela était du même tonneau et il serait sans doute exagéré de croire que Monique réservait son comportement à son compagnon et à la petite Béa. Il y avait là une psychopathie d'ordre général. Quand il était obligé de lui parler pour des obligations raisonnables il devait prendre sur lui. Il constata d'ailleurs que tout le monde y renonçait, même sa propre mère qui lui dit un jour :

— Vous savez comment est Monique…

Il y avait maintenant plusieurs années qu'ils étaient dans le Berry et Monique se dégradait visiblement de plus en plus. Son comportement envers Béa relevait d'une jalousie infantile et incoercible. Parfois Tristan écrivait dans un cahier qu'il gardait de par devers lui, toutes les larmes qu'il ne versait pas. Parfois il improvisait au piano des parcelles de son cœur. Monique passait et d'un ton sec :

— Je vais dormir maintenant.

Comment les mélodies que Tristan improvisait auraient elles pu empêcher Monique de dormir, alors que pendant des mois elles avaient endormi leur amour d'enfant ? Et même si cela était, comment le dire ainsi, sans ferveur, sans tendresse, dans respect ? Il ressentait que Monique ne savait pas qui il était. Comment leur enfant le saurait-il jamais ? L'empreinte affective imposée à un enfant peut paralyser à jamais des compréhensions intellectuelles. Comment pourrait-il lui enseigner tout ce qu'il savait pour le sortir de l'abîme *judéo-cartésien*, s'ils ne le faisaient pas ensemble dans un mutuel amour ? Tristan était malheureux sans amour ni respect et avec en plus, cette jalousie grotesque envers cette petite Béa qui tapissait leur foyer d'amour de patience et de vraie culture envers leur enfant ?

Il fallait penser au petit, faire pour le mieux pour lui. Il fallait garder envers la maman tout l'amour nécessaire car après tout elle était malade. Si elle avait eu un cancer il l'aurait aussi aimée et aurait pu le lui montrer, mais cette maladie de l'esprit élevait un mur de béton entre l'affection de son compagnon et elle-même. On ne peut aimer un enfant si l'on n'aime pas sa mère. Aimer un enfant sans aimer sa mère, ou son père, c'est n'aimer que soi-même. Une femme qui aime un enfant sans aimer son père n'est qu'une autolâtre qui n'aime qu'un prolongement viscéral d'elle-même, et rien d'autre. Hélas, le petit commençait à prendre envers son père le ton de sa mère. Et la chose se prolongerait monstrueusement à l'âge adulte. Le mimétisme et l'empreinte psychologique des enfants sont implacables. L'absence d'amour de Monique serait copiée par l'enfant d'autant que Monique plongerait dans les abîmes de l'immondité pour le consolider comme nous le verrons.

Tristan rêvait pourtant d'élever son fils aux plus hautes cimes. Il souhaitait lui enseigner toute sa prise de conscience, unique au monde. Il avait déjà aidé la petite Béa à acquérir ce que plus personne n'avait : une intégrité véritable, un jugement sûr, un esprit critique qui ne laissait rien passer des impostures qui nous engloutissaient quotidiennement. Avec patience elle faisait à Aurélien tous les éléments de l'école maternelle, lire, écrire, compter, avec l'âme en plus.

Parfois Tristan ressentait cruellement le besoin d'une femme digne de ce nom. Mais c'eût été une trahison envers son enfant. Il ne voulait pas d'autres femmes mais l'asphyxie sexuelle lui faisait souhaiter des aventures.

S'il avait pu voir Monique se manifester comme elle se manifestait et surtout comme elle se manifestera quand ils seraient séparés, non seulement il ne lui aurait jamais donné un enfant, mais il ne l'aurait pas même revue une fois, une seule fois. Mais maintenant elle était la mère de son fils aimé. Aurélien était là maintenant, il fallait lui enseigner la santé de l'âme et du corps. Réaliser en lui l'idéal vivant de Tristan. Mais l'inconscience de Monique lui enlevait l'espoir.

Que pourrait-il, en fait, réaliser en son fils, sans l'amour, le respect, la féminité de Monique ? C'était vouloir remplir d'eau de Lourdes un tonneau sans fond. Il regardait autour de lui en France, en Allemagne, en Espagne, en Angleterre, il n'y avait plus d'hommes. Des humanoïdes blue-jean eux, profiteurs matérialistes, des femmes qui les singeaient au nom de la sordide et imbécile égalité des sexes, et vêtues comme des résidus en mal de mâlisme. Des politiciens charognards et magouilleurs qui se souciaient de la grandeur et de la beauté de la France comme de leur première chemise. Un pays pénétrés par les Africains jusqu'à complète dilution dans le néant bio typologique. Si son fils devait se noyer dans cette masse d'informité asexuée, ne valait-il pas mieux mourir avec lui ? Il ne pourrait rien si Monique ne savait pas qui il était. Elle ne le saurait jamais dans son état car elle ne pouvait aimer l'enfant qu'à travers l'amour pour le père qui pouvait tant lui apporter. Tenter d'élever son fils n'était-ce pas la suprême illusion qui le conservait en vie ?

O combien Tristan avait mal de la terre…

Les nerfs de Tristan cédaient. Il dissimulait que tout seul dans la journée il pleurait. L'incroyable douceur, bonté, efficacité de Béatrice lui permettaient de soutenir le choc, c'est-à-dire la psychopathie de Monique. Sans Béatrice il se serait effondré. Il était éberlué de voir la petite Béa faire ses études techniques et secondaires, étudier l'anglais et le piano, transmettre ses connaissances à Aurélien, faire le ménage de toute la maison, lui servir d'assistante en permanence, organiser le travail de lecture, écriture, de jeux pour le petit, tout cela des heures d'affilée. Tout cela tenait du prodige. Comment Monique ne réalisait-elle pas qu'ils avaient près d'eux un trésor introuvable à la fin de ce siècle ?

Tristan avait construit Béatrice, mais elle avait le potentiel qui rendait aisé son travail de Pygmalion. La Providence avait envoyé Béa pour que Tristan réalisât en son fils son idéal spirituel dans un monde anéanti ayant tout perdu. Elle adorait son fils, ferme et patiente, elle était un miracle que Monique refusait de voir.

Horrible rictus du destin.

Comment, mais comment, ne comprenait-elle pas la merveilleuse complémentarité harmonieuse qu'ils formaient tous les quatre ?

Ne comprenait-elle pas que même si elle avait eu un caractère suave, elle n'aurait jamais pu, en travaillant, assumer l'enfant, la maison, sa propre mère qui était venue habiter non loin d'eux en ville, et dont la situation matérielle était lamentable, un mari artiste, tout de même, il le reconnaissait, difficile à vivre, de par sa délicatesse sensible et esthétique aux exigences multiples ? Or Béa, leur petite Béa, rendait tout cela possible, presque facile. Ensemble ils accomplissaient un travail herculéen quasiment sans effort !

comment être jalouse de cette petite handicapée légère qui par sa compétence, son dévouement, sa bonté, leur procurait un foyer, un enfant heureux, qui pourrait au moins les années d'école maternelle, être isolé du laïcisme pourvoyeur de voteurs-consommateurs, clients de musiques pathogènes, de drogue, de chômage, de vestimentarité patateuse aux fesses moulées, du suicide qui tuait cinquante mille jeunes Français par an, de terrorisme. Et en plus un mari déjà difficile à assumer seule…

Il y avait là en Monique une force de refus de bonheur, de destruction que ne masquait pas son hystérie altruiste de bulldozer.

Elle avait tout ce qui est essentiel, tout ce qu'aucune femme ne pouvait avoir en cette seconde moitié du vingtième siècle.

Elle n'embrassait même plus Tristan matin et soir, ne répondait pas quand il lui parlait. Elle faisait une crise nerveuse quand il croquait à côté d'elle un bonbon au miel, Un soir qu'il prit un bain tard, ce fut la seule fois de sa vie d'ailleurs qu'il prenait un bain à cette heure-là, elle fit une crise d'hystérie telle que Tristan perdit d'un seul coup toute confiance et tout espoir en elle.

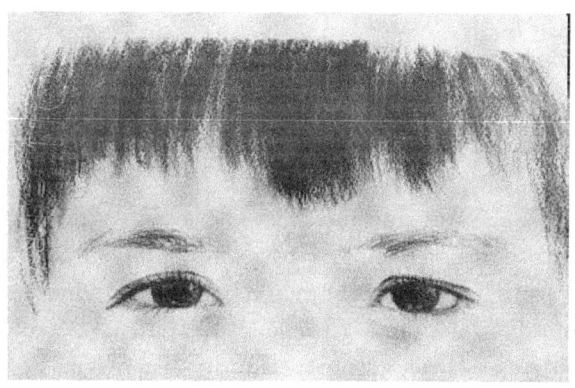

« La servante au grand cœur dont vous fûtes jalouse »

Sa jalousie infantile envers cette petite mignonne sans défense, si bonne, ne faisait que croître. Tristan ressentait et constatait de plus en plus cette agressivité sadique à l'égard de la petite. Elle faisait l'effet d'une grenade explosive dans tous ses propos et aucun raisonnement ne pouvait modifier son effroyable comportement.

Tristan tentait de consoler la pauvre et chère enfant, mais la puissance destructive de Monique était infiniment plus considérable que les trésors de baume que Tristan appliquait sur ses blessures.

Lorsque la mère de Monique était venue pour prendre sa retraite, Monique passa tout un mois à s'occuper de son installation. Béatrice et Tristan s'occupaient du petit le soir comme dans la journée, puisque Monique ne rentrait que tard.

Béa continuait à enseigner lecture, écriture, piano, anglais, jeux avec sa fabuleuse efficacité. Tristan lui assumait son travail universitaire, la composition de ses livres, son enseignement à Béa. Jamais Monique n'avait été capable de rester près de l'enfant trois heures pour sa formation et son instruction. Elle n'en avait aucunement la vocation. Quand elle ne travaillait pas à l'hôpital, il fallait qu'elle bouge, qu'elle fasse des choses concrètes, Béa était donc irremplaçable : Monique en était inconsciente.

La jalousie de Monique ne cessait de croître et son sadisme aussi.

Alors la compassion de Tristan pour la petite Béa croissait encore ce qui déterminait un flot supplémentaire de jalousie de et de sadisme de Monique. Cercle vicieux infernal d'où il ne pouvait s'extirper. Tristan appelait Béa « ma petite chérie » comme il appelait ses filles Nathalie et Chantal, et il appelait Monique « maman » ce qui est le nom le plus tendre que l'on pût donner à sa compagne. « Ma petite chérie » mettait Monique en transes. Elle se mettait au même niveau que cette merveilleuse petite handicapée légère et cela provoquait une certaine honte de la part de Tristan : comment pouvait-elle se placer dans une telle juxtaposition ? L'idée de jalousie était absurde. Tristan aurait simplement défendu cette adorable innocente contre quiconque lui aurait fait du mal et ceci, que ce soit un parent proche ou un étranger. C'est hélas ce qu'il devait faire envers sa compagne, l'être le plus proche, le plus aimé, la mère de son fils. Une telle jalousie ajoutait à son caractère pathologique un aspect grotesque : Tristan avait connu bien des jolies filles, même peu intelligentes, aucune n'aurait jamais été jalouse de ce petit être merveilleux marqué par le sort, seule, sans parents véritables. La chose était impensable.

La petite Béa ne pouvait inspirer à une femme normale, et surtout mère d'un enfant, et contrainte de travailler, qu'une reconnaissance tendre, et en l'occurrence, en ce siècle de suicide collectif et de pourrissage, même éperdue. Où trouver aujourd'hui un être qui puisse aimer votre enfant, le soigner magnifiquement, l'instruire alors que vous-même, la mère, êtes contrainte de travailler ? Où ? Tristan avait constaté la tragédie des enfants confiés à des femmes anonymes faisant sans amour, un travail technique pour un salaire. Aurélien bénéficiait de l'impossible : *l'amour, le dévouement gratuit*, ce qui structure l'âme et le cœur d'un enfant. Et Monique ne comprenait pas cet énorme cadeau du destin ? On ne pouvait aimer Aurélien sans aimer la petite Béa en plein vingtième siècle, si l'on avait une conscience. Mais bientôt Tristan allait avoir la preuve par neuf de l'absence de conscience de Monique.

L'horreur a toujours des excuses, et malheureusement des excuses valables.

Monique avait subi dans son enfance un refus paternel agrémenté de coups. Ce traumatisme global s'agrippa à elle et s'aggrava d'une chute dans un puits qui lui cause une immense frayeur. Tout cela avait déterminé un déséquilibre de l'esprit et une frustration qui pouvait rendre compte d'une jalousie infantile. En fait Monique n'était pas assez forte pour assumer métier, enfant, un mari artiste qui à lui seul à la fin du XXème siècle, aurait accaparé toutes les énergies et en plus une mère d'un caractère mou, d'une intelligence faible sur laquelle Monique compensait sa carence paternelle qui était, il faut le dire, considérable. Monique n'avait en fait de lien affectif qu'avec sa mère. Quant à l'amour qu'elle portait à Aurélien, il était visiblement de caractère *strictement biologique*, comme l'avait prouvé ce besoin impératif de maternité. Si elle avait vraiment aimé son fils elle eût tenu compte de la *synthèse* nécessaire à son équilibre, surtout avec un père de qualité. Si la mère avait eu un mental quelque peu surélevé, elle aurait pu par sa fermeté, sortir Monique de sa vésanie et ainsi préserver le bonheur de sa fille. Hélas la mère avait échoué deux fois déjà en ménage, et il fallait donc que sa fille échouât aussi. Elle ne pouvait donc en aucun cas soutenir sa fille, mais elle allait, fatalement, soutenir sa vésanie. Toute névrose s'accroît si elle est confortée par quelqu'un qui vous est affectivement proche. La présence de la mère allait donc tout précipiter dans le vide. Cette dernière n'avait-elle pas fait une crise d'hystérie parce que Tristan était passé chez elle embrasser son fils, qu'elle gardait à ce moment là.

Malgré la méchanceté de Monique envers Béa, Tristan acquiesça au projet d'une maison qu'il payerait à moitié et qui serait au nom de Monique et d'Aurélien. Il pensait que Monique serait si heureuse d'avoir une maison qu'elle comprendrait aussi combien Béa leur était indispensable. Il avait le secret espoir que la reconnaissance de Monique pourrait se muer en thérapeutique. Hélas, il était optimiste et ne jaugeait pas cliniquement la gravité de l'état de Monique. Dès qu'il eût signé Monique lui dit sans ambages que « Béatrice ne mettrait pas les pieds dans sa maison ». Jamais il n'aurait signé si il avait imaginé la gravité de la situation mentale de sa compagne.

En plus, quand la charpente de la maison fut dressée, Tristan s'aperçut qu'il ne pourrait avoir à sa disposition qu'une pièce de vingt-deux mètres carrés ! il avait signé et il lui fallait pour son travail, sa chambre au moins cinquante mètres carrés. De plus la totalité de leur mobilier n'avait aucune chance de rentrer dans la maison. Le destin voulait donc les séparer.

La maison serait construite dans quelques mois. Monique avait parlé de trouver une chambre pour Béa non loin de la maison. Tristan trouva la solution acceptable à la condition que Monique manifeste de l'affection pour la petite avant qu'elle n'emménage dans cette pièce prévue. Il ne fallait en aucun cas qu'elle se sente « larguée » toute seule en ville, sans amour. Tristan accepta la solution à la condition exclusive de la bonté de Monique envers Béa pendant ces quelques mois à venir jusqu'à ce que la maison soit achevée.

Tristan pensa alors que sa présence n'arrangeait pas les choses envers Monique et il décida de partir quelques semaines chez sa fille et des amis en Espagne. Les choses retrouveraient peut-être un bel équilibre entre Monique et Béatrice.

Un peu avant la période délicate du mois, la petite Béa se trouva dans un état nerveux, courant chez les femmes en parfaite santé, donc encore plus compréhensible chez Béa. Il fallait seulement la comprendre, l'aimer, la consoler, la soutenir. Au lieu de cela Monique et sa mère lui firent des scènes, téléphonèrent aux parents de la petite (dont Monique connaissait la qualité puisque Monique avait fait à leur sujet nombre de digressions péjoratives et parfaitement objectives). La chose eut pour effet d'aggraver l'état de la pauvre petite qui se trouva dans un désert moral peuplé de Monique et son écrasante mère. Aucune des deux ne pensèrent donner un peu de tendresse à la pauvre enfant. Ce n'est que beaucoup plus tard que Tristan apprit les événements de la bouche même des parents de Béa, car Béa ne lui avait rien dit. Ils s'exprimèrent ainsi : « Quand Madame Monique nous a téléphoné nous avons pensé qu'il y avait quelque chose qui ne tournait pas bien dans sa tête ». Les parents de Béa, pourtant lamentables, pour utiliser un euphémisme, avait exprimé là une triste vérité. Il y eut d'autres manifestations de la situation mentale de Monique :

Monique avait deux grandes amies, Gladys, dont il a déjà été question, et Simone. Elles étaient toutes les trois sorties de la même école d'infirmières de Paris. Simone était venue passer quelques jours à la maison. Lorsque Tristan la raccompagna à la gare en voiture, elle lui dit :

— Lorsque nous sommes dans la cuisine, la mère de Monique et moi, nous nous sentons comme des demeurées.

Même à ce niveau élémentaire, Monique ne laissait aucune initiative. Puis alors qu'ils parlaient du caractère difficile de Monique, Simone dit :

— Il m'est impossible de supporter Monique plus d'une semaine bien qu'elle soit ma meilleure amie.

Tristan voulut essayer d'avoir une conversation avec Monique, de lui expliquer dans quelle voie déchirante elle les entraînait tous et surtout leur cher enfant. L'idée de parler avec Monique était une épreuve terrible car il savait qu'elle n'écoutait pas, qu'elle était inaccessible à tout raisonnement, qu'elle était incapable de comprendre ce qui était essentiel pour l'avenir du petit, protégé de la conjoncture par le calme de tous, la tendresse de leur petite communauté. Béatrice et lui étaient des modèles de bonté, de patience, de douceur à son égard. Il était bien arrivé à Béa de « répondre » mais il fallait que Monique l'eût poussée à bout. Monique ne se rendait pas compte de leur indulgence extrême à son égard. Sa lâcheté envers eux avait quelque chose de répugnant. Il était certain qu'un homme banal l'aurait battue à brève échéance dans de telles circonstances, ou l'aurait quittée malgré l'enfant. Une autre jeune fille que cet ange de Béa, serait partie en injuriant Monique. Ce fut le cas de quelques jeunes filles qui étaient venues avant Béa et qui ne supportèrent pas Monique plus de quelques semaines.

Chose curieuse, la seule jeune fille que Monique avait supportée surveillait simplement le petit, en se prélassant dans un fauteuil, en exigeant de Tristan qu'il lui fît un maximum de cours en anglais et en naturopathie etc. Elle se rentabilisait confortablement. C'est alors que Monique se surmena tant qu'elle tomba évanouie dans les bras de Tristan. Tristan inquiet écrivit à la mère de la jeune fille lui exprimant son inquiétude et la priant de suggérer à sa fille d'aider un peu à la maison. La fille s'en alla quelques jours après sous le prétexte de voir ses parents et… ne revint jamais.

C'était en quelque sorte la bonté de Béa et de Tristan qui les aidaient à supporter Monique. Celle-ci était à coup sûr, inconsciente de son propre caractère. Il leur fallait donc à tous être indulgents, comprendre la situation psychologique de Monique, douloureuse et compliquée. Monique abusait de cette démarche d'intelligence et de bonté à son égard.

Béatrice n'était mue que par son amour de l'enfant, et l'affection qu'elle portait aux parents de ce petit. Cet amour était si visible, si transparent, si débordant que Tristan en avait les larmes aux yeux quand il contemplait sans en avoir l'air, Béatrice et son fils. Que de fois en les observant dans les coulisses il avait eu les larmes aux yeux en voyant ce flot de tendresse, de dévouement, de patience. Et c'est sur un pareil trésor que Monique accomplissait un sacrilège !

Il essaya encore d'engager un dialogue avec Monique.-

— Tu devrais te rendre compte de ton caractère. Songe que Simone ton amie de vingt ans ne peut te supporter plus d'une semaine.

— Simone t'a dit cela ? Je vais lui téléphoner pour savoir si c'est vrai.

La confiance qu'elle avait en ce que lui disait Tristan en disait long sur la qualité de son affection.

Monique téléphona :

— Est-ce vrai Simone que tu ne peux me supporter plus d'une semaine ?
— Tu le sais bien Monique, ma sœur non plus quand tu viens nous voir en Bretagne. Mais cela n'empêche pas que tu es ma meilleure amie.

Monique raccrocha et ne revit plus Simone pendant très longtemps.

Cette conversation ne lui apporta aucune leçon, même pas cet humour élémentaire qui aurait consisté à dire : « Je sais que j'ai un caractère impossible, protégez-vous de moi, ne vous laissez pas faire par moi ».

En fait c'était exactement ce que disait Tristan à ses petites amies des années auparavant.

Elles n'en tenaient aucun compte, mais il n'y avait guère de problèmes.

Quelques jours s'écoulèrent et Gladys, l'autre amie, téléphona pour prendre des nouvelles. Tristan lui décrivit l'ornière tragique dans laquelle ils étaient coincés. Il relata le coup de téléphone de Monique à Simone.

Gladys interrompit :

— Mais ce n'est pas une semaine que je ne peux la supporter, c'est quarante huit heures.

Et elle répéta cette phrase que Tristan avait déjà entendue :

— D'ailleurs toute conversation avec Monique est une marche sur une corde raide.

Tristan téléphona à une amie professeur de Médecine qui avait collaboré à sa thèse de doctorat.

— Les femmes les plus intelligentes, lui dit-il, font actuellement des perversions avec fixations infantiles, dérisoires voire grotesques. C'est la rançon de la dégénérescence actuelle. Je ne suis pas plus optimiste que toi surtout s'il s'agit d'une syndrome de Caïn (jalousie).

Certes Tristan était pessimiste.

Monique avait trahi ses sentiments, ses aspirations les plus nobles. L'avenir d'Aurélien était lié à l'efficacité miraculeuse de Béa, car les premières années sont décisives dans le destin d'un être, mais il fallait que tous deux ils la soutiennent. Tristan était professeur et il pouvait éviter à son fils cette école laïque dans laquelle il voyait depuis des décennies ses élèves s'effondrer. Il fallait éviter à l'enfant l'école libre encore plus pourrie que l'école laïque. Il semblait que l'Église veuille absolument faire de la surenchère dans la dégringolade vers le néant. Monique était en train de réduire à néant ce qu'il avait édifié avec tant de mal et tant d'amour. A quoi servait sa prise de conscience, celle qu'il croyait avoir impartie à Monique et qui aurait dû être une invincible armure contre sa propre névrose, grotesque et sadique.

Il voulait tant qu'Aurélien n'ait rien à voir avec ce Christianisme féroce et réductionniste, ce colonialisme qui massacrait dans les mines d'Afrique du Sud vingt mille Noirs par semaine pendant trente ans pour l'exploitation des mines d'or, ces goulags qui tuent les gens par dizaines de millions pour leur bien, ces musiques hypnotiques pathogènes, criminogènes, dégradantes...

C'était la fin des temps.

Tristan ne savait plus où se tourner. Il voulait protéger son petit. Il le voulait absolument. Il avait tout construit dans ce but et il ne fallait pas que tout s'effondrât. Il aurait donné sa vie pour protéger son fils, l'éduquer selon son cœur et sa conscience. Non, tout n'allait pas être saccagé.

Il avait envie de mourir en emportant son petit dans ses bras. O que la tentation était grande !

O qu'il avait mal de la terre !

Qu'allait lui offrir ce monde sans la protection de sa lucidité ? Le néant radical, celui que l'on contemple dans la presse et à la télévision, ces obsédantes musiques qui tuent et que l'on fait aimer par destruction animique. Il aurait accepté n'importe quoi pour élever leur petit vers son idéal : il fallait pour cela que Monique aime Tristan et leur petit s'épanouirait par delà les agents destructeurs comme les trente injections vaccinales de produits putrides qui détruisent nos systèmes immunitaires...

Tristan avait une grande amie, professeur de Bible hébraïque, une vraie juive vertueuse, qui avait une telle discipline diététique qu'elle n'accusait pas la moindre presbytie à soixante treize ans. Il lui écrivit son drame, la folie de Monique. La réponse fut un choc.

> A Tristan et Monique.
>
> Le vingt cinq mai à vingt deux heures trente, mon petit fils Emmanuel, beau, surdoué, poète, refusant cette société ne pratiquant aucun des vices de la jeunesse actuelle à vingt deux ans licencié en histoire et en

sociologie, sortait en se promenant seul d'un village près d'Orange et fut renversé et tué par une motocyclette en traversant la chaussée. La gendarmerie a avisé ma fille qui était absente de Paris. Je me suis rendue toute seule à Orange pour accomplir les formalités.

Je me suis trouvée debout devant le trou dans lequel on a fait descendre le cercueil contenant mon petit fils adoré que j'ai élevé. On a jeté de la terre, tout a été consommé.

Stabat mater

En face de cela, comme vos conflits abracadabrants me paraissent indignes, futiles, dérisoires et ce ne sont que des litotes. Imaginez qu'une telle chose arrive à votre fils : je souhaite que mon malheur vous serve de leçon. Ne vous donnez pas la peine de m'écrire. Aucune parole, rien ne pourrait apaiser ma douleur avec laquelle je descendrai dans le Scheal.

Esther

Tristan n'avait pas besoin de cette atroce leçon. Il donna la lettre à Monique. Tout ce qu'elle trouva à dire et qui donna la dimension de sa vésanie fut :

— En quoi cela me concerne-t-il ?

Tristan montra la lettre d'Esther au parrain d'Aurélien, ce sage de la terre qu'il avait choisi pour son enfant.

— *C'est la fin des temps, dit-il à Tristan,* en lui montrant une image de la Vierge couverte de sang, dessinée par un visionnaire. « *Le diable n'a pas réussi à vous détruire jusqu'à maintenant. Il vous détruira par celle en qui vous aviez mis toute votre confiance, celle que vous croyiez avoir protégée de toutes les impostures : la femme, son alliée de toujours.* Souvenez-vous de ce que disait votre congénère Otto Weininger :

« *Nous sommes à l'époque de la femme et du Juif* ».

Madame de Gastine mourut à soixante neuf ans d'une grave maladie rhumatismale, la polyarthrite chronique évolutive. Tristan avait senti son cœur se réconcilier avec sa mère et plaça sa prière, qu'il avait sentie déborder de son cœur lors du départ de sa femme et de sa fille. Hélas deux jours après l'enterrement, une relation commune lui raconta les propos horribles que sa mère avait tenus sur lui quelques jours avant sa mort.

Ainsi, après la mort de sa mère, le destin avait voulu que fût prononcé entre sa mère et lui un divorce éternel…

Tristan avait à Paris une amie, âgée, mais qui était une des femmes les plus intelligentes du siècle. Une telle finesse d'esprit, une telle envergure d'observation de l'histoire comme de l'actualité, étaient uniques au monde.

Il avait confié sa tragédie à Frédérique, tel était son prénom, car il n'y avait personne au monde à qui l'on pouvait mieux confier une telle douleur. Elle lui avait répondu longuement, pensant que la raison prendrait le dessus, et que Monique était simplement en but à des difficultés passagères. Il lui semblait impossible qu'une jalousie aussi dérisoire puisse s'enraciner dans le cœur de Monique. Elle avait même téléphoné à Monique qui lui avait dit :

— « *Tout le monde me donne tort, y compris ma mère.* »

Elle promit à Tristan d'écrire à Monique et de lui communiquer son texte.

La perfection de la lettre était inégalable sur tous les plans : *tout* y était dit et Tristan n'aurais jamais pu faire mieux que cette synthèse achevée.

Ma chère Monique.

Le conflit que vous m'avez appris par téléphone m'a consternée. J'ai réfléchi et j'ai décidé de vous écrire pour vous aider à sortir de la malheureuse impasse où vous vous êtes engagée.

Auparavant je vous dirais l'estime que j'ai conçue pour la discrétion de Tristan qui ne m'avait soufflé mot de votre différend, il y a quelques semaines, m'informant seulement des difficultés immenses qui l'empêchaient de m'écrire.

Vous le savez, lorsque j'ai fait votre connaissance je vous ai toujours mise en valeur, soit dans ma correspondance, soit de vive voix car j'estimais qu'outre le charme, vous aviez les qualités de cœur, de compréhension, dont était justifiable le caractère passionné, la nature hypersensible, combien vulnérable de Tristan, son affectivité assoiffé de tendresse, son besoin de protection, si fréquent chez l'homme mais à un degré plus aigu chez lui, tous traits dignes de compassion.

Vous étiez infirmière, vous sauriez comprendre et materner celui qui aurait à jamais « mal de la terre » et ne vivait que de l'enthousiasme au désespoir, jamais dans la tiédeur.

Votre grief, m'avez-vous dit, Monique, résidait en ce qu'il choyait en paroles et attentions la petite handicapée légère chargée des soins de votre petit Aurélien et d'assistance au foyer et au père de votre enfant.

Comment ne vous êtes-vous pas réjouie, Monique, vous qui êtes toute grâce, de cet accord où l'enfant défavorisée par la nature partageait avec Aurélien un sentiment paternel naturellement porté à l'effusion.

Ah ! Monique vous aviez la chance, et il est encore temps, d'assurer une double maternité en accord avec la double paternité de Tristan et vous provoqueriez un triple malheur, celui d'Aurélien, de Tristan et le vôtre, en rejetant du foyer la petite innocente. Songez à la blessure que vous infligeriez à l'enfant. Aurélien devine tout, ressent tout et les blessures inscrites dans son fragile et malléable inconscient laissent à vie des inhibitions qui ensemencent de graves troubles à l'âge adulte.

Par amour pour cette enfant, par précaution pour cette fragile pousse humaine, par respect pour l'harmonie que vous devez lui enseigner exemplairement, ne prenez pas ombrage de cette affection-compassion de Tristan qui n'altère en rien, j'en suis sûre, le sentiment indéfectible qu'il a toujours eu pour vous. Vous avez en réalité une double maternité à assumer vis à vis de l'enfant et du père. Vous le savez Monique, il n'est pas d'amour conjugal qui n'atteigne sa maturité sans que le mari devienne pour l'épouse, et c'est très beau, l'aîné des enfants. C'est le plus bel accomplissement qui soit et l'épouse devient si naturellement la mère que son mari l'appelle « maman ».

Sinon elle est comme l'instrument de musique auquel il manque une corde. Ne vous torturez plus l'âme par je ne sais quelle anxiété d'une rivalité affective qui cache dans ses replis un trouble indigne de votre incomparable charme. Ne détruisez pas votre foyer pour le seul motif, m'avezvous précisé, de votre intolérance à la tendresse exprimée par Tristan à votre petite auxiliaire en paroles.

Qu'il la choie comme son propre enfant, je ne vois pas là de quoi vous alarmer, ni porter atteinte à votre priorité. Ouvrez grand votre cœur et chassez ce totalitarisme. Retrouvez votre joli sourire Monique, « non impediat musicam » disent les textes sacrés : « n'empêchez pas la musique ». Je ne vous apprends rien bien sûr en vous disant : la musique c'est l'harmonie, c'est tout ce qui s'élève de nous en accords agréables. C'est la résolution des dissonances et altérations dans le retour à la tonalité initiale. C'est l'expression de la conciliation et de la réconciliation dans l'instrument de notre cœur. Je vous en prie Monique, faites la paix en vous-même, recréez l'harmonie de votre foyer. Choyez le compagnon, écorché vif depuis son enfance, aimez maternellement la précieuse petite compagne que votre Aurélien doit considérer comme sa grande sœur. Ressurgissez avec une profonde respiration de l'obsession funeste qui signerait l'échec de votre vie. Allez au devant du père d'Aurélien avec votre joli sourire et ce sera la fin d'un cauchemar collectif. Je fais un pacte avec le ciel afin qu'il vous aide à la reconquête de vous-même et de votre foyer, dans la paix du cœur et je vous embrasse.

Frédérique

Il était dans la finalité logique d'une telle lettre d'accomplir le miracle de l'esprit si elle rencontrait un esprit. Mais elle échoua. Des semaines plus tard Frédérique dit à Tristan, « la malheureuse est foncièrement méchante ».

Le cauchemar qu'elle allait imposer à Tristan, allait prendre des proportions meurtrières et gigantesques.

Tout ce que Monique trouva à dire en commentaires de cette lettre était indicible :

« *Frédérique se farde comme une vieille cocotte, elle protège tous les mâles du quartier et elle est la maîtresse de Tristan* ».

Frédérique avait presque quatre-vingts ans…

C'est dans le destin, dans l'astrologie, que Tristan allait tenter d'éclairer son drame, celui surtout de son fils chéri car malgré son désespoir, il ne perdait pas l'espoir…

Tristan connaissait depuis des années, un ami qui pratiquait l'art millénaire de l'astrologie pour des raisons de sagesse. Il avait maintes fois eu l'occasion de constater son éberbuante capacité. Il avait connecté les bases endocrinologiques de la biotypologie par des correspondances astrologiques des plus intéressantes notamment quant à leurs potentialités pathologiques que Tristan vérifiait tous les jours.

Il voulait savoir si les astres lui permettraient d'élever son enfant, c'est-à-dire, à cette époque de pourriture intégrale, d'obtenir une victoire sur le néant. Une telle victoire n'était possible qu'avec l'amour de Monique. Le problème de Monique était donc à l'épicentre de tout. Il écrivit donc à son ami, prénommé Maurice :

Mon cher Maurice.

Il n'y a guère que toi et une amie parisienne d'une remarquable intelligence, à qui je puis confier mon drame. Celui de vouloir élever mon fils au niveau de ma conscience, dans ce monde pratiquement détruit. Mais Monique que tu connais bien, me crée un problème majeur que je ne puis résoudre et que elle seule pourrait dominer et même supprimer totalement de son inconscient. Mais le peut-elle ? Telle est la question que voudrais poser à ta conscience astrologique. Si je ne puis œuvrer pour mon fils, plus rien ne m'intéresse. Je te demande d'examiner nos thèmes respectifs et de me dire sans ambages ce que tu penses.

Nous avons chez nous une petite béatrice qui instruit Aurélien et nous aide de façon magistrale à la maison. Et pourtant elle est globalement hypo-thyroïdienne de type glandulaire, donc légèrement handicapée. Sa perfection en compétence, sentiments voisine le sublime. Elle réussit à instruire notre enfant, tout faire à la maison, à étudier pour elle même en vue du brevet des collèges, à étudier le piano et l'anglais qu'elle répercute sur notre enfant… Elle s'occupe en plus de mes repas, de secrétariat, que sais-je encore. Un miracle !

Je la scolarise depuis trois ans, et malgré sa gaucherie inhérente à son état glandulaire, elle réussit tout ce qu'elle fait. Elle est unique et irremplaçable à notre époque, et sommet de grâce providentielle, elle aime Aurélien de tout son cœur. Je sais qu'elle donnerait sa vie pour lui ! elle fait tout avec amour, et tu peux comprendre la reconnaissance que je puis avoir pour ce don de la Providence. Elle est un agent fondamental si je veux protéger mon enfant de ce que j'appelle, tu n'en souviens, le « Judéo-Cartesianisme ». Légèrement disgraciée, elle a été la victime de tous. Elle a été persécutée dans son enfance à l'école – deux dents cassées –. Quant à ses parents ils sont d'une nullité absolue.

Monique, au lieu d'avoir une reconnaissance émues pour ce don du ciel qui la prolonge avec une telle efficacité, tendresse, et patience, accuse à son égard un syndrome de jalousie infantile incoercible qui se traduit par le pire. Non seulement elle ne manifeste aucune tendresse pour la pauvre chérie, mais elle ne cesse de l'agresser quoi qu'elle dise et fasse alors que même si Monique ne travaillait pas, elle serait incapable de faire tout ce que fait béatrice (patience, inouïe, pédagogie, efficacité, dévouement constant).

Je ne compte pas les jours où cette pauvre enfant qui fait tout ce qu'elle peut et au delà pour nous, ne pleure du fait de la paranoïa sadique de Monique. De mon côté et malgré mon surmenage de professeur et d'écrivain, je tente de compenser la brutalité de Monique envers la malheureuse. Je tente de la consoler, de lui manifester un peu de cette affection que Monique lui refuse. Ces êtres légèrement hypo-thyroïdiens ont besoin de beaucoup plus d'affection que les autres humains et ils savent la rendre de façon qui bouleverse le cœur. Je me dispenserais bien de ce douloureux travail car j'ai autre chose à faire, mais je sens la petite en mourir car Monique non seulement ne lui donne pas un iota de l'affection qu'elle mérite pour tant d'amour unique et de dévouement mais est tragiquement négative envers elle. Hélas, ma compassion envers cette enfant décuple au fur et à mesure que décuple la méchanceté de Monique à son égard. Cercle vicieux intégral car mon intervention à l'égard de la petite a de plus en plus un caractère indispensable de thérapie élémentaire mais bien inefficace si l'on considère les traumatismes que Monique lui inflige. La pauvre petite reste parfois des heures à pleurer, immobile, sans que cela émeuve Monique le moins du monde.

J'ai beau expliquer à Monique que si elle prodiguait à cette petite Providence l'amour et les encouragements dont elle a besoin, je n'aurais pas à accomplir, avec peu de succès, cette tâche moi-même. Cela ne sert à rien : elle continue à monologuer sur les prémisses de sa vésanie, sourde à tout bon sens, à tout raisonnement, à toute élémentaire humanité.

Nous avons un enfant à élever, une maison que nous achetons au nom de Monique, que je meuble et dont j'assume le cautionnement à 50 % sur quinze ans. Nous avons une petite qui nous aide, et avec quelle efficacité ! mais si Monique ne voit pas que nous avons tout et ne tente pas de se guérir, je ne pourrai rien pour mon fils et alors je ne me sens aucune raison de vivre. De plus avec cette maison achetée, si nous n'avons pas une parfaite entente, nous allons sombrer dans une anarchie suicidaire. Voilà où nous en sommes : un véritable cul-de-sac et combien douloureux. Monique ne comprend absolument pas que ce qu'elle me reproche, c'est-à-dire de ramasser tous les jours la pauvre petite à la petite cuillère, c'est à elle et à elle seule qu'il faut le reprocher !

Notre amie Frédérique, qui lui a écrit une lettre admirable, lui a dit : « Vous précipitez cette petite sur le cœur de Tristan ». Et c'est exactement ce qu'elle fait. Il n'y a aucun dialogue possible avec Monique : elle tourne en rond dans son obsession et est en train de nous naufrager tous, y compris notre enfant chéri ce qui est le plus grave. Je ne vois pas de solution. Pourtant je me dis qu'il est impossible que Monique n'ait pas assez de santé mentale pour se ressaisir in extremis. Que disent nos cartes du ciel ?

Personnellement je me dis que tout ce qui a intelligence, rigueur et amour doit disparaître de ce monde. C'est pourquoi je n'ai plus d'espoir.

Trois semaines plus tard il recevait trois études. L'ensemble de considérations éclairaient mais ne résolvait pas l'inextricable dont Monique était la clef de voûte.

Le petit Aurélien était voué à l'épreuve au départ de son existence par sa mère qui le blesserait du fait de sa mésentente avec son père. Il apparaissait dans son ciel de naissance que son père agirait avec opiniâtreté pour isoler son fils de la conjoncture décadente. Aurélien s'attacherait à une cause à échéance lointaine à laquelle il donnerait tout son amour. Il serait destiné à créer pour un large public dans la perspective de la recherche pour un idéal. Il serait porté à un détachement des choses terrestres, se complaisant dans un certain renoncement, dévouement, abnégation, sacrifice. Il existerait dans l'isolement excluant la notoriété. Il protégerait les faibles, les déshérités, il soignerait les malades et développerait des dons supra normaux.

Le thème de Tristan indiquait qu'il sentait le destin de son fils et tentait de toutes ses forces, de préparer l'enfant à sa tâche. Il semblerait que Monique et Tristan ne se sépareraient pas (erreur de l'astrologue), restant unis dans la perspective de l'amour et de l'éducation de l'enfant.

Dans le thème de Tristan on trouvait un amour « sur-maternel » pour son fils. (Il était exact que Tristan se sentait l'âme d'un père-poule).

On détectait dans le thème de Tristan une sorte de noble hystérie à vouloir protéger son fils de cette inhumanité que son cœur abhorrait.

Tristan aurait donc tendance à imposer à Aurélien un système éducatif isolé mais le thème de l'enfant révélait qu'il n'en souffrait aucunement au contraire. Un accord de Monique et Tristan au sujet de l'enfant était confirmé (autre et même erreur de l'astrologue). Aurélien serait profondément rebelle contre la société, mais pouvait-il l'être plus que son père ?

Aurélien serait doué de fluide magnétique considérable, pouvant aider au soulagement des êtres (Tristan avait déjà expérimenté ce don de son fils qui en posant les mains sur son abdomen, faisait disparaître en quelques minutes des maux de ventre). L'enfant se sentirait aussi bien chez son père que chez sa mère. Les circonstances que vivaient Tristan et Monique ne faisaient que mettre en évidence l'état chaotique de leurs thèmes respectifs. Tant qu'il s'agissait de ramer ensemble dans le sens d'une effrayante lucidité et de soins aux affligés, ils ramaient ensemble. L'enfant avait fait jaillir le rocher de sa présence dans une eau où des courants divergents se sont mis en mouvements.

Le karma leur imposait tout le poids de leurs dysharmonies.

Du côté de Monique aucun espoir, précisait Maurice. Il s'agissait d'une caractérielle grave, têtue et monolithique.

La première fois que Tristan avait téléphoné à Maurice pour qu'il lui parle du thème de Monique, avant de lui envoyer un travail écrit, il lui avait parlé longuement de son Mars affligé et brutal et il avait conclu :

— Moi, je ne pourrais pas…

Mais qui aurait pu vivre avec Monique à moins d'être d'une docilité absolue pendant dix ans, en dehors de Tristan ? Certainement pas sa propre mère qui ne l'avait aucunement caché à Tristan.

La tendance suicidaire de Tristan s'il ne pouvait rien pour son fils, était inscrite dans son thème.

L'étude que Maurice avait adressée au sujet de Monique, était aussi révélatrice.

Son ascendant se trouvait en bélier, signe volontaire voire violent de Mars. Les inharmonies étaient violentes et lourdes. L'enfant souffrirait des blessures de Mars qu'elle lui imposerait. La tragédie karmique de Monique résidait dans le fait qu'elle ne pouvait contrôler sa redoutable force martienne **qui ne recevait aucune influence bénéfique de Mercure (intelligence) ni de Vénus (bonté, beauté, douceur).** Il aurait fallu qu'elle dépassât ses astres qui normalement « inclinent mais ne déterminent pas ».[73]

Il aurait fallu que, ayant pris conscience de la rudesse de ses cornes de bélier, elle s'efforçât d'en détourner les effets douloureux pour les autres et pour elle-même. Il ajoutait quelques considérations tirées du thème de béatrice : elle était une présence miraculeuse pour le bambin et une providence pour eux tous. Elle possédait une vraie force salvatrice réservée à certains êtres privilégiés de Dieu pour aider, consoler, sauver leur prochain.

Il concluait : quand vous ne supportez pas quelqu'un, vos cornes de bélier, cela fait mal, Monique, cela fait très mal. Si vous aimez votre fils, il est absurde de faire du mal à cette petite providence puisque le résultat ne peut être que négatif pour l'enfant, votre compagnon et vous-même. Il faudrait surmonter vos pulsions instinctives qui sont, en l'occurrence, tout à fait animales et qui ne

---

[73] De toute l'observation d'une vie, l'auteur peut dire qu'il n'a jamais vu quelqu'un « dominer ses astres » Tous les thèmes astraux étudiés correspondaient parfaitement au comportement du sujet étudié. Il semble donc que la « domination des astres » soit du ressort du rarissime. Il est vrai que notre époque décadente a perdu son libre arbitre par hypotrophie de la génitale interne. De plus la femme est déformée profondément par son « hommassisation ».

sont là que pour le plus grand dommage de vous-même et de vos proches…

La lecture du thème de Béatrice bouleversa le cœur de Tristan. Tout s'y vérifiait dans le présent comme dans le futur, c'est-à-dire, les quinze années qui suivaient la rédaction de cette étude.

Elle avait son soleil en maison 12, maison de l'épreuve. C'était le renoncement, l'esprit de sacrifice, d'abnégation, accomplis dans l'isolement, la discrétion occulte, confidentielle. Il y avait un effort vers l'épuration de la conscience par des sacrifices volontaires contribuant au progrès moral. Elle avait une disposition naturelle à soigner les malades, à aider et protéger les faibles. Elle ne s'occuperait que de travaux exigeant l'éloignement du monde. Elle avait une tendance à la recherche de la solitude, à s'imposer des renoncements. La santé laissait à désirer, une maladie de langueur qui nécessiterait des séjours prolongés en maison de repos. Il y avait chez elle un désir ardent de dévouement pour les infirmes, les déshérités du sort.

Ses sentiments la poussait à des actes d'abnégation, d'amour mélancolique. La constitution n'était pas robuste mais la sensibilité était très grande avec des élans sublimes vers le sacrifice, la charité, le désir de venir en aide à ses semblables et aux frères inférieurs que sont les animaux pour lesquels elle éprouve une tendresse toute particulière. Elle avait une extrême sensibilité sentimentale qui la rendait infiniment secourable à toutes les détresses physiques et morales car elle ne souhaitait qu'apaiser, soulager, consoler…

Son jugement était sûr, sa vie ne serait pas longue.

La vie de cette enfant chérie ne pouvait être longue du fait de son hypothyroïdie globale, et nous savons que la thyroïde est la glande de la vie.

C'était bien ainsi que Tristan avait constaté, ressenti, ce trésor que le ciel lui avait accordé pour leur fils chéri et que Monique brutalisait monstrueusement de sa répugnante folie.

Pourtant il y avait parfois un grain de lucidité chez Monique, puisqu'une fois, parlant d'ellemême, elle avait dit : « Chez moi Saturne pas rond et ça Mars pas droit »…

Pourquoi le destin avait-il mis Monique sur le chemin de Tristan ? Certes, elle avait ramassé Tristan à l'état d'épave consommée. Elle s'était montrée parfaite, et petit à petit il lui avait accordé sa confiance et une énorme tendresse que Monique, par son comportement, ne permettait pas qu'il lui exprimât.

Qu'est-ce qu'une femme ?

Elle est pour son compagnon, un être obéissant, une mère, une maîtresse.

Qu'est-ce qu'un mari ? Un père pour sa compagne, celui qui commande, un amant.

Telle est la réalité humaine imposée à la sagesse des nations avant toutes les débilités matérialistes.

Était-il un père pour Monique ? Il avait tout fait pour la protéger, lui donner une maison, dont il assumait toutes les charges, et, alors que lui ne désirait qu'être materné par sa compagne, lui avait offert un enfant que pourtant la conjoncture mondiale lui interdisait de souhaiter. Pour cet enfant et pour sa mère, il avait consenti à ce départ vers le Berry, si peu conforme à sa nature. Il avait construit cette petite Béatrice si pleine de ciel, pour qu'elle les aidât dans le travail de la maison, dans son travail d'universitaire et d'écrivain, et surtout en vue de l'instruction et des soins à donner à leur enfant chéri. Il préparait aussi l'avenir de la petite, ce qui était bien normal pour tant de dévouement et de compétence inouïe. Il avait en lui des trésors de bonté, d'affection, de compréhension et d'indulgence. Il était capable de diriger son foyer en fonction des réalités d'une époque vertigineusement suicidaire. Il était un amant inépuisable.

Certes son appétit sexuel était exagéré, comme c'est le cas chez les « thyroïdiens », à surrénales suffisantes et à génitale reproductrice efficiente, mais une femme savait négocier ce « défaut », de manière à éviter relativement au moins, les tentations charnelles à son compagnon.

Et Monique.

Épouse maternante, compréhensive, aimante ? Arrondissant les angles, diplomate avec son mari « qu'il fallait aborder avec précaution » disait la description homéopathique du phosphorus qu'il était (le phosphorus de l'homéopathie étant le thyroïdien de l'endocrinologie) ? Consciente de leur intérêt en synthèse, du miracle que représentait la présence de la petite Béa à leur foyer et qu'il avait mis des années à instruire ? Ayant des gestes de tendresse ? Un peu de cette humilité, signe absolu de santé mentale ? Compagne obéissante ? Jamais.

Combien de fois Tristan s'était-il entendu parler sans qu'elle l'écoutât.

Béatrice, ce trésor du destin, ce puits de tendresse pour leur enfant, Béatrice qui aidait en tout, qui savait impartir à leur petit, les connaissances qu'il lui apportait, et cela avec cette patience angélique qui gonflait le cœur de Tristan d'une reconnaissance éperdue. Béa, la petite Béa, était traitée de manière inhumaine par Monique qui ne pouvait pas même se contenir devant les étrangers. Amis et relations faisaient part à Tristan de leur étonnement choqué, de leur indignation devant le comportement de Monique envers Béa. Toutes ces merveilles que Béa apportait et qui déchargeaient Monique d'une surmenage inassumable, n'étaient rien pour elle. Seuls comptaient le petite machin cassé, le tuyau de l'aspirateur prématurément usé par la gaucherie de Béa, un objet mal placé, un coin perdu de la maison où subsistait de la poussière, alors que la chambre de Monique où il était interdit à Béa de faire le ménage, ressemblait, en désordre et en poussière, au pire des souks.

Comment Aurélien, lorsqu'il serait mûr, lorsque sa bonté et son intelligence se seraient affermies, comment allait-il juger sa mère ?

Déjà à six ans il disait : « Pourquoi maman elle est comme ça, on n'a qu'à tous s'aimer ».

C'est lui qui avait trouvé toutes les solutions. Mais elle ne convenait pas à la pathologie de Monique. Si le jugement d'Aurélien devenait clair, elle ne pourrait y échapper. Il fera alors comme son père, il mettra tout sur le compte de la maladie et continuera à aimer sa mère.

L'état de Monique semblait trop grave à Tristan pour qu'elle en prît conscience. C'était l'état même du monde moderne dans son entier, et celui de sa compagne en particulier. Sens moral, esthétique, spiritualité avaient disparu partout. Il ne restait que le formalisme, et encore, des pulsions animales, égoïstes. Monique se dédouanera plus tard par un mariage à l'Église intégriste dans un contexte aberrant qui illustrait le formalisme doctrinaire et le dogmatisme qui furent le squelette mou de ces deux mille ans de Christianisme.

Le biotype féminin est par essence, jaloux. La jalousie allait donc se combiner à l'égoïsme pour façonner en cette fin de siècle des mentals monstrueux. Les carences organiques et éducationnelles favorisaient partout les déchirements meurtriers qu'étalaient les faits divers du monde entier. Le laïcisme et la chimification générale avaient mis un point final à l'humanité du monde. Tout serait désormais aberrant et inhumain.

Plus rien ne compterait que l'égoïsme infantile et les pulsions bestiales. Ce serait le fric avant tout. Comment Tristan avait-il pu rêver que son fils pût échapper à cet enfer ? Suprême illusion ! si Monique avait eu la moindre conscience, elle aurait joui de son bonheur unique et n'aurait eu qu'une seule douleur : celle de l'agonie du monde entier.

Si Monique ne pouvait donner à Béa toute la reconnaissance indulgente et affectueuse qu'elle méritait, alors Tristan prendrait un appartement à loyer modéré, où la petite aurait sa chambre. Il continuerait à payer la maison de Monique qui serait un jour à Aurélien. Il lui laisserait les meubles nécessaires et les livres qui seraient un jour la richesse de son fils.

Il était prêt à garder sa chambre dans la maison neuve. Il ne quitterait pas Monique, il fallait seulement protéger la petite dont le dévouement restait à l'écoute et qui ne comptait pas les soins qu'elle donnait à Aurélien malgré le comportement de sa mère.

Monique persistait à assaillir Béa de sa hargne. Elle ne pouvait ouvrir la bouche sans que le cœur de la petite, comme celui de Tristan qui souffrait pour elle, ne se mettent à battre la chamade. Béatrice continuait donc à se trouver dans des états de prostration qui duraient des heures ou des jours. La tendresse consolatrice de Tristan ne suffisait pas à pallier le comportement vipérin de Monique.

Il fallait songer à protéger la santé physique et mentale de Béatrice comme de lui-même. Il fallait demeurer disponible pour le petit. Tristan sentait sa santé décliner. A tous ses ennuis s'ajoutait un ulcère stomacal d'étiologie psychosomatique. Les bronches et les poumons, très fragiles chez lui, commençaient à céder aussi. Comment pouvait-il manifester à Monique l'ombre de la tendresse qu'il avait pour la mère de son enfant, alors qu'il avait à faire face de façon constante à un comportement de fœtus hargneux ?

C'était trop bête, gâcher tout cet avenir construit avec tant de mal, tant d'amour, et de sacrifice généreusement consentis. Un tel gâchis pour une vésanie grotesque. Non, Tristan ne parvenait pas à se résigner.

Il y a encore quarante ans, lorsque l'homme était maître du foyer, il aurait dit « les choses sont ainsi » et aucune folie n'aurait empêché la marche normale des choses selon la raison et le cœur du capitaine qui dirigeait le vaisseau familial.

Mais aujourd'hui la folie règne. Une femme démente, ayant des ressources pécuniaires, peut créer instantanément toutes les formes de chaos sans que l'intelligence et la raison puissent intervenir en quoi que ce soit.

L'involution, la dégénérescence, sont telles que cette fatalité sociologique existe désormais au niveau des enfants dont l'infantilisme, normal chez eux, a de plus en plus force de loi. Le monde sombre dans une anarchie généralisée et Tristan s'était nourri de la folle certitude que Monique structurée par son œuvre écrite, échapperait à tout et en particulier à elle-même et à sa jalousie vésanique et caricaturale.

C'était un rêve. Monique avait été déstructurée par une enfance atroce dont les traumas sont indépassables, mais cela, Tristan l'ignorait encore. Le laïcisme avait fait son œuvre, et sa vague conscience des phénomènes de notre décadence, ne pouvaient compenser une enfance affligeante et le laïcisme qui, combinés, tuent le potentiel d'amour chez les êtres. Or c'est l'amour qui est la clef de toute compréhension et de la lutte judicieuse contre soi-même.

L'espoir, cet espoir qui fait vivre et qui tue, le poussa à écrire à Monique :

Certes, lui écrivit-il, il existe dans nos thèmes astraux des discordances, mais nous avons en commun une lucidité, le sentiment de la protection, de l'amour de notre enfant dans une conjoncture fatale, l'idéal grandiose que nous voulons pour lui.

N'est-ce pas d'énormes liens ?

La grande fragilité de mon système nerveux, mon incompétence pour les choses pratiques, mon travail personnel professionnel, m'interdisent de m'occuper seul d'Aurélien. La compétence, ce ne sont pas seulement les connaissances que nous avons offertes à béatrice, mais l'amour et la patience. Or à ma stupéfaction émerveillée, j'ai découvert en béatrice ces dons d'amour, de patience et de pédagogie exceptionnels.

Il y a peu d'enfants qui à cinq ans savent déjà lire, écrire par syllabe, jouer un peu de piano, parler un peu anglais. Or tout cela n'a pu être réalisé que grâce à béa. Je n'ai fait moi que donner instructions et directives qui ont été merveilleusement suivies. Un caractère maladivement sensible exige aussi une présence permanente, non seulement pour Aurélien, mais pour moi-même qui sans elle se trouve paralysé, stérilisé.

Lorsque je t'ai prise pour compagne ce n'était certes pas pour avoir un enfant dans cette société mais pour que tu m'aides dans mon œuvre de penseur, que tu me considères comme ton enfant. Tu as voulu un enfant, j'ai senti combien cette aspiration était tumultueuse, c'était naturel, mais je l'ai offert à toi, pas à moi, bien que maintenant je l'adore.

Si j'ai construit béa c'est pour qu'elle nous aide à élever Aurélien, qu'elle te soulage à la maison, toi qui travailles toute la journée, pour qu'elle m'assiste et me permette de m'acquitter de mon travail de professeur et d'écrivain. Il est facile de comprendre que même si ton équilibre psychique était parfait, tu ne pourrais assumer seule ton travail, ta maison, l'enfant et moi-même.

C'est donc une chance providentielle que tout puisse se faire selon les réalités et non selon les aspirations d'une subjectivité malade et inconsciente de toute la réalité synthétique qui nous concerne.

Ton travail et ton fils, le soir, suffiraient à te dévorer. Cela est normal : on ne peut tant demander à une femme. C'est pourquoi je n'ai plus d'exigences sexuelles et qu'il est normal que béa puisse s'occuper de nous grâce à l'instruction et aux directives que nous lui offrons toi et moi.

Béatrice pallie tes carences inévitables et je ne t'en ferai jamais grief. Que ferais-je avec mon tempérament d'artiste, mes acouphènes pulsés, mes vomissements et pertes d'équilibre, que ferais-je pour le tout petit, pour mon travail, sans béa ? : je serais totalement paralysé. Il est donc évident que nous ne pouvons rien d'efficace pour le petit, sans la capacité affective, pédagogique et domestique de béa qui nous garde pour toi.

Tu peux même te permettre de rentrer tard, comme tu l'as fait pendant des semaines pour installer ta mère. Aurais-tu pu faire cela sans béa ? Que pourrais-tu faire pour les exigences élémentaires d'Aurélien et de moi-même sans la journée tandis que tu travailles ? Rien.

Ta mère est maintenant ici, à trois kilomètres. J'ai donc envoyé béa chez une amie pendant quinze jour afin qu'elle récupère de la dépression que tu lui infliges. Tu as confié Aurélien à ta mère mais elle ne lui apportera rien, absolument rien, de la culture et de l'amour que béa prodigue à notre fils.

Je n'ai personne pour le ménage, mes repas, mon travail, aucune aide. Je suis perdu. Béatrice te débarrasse de toutes ces contingences, avec l'amour et la compétence en plus, elle tient la maison en ordre, me permet de l'instruire elle et notre enfant. Elle te laisse disponible pour Aurélien, quand tu rentres, elle est une perfection pour nous tous. Tu peux comprendre que tu nous dois à béatrice, elle prend soin de nous, il faut lui être reconnaissante et l'aimer comme la sœur de notre enfant, car elle est pleine de dévouement, de sentiments, de tendresse envers notre petit. Il faut la garder près de nous non seulement parce que sans elle c'est la panique mais aussi parce qu'elle fait partie de notre bonheur. Cette enfant chérie a une âme.

Toi qui travailles toute la journée, comment pourrais-je te réveiller la nuit quand j'ai une crise de ménières ? Ton surmenage est trop grand, c'est béa qui se dévoue pour toi.

Il ne faut pas que la folie détruise ce que nous avons élaboré avec tant de peine pendant des années, pour toi essentiellement car tu le sais, il n'entrait pas dans mes perspectives d'avoir un enfant dans cette conjoncture.

Si la folie tente de détruire un si magnifique édifice alors je n'ai pas d'autre solution que de prendre un appartement pour protéger béa et moi-même de façon à rester disponible pour le petit dans la mesure où tu te laisseras aider. Il faudra que je le fasse même si cela me déchire le cœur. Pense à tout cela afin de t'apaiser, de comprendre que tu as tout et qu'il ne faut pas tout détruire…

Il semblait impossible à Tristan que Monique ne pût comprendre cela. C'était si évident, si clair. Mais Monique était-elle à même de pénétrer les arcanes de son tempérament d'artiste, de « thyroïdien » ? Cela semblait impossible, car si elle l'avait compris, elle aurait compris que tout était parfait et qu'elle était comblée…

Chapitre XXI

L'EFFONDREMENT

Pendant toutes ces années d'angoisse Tristan continuait à écrire des livres impubliables dans le contexte de toutes les distorsions et les mensonges où l'on vivait, et à enseigner dans l'Enseignement Supérieur où il était détaché. Il pensa qu'un poste de Proviseur serait financièrement bienvenu et il avait tous les appuis nécessaires à cette candidature. Il fallait pour ce faire, qu'il soit nommé dans un lycée pour reprendre contact avec l'enseignement secondaire, et qui d'ailleurs le devenait de plus en plus !

On le nomma dans un lycée à quelques kilomètres de son lieu d'habitation et il s'y rendait en voiture pour effectuer ses dix-sept heures de cours hebdomadaires.

Il y avait quasiment vingt ans qu'il n'avait pas enseigné dans le secondaire.

Ce fut un choc et quel choc ! une cohorte de blue-jeaneux asexués, véritables sacs d'amidons informes, oppositionnels à toutes formes d'intelligence, se vautrant avec délectation dans tout ce qui était absurde et dégradant, motivé en permanence par le culte de la créativité ignare, par les musiques régressives, pathogènes et criminogènes. Des collègues instituteurs délégués dans le secondaire, enseignant au rabais, gauchistes aux tenues inouïes, aussi informes mentalement et physiquement que leurs élèves. Des enfants de douze ou treize ans fumant et s'embrassant sur la bouche, dans la cour de récréation, la mixité, destructive des deux sexes, sans aucun enseignement spécifique pour l'un comme pour l'autre : en un mot le néantisme érigé en système et en critère de culture. Comme Proviseur il aurait donc eu à faire face à cette méga difformité. Il renonça donc à poser sa candidature et posa celle d'une retraite anticipée.

On allait dans quelques années connaître pire : les professeurs battus, leurs voitures réduites à l'état de ferraille, les pneus crevés, des filles « baisant » dans les couloirs et accouchant dans « chiottes », ou assassinant leurs camarades… faits divers courants.

Il fut ainsi libéré du cauchemar de l'Enseignement et put se concentrer sur le cauchemar que lui imposait Monique. Les deux cauchemars à la fois étaient impossibles à assumer.

La transition fiscale de son passage à la retraite justifiait une réduction de la pension de sa fille Nathalie en Allemagne. Celle-ci le fit assigner en justice. La juge imposa la pension mais supprima l'indexation.

Pour plaire à Monique, pour tenter de lui rendre un peu de santé de l'esprit, Tristan lui avait laissé carte blanche pour la maison qui était presque construite.

Martine, une amie peintre, ressemblait étrangement à George Sand. Elle lui avait dessiné les plans, selon ses désirs.

Sa peinture originale était une sorte de néo-romantisme diaphane, ses aquarelles étaient ravissantes, et ses portraits relevaient d'un grand talent.

La mère de Monique qui était venue s'installer près d'eux, habitait Rabat au Maroc avant de prendre sa retraite. Monique accompagnée de Martine était allée la voir en été quand il y était encore.

Ce séjour avait éclairé Martine quant à l'étrange psychologie de Monique.

Monique voulut organiser pour Martine une visite de la Médina. Elles s'y rendirent toutes les trois, avec sa mère par conséquent. Malheureusement ce jour-là Martine se trouvait à la période critique du mois. Cette période était une épreuve qui n'était pas améliorée par la chaleur marocaine et la typologie typiquement « thyroïdienne », très sensible de Martine.

Elle fut prise en pleine Médina, d'une crise d'agoraphobie[74] et manifesta un désir pressant de partir. Au lieu de comprendre médicalement une situation si simple, surtout pour une infirmière, Monique manifesta brutalement sa réprobation, ce qui accrut encore l'état maladif de Martine et ses palpitations cardiaques.

Exemple curieux de cette forme d'altruisme-égoïsme de Monique : il aurait fallu que Martine profitât pleinement de la peine qu'elle avait prise pour lui faire visiter la Médina. Ce geste « altruiste » éliminait d'office toute défaillance de celle qui « bénéficiait » de son dévouement étrange.

Martine comme tant de personnes aujourd'hui, avait de graves ennuis dans son ménage.

Monique lui avait donné le meilleur des conseils :

— « Tout peut se résoudre avec amour et compréhension de l'autre ».

Conseil judicieux et que Monique aurait dû suivre elle-même et qui en l'occurrence ne pouvait être suivi par Martine.

---

[74] L'agoraphobie ressortit à la diathèse maniaque : or la manie est un état d'hyperthyroïdie. Cet incident était tout à fait classique chez une thyroïdienne.

Son mari en effet était gros et laid, il buvait du whisky en quantité, la trompait.

Monique avait parlé à Tristan des ennuis de Martine. Le mari n'était certes pas un homme qui comme Tristan ne quittait pas la maison nuit et jour, pour veiller et instruire les deux enfants, Aurélien et Béa.

Monique n'aurait pas supporté deux minutes le mari de Martine. Bons conseils de Monique : ironie du destin.

La maison construite se révéla dérisoirement insuffisante pour accueillir Tristan, ses meubles. Les deux mille livres avaient une bibliothèque murale, mais les vingt mètres carrés dont il pouvait disposer étaient absurdes.

Et il avait signé, pensant que Monique prendrait en compte les besoins élémentaires de son compagnon. C'est ce qu'avait pensé Martine en dressant les plans de la maison, mais elle n'avait rien osé dire.

— « Je ne comprenais pas » dira-t-elle plus tard à Tristan, « mais comme vous ne disiez rien, je vous croyais d'accord, et j'imaginais qu'il y avait une solution dont je n'étais pas au courant ».

En fait Monique avait conçu la maison pour elle et son enfant seulement.

Cette particularité architecturale cadrait parfaitement avec ses difficultés psychiques. Tristan ne pourrait pas emménager... Tout allait les séparer.

Il avait demandé à Monique quelques mois d'affection envers Béa pour accepter qu'elle soit logée en ville, sans se sentir « larguée ».

Non seulement Monique ne fit aucun effort, aucun progrès, mais les choses empirèrent et se dénouèrent tragiquement.

Un soir Monique se mit à traiter la pauvre petite de la façon la plus grossière. Traiter cette petite « hypothyroïdienne » qui n'avait aucune sexualité, qui ne sera jamais la rivale d'aucune femme, de « putain » était le sommet de l'ignoble.

L'indignation de Tristan fut à son comble. Il était incapable de frapper une femme, et pourtant il amassa en lui un déchirant courage et il accomplit un geste à valeur thérapeutique qui lui fut le plus douloureux de sa vie.

Son geste était si loin de lui, que lorsqu'il le raconta à son ami l'astrologue celui-ci ne put s'empêcher d'éclater de rire. Tristan lui demanda pourquoi il riait. Celui-ci répondit :

— Avec la meilleure volonté je ne parviens pas à t'imaginer gifler Monique.

En effet c'est ce qu'il fit. Aurélien était présent dans la salle de séjour où Monique avait insultée la petite Béa, Tristan entraîna sa compagne dans sa propre chambre et lui administra une paire de gifles. O combien méritée, combien utile si la thérapie avait pu fonctionner.

Chez une femme normale, à trouble passager, cela aurait parfaitement fonctionné, comme mille exemples le prouvaient, mais Monique était trop gravement atteinte pour qu'elle fît le point avec elle-même et avoua son tort. Elle était encore plus gravement atteinte que Tristan ne le pensait car quinze années plus tard elle en était au même point. Jamais elle ne put accepter une culpabilité raisonnable de part et d'autre d'ailleurs car Tristan n'était pas un petit Saint.

Mais il y eut pire et déjà une preuve terrible de l'extrême gravité du cas de Monique : à la stupéfaction de Tristan, Monique appela son fils.

Si Tristan avait pu même imaginer une telle démence, une telle immaturité, jamais il n'aurait giflé Monique. Seule une femme mature et raisonnable peut être giflée à bon escient si elle le mérite et le choc lui remet toujours les idées en place. La chose est impossible à une femme gravement dégénérée comme la majorité des femmes du XXème siècle.

Le cœur de Tristan fut déchiré de voir son petit venir dans de telles circonstances, appelé par sa mère qui normalement aurait dû le tenir à l'écart. Il aurait préféré mourir plutôt que de vivre cela. Ce « cela » qu'il n'aurait pas pu imaginer.

— Pourquoi, dit Aurélien n'as-tu pas donné une fessée à maman et pas de gifles; elle est méchante avec Béa, elle méritait une fessée. Moi tu me donnes une fessée quand je le mérite. Il fallait donner une fessée à maman.
— Mon chéri, répondit Tristan, tu as raison, mais je n'ai pas eu le temps de réfléchir.

Pendant que Tristan parlait à son fils, Monique était sortie de la pièce.

Deux mois plus tard il apprit que Monique était allée battre la petite qui ne lui avait rien dit de peur que Tristan ne la corrigeât davantage.

Le lendemain, le lit de Monique n'étant pas fait, Béa le lui fit. Non seulement Monique ne la remercia pas mais elle jeta :

— J'interdis à Béatrice de faire mon lit.

Il n'y avait plus à hésiter. Il fallait installer la petite dans un appartement à loyer modéré et la protéger.

Tristan loua ce logement, le cœur en lambeaux, les jambes en coton. Il fallait partir. Son petit aurait besoin de la petite Béa, lui aussi, et il fallait la protéger de tant de bêtise, de tant de sadisme.

Un ami l'aida à déménager et à arranger cet appartement dans une grande cité bétonnée dont Tristan avait horreur. Il aménagea une coquette chambre pour Béa, la petite Béa, elle avait la paix.

Comble de l'émouvant : elle continuait à soigner et instruire Aurélien avec la même tendresse que si Monique avait été bonne et maternelle envers elle : Béatrice c'était cela.

Bientôt Tristan serait trahi : Aurélien irait à l'école primaire.

Le jour où Tristan l'avait giflée, Monique avait téléphoné à Martine afin qu'elle vînt la chercher. Elle resta deux jours chez Martine. Le second jour il y avait le concert de l'école de musique où Aurélien allait jouer une petite étude charmante. Monique refusa d'y venir parce que Béa y jouait aussi le premier prélude de Bach du « clavecin bien tempéré ».

Pendant des mois Martine aida Monique, aida Tristan, facilita les rapports rendus impossibles depuis qu'il l'avait giflée. Monique engluée dans sa maladie de l'esprit était incapable de raisonnement objectif : elle identifiait Tristan à son père qui l'avait battue, refusée, et lui avait fait subir les pires sévices. Ses blocages enchaînaient Monique dans un Karma qui brisait le cœur de Tristan et pour lequel il ne pouvait rien.

Il ne pouvait même pas lui dire : « Je t'aime et te comprends, viens dans mes bras ». Le pauvre petit cactus de Monique n'entendait rien.

Au bout de quelques semaines, Martine décida d'écrire une lettre méditée à Monique. Une lettre d'amie qui a pensé et qui ne cherchait que leur intérêt à tous les deux, leur entente. Elle en livra les termes essentiels à Tristan infiniment concerné :

Elle lui dit qu'en tant qu'amie elle se devait de lui dire sincèrement ce qu'elle pensait. Elle lui parla du tempérament d'artiste de Tristan qu'il fallait comprendre, de la nécessaire présence de Béatrice pour l'aider elle-même qui travaillait, pour s'occuper de son enfant et de son mari qui instruisait si bien la petite pour former son enfant, de l'affection qu'elle devait à un être aussi touchant et si plein d'amour pour leur enfant. Elle lui rappela le principe parfait qu'elle lui avait enseigné elle-même : « Avec beaucoup d'amour et de compréhension de l'autre on peut tout obtenir ».

Il lui rappela aussi qu'elle avait un caractère difficile et qu'il importait qu'elle en prît conscience.

Monique ne voulut jamais revoir Martine comme ses amies Simone et Gladys, que, elles, elle revit des années plus tard.

Monique avait ouï dire d'une remarque que Martine avait faite quant au caractère dictatorial de Monique même à l'égard de sa propre mère.

Elle alla manifester son caractère de bulldozer jusque dans le lieu de travail du mari de Martine, si bien que celle-ci dit :

— Elle me tuerait en une semaine. Et Béatrice de dire:
— Moi aussi, si Monsieur Tristan ne m'avait pas protégée.

Le rêve que Tristan avait fait pour son fils, sombrait dans le néant.

Il serait socialisé, on en ferait un robot, un docile producteur-consommateur, peut-être un amalgame physico-chimique géré par la caisse des profits et pertes de la pseudo démocratie.

Deux poèmes jaillirent des larmes intenses qu'il versa devant le tombeau glacé de l'avenir spirituel de son fils chéri :

Aurélien

Je revois ses yeux bleus le jour de son baptême.
Et son sourire d'ange où mon cœur a fondu.
Je revois son berceau, son regard, ses ailes.
Et mon âme éperdue.
Je le voyais déjà, vie, lumière, soleil.
Ma fleur épanouie, au jardin de mon cœur.
Rose, beauté suprême, vivante dans mon nid.
Et voilà que la mort se jette sur mon rêve.
Sur ma rose et mon cœur.
Je les vois, tous les deux se flétrir sans trêve.
Sans espoir,
O douleur…
A mon fils chéri
O mon cher petit.
Enveloppé de mon cœur.
Blotti contre mon âme.
D'où des flots de tendresse
Coulent vers ton cœur.
Dans ce monde blêmi de hideur et de haine.
Je pense tant à toi.
Je ferai tout, sois sûr, pour que toi, fleur belle.
Tu t'épanouisses dans l'azur des cieux.
Tes pieds sur cette terre et ton front au soleil.
Je dirai au Seigneur.
Voilà, je te le donne, il a poussé si beau
Au jardin de mon cœur.

Il est là pour servir Dieu et l'universel.
Il est là, O Seigneur !
Vois-tu j'ai réussi ce chef d'œuvre suprême.
Un homme tendre et fort.
Je l'ai si fort aimé,
O bien plus que moi-même.
Tu peux me pardonner mes péchés et mes peines
Car je t'offre un trésor…

J'AI MAL DE LA TERRE

Si Aurélien portait le nom de son père, qui l'avait reconnu, Monique et Tristan n'étaient pas mariés, pour des raisons fiscales comme nous l'avons vu. Leur situation eût été intolérable et ils ne purent faire construire que sur les bases d'une position de « mère-célibataire ».

Tout convergeait vers leur destruction. Au moment où la fixation de Monique déterminait des blocages thérapeutiquement invincibles, un gouvernement nouveau venait d'assimiler les concubins aux gens mariés.

Cela signifiait que s'ils avaient eu les moyens de rajouter une pièce à la maison et d'y vivre ensemble, ils auraient dû payer pour les mensualités et les impôts, la somme énorme de quinze mille francs par mois, plus que la retraite de professeur de Tristan. La situation était aberrante et insoluble.

En vivant séparés, même en payant la moitié de la traite de la maison de Monique, la situation était difficile mais possible. Si tout était arrangé, s'ils s'étaient installés dans la maison et dans le bonheur, ils auraient anéantis par la situation « salaire-impotset traite » de la maison.

Il fallait donc prendre cet appartement avec Béa et aussi y créer un institut de médecine et santé naturelles, pour sauver un maximum de gens du gouffre de la chimie.

Il y avait donc bien des raisons concrètes de consolation : l'aspect élémentaire de la vie devenait possible alors que si son idéal avait été réalisé, si Monique avait récompensé Béa de son comportement d'ange, s'ils étaient tous unis dans l'amour et l'harmonie, *ils auraient été détruits à la base par le fisc.*

Cela était si ahurissant pour Tristan qu'il ne parvenait pas à y croire. Il fit faire des calculs par des spécialistes différents par un ami des impôts, par des juristes, pour avoir la confirmation de cette aberration.

Il fallait en convenir : la brouille irréversible que leur imposait le destin par le truchement des ennuis psychiques bétonnés de Monique, leur sauvait la vie au niveau matériel élémentaire...

Cela ne consolait pas Tristan car « le cœur a ses raisons que la raison ne connaît pas »…

La santé de Tristan commença à s'amenuiser. Une bronchite avec congestion le mena à quarante degré cinq de température. Il n'avait pas pris un seul antibiotique, un seul médicament chimique depuis vingt ans, car il était persuadé du satanisme fondamental de la chimie dans le corps humain.

Mais dans une telle situation les antibiotiques devenaient nécessaires.

Un mois plus tard, rechute, la température monta à trente neuf°. Il s'appliqua une thérapie naturelle qui fonctionna très bien. Malheureusement deux mois plus tard, autre rechute avec température à 40. Il dut avoir recours aux antibiotiques. Cette médecine allopathique garde sa valeur dans des cas d'urgence et pour des durées brèves. C'est une « technique médicale » et non la médecine. Le malheur est que les médecins la prennent pour la médecine car ils n'ont aucun esprit critique.

Ils ne comprennent même pas que les vaccins, produits putrides agrémentés de mercure et d'aluminium, sont des cataclysmes pour les humains. C'est l'hygiène qui a fait reculer les épidémies. Il y a trente ans le professeur Dick, spécialiste mondial de la variole, titrait dans un journal : « Le vaccin plus dangereux que la maladie »…

Le jour même où Tristan avait cette fièvre intense, Monique lui confia Aurélien pour trois jours. Grâce à la petite Béa, il put le prendre à l'appartement. Était-ce pour faire plaisir à Tristan qu'elle lui confiant l'enfant ? Certes non, cela l'arrangeait.

Il apprit plus tard qu'elle avait déjà un autre homme dans sa vie. Cela Tristan ne l'aurait jamais pensé, il croyait que dans la situation, ils se concentreraient tous deux à éduquer l'enfant et le protéger de la conjoncture atroce. Il était certain, le naïf, qu'elle n'imposerait jamais un beau-père à leur enfant.

Il était encore si plein d'illusions sur Monique qu'il lui écrivit des lettres, pleines de vérité, certes, car on ne pouvait nier les faits. Mais il était toujours plein de tendresse, d'indulgence, de compréhension, il était prêt à tout arranger hormis bien sûr de jeter Béa à la rue, ou dans la solitude.

Matériellement l'appartement était la solution. La petite était protégée, Monique n'avait pas à supporter sa présence, Tristan l'entourait de son affection, l'institut était ouvert dans le seul but de protéger les esprits ouverts de tout ce qui les détruisait dans la conjoncture. La santé véritable n'étant qu'à ce prix. Il avait gardé une chambre dans la maison de Monique. Financièrement ils y arrivaient, tout juste, mais ils y arrivaient.

Il lui écrivait qu'il l'aimait tendrement, que le petit devait être le but de leur vie, que Béa n'était la rivale de personne, qu'ils en avaient absolument besoin du fait de sa perfection pour le petit, pour la maison, pour le travail, que personne au monde ne pourrait donner tant d'amour à un enfant tandis que la mère était contrainte de travailler, lui enseigner les bases de l'écriture et de la lecture, le piano, l'anglais.

En fait il disait toujours la même chose.

Pour l'anniversaire de Monique,, il lui offrit, symbole, un cœur d'or soutenu par une chaîne en or. A Noël, il lui offrit deux poèmes, ainsi qu'un morceau de musique, dédiés à leur fils.

Rien ne faisait rien. Il lui expliqua qu'il ne l'aurait jamais giflée s'il ne l'avait pas aimée. Un an devait suffire pour qu'elle comprît cette gifle thérapeutique. Il gardait un double de ses lettres qui auraient pu constituer un livre épais.

Monique avait le cœur de glace de son temps, la folie de l'âge de fer.

La maladie s'agrippait à lui. Un de ses yeux prit l'aspect d'une tomate où se forma des kystes. Maladie psychosomatique, comme celle qui touchait ses poumons et ses bronches. En langage médical humoristique on appelait cela des « grossesses nerveuses de l'œil ».

Son cœur parlait toujours, contre toute raison :

> Ma Monique.
>
> Quand le cœur parle il faut le laisser parler et mon amour pour vous deux ne cessera de vibrer jusqu'à ma mort. Après deux jours d'antibiotiques, un œil meurtri, je ne pense qu'à vous.
> Comment te dire ma tendresse ? Comment te faire comprendre que je suis un des rares hommes qui subsiste avec un cœur et une intelligence pleines de lumière, de beauté, de sincérité ?
> Comment te faire comprendre que je t'aime telle que tu es et que je comprends tes difficultés mais qu'il m'est impossible de voir béa pleurer parce que tu la traites mal et que j'ai dû faire ce que j'ai fait, acte normal pour un homme digne de ce nom, envers une femme digne de ce nom et qu'il aime ?
> Vois-tu, nous avions réussi le cœur de mes écrits : une petite société traditionnelle au sein du chaos mondial. Nous étions un îlot de diamant, tous les quatre, parfaitement complémentaires. béa aime notre petit de tout son cœur. Elle a même une autorité extraordinaire que nous n'avons pas sur notre enfant. Elle pallie mes carences à ton égard, elle pallie tes carences à mon égard. C'est notre ange gardien.

Comme l'avait si bien vu notre ami philosophe C. lorsqu'il est venu nous voir il y a un an et demi : « Nous avions réussi une petite société du Haut Moyen Age, un joyau unique à notre époque, et nous inter-fonctionnions tous de façon parfaite ».

Nous le protégions de tout ce qui était négatif dans cette société déboussolée. Mais voilà un an, depuis notre séparation, qu'il a un rhume, une bronchite et des verrues. Tout cela indique une surcharge en amidons patente. Sa physionomie accuse un foie et des reins fatigués... À son âge !

Grâce à béa tout cela ne serait pas si nous étions ensemble car tous les quatre nous combinions les soins adéquats sans compromis.

Notre rupture idiote va le plonger nécessairement dans tous les compromis de l'actualité nécrosante. Maintenant que j'ai pris ma retraite anticipée, j'avais beaucoup de temps pour m'occuper de lui avec béa. Et toi, le soir à cinq heures tu apportais ta lumière dans notre cercle d'amour. C'est cela le vrai mariage.

Des rumeurs me sont parvenues que tu connaîtrais un autre homme que tu voudrais épouser. Je ne les ai pas crues : un mariage bâti sur nos ruines ? Quel homme de cœur connaissant bien notre situation pourrait t'épouser ? Aucun. T'épouser sur nos ruines ? Sur un désordre psychique patent et banal, si patent que tous le constatent ?

Si un homme d'une telle qualité pouvait me succéder c'est que je n'aurais jamais été autre chose dans ta vie qu'une ombre et que mon essence t'a radicalement échappé.

Je me mets à la place d'un homme digne de ce nom. Serais-tu la Vénus de botticelli, dans une si épique tragédie, je ne pourrais rien faire d'autre que de tout faire pour te rendre à ton compagnon, pour que ta raison et ton cœur guérissent. Si je ne le faisais pas, je me ferais l'effet d'être un vautour, un charognard...

Comment pourrais-tu d'ailleurs me remplacer si vite si tu m'aimais vraiment ? Je ne pourrais jamais te remplacer car mon amour pour le petit ne pourra jamais se dissocier de mon amour pour toi.

Notre enfant a besoin de forger son âme en sentant dans son sommeil, la présence sous son toit, d'un papa et d'une maman qui s'aiment. Savoir qu'il ne le connaîtrait pas brise mon cœur, et me font chérir la pensée de la mort avec mon petit dans les bras et de te laisser jouir de la folie de ce monde en décomposition.

J'ai cru que tu étais si intelligente ! j'avais la certitude que la conscience que je te donnais, rendait impossible toute la folie que je constate, exactement depuis ton retour de vacances du Maroc avec béatrice. Depuis ce voyage il y a trois ans, le cauchemar a commencé.

Pourtant il était impossible que tu tombes dans ce piège grossier, dérisoire en face de la prodigieuse forteresse que nous avions construite toi, moi, et béa.

Moi-même, j'ai eu, grâce à toi, l'illusion que nous échapperions avec notre enfant à toutes les horreurs du matérialisme.

J'ai cru les deux premières années que tu étais la femme idéale, et je n'ai jamais cru que ta sœur Françoise avait raison lorsqu'elle m'a dit en parlant de toi que je portais aux nues : « On reparlera dans deux ans »...

Aucun homme digne de ce nom n'acceptera de te prendre pour compagne s'il connaît notre situation, tes difficultés psychiques, cette fixation dérisoire sur notre petite chérie, handicapée légère et ma tendresse pour toi.

Si tu as un peu compris mes travaux, tu sais que seul un humanoïde pourrait accepter de « faire son bonheur » sur de pareilles ruines et, pourquoi pas ? De racheter ma caution de la maison, sur la base d'un désordre de l'esprit d'une femme aimée par son mari et qu'il n'épouserait certes pas, si elle avait un cancer...

Il est vrai que ce trouble de l'esprit émousse toute conscience et que n'importe quel chacal de notre époque pourrait en profiter.
Est-il possible qu'aucune larme ne vienne dans tes yeux en me lisant ? Ton interstitielle est-elle à ce point déficiente ?
N'y a-t-il aucune place en toi pour la tendresse, le raisonnement, l'autocritique, la conscience de soi ?
Je voudrais te prendre dans mes bras. Je suis toujours là pour toi. O ma Monique idiote…

Ma Monique.

Cette nuit j'ai rêvé que ton visage était serein, et je me suis trouvé devant toi, alors je t'ai embrassée doucement sur tout ton visage serein. Alors tu as blotti ta tête sur mon épaule et murmuré « pardon ». Et moi, je t'ai simplement serrée contre mon cœur sans dire mot car je t'avais déjà pardonné. Je sais bien qu'on ne peut préférer sa haine à son amour.
Il n'est pas possible que tu haïsses plus la petite béa que tu ne m'aimes ?

Mes amours.

Quand je ne suis pas près de vous deux, mon cœur est déchiré, si déchiré que je n'ai pas de mots pour exprimer ma souffrance. Peut-être le chien qui refuse de manger et qui se laisse mourir sur la tombe de son maître ressent ce que je ressens.
Je n'ai pas pu agir autrement que je ne l'ai fait dans le but de te guérir par un choc.
« Je ne connais qu'une seule supériorité, c'est la bonté », disait beethoven.
Je ne pouvais pas te laisser exterminer cette petite que la méchanceté désintègre plus que les autres du fait de son insuffisance thyroïdienne. Mais aussi parce que je ne puis

rien faire ni pour le petit, ni pour moi, ni pour toi sans cette petite, don du ciel.
Comment ne peux-tu comprendre cela ?
Réveille-toi Monique, ne me force pas à te mépriser alors que je vous aime tant tous les deux.

La santé de Tristan ne s'améliorait pas.

Martine tentait d'apporter tout son réconfort à Tristan et à Béatrice comme elle l'avait fait pour Monique le soir où il avait été contraint de la gifler.

La santé de Tristan était inquiétante. Cela corroborait les craintes de l'ami astrologue qui avait écrit à ce sujet à Monique à l'insu de Tristan. Cette lettre n'ayant eu aucun effet sur Monique, il en apprit l'existence des mois plus tard par Maurice lui-même.

Martine voulut encore intervenir auprès de Monique et apporta copie de sa lettre à Tristan :

Ma chère Monique.

Vous comprendrez, j'en suis sûre combien il m'en coûte de vous écrire. Mais je pense que parfois on doit savoir s'asseoir sur son orgueil. Je le fais dans votre intérêt et celui d'Aurélien.
Je vois avec une angoisse certaine, le moral de Tristan se défaire parce qu'il se rend compte qu'Aurélien ne sent plus que vous aimez son père.
J'ai été mise au courant des propos d'Aurélien : « Pourquoi maman elle est comme ça, on n'a qu'à tous s'aimer ». Si vous enlevez tout espoir à Tristan je crains le pire pour vous tous, Aurélien et votre maison qu'il peut refuser de payer par désespoir.
Malgré tout l'amour que Tristan a pour son fils et vous, ce qui étonne même mon mari, il faut retrouver

l'affection pour votre compagnon. Il ne se remettrait pas de ne pas retrouver l'essentiel pour votre enfant et le pire serait à craindre. Je suis certaine que votre affection lui rendrait toute la force dont il a besoin pour s'occuper de vous deux et de la maison.

Béatrice et moi ne suffisons pas pour maintenir son moral. Je découvre que sa fragilité physique et morale est bien plus grande que je ne le pensais, et cette constatation montre clairement combien béatrice vous est indispensable.

Je vous ai écrit il y a huit mois. Je me permets de vous dire que les faits me donnent raison quant à tout ce que je vous disais à cette époque. Or ma lettre a déterminé notre brouille. Je ne l'ai pas compris d'ailleurs car si une amie veut aider une de ses amies c'est évidemment en l'éclairant et en lui disant la vérité. Je ne pense pas que la bonté quasi maladive de Tristan soit inépuisable.

Puissiez-vous comprendre avant qu'il ne soit trop tard.

Tristan s'inquiète de l'avenir de béa s'il disparaissait. Je lui ai promis de m'occuper d'elle.

Mon mari et moi allons tenter de tirer Tristan de ce H.L.M qui n'aide pas à son moral. Tristan voudrait habiter sa chambre chez vous et garder l'appartement pour toutes ses affaires qui ne rentreront jamais dans la maison, et surtout pour protéger béa et aussi pour son institut.

On ne peut rester indifférent devant tant de destruction et c'est pour le bien de vous tous que j'écris cette lettre. L'émotion et l'intérêt que je vous porte sont la raison de mon intervention dans une affaire douloureuse où je ne suis aucunement partie prenante.

Croyez à mes fidèle pensée.

Martine

Charlotte, la sœur de Tristan, la tante et la marraine d'Aurélien, venait tous les ans avec son mari de Californie séjourner dans la maison qu'ils avaient fait construire en Corrèze. Elle profitait de ce séjour pour voir son frère, Monique et son neveu-filleul. Elle allait bientôt venir en France pour l'été.

Tristan lui avait expliqué le drame qui les avait englouti.

Charlotte était le dernier membre de sa famille qui lui restait. Le tout dernier. L'intervention de Charlotte eût été d'autant mieux venue qu'il semblait qu'elle était la seule personne que Monique écoutât. Mais en fait Monique ne pouvait accepter de dialogue que si l'on ne lui disait rien qui la dérangeât, ce qui fut le cas. Tristan avec sa naïveté coutumière, s'imagina qu'il pourrait compter sur sa sœur pour l'aider et influence Monique par des arguments, lucides, humains et raisonnables. Tristan en était d'autant plus persuadé que Charlotte lui disait bien le connaître et bien connaître l'entêtement caractéristique de Monique.

Il ne négligea rien pour l'informer. Elle savait tout.

Curieusement Charlotte écrivit des lettres étranges à son frère refusant de dire quoi que ce soit à Monique. Elle lui écrivait directement alors que Monique, elle, avait coupé Tristan de toute sa famille. Dans des lettres préchi-préchantes de catéchisme élémentaire, elle reprochait à son frère, précisément ce qu'il fallait reprocher à Monique : manque de compréhension, de tendresse, d'indulgence, de bon sens …que Tristan promulguait à l'infini dans ses rapports avec Monique et dont Charlotte n'ignorait rien. Bref du pur « *grand-maman-chérisme* »

Martine et un ami philosophe connu furent unanimes : « Votre sœur vous en veut, mais pourquoi ? Elle est de mauvaise foi et singulièrement perverse ».

Il est vrai qu'il y avait dans tout cela une cécité volontaire, un ressentiment personnel inexplicable, une mauvaise foi et une perversité : sa propre mère et *grand-maman chérie* pur jus.

Cela rappelait à Tristan sa douloureuse enfance et le gratifia d'un choc qui n'allait qu'accroître son désespoir.

Tant de bêtise et de méchanceté étaient-elles naturelles ? Dans quel but ?

Charlotte lui demanda de lui « expliquer bien des choses » alors qu'elle possédait depuis longtemps tous les éléments de leur tragédie.

Il lui répondit en lui envoyant une lettre, telle qu'elle pourrait l'envoyer à Monique et dans laquelle elle trouverait tous les éléments nécessaires.

Ses amis le mirent en garde : avec ce qu'ils avaient appris de Charlotte, il était sûr de n'obtenir qu'un refus vexé, plein d'illogisme et de tartufferie, et pharisaïsme infantile.

Il avait maladroitement dit à sa sœur qu'il était étonné de son ressentiment, de sa mauvaise foi, de sa perversité, mais que *s'il se trompait*, elle saurait utiliser les éléments de la lettre qu'il lui envoyait pour composer la sienne propre.

Voilà donc ce qu'il composa au nom de sa sœur :

> Ma chère Monique.
>
> Si je ne vous ai pas écrit cette lettre plus tôt c'est que d'une part je suis plutôt lente à la réflexion et qu'ensuite il m'a fallu beaucoup de temps pour méditer sur une information complexe.
> Je vous ai écoutée, j'ai écouté Tristan et vos amis de qualité comme Frédérique, je suis donc, en tout état de cause, le seul être humain à posséder autant d'informations au sujet de votre drame. Je peux donc, en toute humilité, formuler un avis par delà le banal et le superficiel.

Autre chose m'incite à vous écrire : Tristan est depuis 10 jours sous antibiotiques, pour la troisième crise broncho-pulmonaire en quelques semaines, avec quarante degrés de température qui ne s'est abaissée à trente neuf qu'au bout de trois jours de piqûres. Je suis très inquiète car il a été pour les mêmes atteintes, dans le coma dans son enfance. Tout cela est pour moi essentiellement psychosomatique ce que vous devez savoir mieux que moi puisque vous connaissez sa thèse de doctorat sur son propre biotype, thèse dont j'ai eu une vulgarisation intéressante.

Tristan a ses défauts. Il est égocentrique comme tous les artistes, (mais qui ne l'est pas, car nous avons tous un ego !) mais il est juste et bon. Il vous a pleinement et honnêtement informé de sa nature bien avant que vous ne viviez ensemble. Si vous avez accepté, vous ne pouvez revenir làdessus. Certes les femmes sont son grand danger, mais n'a-t-il pas vécu comme un moine toutes ces années avec vous et Aurélien, dans le berry, passant son temps à ses travaux d'universitaire et d'écrivain, tout en instruisant béatrice et Aurélien et en veillant sur eux ? Il l'a fait sans tenir compte de carences importantes de votre part : compréhension, affection, sexualité. Tout s'est déroulé dans un cadre d'équilibre parfait, permettant la croissance d'Aurélien tant en corps qu'en esprit.

Tristan n'a pu supporter la brutalité dont vous récompensiez la pauvre petite béa et je comprends, O combien, que son cœur ait saigné de voir la petite prostrée et en larmes pendant des jours.

Il a désiré mettre un baume sur tant de douleur en prodiguant à la petite un peu de cette tendresse que vous lui refusiez. Votre comportement a, comme l'écrit Frédérique, « précipité béatrice sur le cœur de Tristan » : cela était fatal chez un être aussi romantique que mon frère.

Tristan est le dernier à vouloir frapper une femme. Cela est si vrai que votre ami Maurice a éclaté de rire à la pensée de voir Tristan corriger Monique. Il ne pouvait imaginer

Tristan gifler Monique parce que ce n'est absolument pas dans sa caractérologie.

béatrice, handicapée légère, ne peut être votre rivale, Monique, ni de vous ni de quiconque comme cela crève les yeux.

La lettre de Frédérique que j'ai lue et relue tant sa qualité m'a bouleversée, est parfaite à tous égards et devrait vous servir de guide pour votre bonheur.

Donc quand vous avez injurié gravement la petite béa, Tristan vous a giflée et a emmenée cette enfant dans un HLM afin de la protéger. Il a agi là comme un homme d'une rigueur, d'une bonté et d'un sens de la justice évident, au nom d'une compassion qui devrait vous le faire aimer plus encore.

Qui à notre époque ferait passer bonté et justice avant une femme qu'il aime de toute évidence, car s'il ne l'aimait pas, il n'y aurait aucun problème et ma présente lettre serait inutile. Tristan ne serait pas gravement malade comme il l'est, sa maladie n'étant que l'expression de la souffrance de son âme.

Une simple paire de gifles, méritée ou non, vaut-elle franchement que l'on détruise son foyer, son enfant, sa vie ?

Tristan me dit que la rumeur d'un autre homme dans votre vie se répand. Si tel est le cas il ne faut pas que vous ayez beaucoup aimé mon frère pour le remplacer si vite, et briser infantilement la cohésion qui assure l'équilibre de votre enfant. Quel est donc cet homme qui, sous le prétexte d'une paire de gifles, dont Tristan est persuadé du bien fondé, va construire son bonheur sur un massacre général ? Est-il informé par vous et par Tristan pour évaluer la situation et agir selon une véritable conscience ? Permettez moi d'en douter.

La nécessité pratique de béatrice est évidente. Tristan n'a jamais été un homme pratique, de plus son travail le surmène, et ce n'est pas lui qui comme béatrice, va passer des heures auprès de votre enfant pour lui apprendre à lire et à écrire, le piano, l'anglais, faire le ménage de toute la maison, s'occuper du jardin, du feu de la cheminée, faire des repas, tandis que vous travaillez toute la journée ? Tout cela enveloppé d'un amour O combien réel et que Aurélien et son père mesure chaque jour. Que ferait-il aujourd'hui alité depuis des jours, pour l'enfant ? Cette béa est un trésor d'amour et de compétence, cela est un fait.

Je sais que Tristan avait besoin d'une compagne maternante et qu'il ne voulait pas d'enfant dans la conjoncture : il vous a tout de même donné cet enfant. Alors il faut accepter les moyens de l'assumer ! béatrice est, c'est incontestable une envoyée de la Providence. Personne ne peut en être jalouse.

Tristan a pour son fils un idéal très élevé. Je ne connais pas son œuvre mais je sais l'intérêt que lui ont porté les philosophes et les humanistes de ce siècle : Albert Camus, Louis Rougier, Raymond Las Vergnas, Gustave Thibon. Cette hyper-conscience de mon frère dont mon neveu doit bénéficier, n'est-elle pas un ciment pour vous tous, un ciment auprès duquel un paire de gifles n'est même pas dérisoire ?

Ou bien ne connaissez-vous rien de la pensée de Tristan ? Ce qui expliquerait votre triste attitude. Devant une réalité aussi transcendante, une paire de gifles n'existe pas.

Avez-vous jamais pris Tristan en flagrant délit de manque d'indulgence, de générosité, de bonté envers vous ? Votre maman, que vous aimez tant, n'a-t-elle pas dit à Tristan « qu'il était le seul homme bon qu'elle ait rencontré ? ».

Que ce propos soit exagéré, là n'est pas la question, mais elle l'a dit et je ne puis croire un instant que vous en doutiez.

Enfin Monique, je vous ai parlé du caractère égocentrique et d'hommes à femmes de mon frère, mais vous avez aussi un caractère difficile. Vous êtes terriblement têtue, et tyrannique jusque dans votre générosité. Même des amies, comme Simone et Gladys, vous l'ont confirmé par téléphone comme Tristan me l'a raconté. Comment

pourriez-vous ne pas tenir compte des réalités vous concernant ? Croyez-vous qu'un homme puisse supporter s'il n'est pas totalement éteint et docile, une femme têtue et tyrannique sans avoir quelque réaction ?
La vie n'exige-t-elle pas la lucidité envers soi-même ?
Voilà, Ma chère Monique, ce que je devais vous dire et que vous accepterez de méditer si vous êtes intelligente et foncièrement bonne. Mon frère se meurt de ne pouvoir avec vous mener votre enfant aux cimes culturelles qu'il vise.
Si vous deviez vous séparer que ce soit relativement. Restez unis pour le petit par l'affection, les lettres, le téléphone. En un mot réduisez les dégâts car de son côté, je suis sure que Tristan fera le maximum. Il faut que mon frère vive pour pouvoir impartir tant de richesses à votre enfant.
Je vous embrasse affectueusement ainsi que mon filleul.

Charlotte

La réponse fut exactement celle qu'avaient prévue les amis. Et bientôt le mari de Charlotte allait refuser de recevoir la petite Béa.

Cette lettre si claire, si complète, n'ébranla pas sa sœur. Elle n'eut aucune envie de lui prouver « qu'elle n'était ni bête, ni de mauvaise foi, ni perverse ». Non seulement elle ne le fit pas, mais *elle reçut chez elle* Monique et cet homme dont Tristan ne savait encore rien !

Cher Tristan.

Je suis désolée que tu sois malade.
Tu n'as pas voulu de ce que je te disais et tu t'es retournée contre moi avec les mêmes armes empoisonnées. Tu obtiens les mêmes résultats bien prévisibles. « On ne prend pas des mouches avec du vinaigre ». Si ton orgueil n'obscurcissait pas ton intelligence, tu comprendrais cette vérité élémentaire. Si tu avais souhaité que Monique te

revienne tu aurais agi différemment. Quand on veut un résultat on considère les moyens de l'obtenir.

Puisque je t'ai fait du mal, puisque je ne suis pas très intelligente, mais plutôt perverse, que je suis de mauvaise foi, il ne reste entre nous qu'une affection profonde et fraternelle qui durera malgré une séparation physique inéluctable. A quoi bon se rapprocher pour se faire du mal ou ne pas se faire du bien. Je ne te suis pas utile et toi tu veux te servir de moi en me torturant donc il vaut mieux arrêter nos rapports épistolaires ou autres.

Ceci ne m'empêche pas de prier pour toi, je suis même convaincu que Dieu se servira de toute ta peine pour te rapprocher de lui.

Ma manière de conclure va t'agacer mais je t'assure que je pense ce que je dis. Je t'embrasse,

Charlotte.

Plus il relisait cette platitude imbécile, terminée en bondieuserie plus il était dégoûté de sa sœur. Mais Monique et elle n'étaient-elles pas le produit du matérialisme ?

Otto Weininger, ce penseur juif, n'avait-il pas écrit :

« *Nous sommes à l'époque de la femme et du Juif* »...

Depuis que Tristan avait aménagé dans le HLM pour protéger la petite Béa, la poste faisait suivre le courrier.

Il reçut un jour une carte postale d'une relation qu'il avait depuis deux ou trois ans. Ce monsieur s'intéressait aux travaux et aux conférences de Tristan. Sa femme étant atteinte d'un cancer, il l'avait dirigée vers une médecine parallèle qui fut suivit de succès. Malheureusement un an après sa guérison, elle mourut d'une congestion pulmonaire.

Tristan n'étant pas en état de répondre, avait transmis la carte à Monique en la priant de s'en charger.

Quelques semaines plus tard quelle ne fut sa surprise de trouver à la maison de Monique où il raccompagnait son fils, la relation en question, Lucien Furor. Tristan en fut ravi. Si Monique avait invité cette relation, c'était sans doute bon signe. Elle avait dû l'inviter discrètement, sans parler de ses ennuis, dont il n'y avait d'ailleurs pas lieu d'être fière, d'autant qu'en général, elle était assez discrète sur leur tragédie, excepté le jour où elle avait éjaculé : « Mon mari est parti avec la bonne »…

Ceux qui connaissaient la situation, trouvaient cette déclaration intempestive, honteuse et dépourvue de véritable et légitime orgueil.

Lucien les quitta à la fin du week-end. Tristan lui écrivit à Paris. Il l'avait tant aidé pour sa femme, il était légitime qu'il l'aide pour la sienne.

Il le mit au courant de la situation, décrivit la fixation infantile de Monique, symptôme de son déséquilibre psychique et lui envoya copie de la merveilleuse lettre de Frédérique que rien n'égalait en objectivité, humanité et intelligence.

Jadis Tristan s'était penché sur sa douleur, il espérait qu'il se pencherait sur la sienne. Il pourrait avoir sur Monique une excellente action thérapeutique, il pouvait tenter de la raisonner, de lui rappeler la qualité de leur union, de la conscience de son compagnon, de la haute éducation qu'ils projetaient pour leur fils et qui ne pouvait se réaliser que dans le calme émotionnel et l'affection de tous. Il pouvait lui rappeler que les enfants victimes du divorce étaient voués à devenir des caractériels graves, dont certains seraient criminels, terroristes, délinquants divers, comme l'avaient abondamment prouvé les statistiques à ceux qui ne le comprenaient pas par l'intelligence pure.

Lucien avait l'air d'un homme calme et raisonnable.

Il espérait donc une réponse de ce genre :

« Votre tragédie est impossible avec une femme intelligente comme Monique et un homme de votre envergure. Je vais tout tenter pour vous aider, en parlant à Monique qui ne peut, dans la conjoncture, imposer cette destruction à votre enfant ».

Il aurait pu aussi voir la petite Béa et montrer ensuite, avec conviction à Monique, l'inanité de son comportement.

Il espérait somme toute, que Lucien ferait ce que tout homme de cœur eût fait pour un ami de qualité dans cette circonstance.

La véritable réponse fut gênée et neutre. Il fit cependant allusion humainement au fait que Tristan préférait mourir que de ne pas sortir son fils du marasme « judéo-cartésien » où le monde agonisait.

Dans une autre lettre il fit allusion au « différent » qui le séparait de Monique. Pourtant Tristan lui avait expliqué qu'il s'agissait d'une fixation infantile, d'une jalousie infantile incoercible, qui annulait son champ de conscience.

Les quelques lettres qu'il écrivit encore manifestaient une pauvreté intellectuelle, sentimentale et logique affligeante. Ne lui écrivit-il pas : « Si Monique ne voulait pas de la petite handicapée légère à la maison, c'était une preuve d'amour pour Tristan ».

Tristan continuait à assumer les traites mensuelles pour la maison. Il venait le soir dormir avec l'enfant afin qu'il sentît la présence de son père et de sa mère sous le toit parental.

Un jour il reçut un avis bancaire l'avisant qu'il n'avait plus rien à payer. La maison avait été assumée par Lucien Furor !

Tristan fut anéanti. Il aurait voulu partir dans l'au-delà avec son fils chéri, ne pas le laisser seul dans ce chaos, dans cette folie, dans cette pourriture sociétale.

Mais Tristan n'avait pas fini de subir cet anéantissement sans fin. Un matin qu'il accompagnait Béa au marché afin qu'elle ne portât point de choses lourdes, ils tombèrent sur un fournisseur du marché qu'ils connaissaient depuis des années et qui leur dit : « Votre femme m'a présenté son mari.

Ainsi Lucien Furor avait épousé Monique.

La petite Béa chérie était là, avec ses petits yeux tendres et tristes et son air de bonté infinie et sans défense. Tristan eut la force d'expliquer brièvement à ce monsieur la triste situation, le martyre de la petite et comment il avait été obligé de la protéger de la brutalité de sa compagne. La petite, là, silencieuse, illustrait parfaitement ses propos.

Le monsieur dit alors : « C'est la folie des femmes, la folie de l'époque »…

Son fils allait vivre cela. La méchanceté envers Béa, la confiscation de sa mère par un charognard profitant de graves troubles mentaux. Mais l'aurait-il épousée si elle avait eu un cancer ? Et ce bonhomme appartenait à un mouvement politique qui défendait le couple, la famille, O dérision !

Mais il est vrai que Monique ne l'aimait plus depuis longtemps. Une de leurs amies, Hélène, lui avait dit : « Elle ne t'aime plus, elle te jette des regards de haine ». Et puis fait-on une crise d'hystérie parce que son compagnon croque un bonbon au miel ? Et pourtant il croyait bien qu'elle ferait tout pour qu'ils oeuvrent ensemble pour leur enfant, pour le construire au delà du néant de la dégénérescence mondiale.

Un jour où Aurélien était avec son père et Béa ils sortirent faire des courses à un magasin bio. Ils tombèrent sur Lucien, à quelques mètres devant eux.

Aurélien se précipita sur Lucien et lui dit de sa jolie voix enfantine : « Lucien voilà Béa, tu ne la connais pas »…

Ce dernier ne tenant aucun compte de la délicatesse de la petite, de la tendresse avec laquelle elle élevait Aurélien, sortit précipitamment du magasin en lançant :

— J'en ai rien à f…. de Béatrice.

Sommet de l'horreur de la bêtise, de la lâcheté. Il avait épousé la vésanie de Monique pour lui plaire et faire son bonheur à lui sur ce monceau de ruines.

Quelques jours après Aurélien dit à son père :

— La semaine prochaine je vais au mariage religieux de maman et de Lucien, ce sera une fête, pourquoi tu ne viens pas avec nous ?

Tout était consommé. Et pourtant Tristan se souvenait de la remarque de Béatrice quand elle l'avait aperçu la première fois devant le magasin :

— « Regardez Monsieur, il ressemble à Monique ».

C'était frappant. Même aspect général, même rotondité de la tête, même peau jaunâtre, même morphologie faciale, même allure : il y avait là une parenté karmique.

Peut-être fallait-il accepter le destin. Ne pas sauver son fils du chaos mondial où il serait nécessairement immergé…

Monique avait blotti à jamais la petite tête de Béa sur son cœur.

Il n'y avait plus rien à faire qu'à attendre, le cœur en lambeaux, la mort lente de son fils écrasé qu'il serait par toutes les folies d'un monde d'égoïsme, de cœur mort, de marxisme, de Freudisme, de fric.

Il n'y avait plus rien à faire qu'à attendre la mort, les mains jointes, la petite Béa serrée contre son cœur.

Tristan sentait en lui un vieillissement foudroyant que cette ultime peine de cœur lui avait infligé. Il n'avait plus envie de vivre.

Mais il fallait que Béa vécût, il fallait la protéger. Il connaissait son amour et son idéal pour le petit. Elle avait un grand amour pour lui. Elle ne vivrait pas très longtemps mais bien assez longtemps pour le mener à l'état adulte. Il pourrait alors se diriger lui-même. Tristan avait eu la preuve de l'intelligence humaine de Béa. Il savait que si lui et Monique disparaissaient, Elle serait là.

Puisque rien ne pouvait s'arranger il fallait épouser Béa afin qu'elle bénéficie à sa mort d'une pension de réversion. Cela l'aiderait elle, et peut-être le petit.

Monique avait choisi le néant. Il fallait préserver l'essentiel possible.

L'expression des yeux de Monique si dénués de sentiment réel, de tendresse, cette latéralité aplatie, ce menton, la couleur de la peau, l'entêtement étriqué, tout cela laissait présager *un déterminisme absolu* peut-être encore plus caractérologique que pathologique.

Demain Lucien et Monique seraient mariés à l'Église traditionnelle.

Plutôt que de consolider leur union en admonestant Monique, le curé qui connaissait la situation préféra faire un *véritable mariage* entre une vésanie et un charognard. C'était toute l'Église de ces deux mille ans : l'essentiel fondamental remplacé par le dogmatisme sclérosé et le formalisme doctrinaire. Le prochain pape sera Juif.

— « Si le Christianisme triomphe », avait dit l'empereur Julien, dit l'Apostat, « dans deux mille ans le monde entier sera juif ».

Il avait tout compris.

Tristan rêvait de partir pour les étoiles avec son petit Aurélien contre son cœur et la mignonne Béa serrée dans ses bras.

Il était seul dans son HLM avec la petite Béa, pleine de tendresse pour lui et pour son fils chéri, désormais capable d'uns sourire qui l'avait quitté depuis des années, pleine de reconnaissance émouvante pour la tendresse que Tristan lui témoignait. Avec son regard profond et sa douce affection, Tristan sentait combien cette petite l'aimait. Elle savait combien Tristan la chérissait, petit être sans défense, d'une bonté infinie, ignoblement martyrisé depuis son enfance et qui aimait tant son fils, cette étoile de son firmament.

N'était-il pas le seul au monde qui aimât Béa ? N'était-elle pas la seule au monde qui aimât Tristan ?

Curieux sourire du karma que cette petite chérie, émouvante, sur le chemin du don Juan assoiffé de sylphides blondes…

Chapitre XXII

« La vérité, il n'y a que ça de vrai ».

Le testament

Nos destins nous poursuivent de façon implacables. Notre nature, nos cellules nerveuses sont sur des rails et il est impossible de dérailler. Le calvaire de Tristan continuerait, celui de Béa ne connaîtrait aucun répit.

Monique allait tout faire dans sa rage destructive pour séparer Aurélien de son père. Sa psycho-névrose prenait des proportions gigantesques.

Elle commença par le faire appeler de son patronyme ce qui signifie un rejet absolu du père et une haine inextinguible. C'était la folie au sens le plus étroitement clinique du terme.

Ils habitaient à quelques cinq cents mètres l'un de l'autre, c'est dire qu'ils auraient pu collaborer affectueusement à l'éducation de l'enfant par une entente amiable qui n'avait aucunement besoin d'intervention juridique.

Tristan était parfaitement doué pour une telle éventualité.

Béatrice et lui étaient disponibles, on pouvait instruire l'enfant et lui éviter la promiscuité communale qui menait l'enfant aux musiques criminogènes et pathogènes et à la drogue.

Monique mit l'enfant à l'école primaire et tenta l'impossible pour empêcher le père d'aller embrasser son fils aux heures de fin de cours.

Comme elle ne put y parvenir elle le changea d'école.

Entre temps le charognard raconta que « le père était un dangereux hypnotiseur » et « qu'il empoisonnait ses goûters ». Ceci, Tristan ne pouvant accepter une aberration aussi énorme, fut consigné par huissier…

Une autre fois, un jour de droit de visite, Aurélien demanda à son père de l'emmener à la fête de son ancien école. Tristan ne le lui refusa pas mais il ne se doutait pas que tout avait été préparé pour que l'enfant s'enfuie de la fête et rejoigne la gendarmerie proche de l'école où l'attendait le beau-père.

Tristan dut avoir recours au Procureur de la République qui fit convoquer Monique par deux policiers en uniforme. Il l'admonesta lui promettant une inculpation si elle ne calmait pas. Il avait conclu : « Mon Dieu, qu'est-ce qu'on ne lui fait pas faire à ce pauvre gosse »…Il avait fallu plusieurs jours de préparation pour organiser cet enlèvement légal !

Le jugement de la cour de Bourges ayant donné un excellent droit de visite à Tristan, la mère enleva le petit en Bretagne. Elle pensait bien que six cents kilomètres décourageraient Tristan. Il aimait trop son petit pour renoncer. Pour avoir des compensations légitimes, Tristan se vit contraint d'assigner sa mère en référé. Hélas, la juge complice de la mère, lui retira ses droits de visite de semaine sous prétexte de l'éloignement. C'était juridiquement aberrant, de l'avis même de tous les juristes qu'il connaissait, mais il fut obligé de repartir en Appel pour qu'on lui rende son droit de visite. Un million ancien pour chaque appel. Retourner en appel alors qu'on vient de le gagner, c'est de l'ubuisme juridique. Ce fut pourtant ainsi.

Pour avoir des voitures solides, pour payer les actions juridiques, pour venir pour un weekend par mois, et trois fois le mois suivant à cause des vacances scolaires, il dut emprunter des millions anciens qu'il mit dix ans à rembourser. Il y avait en plus le stress moral, le chagrin et la fatigue physique pour faire en voiture deux mille trois cents kilomètres chaque deux mois, un mois un week-end, et le mois suivant le week-end, et deux fois l'aller-retour pour les vacances. A cela il fallait ajouter les frais du week-end, hôtel et nourriture. Tout cela lui revenait à cinq mille francs par moi au moins sans compter la pension. Monique n'avait que haine et aucune pitié. Quand il demanda à une juge un peu d'aide au moins pour les voyages, alors qu'à l'époque Aurélien était au lycée Naval de Brest, où il ne payait rien et recevait quatre cents francs d'argent de poche, la juge augmenta la pension au lieu de l'aider par la très modeste participation qu'il avait suggérée de la part de la mère. Tout se liguait pour l'écrasement.

Quant à Monique les procédés de la plus extrême bassesse, fonction du zéro absolu de son sens moral, ne l'effrayaient pas.

Un jour Aurélien demanda à son père qui était Hitler. Tristan lui répondit que c'était un chef d'état qui avait rendu du pain à six millions de chômeurs et libéré son pays de la dictature de la haute finance et du marxisme. « C'est un Saint » avait dit Aurélien.

« Non, lui avait répondu son père », Ce n'est pas un saint.

Il ne pouvait lui expliquer davantage car l'enfant avait sept ans à l'époque.

Mais il rentra chez sa mère avec ce cliché dans la tête quant à la « sainteté de Hitler ».

La mère en profita pour clamer à chaque instance juridique que Tristan avait dit à son fils que « Hitler était un saint ».

Dans la conjoncture politique de la fin du 20ième siècle on peut mesurer l'immondité d'un tel procédé. Il est vrai que, dans le même ordre d'idée, elle avait dit à Aurélien lui-même, que son père voulait qu'elle avorte pour qu'il ne naisse pas. Le mensonge était doublement ignoble. D'abord parce qu'on ne dit pas de telles choses à un petit enfant, et ensuite parce que Monique savait très bien que si Tristan ne voulait pas d'enfants dans la conjoncture, il adorait son fils.

Tous ces faits soulignaient la gravité de sa pathologie.

Ce qui était grave c'est que Tristan ne pouvait éduquer son fils quand il le voyait. Il faisait le maximum, mais il savait très bien que s'il lui avait donné une taloche méritée, l'avachissement des juges lui aurait retiré tout droit de visite…

Quant à Lucien il téléphona à Tristan pour lui dire *combien il regrettait d'avoir épousé Monique*.

« *Il aurait mieux fait de rester à Paris…* ». Il ajouta « *qu'Aurélien était affreux et que s'il n'était pas là, il battrait sa mère* ». Une autre fois, il lui précisa que « *Monique était d'un laxisme intégral et qu'il ne pouvait rien faire pour élever Aurélien* ».

La seule qualité d'Aurélien était d'être bon élève en classe.

Tout cela ne remplissait en rien l'idéal que Tristan avait forgé pour son fils. D'autant que quarante ans d'enseignement lui avait appris que les bons élèves sont rarement intéressants et le plus souvent collés au conformismes et aux modes les plus dégradants.[75]

---

[75] En l'an 2000 on voit d'excellentes élèves de lycée porter des pantalons flous, tombant en accordéon sur des chaussures massives et caricaturales, l'arrière-train

La petite Béa, toujours aussi adorable, passa son brevet des collèges, le concours de l'école d'aides-soignantes, devint aide-soignante très compétente et appréciée à l'hôpital. Hélas elle fut contrainte par obligation péremptoire de subir la vaccination anti-hépatite B.

Les mois qui suivirent elle eut mal au dos, puis petit à petit les choses s'aggravèrent et elle fut atteinte d'une spondylarthrite ankylosante. Elle s'arrêta de travailler, souffrait horriblement surtout du dos, mais aussi de toutes les jointures, de l'aine, et on ne voyait pas la fin de son martyre. On lui donnait de la morphine ce qui diminuait sa vitalité au point de provoquer des angoisses chez Tristan qui craignait de perdre le petit ange gardien de son fils et de lui même.

Pendant toute cette période le destin lui fit un cadeau impérial : la plus jolie fille de la ville, toute jeune, tomba amoureuse de Tristan et cette aventure merveilleuse dura sept ans. Elle fut un oasis en plein enfer. Cette merveilleuse petite Fabienne lui offrit une énorme énergie de combat, car une telle conquête, à son âge tenait du miracle.

Tristan, lui, devenait odieux envers son père, si odieux que Tristan ne pourrait décrire son comportement tant il en aurait honte pour son fils et pour lui-même.

Une fois où il avait dépassé toutes les limites, il était en première au lycée Naval où il ne payait rien et touchait de l'argent de poche,

---

sanglé dans l'étoffe si bien qu'on voit leur cul et même le dessin de leur anus : elles sont si bien conditionnées que c'est librement et par coquetterie qu'elles choisissent l'horreur propulsée par des homosexuels soutenus par la finance. Demain elles feront partie des vingt cinq millions qui ont voté pour un président radicalement asservi par la haute finance et le marxisme… Tout cela fait penser à cette phrase du Zohar qui parle « des Goys (*non Juifs*), cette vile semence de bétail ».

il lui dit qu'il ne voyait pas pourquoi il devrait payer une pension à un enfant qui traitait son père d'une manière aussi ignoble. Il avait encore eu la naïveté de croire que Monique le soutiendrait moralement de manière à secouer l'enfant. Non seulement elle ne soutint pas Tristan, ce qui est moralement énorme, mais en plus, croyant que celui-ci lui retirerait la pension effectivement, elle profita de quelques francs d'indexation manquants, pour faire saisir la pension d'Aurélien…

Il n'avait plus rien à faire que veiller sur sa petite Béa, si malade, qui souffrait tant depuis déjà trois ans et combien de temps encore, petite chérie ?

Il allait conclure son calvaire par une longue lettre à Monique : revoir tout, conclure pour le mieux pour son fils et chérir sa petite malade jusqu'à la fin de sa vie. Son plus grand souhait serait de mourir avec elle et de la chérir pour l'éternité…

Tristan et Fabienne

Ma chère Monique.

Lorsqu'il vous reste peu de temps à passer sur cette terre, et qu'on le ressent, la sincérité et la vérité s'imposent à l'esprit de façon radicale, « *scripta manent* » et la signature attestent de la pureté de l'âme et du cœur. Les menteurs, les méchants n'écrivent jamais car ils savent bien que leurs propres écrits les poursuivraient au delà d'eux-mêmes après leur avoir plongé le nez dans leur propre matière fécale…

Les dernières agressions que tu m'as imposées et auxquelles je ne puis, depuis quinze ans, m'habituer, alors que je suis toujours prêt à l'arrangement, au dialogue aimable voire même affectueux, ce qui est normal avec la mère de mon enfant, m'ont inspiré cette réflexion ultime et les dispositions concernant notre enfant, après ma mort.

Tu m'accuses de ne pas avoir versé la pension de mon fils en juillet et août derniers et voilà que maintenant tu m'accuses de ne pas l'avoir versée en juin ! Pour juillet et août je n'a pas retrouvé les documents bancaires. Pour Juin je l'ai retrouvé et je te l'ai envoyé.

Quoiqu'il en soit j'ai payé ces deux mois, comme je paie toujours depuis quinze ans sans le moindre manquement. La chose figure sur mon carnet de compte où je ne coche que les sommes dûment payées.

D'autre part, si mon compte, toujours à découvert le 20 du mois, avait accusé une supplément de deux mille huit cents francs, je m'en serais aperçu et aurait immédiatement régularisé. Mais en quinze dans une telle chose n'est jamais arrivée. Si j'avais fait un arrêt ou une retenue de payement, c'eût été après décision juridique, à partir du moment où Aurélien, reçu au lycée Naval, n'avait rien payé pour son entretien et ses cours et recevait quatre cent francs d'argent de poche mensuel. Je n'ai jamais pris une telle initiative, car je sais très bien que, hormis en Appel, les juges font exactement le contraire de tout ce que m'ont dit les avocats, y compris des avocats parisiens célèbres. J'ai donc pris l'avis de la juge des affaires familiales qui m'a enjoint de passer par elle, quel que soit le bien fondé de ma requête.

Quant à toi, aurais-tu attendu un an pour te déclencher et me faire savoir que je n'avais pas versé deux mille huit cents francs ? Cela est absurde et cela eût engendré une réaction légitime aussi bien de toi que de moi. Enfin, sur le petit compte d'Aurélien, il ne faut pas un an pour s'apercevoir d'une telle carence !

Tout cela est profondément malhonnête. Le pire c'est que tu n'en es pas restée là.

Aurélien s'est comporté envers moi d'une manière que j'aurais qualifié de façon atrocement péjorative mais que je préfère qualifier d'Apocalyptique, puisque cette adjectif correspond avec une tragique exactitude à ce que l'on lit dans Saint Jean sur les enfants de l'Apocalypse. Je lui ai donc écrit cette lettre :

« Aurélien,

J'aurais certes préféré mourir avant que tu ne viennes le premier mai tant la douleur que tu m'as imposée est pour moi pire que la mort. Assurément je n'ai pas l'intelligence et la sensibilité « du marin pécheur que tu eusses souhaité comme père », et dont m'as-tu dit, tu serais fier, alors que de moi…

Tu as toujours été, hélas, la lumière de ma vie. J'ai combattu des années jusqu'à l'épuisement physique, moral et financier, m'engageant dans dix années d'emprunt, pour la joie, O combien illusoire, de te voir, de t'aimer, de t'impartir une prise de conscience exceptionnelle, à une époque de ramollissement cérébral généralisé.

Tout cela malgré maman qui faisait tout pour me séparer de toi, jusqu'à t'enlever ton nom, avec des procédés avec des procédés que l'on peut qualifier d'ignobles sans inflation sémantique. Tout cela alors que tout pouvait s'arranger avec moi à l'amiable sans avoir à ruiner ton beau-père, complice « payant » de ta mère et moi-même.

Quand tu es arrivé le premier mai à Vierzon et que tu as mis la tête sur mon épaule dans la voiture, j'étais au paradis, et me souvenais les moments bénis où tu dormais dans mes bras, tout petit, et que je t'enveloppais d'un amour quasi mystique tant tu me donnais de béatitude. Voilà que maintenant, non seulement tu n'obéis plus pour des choses élémentaires, sans lesquelles un foyer est anarchique, mais aussi tu veux m'imposer des musiques pathogènes. En plus tu me manques de respect, et m'injuries me traitant de « crétin et de débile » au sujet d'une œuvre que tu n'es pas à même de comprendre, comme aussi des personnes comme Albert Camus, Raymond Las Vergnas, Louis Rougier, Gustave Thibon, Abélio, Hans Selye, le Pr Albeaux Fernet, mon directeur de thèse, toutes personnes qui m'ont soutenu et aidé au cours de ce siècle. Et je ne parle pas d'un homme politique célèbre qui m'a remercié de l'information que je lui ai fournie pendant quarante ans.

Ton jugement te classe parmi les fils indignes et aussi parmi les crétins. Je ne supporterai jamais plus tes injures monstrueuses et ton manque de respect. Tu illustres parfaitement les enfants décrits dans l'Apocalypse : égoïstes, sans respect, injurieux, suffisants, incapables de méditation, orgueilleux etc.

Je ne parviens pas à croire que tu puisses être naturellement si monstrueux à mon égard et il m'est difficile de ne pas penser à un conditionnement de maman. Si elle ne t'admoneste pas pour une conduite aussi indigne, j'aurai la preuve par neuf de la réalité de ce soupçon. Comment pourrais-tu être aussi gentil chez ta sœur Nathalie et ta tante Charlotte, qui ni l'une ni l'autre ne soupçonnent ton comportement. béatrice qui t'a élevé et instruit pendant tant d'années et que j'ai adoptée pour compenser la souffrance que maman lui a imposée, me disait : « ni Charlotte, ni Chantal et Nathalie ne soupçonnent son comportement envers vous, et je crois même qu'elles ne le croiraient pas ».

Aussi maintenant que tu disposes au lycée Naval de l'instruction et de l'entretien sans oublier de l'argent de poche, je ne vois pas pourquoi je continuerais à te verser une pension. C'est par amour pour toi que je me suis imposé de vivre dans un HLM alors que ma rue a connu trois émeutes maghrébines avec magasins défoncés et voitures brûlées. Tu n'es même pas conscient de ma souffrance dans cette situation et encore moins reconnaissant. Ne serait-ce pas stupide de ma part ? Je te rendrais cette pension jusqu'à vingt cinq ans, si tu échoues aux concours à l'issue de ton année de mathématiques spéciales. Je le ferai parce que la loi m'y oblige, mais il n'y aura là aucune manifestation d'affection de ma part. Si entre-temps tu veux me voir je payerai tous tes voyages.

Si jamais tu me manques de respect ou me fais des crises d'hystérie, tu recevras une paire de claques et tu feras ensuite comme maman, tu ne me parleras plus jamais. Il m'est impossible de ne pas percevoir l'hérédité dans ton comportement absurde et bétonné, avec ce don matheux si spécifique de la psychologie des sociopathes.

Quand on a un tel orgueil et une intelligence si rétrécie on ne sait jamais qu'on a tort. L'orgueil est un symptôme spécifique de toutes les maladies mentales comme l'absence de fierté. Cela me serait égal, car plutôt que de vivre ce que tu viens de me faire vivre, je préfère ne plus te voir. De plus je ne crois pas à une guérison.

Qu'ai-je à gagner à écouter un fils qui m'injurie, qui n'a aucun respect, qui n'obéit pas selon les impératifs élémentaires d'un foyer (venir à table, ranger ses affaires de manière à ne pas transformer l'appartement en souk, faire son lit, ne pas coucher à trois heures du matin pour se lever à 15 heures etc.) ? En plus s'il se croit plus intelligent que tout le monde, rien à gagner sinon une immense douleur.

Je te joins une lettre que j'avais écrite pour toi à ta mère. Tu n'as pas compris que l'intelligence pure n'a rien à voir avec la systématique analytique de la science moderne et de la statistique. Par contre l'intelligence pure sait combien est dangereuse l'intelligence analytico-mnémonique systématique.

Je ne crois pas que quoi que ce soit t'aidera à mieux m'aimer car si maman a fait ce travail de sape, aucun argument, aucun sentiment même le plus tendre, n'aura le moindre poids, mais je me dois de faire cet ultime effort et aussi de te manifester mon affection au sein de cette dure réalité…

Lettre jointe :

Ma chère Monique.

Je n'envoie pas cette lettre à Aurélien car son fond n'aura d'efficacité que s'il vient de toi.

Ni Lucien, ton mari désormais, ni moi n'avons la moindre influence sur Aurélien. Il est vrai que si lorsqu'il l'admoneste ou le corrige, tu dis à ton mari : « Laisse donc ce pauvre petit tranquille » je doute fort qu'il puisse quoi que ce soit pour son éducation.

Sa mentalité m'attriste et souvent m'épouvante de par son inconscience.

En dehors du problème moral, dont je ne parle pas, tant il me blesse, il faudrait que tu lui enseignes avant qu'il ne soit robotisé, que le scientisme est une superstition, un intégrisme totalitaire qui croit résoudre tous les problèmes alors qu'il a mené aux bombes atomiques, à hydrogène et à neutrons, aux mères porteuses, à la pilule cancérigène et à toutes les pollutions mondiales.

La pseudo science moderne croit que ce qu'elle ne peut mesurer, expérimenter et prédire n'existe pas. Cela ressortit à un crétinisme suicidaire se mouvant sur la crête d'équations. Ce positivisme hyper-réductionniste exclut tout ce qui fait la vie : intelligence pure, génie, amour, création artistique, foi.

Les grandes écoles forment des somnambules qui croient que ce qui est techniquement possible est souhaitable et nécessaire.

Cette raison est irrationnelle et n'est en fait qu'une systématisation d'obsédé. Je te supplie de « vacciner » ainsi notre enfant par cette conscience qu'il aurait eue si nous étions restés unis, même séparés.

La seconde chose très importante : Aurélien part en Afrique pour des vacances chez le fils d'un général premier ministre. Je suis radicalement contre des séjours d'Aurélien dans des pays, anciennes colonies de quelque nuance socialiste ou dictatoriale de gauche. Dans ces pays n'importe quel blanc peut être assassiné malgré une apparence de paix. Le Mondialisme enseigne à ces pays la haine et le massacre du blanc, ne défendant que les exploiteurs de matières premières soutenus par des armées privées implacables.

Il a un père qu'il ne verra plus longtemps : ne pourrait-il en profiter ? Je sais que moi, à sa place, je ne pourrais aller à 10000 km sachant qu'il me reste peu de temps à profiter de mon père.

J'espère que Lucien t'aidera longtemps car je crains que tu ne sois ni consciente, ni psycho-active. Ce n'est pas un diplôme d'ingénieur d'une grande école qui fait un homme. Nous l'avons trop gâté.

Enseigne ce que je t'ai exposé à Aurélien. Pour l'instant il ne pense pas : il spécule dans l'analytisme comme l'époque.

Il ne comprend pas la pensée, car l'analytisme quantitatif s'oppose toujours à la pensée fondamentalement qualitative. Sans cela il n'y aurait pas de chimie thérapeutique et alimentaire, pas de vaccinations destructives du système immunitaire, pas de question juive, car on aurait compris depuis longtemps que le seul dénominateur commun à un particularisme constant dans le temps et l'espace, était la circoncision au huitième jour.

A toi, cœur et lumière.

Depuis cette lettre j'ai beaucoup réfléchi essayant de mêler raison et amour. Je me suis dit que dans l'état psychopathique où mon fils se trouvait, il n'aurait jamais assez de cœur pour revenir vers moi et me demander pardon. Je mesurais l'irréversibilité probable de son état. Je ne pouvais donc pas ne pas faire un effort vers un fils aimé qui se perdait lui-même et pour lequel il fallait tout tenter même dans l'océan du désespoir.

Lors de ces évènements j'avais eu l'occasion de parler avec des pères et ce qu'ils me racontèrent me remplirent d'effroi.

L'un me dit qu'il devait mettre un cadenas à son réfrigérateur car son fils de vingt-deux ans le vidait avec ses copains. Un autre me raconta que son fils lui avait dit : « Si seulement tu pouvais crever »…

Alors ?

Alors je me décidai à écrire à mon fils :

> Mon petit
>
> Je ne pensais pas t'écrire tant mon chagrin était immense et mon désespoir absolu. Mais la Providence en a décidé autrement et c'est bien ainsi. Depuis « nos tristes évènements » j'ai rencontré des pères qui ont le même problème que moi avec toi et même bien pire !
> Il s'agit de toute évidence de la mentalité apocalyptique qui est un déterminisme engendré par la conjoncture que je ne cesse de dénoncer. Alors essaie l'impossible, dépasser ce déterminisme. Si tu réalises que tu te trouves dans l'impasse satanique où nous nous trouvons tous et dont tu peux sortir avec mon aide. Il est vrai que ta mère avait eu une information exhaustive qui aurait dû la protéger alors qu'elle a utilisé pour tout détruire la première arme de Satan : le massacre de son couple. Elle aurait dû être la

dernière au monde à subir cette destruction. Alors imagine les autres qui ne savent rien et qui votent pour les guignols de la haute banque et du marxisme !

Tu viens contre mon cœur, regrettes, me donne ton affection et je te rends la mienne avec tout ce qu'elle implique.

Je te donnerai toutes les explications que tu désires sur des textes que tu pourras méditer à priori. Nous pouvons nous aimer en restant dans nos domaines : il est normal qu'un fils matheux comprenne difficilement un père philosophe, mais cela n'empêche ni l'amour ni le respect.

Je t'aime trop pour ne pas faire un effort légitime comme celui-là.

A la suite de cette lettre, Monique, Aurélien m'a téléphoné. Il s'excusa mollement et me parla une heure de la pension sous prétexte de ne pas en parler !

Et toi Monique, qu'as-tu fait ?

Ni ton mari, ni Aurélien ne m'ont dit que tu avais le moins du monde admonesté Aurélien comme je l'aurais fait avec grande sévérité si les rôles avaient été inversés. Le facteur de notre séparation n'eût pas joué le moins du monde. C'eût été pour moi le moindre des points d'honneur.

Mais quel fut ton noble comportement moral ?

Alors que j'ai envoyé la pension seulement quelques jours en retard, pour marquer le coup, ce qui était légitime dans de telles circonstances, tu es allée faire saisir la pension par huissier, prétextant de quelques centimes d'indexation manquants ! Cela est d'autant plus grotesque que j'ai le plus souvent majoré la pension de cent francs environ. Mais ce qui est grave, en dehors du niveau moral de l'opération, c'est que cette saisie-arrêt fait de moi un interdit bancaire pour tout emprunt. C'est aussi infamant. Mais que t'importe, bien sûr ! Pour fignoler le tout tu me réclames trois mois non payés pour lesquels je n'ai pu te fournir qu'une preuve bancaire. J'en avais une certaine : c'est que mon petit compte n'a jamais été majoré de la somme de deux mois de pension, soient deux milles six cents francs. Preuve absolue, mais là aussi que t'importe. Attendre un an pour réclamer une somme aussi importante ! ! ! Personne ne le croit. Tu m'aurais bien volé aussi « juin » si je n'avais trouvé un justificatif bancaire…

Bien sûr je n'ai plus un sou. Le peu que j'avais a été mangé par cette fausse dette : un professeur n'est pas un millionnaire.

« Aurélien a bien fait !!! J'ai failli le perdre » dis-tu !!!

Parce que c'est moi le coupable ??? Voilà un exemple de toutes les inversions de l'époque.

« Incompatibilité d'humeur » dis-tu ?

Avec moi, ou avec Béa, qui lui demande vingt fois de venir à table.

Parles-en à ton mari : j'ai de très solides raisons de croire qu'il est lucide quant au caractère d'Aurélien et ton inconscience bétonnée.

Quelle horrible agression ! Le problème d'Aurélien était assez douloureux pour que nous en parlions au téléphone comme deux personnes intelligentes et humaines. Nous aurions pu de connivence faire semblant de supprimer la pension. Je l'aurais versée à ton compte sans qu'il le sût par exemple.

Et toutes ces agressions que je subis depuis douze ans, quel impact sur le psychisme de notre enfant !

J'ai entendu que toi, tu parles d'agression ! C'est un comble.

Je n'ai jamais rien fait d'autre que de me battre pour voir et élever mon fils. Rien d'autre. Pendant quinze ans, je t'ai crue une personne intelligente et noble, fière, juste et sans orgueil. Comme je me suis trompé. Mais quelle force herculéenne il t'a fallu pour me jouer la comédie pendant quinze ans ! *Ce devait être épuisant !*

Il est vrai que si j'avais découvert ta nature, telle que l'ai découverte *depuis* notre séparation, jamais je ne t'aurais revue une seule fois et notre Aurélien ne serait pas là.

J'étais persuadé que tout ce que je croyais être tes qualités allait s'exprimer *surtout* si nous étions séparés. J'ai découvert une chaisière. C'est dans l'épreuve que les qualités se montrent à fortiori avec une personne aussi totalement arrangeante que moi.

Je n'ai jamais rien fait contre toi et c'est toujours avec grande douleur que la Justice me contraignait à mettre en évidence des faits de plaintes pour lesquelles je ne me suis jamais constitué partie civile, sachant parfaitement qu'elles ne seraient jamais diligentées sans ce processus juridique.

Des arrangements amiables, une amitié solidaire auraient dû concourir à l'équilibre de notre enfant. Nous n'avions pas besoin de justice : de simples papiers signés entre nous, avaient une valeur suffisante. Nous aurions pu convenir des jours où je pourrais instruire Aurélien, nous rendre service en le prenant l'un ou l'autre selon nécessité, comme cela se fait.

Tes agressions ? Mon Dieu, je les connais :

Qui a tout fait pour me séparer de mon enfant alors que je possédais des références culturelles des personnes les plus éminentes de ce siècle, alors que pendant quinze ans tu m'as donné l'illusion d'une adhésion quasi héroïque à une prise de conscience d'une époque dépravée ?

Qui a tout fait pour que je ne puisse pas aller embrasser mon fils à l'école tentant d'exercer de multiples chantages comme en a témoigné le directeur de l'école, allant jusqu'à dire que j'étais un dangereux hypnotiseur et que j'empoisonnais les goûters de mon fils ? Comme tes procédés ne réussissaient pas et que même l'institutrice d'Aurélien était scandalisée, tu l'as enlevé de l'école afin que je ne sache pas où il était… Tu as même refusé à l'huissier de donner l'adresse de la nouvelle école, ce qui fut transmis au dossier d'Appel ! Agression ?

Qui a dit à Aurélien « si ton père a ta garde, je ne te reverrai jamais »… agression ?

C'est vraiment là le comble de l'horreur traumatique imposée à notre fils. Voilà l'étiologie d'une névrose qui le poursuivra toute sa vie. Comment s'étonner de sa sociopathie, si l'on pense en plus à l'hérédité de ta brute de père ?

« Tempéraments incompatible » as-tu décrété au sujet du comportement indigne de notre enfant à mon égard ? Incompatible avec Lucien ? Avec Béa ? Avec moi ? Cela fait beaucoup d'incompatibilités, ne trouves-tu pas ?

Pour tout arranger, lorsqu'Aurélien a un comportement indigne, et que je parle de lui enlever sa pension alors qu'il vit, officiellement, sur un train de vie de trente mille francs par mois, (entretien, cours, argent de poche, sports, spectacles, etc) au lieu de l'admonester solennellement et de lui dire qu'il l'a bien mérité, et que tout père digne de ce nom en ferait autant, tu cours chez l'huissier ! Le fric, n'est-ce pas, c'est la seule chose qui compte : tu es bien de ton époque. Agression ?

D'ailleurs lui-ai je retiré ? Quand tu me séparais de mon fils et que je t'ai menacée de te retirer le payement de trois mille francs mensuels pour ta maison, l'ai-je fait ? Jamais et j'ai payé jusqu'à ce que ton mari liquide ta maison. Avais-je d'autre choix pour combattre ta folie et les faux témoignages que tu as obtenus de personnes qui ne me connaissaient même pas ! Agression ?

QUI a fait dire à mon fils que j'avais dit que « Hitler était un saint » à un moment politique où une telle déclaration, bien que grotesque, aurait pu me priver de mon fils ? Agression ?

Pauvre petit qui devant une telle phrase « si ton père a ta garde, je ne te reverrai jamais », va toute sa vie sentir incrusté cette phrase qui peut rendre fou : « Si j'aime mon perds je perds ma mère ». Comment peut-on atteindre un tel degré d'inconscience et de méchanceté ? Agression ?

Pauvre petit ! Quel choc, quand je pense que je ne peux rien pour lui sinon mettre la plus belle photo de sa mère dans sa chambre pour qu'il sente que moi, je ne peux l'aimer sans aimer sa mère.

Comment s'étonner qu'il trouve refuge dans l'obsession technique comme on l'observe dans une lettre de deux pages où il n'est question que de manœuvres d'ordinateur ?

Comment s'étonner qu'il soit fermé à toute autocritique, à un altruisme élémentaire et qu'il veuille imposer tout ce qu'il veut sans se soucier de l'avis ou du droit de l'autre ? Ah Monique, quel crime, quelle dérisoire inconscience !

QUI m'a contraint à dépenser, rien que pour le juridique, deux millions d'anciens francs pour deux appels alors que le premier venait d'être gagné en m'accordant un droit de visite normal ? Agression !

C'est alors qu'avec ton action, une petite juge de référé m'a enlevé tous mes droits de visites mensuels, hormis vacances, alors que tu avais enlevé mon fils pour ne pas appliquer le jugement de la cour de Bourges, ce qui était théoriquement passible du pénal ? Agression !

Là encore nous aurions pu nous arranger pour adapter le nouveau jugement d'appel à la situation. Nous n'avions besoin de personne. Il a fallu que tu prouves à la juge que tu voulais me séparer de mon fils de manière forcenée et cela n'a même pas joué contre toi ! Agression !

Le lendemain de l'audience où l'on m'avait retiré mon droit de visite, après six cents kilomètres en voiture, je me suis retrouvé avec deux doigts quasi paralysés ! Agression !

Donc un autre appel pour retrouver mon droit de visite ! Agression !

QUI m'a contraint délibérément à faire 120000 kilomètres pour aller voir mon fils en week-end, l'amener et le ramener à chaque vacance ? Agression !

QUI m'a contraint à dépenser deux mille francs à chaque week-end mensuel ? Agression !

QUI m'a obligé pour assumer ces énormes fardeaux à accepter l'aide de notre petite Béa, qui n'a pas de limite dans son dévouement et sa générosité car tout cela était inassumable avec ce que je gagnais ! Agression !

Elle a continué à tout nous donner à tous les trois, malgré le calvaire que tu lui as infligé, pauvre petite, au travail miraculeux, qui n'était « bonne que pour la serpillière » comme tu disais et que ta méchanceté a précipité à jamais sur mon cœur.

A propos, c'est moi qui ai fait doubler la pension, du fait de l'erreur du juge de première instance.

QUI est venu troubler mon droit de visite, en faisant un incroyable esclandre, si bien que dix personnes m'ont offert un témoignage pour le dossier et que tu as été convoquée par la police ? Agression !

QUI après le premier jugement d'appel a refusé de présenter mon fils selon un incroyable cirque qui t'a valu d'être convoquée devant le procureur par deux gendarmes en uniformes ? Tu lui as suggéré qu'on l'emmène à la fête de son ancienne école, tout en ayant préparé sa fuite vers la gendarmerie proche où vous l'attendiez ! Quelle angoisse pour moi que cette disparition car je n'aurais jamais imaginé une telle horreur ! Agression ?

QUI a enlevé ma photo de la chambre de mon fils, alors que la tienne trône ici dans sa chambre ? Agression !

QUI ne s'est jamais constitué partie civile sachant pourtant que les plaintes ne seraient jamais diligentées, même après convocation par le Procureur ?

Agression ?

QUI, en un mot agresse l'autre sans vergogne sachant parfaitement que tu mens, car tu me connais bien pour savoir que tu mens. Je me suis toujours contenté d'exciper de faits ressortissant au pénal, mais à contre-cœur car il me fallait bien défendre mon droit de visite !

QUI a osé m'accuser de viol de sa sœur Françoise, comme si tu me croyais capable d'une telle chose ! Agression !

Françoise est une grosse molasse affreuse qui ne m'inspire ni pour un baiser ni pour un coït, Tu connais parfaitement la vérité sur ta sœur.

A un moment de carence de ta part et d'effervescence testiculaire de ma part j'ai accepté plusieurs fois ses faveurs. Rien de plus. A cette époque si elle m'avait plu, j'aurais très bien pu te laisser tomber et la choisir elle.

Il se trouve que je t'avais mise sur un piédestal…

Or tu sais très bien que jamais une sœur n'ira dire à sa sœur qu'elle a couché avec son mari – ce qui d'ailleurs n'était pas le cas –.

Pourquoi a-t-elle menti et t'a-t-elle fait une telle révélation ? Parce qu'elle te déteste et voulait te faire du mal. Elle ne te pardonne pas d'avoir été avec elle brutalement sévère, aussi sévère que tu es laxiste avec notre fils.

Elle ne l'a pas digéré et a vu une belle occasion de se venger.

Alors tout est bon pour toi : qui veut tuer son chien l'accuse de la rage…

Connaissant parfaitement ta sœur et moi-même, profiter d'un flirt avec ta sœur pour une diffamation aussi atroce que le viol, ressortit à un niveau moral au degré zéro absolu… Et tu le sais. Agression ?

QUI m'a fait dépenser au moins vingt à vingt cinq millions anciens en douze ans et continue aujourd'hui sous de fallacieux prétextes à me priver des quelques francs qui me restaient ? Agression. Et Béa, pauvre petite chérie, subit cette ruine, car elle m'a toujours aidé.

« Incompatibilité d'humeur » avec moi et Béa disais-tu. Raconte cela à ton mari et tu le feras rire jaune…

Béa a toujours été d'un dévouement et d'une patience d'ange avec Aurélien, elle a toujours eu beaucoup plus d'autorité sur lui que toi et moi.

Elle ne compte pas les dépenses et les sorties pour lui. Elle ne cesse de le gâter, de lui acheter des affaires. Je suis heureux qu'elle ait réussi son brevet, son diplôme d'aide-soignante, son piano, son anglais, son jardin d'où elle tire des tonnes de légumes et de fruits que c'en est impressionnant.

Elle a vraiment la main verte ! Et je ne mentionne pas tous les soins qu'elle nous prodigue, un trésor !

Comment as-tu pu être jalouse d'un être si près du Bon Dieu ? Sans doute parce que tu te comportes comme une sorcière…

Et que demande-t-elle ? Un peu d'amour…

Nous aurions pu ensemble le lui donner et lui permettre d'accéder au métier qu'elle a choisi : celui de soigner les malades et ceux qui souffrent.

Notre fils n'a pas de jugement, de respect, de modestie, de sentiment. Il ne sait être aimable qu'avec des étrangers ou avec ma famille pendant des circonstances vacancières. Avec Lucien, Béa et moi il est souvent d'une ignominie et d'une prétention qui jouxtent la folie furieuse. Il n'y a dans ce que je dis, hélas, pas la moindre exagération. Je l'aime malheureusement profondément, mais s'il persévérait dans cette voie, pourquoi continuerais-je à lui donner une pension et à rester dans cet univers migratoire si préjudiciable à mon âge et à ma santé ?

Je ne porte pas de jugement sur toi, malgré l'horreur des faits. Tu as des excuses, ton père. Je me contente seulement de qualifier les faits, seulement les faits, rien que les faits, comme tout un chacun le ferait, et toi-même si tu étais lucide. Je crains hélas que tu ne tiennes de ton père et qu'Aurélien ne tienne de toi.

Cette prise de conscience était nécessaire bien que je sache que je suis devant un bloc de béton armé et que tu seras incapable de faire le point avec toi-même et de retrouver les qualités élémentaires qui font un être humain. C'est l'orgueil qui te paralysera et tu ignoreras la fierté : puissé-je me tromper dans ce diagnostic.

La Justice a disparu, même au niveau familial.

J'ai demandé à la juge des affaires familiales que tu m'accordes une petite participation pour les sommes énormes que coûtent les voyages du Berry en Bretagne aller et retour, pour voir Aurélien en week-end, l'emmener et le ramener aux vacances un mois sur deux. La seule dépense justificative que tu aies produite était « les frais de permis de conduire ». Or il s'agissait d'une dépense de luxe car la raison dictait qu'il passât son permis après son baccalauréat. Au lieu de m'accorder la petite aide que je sollicitais, la Juge a augmenté ma pension mensuelle de quatre cents francs, ce qui est énorme pour un retraité, déjà dans les difficultés. Ce jugement a été jugé aberrant par tous les juristes à qui j'ai fait lire les attendus. On aurait dû, sans aucun doute, m'accorder le peu que je demandais.

En effet :

Les dépenses pour le week-end mensuel et les 2 allers retours en moyenne par mois étaient écrasantes, à fortiori pour un retraité.

Mon âge et ma santé étaient à prendre en considération. L'érosion de ma retraite était patente. Tous ces faits avaient une valeur juridique incontournable pour un juge digne de ce nom et le permis de conduire « accompagné » n'en avait aucune. De plus en mathématiques supérieures au lycée Naval, Aurélien avait un train de vie évalué au moins à trente mille francs par mois et de l'argent de poche que l'État lui accordait.

Ils ont donc tous conclu à l'arbitraire et l'injustice des juges femmes envers les hommes. La chose se vérifie aussi en Espagne où m'a dit mon gendre : « Les pères n'obtiennent satisfaction qu'en appel, s'ils ont les moyens de faire appel ». Sinon ils sont écrasés par principe. Cela s'est vérifié pour moi en France et comme en l'occurrence je n'ai pas les moyens de faire appel car cela me coûterait cent fois plus au moins que ce que je demande, je suis réduit aux effets de l'injustice.

Mais cet état de choses n'est pas propre aux Affaires Familiales, mais partout.

Des gredins de la politique son relaxés, des personnes qui ont maîtrisé un voleur et l'on livré menottés à la police, sont emprisonnés et condamnés pour séquestration. Il aurait fallu qu'ils laissent filer le voleur et porte plainte. La plainte n'aurait jamais bien sûr jamais été diligentée ou n'aurait jamais abouti, Comme c'est le cas de centaines de plaintes dont je suis au fait.

Donc aucune chance, même si les faits crient en votre faveur, d'obtenir satisfaction auprès d'une juge des Affaires Familiales, si vous êtes un père.

Pour tout cela, comme pour Béa nous aurions pu nous arranger à l'amiable surtout avec un trésor d'enfant. J'étais prêt à tout arrangement mu par le sens de la justice et de la bonté. Aucun besoin d'homme de loi et des millions dépensés par Lucien et moi-même.

En ce qui concerne notre tragédie en général je te parlerai, à la lumière de ma sincérité, de mon âge, de connaissances qui dépassent de loin un siècle d'abrutissement général, et le sens de la justice, de la droiture qui sont le lot naturel de la « Balance ».

Ton problème est douloureux et il faudrait que tu tentes de t'élever au dessus de toi-même. Ta souffrance, comme toutes les souffrances, est sur le chemin de la guérison ou de la mort. Choisis la vie, la guérison, choisis une nouvelle transparence pleine de justice et de mansuétude.

Quand je t'ai connu je t'ai tout dit de mes défauts avant même que tu ne mettes les pieds dans mon appartement.

Les hommes qui ont une personnalité marquée sont tous des thyroïdiens à tendance hyper, mais physiologique.

Or la thyroïde est la glande de l'intelligence, de la jeunesse, de la sexualité et de la *tentation*. Ils sont donc des étalons toute leur vie, même à un âge avancé. Ceci est vrai pour les Romantiques de mon doctorat, mais aussi pour des gens comme Saint Augustin, ou Saint François d'Assises qui n'accédèrent que tard à l'ascèse. Même à mon âge j'exerce encore une fascination sur les filles ayant une personnalité marquante. Comment y résister surtout si franchement, on n'en a pas envie ? D'autres souffrent d'un cancer, je préfère cette maladie là… On raconte qu'il n'y avait guère de filles à Assises que François n'ait connues bibliquement.

Quant aux écrivains, musiciens et poètes tout a été dit à ce sujet. Quand on demanda à une dame âgée si elle avait connu un monsieur correspondant à une certaine description, et qui avait vécu dans la ville où elle habitait, elle répondit : « Ah, oui, ce cochon là ! » et il s'agissait de Goethe…

La dernière fois que je suis allé en Espagne, des amies de ma fille Chantal ont dit en parlant de moi que j'étais la symbiose de Don Juan et de Don Quichotte. Perspicacité féminine ! pour le premier tu es au courant, quant à second je te cite Dominique Aubier à mon sujet : « À côté de vous Don Quichotte est un petit garçon »…

Si tu lisais une lettre que j'ai reçue récemment d'une ravissante fille de vingt huit ans, tu serais aussi abasourdie que moi quand je l'ai reçue…

Il est vrai que comme je le dis dans ma thèse : « Mon bio type attire les jolies filles un peu folles ».

Je t'ai obligée jadis à renoncer à un enfant : ce fut un crime. Mais entre deux crimes il faut choisir le moindre. A cette époque j'étais en état de dépression nerveuse, du fait du départ en Allemagne de ma femme et de ma fille. J'étais atteint d'une périarthrite scapulo-humérale, c'est-à-dire quasi paralysé des deux bras. La situation financière n'était pas brillante. Laisser venir un enfant dans une telle conjoncture eût été plus criminel encore. On ne fait pas un enfant pour l'exposer à la misère psychologique et matérielle.

De plus quand on voit la situation des jeunes aujourd'hui, livrés aux musiques qui tuent, à la drogue, au chômage, au laxisme, à la vestimentarité de clochard, rien n'encourage à avoir des enfants. Seule la masse de couleur prolifère et va nous livrer un monceau mondial l'amalgames physico-chimique régi par la caisse des profits et pertes d'une pseudo-démocratie qui n'est en fait qu'un chaos organisé et planifié.

En plus nous leur apportons le divorce, puisque l'on n'est pas capable de rester soudés pour eux, ce qui est pour moi l'horreur absolue génitrice de toutes les pathologies du corps et de l'esprit.

Notre séparation à cause de notre petite Béa, qui nous apportait tout, restera dans mon esprit le symbole majeur de notre dégénérescence.

C'est toi qui a suscité en moi cette infinie compassion envers elle.

Cette petite handicapée légère, qui rendrait des points à tant de personnes considérées comme normales... C'est toi qui as collé mon cœur plus maternel que paternel sur le sien.

Je la reverrai toute ma vie, prostrée, silencieuse, dans sa chambre, les larmes coulant le long de ses joues, sans rien à manger, alors que j'arrivais de Paris d'une réunion universitaire. Elle qui faisait tout pour nous avec une oblativité absolue et qui ne demandait qu'un peu d'amour…

Dévouement sans bornes, efficacité miraculeuse, comment as-tu pu ? Quel gâchis abominable !

Cette défense de Béa contre ta méchanceté, alors que toi et Aurélien étiez mes trésors, aurait dû t'inspirer un amour énorme pour moi : j'ai sacrifié ce que j'avais de plus cher à ma compassion.

Nous aurions alors œuvré pour Aurélien, si stupide sur l'essentiel, comme je l'ai constaté chez mes meilleurs élèves pendant quarante années d'enseignement. Nous en aurions fait un être d'honneur, d'honnêteté, de respect, d'humilité et de connaissance véritable.

Pauvre petite qui n'était, comme tu le disais « que bonne pour la serpillière ». Je demeure béat d'admiration pour son cœur et sa miraculeuse compétence. Et elle ne t'en veut pas ! « Monique m'a beaucoup apporté » me dit-elle souvent.

Ah si tu avais eu un tout petit peu de sa bonté, combien je t'aurais aimée !

Si je ne t'ai pas épousée légalement c'est encore pour toi. L'étude fiscale que tu possèdes, faite par un ami directeur des impôts, se concluait par : « Surtout ne vous mariez pas ». La différence d'imposition était énorme pour nous.

Quand je ne serai plus là, Béa donnera à Aurélien tout ce qu'il méritera et pourra assumer. Vêtements, linge, bijoux, et une assurance vie si Béa meurt avant soixante ans de trois cent mille francs. Ensuite, étant donné qu'il est déclaré habitant chez son père, tout ce qui est ici lui appartiendra.

Il faudra qu'il paie le loyer tant qu'il n'aura pas acheté un autre logement, mais l'assurance de Béa lui procurera un apport important.

Les humains sont si inhumains, si laids, si lâches si méchants, si insignifiants que je suis heureux de quitter bientôt ce monde.

Je pensais, O combien naïf, que tu avais lu mon livre, et que tu n'aurais jamais rajouté un tel fardeau à une souffrance déjà gigantesque. Beaucoup d'amis m'ont posé cette question, sachant comment tu t'étais comportée depuis quinze ans. Ils ne comprenaient pas que tu aies pu m'infliger cette douleur et n'ont pu trouver qu'une réponse d'ordre psychiatrique.

Moi, je sais que tu as des excuses dont je ne te parle pas pour ne pas te faire de mal par leur réminiscence.

Je te pardonne et te trouve beaucoup d'excuses, mais tu devrais faire un petit effort de mise au point avec toi même et les faits.

Meilleures pensée de Papa.

Le biotype que vous décrivez est sûrement irréel.

Il est trop pur et trop absolu pour appartenir tel quel à l'espèce humaine : il s'agirait d'un surhomme avec les défauts de ses qualités mais avec un potentiel intellectuel et affectif rarement rencontrable.

(Docteur Laugier, endocrinologue)

Tristan

Chapitre XXIII

> *Mes frères, les dandys.*
> « *Le dandy est par fonction un oppositionnel* »
> « *Le dandysme est une forme dégradée de l'ascèse* »
> *(Albert Camus)*
> « *En 1984, le plus intelligent sera le moins normal* »
> *(Orwell).*

Il n'y avait plus de devenir pour Tristan. Il était « hors de l'Histoire ».

Parmi les débris léthargiques de ce monde, allait-il pouvoir supporter le fardeau de son intelligence et de son âme ? Que peut-on faire dans ce monde sans cœur où seuls mensonge, laideur et astuce sont rois ?

Comment subirait-il son vrai visage, symbole de solitaire impuissance, par dessus la hideuse atonie des masques contemporains ?

Comment pourrait-il fuir l'engluante standardisation à laquelle chacun se prêtait avec une flasque complaisance ?

Que pouvait-il faire dans ce troupeau qui cherchait la liberté dans la passion hystérique pour la servitude ?

Peut-être dans ce monde robotisant et robotisé serait-il un jour dénoncé par de pseudoChrétiens, agents inconscients des idéologies suicidaires, puis livré aux commissions psychiatriques en attendant les pelotons d'exécution.

Comment pourrait-il dans gouffre de souffrance, de désespoir et de laideur institutionnalisée, dans un monde où il n'y a plus rien à dire à personne, éviter le suicide solitaire ?

Trouverait-il jamais le temps d'accéder techniquement au piano libérateur, au vertige de Chopin ?

Allait-il tenter de découvrir parmi les cohortes asservies, les nouveaux guides cachés de l'humanité de demain, cette élite qui poserait les bases authentiques du bonheur des hommes à venir dans le respect des lois divines et naturelles ?

Et lui Tristan, Juif, Franc Maçon en sommeil, catholique baptisé, montrerait-il aux Français dégradés la voie traditionnelle qui mène à l'équilibre que personne aujourd'hui ne connaîtra jamais. ?

Seul le destin le savait ... Mais une chose était sure :

Le serpent n'a jamais demandé d'être serpent ! (rire cosmique ad libitum).

Monologue de Tristan

Je suis une force qui va...

Si j'avais eu la chance d'ouvrir un piano à cinq ans, je ne l'aurais jamais refermé et je n'aurais jamais écrit.

Je ne voulais ni penser, ni écrire.

Je livre seulement ma souffrance, toute pure, tout simplement.

Je n'aime pas la littérature, tous ces talents qui nous séduisent et nous font perdre conscience, ces styles somptueux, ces langues de vipères dans des écrins d'or...

Chopin, Schumann, Liszt, Beethoven, Mozart, Bach m'auraient suffi. Le dandy a conscience des formes et des « déformes » de pensée.

On m'a plongé dans un monde infernal et absurde, laid et insupportable.

Je l'ai observé sans sang-froid cette laideur qui culmine dans l'horreur absolue. Alors j'ai eu *Mal de la Terre*.

J'ai creusé jusqu'aux racines de mon hyper-conscience et j'ai fait crisser mon cœur.

Je n'ai pas le sens de l'humour banal, mais j'ai le sens de l'humour métaphysique. Penser que je suis ce que je suis malgré moi, marqué par une implacable fatalité : il m'arrive de me réveiller la nuit pour en rire.

Et les autres, normaux, qui enfilent le blue-jeans et le bulletin de vote, ces uniformes de l'internationale connerie, à la lisière de la vie végétative, se gavant de musiques régressives et bestiales et de football où l'on se massacre hystériquement, voués à la robotisation intégrale et inconscients de leur conditionnement hypnotique…

Et tous de se prendre au sérieux, les endormis comateux et moi-même.

On ne peut plus rien résoudre dans un monde que seule la destruction peut revivifier.

L'opale !

Je comprends la vérité sur l'opale.

Elle ne porte pas malheur, ce sont les esthètes qui aiment l'opale. J'aime l'opale et les esthètes menant dangereusement leur vie par delà le bien et le mal, sont constitués pour le malheur et ils portent malheur à l'opale.

Le dandy, étant donné sa physiologie, porte en permanence des chaussures étroites. Cette image ridicule résume l'essentiel. L'essentiel ridicule.

Les vibrations du monde extérieur provoquent de tels chocs que le dandy est toujours en état d'ébranlement nerveux, de douleur physique.

Cette douleur revêt des proportions métaphysiques et étend son voile de tristesse fracassante sur toute l'humanité, sur les petits enfants qui n'ont jamais demandé de venir en ce monde.

Je souffre donc je suis.

« Le dandy n'est rien sans sa souffrance » a dit Albert Camus. O combien vrai !

Sa souffrance ne doit pas être inutile, elle doit servir. Elle doit être purifiante, grandiose, magnifique, et universelle dans son hurlement.

Le dandy supporte le poids de l'univers, c'est l'idiot de l'univers, le frère de l'idiot du village.

Souffrance consacrée, cultivée, immense, orgueilleuse, défi, révolte, création, découverte.

Cette souffrance à peine éteinte est suivie de l'angoisse de la suivante.

Chopin ! Un cri intense et désespéré qui s'amplifie.

Parfois un accès de gaieté, comme dans certaines valses ou études, mais ce n'est pas de la gaieté, c'est à la manière d'Arlequin et de Fantasio, une sorte d'espièglerie propre au dandy et qui s'exprime souvent dans la vie courante, par de brusques déchaînements de bouffonnerie même fugitifs.

Le Romantique n'est pas un intellectuel au sens moderne du terme, mais qu'y a-t-il de moins intellectuel qu'un intellectuel moderne ? L'intellectuel moderne est une machine analytique suicidaire pour lui-même et pour le monde entier.

Si le sentiment s'éloigne de l'élaboration intellectuelle il résultera en destruction et non-connaissance. Sans le sentiment on ne peut synthétiser car la synthèse est un miracle du cœur : elle est du ressort des élites providentielles.

Il n'y a pas de beauté, pas de sens moral sans le cœur. L'esprit chétif de l'homoncule moderne ne saurait en un siècle accéder à une seule vérité fondamentale concernant l'Homme.

Tout un monde à l'envers, faux et ubuesque m'a contraint à comprendre cette vérité première.

J'ai cru que j'étais fou et j'ai découvert que le monde entier était fou. O combien !

Je sens. Mon univers est un sentiment d'angoisse aiguë qui doit sortir de mon être, exploser hors de moi.

Il faut que cela jaillisse, car cela m'étouffe.

La vérité qui ne sort pas empoisonne, comme un enfant prêt à naître qui devrait, O combien horrible, demeurer dans le sein maternel.

Il vaut mieux mourir en disant la vérité que mourir asphyxié par elle.

Tout est là pour l'artiste, le penseur. Lorsque Chopin a écrit le nocturne en mi bémol, il n'a pas pensé : il a parlé son angoisse, sa tristesse magique et infinie. Il n'a pas cherché à analyser.

L'analyse de soi ? Quoi de plus in artistique ! le monde moderne a fait de moi une sorte d'hybride contraint d'analyser au lieu de créer et de crier la beauté.

Le Romantique se révolte en sensations créatrices.

Aujourd'hui pour qu'un dandy, impuissant à là vie essaie de survivre dans ce monde hostile, matériel, mécanisé, noyé dans « le mensonge du progrès »,[76] il faut qu'il refoule son moi, qu'il tente impossiblement de ressembler un peu à ces humanoïdes dits « normaux ». Ceux qui croient en et vivent de toutes les sottises qu'on leur inflige : politique crétineuse de pantins manipulés, chimie de synthèse alimentaire et thérapeutique, psychanalyse aboulisante et pornographiante, enseignement de propagande et de rétrécissement, qui pétrifie les enfants dans le néant du matérialisme et du marxisme…

Le dandysme est une névrose normale, mais sans une fortune personnelle, l'homme à la main psychique est perdu dans ce monde de brutes et de chaos. La matière détruit ce qui légitimement doit la dominer, si on lui donne la primauté. « Il existe des moyens d'exercer la souveraineté sur la matière » disait un certain alchimiste du nom de Eliphas Lévy.

Jusqu'au jour où la matière fait sauter la souveraineté ! Donc suicide, folie, tuberculose, lot normal.

---

[76] « Le mensonge du progrès, c'est Israël » (Simone Weil « La pesanteur et la grâce »).

Un monde fou ne saurait préserver le supérieur : sa pathologie mortelle est la rentabilité.

Comment pourrait-il en être autrement si l'inférieur domine ?[77]

Je me suis donc mis en état de refoulement permanent, refoulement surhumain : je me renie pour vivre élémentairement. Sans trop exagérer toutefois pour ne pas sombrer dans la folie pure et simple.

Il m'a fallu ne pas attacher trop d'importance à ces grands élans de l'âme qui correspondent, O humour, à des hypersécrétions glandulaires. Il n'y a pas une goutte de génie, de folie, de philosophie qui ne sorte de nos endocrines.

Je suis deux.

Le dandy écrasé, et l'autre qui regarde le premier en gloussant doucement.

Curieuse expérience en cette fin du vingtième siècle. J'ai compris le calme plat du robot auquel aspirent tous les robots du siècle.

J'ai la nostalgie du football. Aimer une ribote et des petits voyous, sans âme, fabriqués en série, vaccinés crétinisés, laïcisés, musiqués régressifs, drogués, pornographiés, citoyens mondialistes, atones et planifiés.

On se massacre partout dans le monde dans la glue du libéralisme et du marxisme. On nous ment pour tout et partout.

Qu'importe ! le feuilleton est à vingt et une heures !

---

[77] L'inférieur pense à sa ré-élection et pas à un niagara d'individus venu du Tiers Monde qui va détruire sa patrie.

Il m'est arrivé de me demander qu'où venait cet étrange personnage opposé à la brute primitive, qu'est le dandy romantique.

Cet acteur né.

Même politicien c'est un idéaliste. Lamartine, Hugo. Disraeli et son chapeau magnifique.

La politique n'est pas seulement un paraître, mais une philanthropie : il s'intéresse aux hommes en fonction de l'injustice sociale et divine.

Dandys ! Que d'erreurs vous avez commises au dix-neuvième siècle ! Vous fûtes les pires agents du matérialisme à votre corps défendant.

« Qui veut faire l'ange fait la bête »…

L'homme primitif agissait, chassait, ne pensait pas.

La civilisation et le luxe favorisant le loisir, la culture développant l'esprit et la sensibilité, le thyroïdien romantique erre à la limite de la brute primitive et du pur esprit.

Son âme est à Dieu, Son corps est torturé par la matière, par Satan.

Les dandys sont tous des aristocrates ou des Juifs ennoblis. Ils appartiennent à des familles ayant des siècles de civilisation et de culture.

Chopin était de noblesse polonaise. Alphonse de Lamartine, Alfred de Musset. Mendelssohn et Disraeli.

Le dandy est un produit final de civilisation. Un produit de raffinement décadent, voué à la disparition rapide de l'éclair. Archaïque, inadapté, splendide, inefficient, admiré car unique et créateur. Personnage de luxe on le paie très cher. Si on ne le paie pas, il se tue devant son impuissance radicale à vivre : la main psychique.

Le dandy est l'être de la pensée-intuition. Il ne raisonne pas avec les éléments primaires du mental offerts à la banalité humaine. Il voit l'ensemble dans son aspect chaotique, paradoxal et il arrache de l'anarchie de sa souffrance des conclusions synthétiques. Son observation intuitive est extrême et éblouit les aveugles.

Le dandy est l'innocent supérieur et l'innocent qui se vide se vide de la vérité sur le monde.

Il a le sens de la globalité.

Des caractères composant la personnalité humaine, force, raison, volonté, sentiment, seuls les trois premiers sont nécessaires à l'adaptation matérielle.

L'ange avec un corps faible ne serait que cœur intelligent et son inefficience le perdrait dans l'ignoble. C'est pourquoi à la frontière entre l'homme primitif et l'ange il y a le dandy romantique qui apparaît et disparaît tel le phénix, le plus dématérialisé des êtres, au bord de l'ange, du sentiment pur, seul principe qui subsiste après la mort.

Le dandy est l'être le plus proche de l'esprit pur et il est torturé par la matière.

Plus le moi est petit, plus l'âme est petite. Dieu est un moi géant : il est l'égocentrisme par excellence. Le dandy est le maximum humain du moi, sa forme d'intelligence le rend inaccessible même à ses proches, surtout à ses proches.

L'être humain banal ne peut le comprendre et pourtant la révolte du dandy fournit la plus grande richesse de révélation émanant d'un être.

L'ascète ne peut en révéler autant de façon sensible car il vit dans la paix dont dans l'égoïsme métaphysique.

Le corps est un ensemble organique et mental qui reçoit les ondes de l'absolu, selon son degré de perfectionnement. Il capte plus ou moins d'ondes de la réalité totale inaccessible. C'est pourquoi la connaissance n'appartient qu'aux saints, aux génies et aux dandys.

Le poète est une sorte de trait d'union entre Dieu, le diable et les hommes.

Ceux qui ne comprennent pas du cœur sont de vraies non entités.[78]

Il y a depuis la révolution de 1789 une foule de pseudo intellectuels dont les enchaînements logiques colossaux dans l'objectif pur, résultent en néant.

La pensée sans cœur est le produit le plus quintessent de l'enfer.

Le dandy est l'être qui possède le plus de spiritualité après l'ascète. C'est l'abîme creusé entre son moi idéal et son moi pratique qui détermine son don poétique et son suicide. Son organisme n'obéit pas à son âme éprise d'absolu. D'une grande spiritualité dans un corps faible germe la souffrance humaine la plus intense. Le dandy est le suprême symbole de la souffrance humaine. Inadapté au

---

[78] Un exemple entre mille : les savants qui batifolent avec la génétique ont des connaissances analytiques aussi énormes que ceux qui manipulent l'atome. Si les uns et les autres avaient l'intelligence fondamentale, celle du cœur, ils sauraient qu'il ne faut toucher à rien ni en génétique ni en physique nucléaire. La plus grande physicienne du monde, collaboratrice de Oppenheimer a démissionné et est partie faire de la poterie dans son village d'origine… L'intelligence, la vraie, avait parlé.

monde tel qu'il est, il s'efforce d'adapter le monde à lui : cette tragédie correspond à une réalité métaphysique car la finalité humaine est spirituelle.

C'est pourquoi l'homme qui pense sans aimer est nécessairement matérialiste et sa logique para altruiste est pire que le pire égoïsme (Marxisme).

L'objectivité contemporaine est la subjectivité de ceux qui n'ont aucun sentiment, aucun cœur.

Si les médecins et les universitaires étaient soumis à une formation qui exigeât la pensée, le sentiment, la méditation, la synthèse comme conditions sine qua non de la connaissance authentique, ils ne seraient pas des robots assimilateurs croyant naïvement que le bulletin de vote, les concours mnémoniques, la chimie de synthèse, le freudisme et le marxisme feront le bonheur de l'homme.

Je ne leur en veux pas à eux.

Les Juifs ignorent leur manque de cœur, de sens moral, leur faculté de pourrissage derrière façades trompeuses pour les explorateurs de l'immédiat.

Les universitaires ignorent leur robotisation, leur psychologie d'éléphant, *ils ignorent qu'ils ne savent pas qu'ils ne peuvent savoir.*

Toute la tragédie est là. C'est là l'impasse.

J'en veux à Dieu ou à son ombre. Tant d'années de souffrances à contempler la sordide douleur et l'ineptie de l'aventure humaine.

De génération en génération Dieu nous laisse nous enfoncer dans la non connaissance et la misère qui croît avec elle…

L'absurde naît de l'a-conscience.

Ce qu'on appelle le progrès est la négation du progrès.

Le vrai progrès est une synthèse matérielle, morale, esthétique et spirituelle.

C'est le cœur et le cœur seul qui assure le progrès de l'être.

Le dandy se meurt, le saint est mort depuis longtemps. Le monde agonise dans le chaos

Malgré son luciférianisme, le dandy a une très noble place dans l'échelle de la création.

Chapitre XXIV

« Et ce monde finira dans une sanglante anarchie ».

ÉPINES

La vérité n'est ni pour ni contre. La vérité est seulement la vérité. Elle est contre pour ceux qui vivent du mensonge, aiment le mensonge, ont besoin du mensonge pour vivre. Elle est le dieu des hommes libres, comme le disait Dostoïevski.

Je ne parviens pas à prendre l'univers au sérieux, et alors quand je ne souffre pas à mourir, je m'amuse du spectacle idiot.

Je n'ai guère d'opinions mais j'ai des certitudes parmi lesquelles l'absurdité de tous les dogmatismes qui excluent les lois de la vie et de la vraie spiritualité, l'antériorité fonctionnelle du système hormonal sur le système nerveux, la domination mondiale et exterminatrice des circoncis au 8ème jour, la réalité de la vraie santé par l'absorption de molécules spécifiques du bio-type humain.

J'ai tissé la vérité dans ma seule souffrance.

Mon âme est libre. Il n'y a de fatalité que celle de la pesanteur du corps.

Personne ne sait ce qu'est la vérité ou en tout cas bien peu de gens : c'est la faculté de se contraindre sereinement à faire pour le mieux en tout.

Pour accéder à l'essence il faut être persécuté par l'essence. D'où l'état paranoïde de l'artiste.

« Ne devenez pas fou », me disait un philosophe authentique, « parce que vous êtes normal dans un monde de fous ».

On n'échappe pas à une transcendance, sinon par la folie et le suicide.

L'intelligence véritable est de savoir dépasser l'anti-psychologique pour accéder à l'objectivité supérieure. On peut compter sur les doigts les gens intelligents de chaque génération. C'est pourquoi je n'écris que pour les hommes qui viendront après la 3ième guerre mondiale.

Freud et Marx, mensonges mondiaux suicidaires. Le vrai génie détruit ce qui n'aime pas.

Les faux prophètes ne détruisent pas dans l'immédiat : ils sapent dans le temps et l'espace.

Les vrais génies brisent souvent dans l'immédiat et construisent dans le temps et l'espace.

J'exècre les hommes de cette humanité mais j'aime l'homme. Les humanoïdes et les homoncules du vingtième siècle n'ont rien à voir avec l'homme.

Pour le saint Dieu est aussi évident que pour l'homme moyen la chaise qu'il voit. Si vous révélez à une fourmi l'existence de la « synthèse chaise » elle ne sera jamais convaincue car elle ne pourra jamais que constater un ou deux millimètres cube de bois. De même vous ne pouvez croire en Dieu que si, par exemple, vous vous fiez à la conscience du saint.

Certains pouvoirs mentaux sont considérables d'autres quasiment végétatifs. Certains ne verront jamais que leur compte en banque ou leur tasse de café mais d'autres peuvent « voir » Dieu.

L'homme moyen ne peut que croire les véritables élites comme elles croient aujourd'hui aveuglément les fausses élites qui les mènent au chaos.

Les Japonais ont mis toutes leurs qualités traditionnelles enseignées jadis par de vraies élites, au service du judéo-cartésianisme. Aussi leurs écoliers se suicident en grand nombre.

Pauvre petit cerveau de plus en plus dégénéré de l'homme façonné par le progrès vers une destruction totale.[79] Tu repousses toute transcendance et tu as raison. Tu as raison parce que tu ne sais même pas que tu la repousses et que tu ignores même que tu as raison (tout en ayant tort !).

On ne sait que ce que l'on sent, on ne sent que ce que l'on aime.

Fossé du dandysme et de l'ascèse : masque mortuaires ravagé de Chopin et calme de Pascal, malgré l'extrême analogie morphologique.

Le saint est complice de Dieu dans le mal existant : il n'est pas le vrai innocent. Le dandy est le vrai innocent mais il paie de son orgueil sa vraie innocence et n'accède à la fausse innocence (la vraie) que par la perte de son douloureux orgueil.

Nous sommes tous déterminés, Dieu lui-même car il y a au moins une chose qu'il ne peut faire : ne pas être Dieu.

---

[79] « Le mensonge du progrès, c'est Israël » (Simone Weil : *la pesanteur et la grâce*).

Un Juste qui connaît les réalités de ces derniers siècles ne saurait accepter ni la terre ni le ciel : il ne peut que revendiquer le néant.

Écrit en 1965 et devenu O combien vrai en « 1984 ».

Avant vingt ans tout génie deviendra fou dès qu'il commencera à prendre conscience. Même s'il ne perd pas la raison par étouffement collectiviste, par la disparition de la vérité, de la beauté, du sens moral, il sera considéré comme fou par les critères de la psychiatrie freudo marxiste et judéo cartésienne en général.

Monde fou et cruel, atteint de cette énorme tare qu'est le rationalisme morbide anti-transcendant : entre Dieu et l'homme s'étend l'opacité du judéo-cartésianisme.

Idéologies : logique métallique du fou, mais supérieure à celle du petit fou banal et qui convainc ainsi l'homme banal car il adopte le raisonnement linéaire convaincant, deux et deux font quatre.

On sait qu'en ce qui concerne l'homme la connaissance n'est pas aussi simple est que la conscience du réel ne se contente pas de si peu : il est dur d'être logique lorsque l'on n'est pas fou !

C'est la raison exclusive qui empêche l'homme du jour d'être raisonnable.

Elle est devenue un cancer qui élimine toutes les composantes supérieures du mental. Elle est devenue une systématisation d'obsédé.

La pseudo-démocratie n'est possible que parce que les gens sont si sots qu'ils ne peuvent réaliser son impossibilité absolue. S'ils le pouvaient c'est qu'ils seraient beaucoup plus évolués et la démocratie deviendrait relativement possible car elle se transformerait en oligarchie des êtres les plus spiritualisés, les plus désintéressés. Dans tout ce qui existe de vivant il y a toujours eu un maître absolu. Aujourd'hui les maîtres absolus de la « démocratie » sont Rothschild et Marx suivis de leurs séides élus criminels et suicidaires.

Dites aux gens « je vais vous donner la liberté » et asservissez les : ils viendront en masse. Dites leur que vous allez les contraindre pour leur donner la liberté et ils ne viendront point.

Ils préfèrent se nourrir d'étiquettes et d'illusions pourvu que les étiquettes soient clinquantes et que les illusions brillent au moins le temps qu'on les regarde.

Le matérialisme nie la puissance de la pensée. Mais le matérialisme n'est-il pas une pensée ?

Voilà assurément une pensée qui ne vaut rien.

Descartes exploités par le monde juif est devenu le fléau de l'homme. On prouvera bientôt de façon cartésienne l'inexistence de Dieu. On prouvera que l'âme n'existe pas. Cela sera facile à ceux qui n'en ont pas. Évolution fatale et triste de la fausse science moderne, la magie noire.

Jahvé, premier terroriste.

Jaloux, intransigeant, il ne voulait pas d'autres Dieu que lui. Si on respectait ses commandements, si on ne couchait pas avec sa sœur, sa mère, sa fille, alors ce bon dieu aidait son peuple dans ses entreprises de terrorisme chez les autre peuples. On asservissait sept peuples petit à petit. On exterminait les mâles, on asservissait les femelles, on dérobait les biens, les récoltes, les bestiaux, les couronnes des rois vaincus et exterminés.

On rentrait plus glorieux et plus puissants qu'au départ.

Rien de changé : Dresde, Hambourg, Hiroshima, les Palestiniens chassés et massacrés sur leur terre, le Liban…

Ils ont un dieu à l'image de leur triste mentalité.

Monsieur Homais, agrégé de l'université, légion d'honneur, applique tous leurs critères, il deviendra même antisémite le cas échéant. Je n'ai jamais vu pire enjuivés que les antisémites.

Ces êtres totalement privés d'esprit de synthèse ont édifié la plus extraordinaire, la plus ahurissante synthèse de destruction possible et imaginable à l'échelon planétaire. Là gît la mystère insondable de la question juive que la circoncision au 8ème jour explique psycho-physiologiquement mais pas métaphysiquement.

Métaphysiquement ils sont l'instrument fatal de la fin de l'âge des ténèbres.

Ce sont encore eux qui font les meilleures études critiques analytiques spécialisées sur le système politique qu'ils ont inventé et dont ils sont les maîtres absolus.

Entre la folie ratiocinante idéologique et l'hystérie mystique il y a une via media : l'harmonie du cœur et de la raison qui mène à la vérité.

Celui qui dit la vérité aujourd'hui a tout le monde contre lui : victimes et bourreaux. En particulier les victimes qui veulent surtout ne pas être défendues mais anesthésiées.

Elles se vautrent dans la destruction fangeuse et putrescente.

Agrégé = petit Juif en miniature pétrifiée.

Sorbonne : pépinière de Homais et Lévy qui s'entendent comme larrons en foire et se retrouvent en loges maçonniques.

Esprits canalisés, générateurs de petits courants analytiques qui s'entrechoquent . Il n'y a aucun intellectuel dans l'université emmurée.

Lorsqu'un jeune intellectuel y a accès, il la fuit aussitôt. Il fuit l'extravagante rigueur du système sclérosant, la promiscuité d'êtres présomptueux qui taxent de fantaisie, d'imagination, de folie, ce qu'ils ne comprennent pas c'est-à-dire presque tout.

Instruction = premier stade de l'abrutissement collectif. Fabrique de non penseurs en séries, au service d'un totalitarisme occulte dont l'objectif est la procréation de spécialistes producteurs consommateurs voteurs.

La banque mondiale favorise l'enseignement secondaire : elle sait ce qu'elle fait.

En « 1984 » ces malheureux sortent de l'enseignement secondaire public ou privé (aucune différence) ne sachant rien. On a oublié délibérément un petit détail dans l'enseignement : l'intelligence. Nous avons maintenant des masses d'illettrés et d'analphabètes.

Internat, agrégation, championnats de sclérose intellectuelle. Ces concours sont nécessairement psycho-pathogènes puisqu'ils tuent l'essentiel de l'esprit par un braquage rétréci sur le minuscule. Les informations nous ont révélé qu'ils étaient effectivement pathogènes : je le hurle depuis quarante ans.

Identité foncière de la folie : Perte du sens moral.

Perte de la volonté et de l'attention volontaire. Perte de l'esprit de synthèse.

Perte de la notion d'identité ou principe d'analogie.

La possession de brillantes possibilités analytiques est hélas parfaitement compatible avec un diagnostic de démence.

On peut donc faire le diagnostic de :

La psychiatrie,[80] la médecine, la littérature, la philosophie officielle, la politique, l'enseignement.

Comment s'étonner que les fous banals s'accroissent en progression géométrique. Nos Goethe sont en marge ou dans des monastères orientaux.

O les étiquettes et les magnifiques principes qui légitiment l'assassinat collectif des âmes et des corps. O les génocideurs racistes de l'humanité, au nom, supercomble, de l'antiracisme.

Le mal se nourrit de bonne bêtise. Il n'y aura bientôt plus assez de bien pour nourrir le mal de la terre.

On a exploité systématiquement la naïveté, la bêtise, la vanité de la femme, du Nègre,[81] pour les réduire à l'esclavage, à la haine, à l'épavisme, à la drogue, au chaos social, à la tuberculose, au nom de la liberté et de l'antiracisme, à les dresser les uns contre les autres, les enfants contre les parents, les femmes contre les

---

[80] La psychiatrie ignore de façon radicale et absolue ce qu'est une maladie mentale. Un gendarme tue 5 personnes. La psychiatrie le déclare normal. Le fait de répondre à certains critères logiques élémentaires ne signifie rien. « Comment qu'y doivent ête les tarés dans la police ! » s'exclame Coluche !

[81] « Negrum » en latin signifie noir. « Nègre » caractérise une ethnie précise parmi les Africains. Noir ne signifie rien.
Certaines ethnies sont noires et ne sont pas nègres. Des minus, pour raisons de démagogie veulent trafiquer la sémantique.
Shahak nous enseigne que tout le trafic d'esclaves d'Orient en Europe était perpétré par les Juifs. Il en est de même pour les Africains déportés dans des conditions atroces vers l'Amérique. Plus de 10 millions sont morts en chemin et jetés par dessus bord pendant toute cette période du commerce des esclaves africains.

hommes, les Nègres contre les Blancs et tous contre Dieu. Cette ignominie internationale est perpétrée de main de maître par ceux que les Égyptiens appelaient « les immondes ».

Mais les victimes, pourquoi sont-elles si stupides ?

Libéralisme des états moderne : totalitarisme international de l'or juif et de son épilogue marxiste.

Drame de la flatterie et de la bêtise, des raisonnements faciles et convaincants, vérité apparente, slogans trompeurs, le « changement » (en politique) mensonge et duperie dans le temps et l'espace.[82]

La raison moderne devient un moyen indispensable d'adaptation à l'ignoble : elle est incompatible avec la conscience.

Dans le monde moderne « toute action débouche sur le crime » disait Camus.

Complexe d'Œdipe ? Mais Œdipe c'est le drame de la fatalité et non de l'inceste. Le dramaturge grec a choisi ce comportement comme l'accomplissement fatal de l'acte envers lequel l'homme montre le plus de répulsion.

Expliquer Freud ? Le complexe d'Œdipe, voyons !

Avons-nous besoin de symbolisme pour faire des rêves érotiques ?

---

[82] Il n'y a aucune différence entre la gauche et la droite : les zombies en coma dépassé qui les constituent se ligueront toujours contre tout ce qui pourrait redresser la France agonisante.

La démocratie engendre les totalitarismes. Si elle n'est pas trop pourrie ce seront le Nazisme ou le Fascisme. Sinon ce seront les goulags d'une Bolchevie quelconque.

Il fallait choisir il y a cinquante ans : nazisme ou Marxisme.

Aujourd'hui les jeux sont faits. Ce sera nécessairement la ruine et la prison pour les mal pensants, le Mondialisme, les guerres civiles, une guerre mondiale, une pollution générale meurtrière. Des millions de morts.

A vos santés bonnes gens !

O pitié, Seigneur, pour Israël, que tu as rendu aveugle et toute lumière et qui nous obscurcit.

Hyperspéculatifs, jamais géniaux. Tout ce qu'ils font est spectaculaire à l'analyste béat. La vraie pensée n'est jamais spectaculaire à l'analyste béat. Pas de saints ni de génies juifs. Tous les « génies » Juifs convergent vers le néant : Rothschild, Marx, Freud, Oppenheimer, Field,

S.T. Cohen...

Comme disait Oppenheimer : « Nous avons fait le travail du diable ».

La vraie intelligence ne se reconnaît pas comme cela et tout est organisé pour qu'elle fasse figure d'imposture et de dérision.

Entre la vérité et la masse un circoncis se dresse : la vérité devient mensonge et folie, et la masse se gausse de ce vrai « ridicule » en agitant son verre d'alcool, sa cigarette, et ses fesses dans un blue-jeans lévis.

La femme chirurgien, la femme ministre pilulo-avorteuse, la femme chauffeur de taxi, la femme ministre des Armées (disparues d'ailleurs), la femme policier, la femme « libre » enfin, monstre apocalyptique ni homme ni femme, qui devient laide à faire peur, indisponible, boursouflée, épaisse, pleine de tics, de tabac,[83] spongieuse devant toutes les sottises et les modes de l'officialité enjuivée, surtout quand elle est professeur de philosophie, libérée de l'homme comme l'homme est libérée de Dieu.

Les circoncis réalisent professionnellement leur essence et cela en imposant aux hommes, notamment par la finance et l'industrie qui en découle, un « professionnel » à l'encontre de leur essence.[84]

Va, robot cartésianisé, vers ta survivance antibiotique.

L'enjuivement total est inconscient.

La question juive fait partie du plan divin de l'humanité. Ils ont la supériorité involutive nécessaire à la fin de l'âge des ténèbres.

On peut parler avec Monsieur Lévy, avec Homais, jamais. Il est tellement bête que c'est absolument impossible.

Avec Lévy c'est souvent un dialogue de sourds mais pas totalement parfois : *une dame juive m'a tenu cinq heures au téléphone. Elle sortait du camp de Birkenau et m'a dit ce qu'aucun goy ne me dirait sortant d'un camp de concentration allemand : « Si j'étais goy je serais nationaliste et antisémite ».*[85]

---

[83] La femme fait désormais de l'artérite dans les jambes, ce qui n'était jamais le cas il y a une vingtaine d'années. Cela peut la mener à l'amputation.
[84] Lire à ce sujet : « *La condition ouvrière* » de Simone Weil.
[85] Aucun goy ne le dirait nulle part !

Une Juive suisse m'a dit : « *En Israël je vote extrême-droite, ici je vote socialiste* ». Elle n'est pas bonne celle-là ?

Un soir je fus invité par un ancien élève juif à dîner. Nous étions sept Juifs.

Au bout de deux heures de conversation, nous fûmes tous d'accord sur le fait que Hitler avait fait tout ce qu'il fallait pour libérer son pays de la finance juive internationale et du Marxisme ! Jamais à un dîner de Goyim une telle conversation et ses conclusions n'a pu être possible ! Pourquoi se priveraient-ils de vampiriser « Cette vile semence de bétail » (Zohar) ?

Rothschild frère de Marx : géniale dialectique des frères ennemis qui produit les mouvements de l'Histoire.

La conjoncture juive met des crétins bien payés au pouvoir apparent. Ainsi ils les manipulent parfaitement et même à leur insu. Mais ces imbéciles sont en train de scier la branche sur laquelle ils sont assis et de concocter un anti-juivisme au regard duquel celui de ces quatre mille ans était une bagatelle.

L'antisémitisme d'URSS nous disait que tous les régimes politiques actuels étaient juifs.

D'accord ! et le leur ?

L'intelligence ne construit que dans l'amour, sans l'amour elle détruit tout. Un travail que je fais sans amour me détruit et détruit les autres.

La chimie de synthèse n'est pas une solution vers la santé. Elle ne peut que rendre l'humanité de plus en plus dégénérée.

L'introduction de produits putrides, de mercure et d'aluminium ? Par les vaccins est un crime de lèse-humanité.

La vraie santé n'a rien à voir avec la chimie. Même la chirurgie, aux progrès spectaculaires, ne devrait avoir que des applications limitées.

LA VRAIE SANTÉ RÉSIDE DANS CE QUE L'HOMME INGÈRE AVEC SON CORPS ET SON ESPRIT.

Ni le libéralisme, ni le marxisme ne peuvent donner la santé. L'origine profonde de la maladie est l'ingestion de molécules non spécifiques du biotype humain.[86]

Seigneur, faites que je ne vous juge pas.

La vie est une comédie si triste, si triste, qu'on en meurt.

Il est judicieux d'avoir trouvé un petit ballon pour amuser les masses. Sans lui il y a longtemps qu'il n'y aurait plus de lions !

La femme moderne oscille entre le petit con et le primitif blanc ou noir de préférence.

Jamais, aujourd'hui, la critique juive ne trouvera le moindre talent à un génie, surtout s'il n'a pas de talent.

O combien de talents négatifs depuis deux siècles, que de beaux styles vers la déformation des esprits.

Toute pensée véritable apparaît comme infantile aux yeux d'une masse infantilisée. Peu de gens sont d'accord avec moi : voilà qui me rassure.

---

[86] Burger : « La guerre du cru ».

Comment pourrait-il en être autrement alors qu'ils sont « pensés » par les media, sans personnalité, sans probité et incapable de s'informer librement.

Prenons par exemple le mythe des 6-millions-chambres-à-gaz : il est strictement primaire et du ressort de l'arithmétique et de la technique. Il est donc facile de mesurer son ineptie. On peut comprendre en un quart d'heure. Et en plus la loi Gayssot n'est-elle pas la preuve par neuf de l'imposture ?

Le plus grand nombre a toujours tort : Vox populi, vox diaboli.

La foi de ces derniers siècles, engoncée dans un arsenal dogmatique, ne pouvait que culminer dans la victoire de la maçonnerie et du marxisme.

L'empereur Julien, dit l'Apostat, a tout compris : « Si le Christianisme triomphe, dans deux mille ans, le monde entier sera juif ».

La femme est toujours aisée quand l'homme lui plaît, sinon c'est une vestale.

Le mal ne sera le mal que lorsqu'il sera accompli en toute connaissance en toute volonté. En fait il n'est que fatalité, faiblesse, ignorance, folie.

La véritable intelligence n'écrase pas : elle intègre. Cela condamne toutes les idéologies qui excluent.

Imaginons Périclès faire sa campagne électorale et Montaigne passer l'agrégation !

Plus fou qu'un fou : un psychiatre moderne.

Le critique bègue de l'art moderne : pipi, caca, sot sot. Exact !

Ce que les gens qualifient d'intelligent est ce qu'ils comprennent dans un point minuscule du temps et de l'espace.

Ils n'ont aucune idée de l'intelligence vraie : la synthèse.

Démocratie : faire que les gens disent, croient, pensent, agissent comme le veut un petit nombre occulte de personnes et en plus leur faire croire qu'ils sont libres. « Je vote librement » croiront-ils.

Oui, pour une assemblée de bavards qui ne penseront même pas à remettre la femme sur la voie sacrée de sa finalité ! Encore moins à donner aux enfants une éducation morale et religieuse sans laquelle ils sombrent dans la délinquance, le crime, la drogue et le suicide.

L'illusion est d'autant plus grande qu'ils deviendront librement Al Capone, un président de la République à tempérament d'aide comptable ou de marchand de cacahuètes, qui n'auront aucun pouvoir réel, puisque la finance juive les manipulent intégralement.

Comment exiger de certains une probité intellectuelle qui serait leur propre suicide ? Les Juifs ne peuvent que vivre du mensonge.

Comme tout semble arbitraire : heureux ceux qui perçoivent l'harmonie du monde, des êtres et des choses.

La Vénus de Milo, avec des bras ? Ridicule !

Nous vivons à une époque où toute culture est l'antithèse de LA culture. Goering disait : « Quand on me parle de culture, je sors mon revolver ». Que dirait-il aujourd'hui de la putrescente culture où nous gisons ?

Goebbels n'a pas voulu que ses enfants vivent « dans le monde atroce que les Juifs leur prépareraient ». Lui, sa femme et ses deux enfants quittèrent ce monde ensemble. Ses deux filles étaient d'une beauté émouvante.

Que pensez-vous de Sartre, Sagan, Buffet, Solers et consorts ? Qui est-ce ?

Le progrès a réalisé artificiellement la vie végétative.

« Le mensonge du progrès, c'est Israël » nous a dit Simone Weil. On répète cette phrase car elle crève les yeux…

Si vous considérez les gens comme intelligents et que vous leur parlez à cœur ouvert, vous les insultez car ils prennent confusément conscience de leur insuffisance. Entrez dans leur subjectivité et flattez les, ne les guidez pas pour éviter leurs travers, ils seront ravis et vous serez un homme du monde.

Et pourtant c'est lorsque vous agissez ainsi que vous ne faites pas grand cas d'eux.

Un peu de marxisme, de freudisme, un Normalien Supérieur, un structuraliste, et que restera-t-il de ces pages ?

Il n'existe rien d'authentique que le judéo-cartesianisme ne puisse dissoudre de son alchimie.

L'accès à la connaissance fait toujours mal. Mais alors que faire ?

Rien, jouer du piano, prier si l'on peut et attendre…

J'aspire à l'inaccessible lumière et je suis plonge dans les ténèbres…

À MA PETITE BÉATRICE

Ma fille chérie, Blottie dans mon cœur Au fond de l'éternité…

Tristan s'apprête à quitter ce monde. Il désire jeter un dernier cri de souffrance et d'amour à cette terre qui lui fait si mal…

Ma petite Béa… Elle avait élevé Aurélien pendant des années avec une pédagogie et une fermeté miraculeuses. Elle avait acheminé avec une compétence rare toute son école maternelle. L'initient même à l'anglais etaupianoqu'elle ne connaissaitpas mais qu'elle répercutaitsurl'enfant selon l'enseignement de Tristan. Ce trésor qui faisait tout dans la maison, ménage, jardin, soins aussi bien à Monique qu'à Tristan pourtant surmené comme professeur et comme écrivain. Mais ce trésor d'une compétence et de dévouement ahurissant par sa qualité exceptionnelle, était maltraité par Monique, la mère d'Aurélien.

« Tu n'es bonne qu'à la serpillière » disait-elle à cet ange de dévouement et de compétence parfaitement désintéressé. Elle ne demandait pas d'argent, si bien que Tristan l'obligea à ouvrir un compte d'épargne et à lui verser tous les mois une somme d'argent.

Comment ne pas aimer une telle créature, une telle perfection, alors que la mère travaillait à l'hôpital où elle était kinésithérapeute.

La méchanceté de Monique ulcérait le cœur de Tristan qui savait combien Béatrice méritait de reconnaissance et d'amour pour tout ce qu'elle faisait d'un cœur pur et d'une innocence absolue. Quel amour Monique n'aurait-elle pas dû prodiguer à cet ange ? Tout ce qu'elle faisait pour l'enfant, pour elle, pour Tristan, pour la maison... La perfection nimbait le bonheur de l'enfant, la tranquillité du père, la complétude pour la maman.

Autres ouvrages de Roger Dommergue

Omnia Veritas

www.omnia-veritas.com

www.ingramcontent.com/pod-product-compliance
Lightning Source LLC
Chambersburg PA
CBHW071936220426
43662CB00009B/911